岡田清一

中世南奥羽の地域諸相

汲古書院

題字　岡田艸耕

目　次

まえがき

1　震災への歴史学的アプローチ

平成二三年（二〇一一）三月一一日一四時四六分、宮城県牡鹿半島の東南東一三〇キロメートル（北緯三八・〇六度、東経一四二・五一度）、深さ約二四キロメートルを震源とするマグニチュード九・〇の東北地方太平洋沖地震が発生、巨大津波が東北地方および関東地方の一部を襲い、多くの人命を奪った。しかもこの巨大津波は、福島県双葉郡大熊町夫沢および楢葉町波倉（一部は富岡町）に立地する東京電力福島第一原子力発電所および同第二原子力発電所を直撃し、とくに第一原子力発電所の炉心溶融（いわゆるメルトダウン）と建屋爆発によって近隣住民のほとんど全員を避難させるという未曾有の大惨事をもたらしたのである（以下、「東日本大震災」と記述）。

この巨大地震・津波は、当初、「貞観以来」とか「千年に一度の大津波」と冠して喧伝されてきた。しかし、慶長一六年一〇月二八日（グレゴリオ暦一六一一年一二月二日）に発生した、いわゆる「慶長奥州地震」[1]が明らかになるにつれて、おそらく岩手県三陸沖を震源とする推定マグニチュード八・五＋αという[2]、今回の巨大地震に匹敵するものであったことが確認されつつある[3]。

同時に、この「慶長奥州地震」の被災地域の復旧・復興にも注目が集まり、人びとの地道な、そして息長い復興への具体的足跡も研究が進められている[4]。あるいは、この地震の二年後、伊達政宗によってヨーロッパに派遣された支倉常長らの「慶長遣欧使節」を復興と関連づけた指摘も現れているが[5]、直接的な資料の欠如がその解明を困難にしているのが現状といえよう[6]。

しかしながら、これまで地震・津波に関する研究が充分に深化されてきたとは言い難い。その背景に資料の希薄性があることはいうまでもない。もちろん、これまで公刊されてきた文献史料・資料も少なくないし[7]、平成七年（一九九五）には飯沼勇義氏が『仙台平野の歴史津波』[8]を刊行している。だが、飯沼氏の指摘・警鐘が各界に受け入れられることは、結果としてなかった。誤解を怖れずに記すならば、歴史学を研究する側を含めて自治体・住民の関心の薄さ、意識の低さが指摘されてもやむをえまい。

一方、東日本大震災後、過去の歴史事実から地震や大災とその被害の実態を含めて、多くの歴史的な研究の成果が公刊された[9]。しかし、その詳細な被災実態を解明しようとするとき、既述のように資料の稀少性がその進展・深化を阻んできた。それを克服する手段として、過去の伝承を利用することも行われている[10]。伝承はその成り立ちから実証することが難しいものの、無視することはできず、利用する際には充分な検討が必要であることはいうまでもない[11]。さらに、これと前後して、岩本由輝氏は、慶長奥州地震による津波被害の実態が資料の稀少性を理由に矮小化されていく実態を詳述しているが[12]、歴史における史・資料とは何かをあらためて考えざるをえない。

ところで、東北地方太平洋沖地震とそれにともなう津波被害、東京電力福島第一原子力発電所の被災と放射能飛散という東日本大震災の後、失われようとする被災文化財の保全・保護や修復・整備作業も行われている[13]。さらに、放射能の飛散は福島県太平洋岸を中心とした地域（一般に浜通りと呼称される）・自治体に住む多くの住民を避難させたが、今なお帰還できない住民（双葉郡双葉町・大熊町および浪江町の大半）も多い。そのようななかにあって、地域住民による民俗行事の復活が確認できる。

たとえば、震災直後の七月には旧相馬中村藩領域（一般に相双地域と呼称される）の住民によって、国の重要民俗文化財に指定されている相馬野馬追が開催されたことが、[14]マスコミ等によって大きく報道された。中村藩によって整備された野馬追は、野馬を捕縛して神に奉納することによって馬産を祈るとともに、藩士の軍事調練の意味を持った。[15]廃藩置県後、南相馬市原町区の太田神社、同小高区の小高神社、相馬市の中村神社による神事となった。その際、藩政時代に七郷に分けられた領内に騎馬会が組織され、行事が遂行されてきた。

ところが、雲雀ヶ原祭場地や太田神社が所在する南相馬市原町区は「緊急時避難準備区域」に、小高神社のある同市小高区や浪江町・双葉町・大熊町は「警戒区域」に指定されるなかで、祭りの担い手である多くの住民が被災し、家族ともども避難を余儀なくされただけでなく、地域で飼育されていた多くの馬も被災したのである。

しかし、五月には伝統的行事継続のため、警戒区域で飼育されている馬を警戒区域外に移動させる特例措置を農林水産省に要望、クリーニング検査を行った二八頭が運び出された。翌月には相馬野馬追執行委員会が開かれ、七月二三日から三日間、東日本大震災復興の「相馬三社野馬追」として開催することが決定された。三日目に小高神社で行われる「野馬懸」行事も、原町区の多珂神社に替わったが、この一連の行事に、例年に比べるとはるかに少ないものの、八二騎の「武者」が参加したのである。

地震・津波・放射能、さらに風評被害という渦中にあって、復活したのは野馬追だけではない。相双地域を含む浜通りは、「特色ある田植踊」[16]が密集しているが、甚大な被害を受けた地域でもある。しかし、震災後の八月、浪江町請戸の田植踊が避難地でもあるいわき市で再興され、さらに十二月には同町室原の田植踊が、郡山市で開催された地域伝統芸能全国大会福島大会で披露されるなど、[17]「単なる祖先から受け継いだ宝、文化財ではなく、『ふるさと』そのもの」[18]に対する地域住民の思いの発露でもあった。同じような事例は、二〇一二年四月に再興された相馬市原釜地区の津神社や磯部地区の寄木稲荷神社の祭礼、二〇一四年三月に復活した南相馬市原町区北萱浜の天狗舞、翌月に復活した南相馬市原町区の八竜神社の神事「お浜下り」など、数多く確認される。

こうした、「みずからの生活もままならないような非常事態下で、なぜ祭祀や年中行事が行われるのか」について、社会学的視点から相馬野馬追と新潟県旧山古志村の「牛の角突き」を対象に追求したのが、植田今日子氏である。[19] 植田氏は、避難住民にある今後を見通せない予測不能な時間を、川島孝一氏の説く「直線的な時間」とし、同じ周期で来ることが想定できる、らせん状に進行していく時間を「回帰的な時間」[20]と設定する。そのうえで、年中行事でもあり、周期的に繰り返されてきたハレの行事・神事を催行することで、翌年に向けて準備する日常（ケ）の見通しを立てることが困難な住環境のもとでも可能になり、「来年の今頃」や「次回の祭礼」といった「回帰的時間」がつくられ、「この先もらせん状の時間をつくりだすための試み」がつづけられると説く。

すなわち、野馬追という神事をひとたび行うことが、次年度への見通しを立てることになり、「ハレとしての祭礼と表裏一体を成すケの日常生活をつくりだすうえでも力を発揮する可能性」を結論づけるのである。日常性への回帰に、神事・祭礼の果たす役割を考えるうえで、首肯できる指摘であろう。では、非常事態下で、そもそも祭祀や年中行事を催行しようとする地域住民の意識とは、どのようなものなのであろうか。日常性への回帰に、すなわち予測のつかない非常事態から抜け出す手段として、繰り返し同じ周期で行われているからといって、なぜ祭祀や年中行事なのであろうか。

それを考えた時、懸田弘訓氏の説く「ふるさと」そのものという指摘が想起される。その視点は、祭祀や年中行事そのものが「日常」なのであり、それが地域という共同社会を構成する基盤ということになろう。あるいは植田氏が指摘する「大災害の際に身体がつい牛の方に走ってしまう人に対して、あるいは馬に向かってしまう人に対して、またあるいは東日本大震災の津波被災地においては地震のあと船に向かってしまうひと」の牛や馬・船は、懸田氏の

「ふるさと」と考えることもできる。それは、まさしく被災地住民の共同体（地域・組織・集団など）へのidentity（帰属意識）の発露そのものであろう。

はなはだ叙情的な言句となったが、しかし、祭祀や年中行事のみが「ふるさと」を構成するわけではない。たとえば、修復される被災文化財もまたその一つであるが、南相馬市では国史跡大悲山石仏群を構成する「観音堂石仏」の覆屋倒壊にともない「大悲山石仏保存修理指導委員会」が設置され、観音堂石仏の覆屋のみならず、薬師堂石仏・阿弥陀堂石仏の保存修理にあたっている。ここでは、史跡を地域資源と理解して、「その潜在的価値をより一層活用していくこと」が不可欠との認識がある。(21)

ところで、こうした地域そのものを一体的に文化財として保護する施策は、昭和五〇年七月、文化財の定義が拡充されるなかで、「周囲の環境と一体をなして歴史的風致を形成している伝統的な建造物群で価値の高いもの（伝統的建造物群）」を「文化財」の対象とする文化財保護法の改正が嚆矢であり、平成八年の文化財登録制度の創設を経て、同一六年五月には、「地域における人々の生活又は生業及び当該風土により形成された景観地で我が国民の生活又は生業の理解のために欠くことのできないもの」（文化財保護法第二条）を文化的景観と定義し、新たに文化財として保護の対象とする同法の改正に至っている。(22)このような文化財としての景観保護は、さらに同一九年一〇月、文化審議会文化財分科会企画調査会が「社会の変化に応じた文化財の保護・活用に関する新たな方策」としての「歴史文化基本構想」を提唱し、文化財の保護とそれを活かしたまちづくりの手段を示すとともに、自治体にその策定を促したのである。

しかし、こうした諸施策に、地域に住み、日常の生活を営む人びとが対象として明示されることはなかった。その点を補うかのように、平成二〇年一一月に施行されたのが、文部科学省（文化庁）・国土交通省・農林水産省共管の

「地域における歴史的風致の維持及び向上に関する法律」（いわゆる歴史まちづり法）である。すなわち、同法によれば、それぞれの「まち」には歴史と伝統を反映した人びとの生活が営まれるなかで、醸し出される地域固有の風情、情緒、たたずまいなどの良好な環境が残されており、こうした環境を「歴史的風致」と定義づけ、これらを後世に継承するまちづくりを支援するものであった。

ただし、同法には、第一条に「歴史上価値の高い建造物及びその周辺の市街地とが一体となって形成してきた良好な市街地の環境」などともあり、何をもって歴史上の「価値」の高低をいうのか困難な点もあるが、可視的な文化財保護とは異なり、「風情、情緒、たたずまい」といった人びとの日常的な営み、生活そのものを重視する視点が窺える。歴史的な建造物や民俗行事・芸能の保護・保全に直接携わる人びとのみならず、その周辺に位置づけられる人びとの日常的な営みをも包摂した環境（歴史的風致）もまた「ふるさと」の一部であろう。

平成三〇年七月現在、認定された自治体は六六、そのうち、東日本大震災以後は四四例を数える。宮城県では、平成二三年一二月に多賀城市が認定されたが、福島県では、震災直前に認定された白河市を始めとして、同二七〜二八年にかけて国見町・磐梯町・桑折町が認定された。筆者も、桑折町の計画書策定に関わり、人びとの歴史的に形成された多様な営み、継承しようとする学校教育の実態を知ることができた。[23] なお、平成二七年には、「歴史文化基本構想」あるいは「歴史的風致の維持向上計画」の策定を前提に、文化庁が地域の歴史的魅力や特色を通じてわが国の文化・伝統を語るストーリーを「日本遺産」に認定する制度が発足している。[24]

ただし、再述するが、多くの可視的営み・文化財だけが地域の歴史を構成するものではない。既述のように、東日本大震災後、東北歴史博物館や特定非営利活動法人宮城歴史資料保全ネットワーク、さらに福島県立博物館やふくしま歴史資料保存ネットワーク等による歴史資料のレスキュー活動が活発に行われたが、現在も行われているクリーニング作業によって再生される多くの歴史資料もまた「ふるさと」の一部であり、それらによって描かれる豊かな歴史もまた一部であろう。そのような「ふるさと」の歴史を描く自治体史編纂事業も、福島県浜通りや宮城県沿岸部で進められている。[25]

また、自治体史ではないが、浪江町請戸では『大字誌　ふるさと請戸』（二〇一八）が刊行された。[26]本書は、郷愁・歴史・資料の三部から構成されるが、「第一部　郷愁編」には多くの請戸地区住民の「ふるさと」への思いが綴られている。「第二部　歴史編」は、古代・中世・近世・近代各時期の請戸および請戸湊についての歴史的考察が、松下正和・泉田邦彦・天野真志・井上拓巳・西村慎太郎ら五氏によって展開されており、「第三部　資料編」には、平成二三年三月の津波・原発被災の記録、被害状況、震災前の小学校や郵便局、集会所、寺社、遺跡、さらに共同墓地まで、その所在地が、そして、明治三三年八月からの「請戸区会議録」議事項目が掲載されている。周知のように、請戸地区は津波によって大きな被害を蒙った地域であるが、掲載された多くの写真を含めて地区住民に「ふるさと」を回顧させるものである。

こうした「ふるさと」を構成する豊かな歴史像は、当然のことながら、被災地域のみならずいずれの地にも存在した。本書は南東北の太平洋岸（南奥浜通り）が中心となるが、さらに山形県（南出羽）の事例を具体的に描くことによって、身近な「ふるさと」を追求するものでもある。

2　本書の構成と概要

如上の前提に立ち、一一編の論考をまとめた本書の構成とそれぞれの概要を述べておきたい。被災地における歴史像を中心に大きく三編に分けた。

まず、相双地域に隣接する諸論を「南奥の地域社会」としてまとめ、三編の論考と附論一編を配した。

第一章は、石川庄を支配した石川氏の平安末・鎌倉時代史である。清和源氏石川氏について、平泉柳之御所跡遺跡から出土した折敷墨書、さらに秋田藩士北酒出忠房の「源氏系図」などから平泉藤原氏との重層的な婚姻関係を確認し、一二世紀前半、石川氏の祖源有光が石川地域に土着し、中院雅実ないしその子雅定を介して立荘されたと想定した。

鎌倉時代初期の石川氏について、『吾妻鏡』に散見するも詳細はわからないが、承久合戦で軍功を立て、一族が美濃国市橋庄地頭職を得て移り住んだことが確認できる。一方、泰時に従った石川氏について、泰時に参陣した御家人の多くが後に被官化しており、この合戦が契機となって石川氏も北条氏の被官に組み入れられた可能性を想定した。したがって、『吾妻鏡』記載の閑院殿造営役や鎌倉市の若宮大路側溝出土の木簡に、御家人役を負担する石川氏一族を確認したが、北条氏被官との可能性も残している。ところで、建長六年（一二五四）以降、石川光行と叔父坂路光信のあいだに相論が発生、弘長元年（一二六一）、北条重時は光行勝訴の裁許を下したのである。これに対して光信が越訴したものの、文永二年（一二六五）、北条義宗（重時の孫）がふたたび光行（光蓮法師）勝訴を裁可した。これらの事例から、石川氏は重時系北条氏の被官だったことになる。一般に石川氏は得宗被官のように記述されることもあるが、得宗家とそれ以外の北条氏を明確に分けるべきとの指摘(27)に基づけば、石川氏は北条重時系の譜代の被官であったことになる。しかも、こうした一族内の紛争が、幕府倒壊時の去就に結びつくのである。

附論1は、岩沼市史編纂の過程で確認した中世文書の正文および写本の五点を紹介した。そのうち新出史料が二点含まれている。板橋氏は石川氏の一族である。天正一八年、石川昭光が伊達政宗の麾下に組み込まれ、翌年志田郡松山（宮城県大崎市）に移封されるとき、板橋氏は相伝の文書を写して石川庄の惣鎮守川辺八幡神社に残し、正本とともに故地を離れた。本稿は、平成二四年三月、筆者担当のゼミ報告書に掲載したもので、五点の文書を書誌学的に指摘するとともに時代背景をまとめたものである。さらに、所蔵者が保管する家譜には、現在確認できない文書が写されていたことなど、正本の移動とその後の変転を考える事例でもある。なお、その後、本文書は『石川町史』に写真版が掲載された。

第二章は、「地域調査」を課題とする筆者担当ゼミが、平成一五～一六年度に浪江町を調査した際、発刊したゼミ報告書に「中世標葉氏の基礎的研究」と題して掲載したものが土台となっている。その後、相馬市史編纂の過程で、編さん委員長大迫徳行氏（故人）から相馬中村藩が編纂した『衆臣家譜』中に中世文書の痕跡（抜粋）があることを教えられ、その結果を掲載した勤務校の紀要原稿とを合体したものである。もっとも、後に家譜の基礎資料にもなったと考えられる文書の写しが確認され、泉田邦彦氏が地元郷土誌に掲載した。[28]そこで、新出史料をもとに泉田氏の指摘も含めて大幅に再構成したものである。その結果、南北朝期、従来は相馬家文書等から南朝方として描かれることが多かった標葉氏の、北朝方として行動する実態の一部を追求できたと思う。同時に、近世史料からも中世を追求することができることを指摘した。また、その前史として平安時代末期の標葉氏について、「桓武平氏諸流系図」や網野善彦氏が「希有な好史料」と評価する[29]「大中臣氏略系図」を中心に、近世編纂の史書を交えて追求したが、資料不足の感は否めない。

なお、本章は第二編に含まれるべきものでもあるが、標葉氏が自立した支配圏を標葉郡に保持できたのは、相馬高胤に嫡流家が亡ぼされた長享元年（一四八七）ないし明応元年（一四九二）までであり、鎌倉～南北朝期を中心とした本章は、戦国・近世移行期を中心とした第二編とは区別した。因みに、既述のゼミ報告書は震災前の浪江町の実態をまとめたもので、なかには請戸地区の氏神を調査、写真撮影した小西治子氏（もりおか歴史文化館学芸員）の貴重な記録も含まれている。

第三章は、千葉介常胤の三子胤盛に始まる武石氏について、亘理郡移住時期や北条氏被官化の実態を詳述し、さらに南北朝期から戦国期に至る時期の亘理氏の動向を、涌谷伊達家文書をも利用しながら整理したものである。亘理氏に関する専論を確認できず、そのためか、江戸期に編纂された史書等を中心に叙述される自治体史が多かったが、当該期の文書を駆使しつつ、それらを修正した。なお、本論の初出誌には、当時確認できた鎌倉期〜戦国期の関連文書を掲載してある。

第二編は、戦国期以降、近世移行期の相馬氏、とくに相馬義胤とその時代に関する論考を収載した。

第四章は、移行期の相馬氏当主でもある義胤の発給文書について、発給年に推定を加えて花押の変化を読み取ることができた。具体的には、伊達政宗と和睦した天正一二年、さらに秀吉の麾下に組み込まれた天正一八年頃、さらに「隠居」という大きな節目に変化させているが、とくに天正一八年頃の変化は大きく、秀吉の存在がいかに大きかったかを示している。文書数は二二点と少ないが、今後、新たな文書が発見、確認できた時、花押型からおおよその発給年を推定することが可能になったと思われる。

第五章は、近年の太平洋海運史の進展に触発されてまとめたもの。相馬氏が、慶長元年（一五九六）、小高城から村上館（いずれも南相馬市小高区）への移転計画を経て、牛越城（南相馬市原町区）に移り、慶長一六年（一六一一）には中村城（相馬市）に移る背景に、海上交通の要衝性を位置づけ、江戸期の史料や近代の字限図・地籍図を利用して、村上、牛越城移転に関連する泉、さらに中村の地理的環境を検討して、戦国期の海上交通の実態に迫ろうとしたものである。従来、この本拠移転、とくに中村城への移転は、義胤と伊達氏（政宗）との対立・抗争のなかで理解するものがほとんどであったが、義胤が着陣した肥前名護屋の繁栄、さらには名護屋に至る途次に見聞した各地の城郭の機能と城下町、それらはいずれも交通・流通機能の掌握こそ繁栄の礎であることを体験的に知った結果であることを指摘したものである。

第六章は、第五章で詳述した本拠移転が、流通拠点の把握という経済上の課題だけでなかったことを検討した。すなわち、相馬一族は、鎌倉期以来、変わらずに本領を支配し続けた結果、一族を中心とする有力「家臣」がそれぞれの所領を強力に支配することになった。それは相対的に、相馬本家の支配を不安定化させることになった。秀吉の奥羽仕置きも、東国の国衆にあたる有力家臣の所領削減・把握をもたらさず、江戸期を迎えた可能性が高い。その結果、大名相馬家は、本拠移転をとおして、相馬本家の権力強化を図ったのである。それはあたかも、領内移封であり、石井進氏が指摘した地植の領主から鉢植の領主への転換とでもいえよう[30]。それは、伊達氏（伊達郡→置賜郡→黒川→岩出山→仙台）と比べると、きわめて対照的であったといえる。

第七章は、第四章で検討を加えた相馬盛胤・義胤父子連署状に着目し、いわゆる「家督」相続以前に領主権力を行使している実態を検討した。すなわち、隠居したといわれる前家督が積極的に外交・合戦に関わる実態などから、二頭政治などと既述されることが多い。本章では、家督相続は徐々に、段階的に行われることを想定し、前家督と新家督が並立する体制を、本城様・新城様と呼んだ後北条氏の事例から「二屋形」制と仮称した。その類例は、相馬氏や後北条氏のみならず多くの事例が確認されるから、中・近世移行期の特徴と指摘し、そうした「二屋形」制は、父子連署の文書を発給し、同じ城内か、異なる城館かの違いはあるものの、双方が拠点となる城館を確保するという実態を特徴とすること、同時に、江戸幕府という巨大権力の「安堵」によって相続が認定されると、「二屋形」制も消滅することなどを指摘した。また、「二屋形」の実態を理解するため、「隠居」後の拠点を、義胤が隠居した泉田堡およびその子孫昌胤が隠居した幾世橋御殿について、字限図・地籍図から実態を追求し、城下集落の発展過程を具体的に追求した。

第八章では、第五・六章で触れた相馬中村藩の本拠移転、とくに中村への移転は、慶長一六年一〇月のいわゆる「慶長奥州地震」後の一二月に行われた。その状況を、セバスチャン・ビスカイノの報告書から追求するとともに、その後の中村藩領内の復興活動を類推し、領内の石高の変遷から地域ごとの特徴を確認した。また、第七章で検討した「二屋形」制が残存していた可能性などから、この中村城移転が、従来から説かれてきた相馬利胤ではなく、あくまで義胤であったことを指摘した。

第三編は、南出羽の二例をまとめた。

第九章では、まず小田島庄（山形県東根市）の成立時期について、『後二条師通記』の記述に対する通説を批判し、一一世紀前半まで遡ること、その後の経緯について不明な点があるものの、源頼朝の「奥入」（文治の奥羽合戦）後、中条成尋あるいはその子義季が苅田郡・和賀郡などとともに給与され、さらに義春が小田島庄を相続したことを指摘した。さらに、その後の伝領過程について自治体史の誤りを指摘するとともに、野津本「北条系図」や「小野氏系図」、鬼柳文書に含まれる系図などから、一三世紀半ば、苅田郡の地頭職は名越流北条氏に伝領された過程を詳述した。その際、義季が和田氏や北条氏、さらに安達氏との婚姻関係を梃子に、その立場の保全を考慮したことを指摘した。もっとも、安達氏との婚姻関係は、いわゆる霜月騒動によって小田島庄が北条氏領に組み込まれた可能性を追求した。

ところで、その後の諸書は、北条一族が支配したことから幕政史との関わりで論述されるか、地域史の考察に重点がおかれるかであったため、統一的に理解する必要性をあらためて指摘し、さらに当時、調査が進められていた白石古窯群（宮城県白石市・旧刈田郡）の発掘成果、各地で確認される窯製品の存在などから、当時の流通経路を検討した。

第一〇章では、置賜郡北部に位置する鮎貝・荒砥地区（山形県白鷹町）の地理的特性の相異に留意しつつ、鎌倉時代、幕府の法曹官僚長井氏による支配、その後の伊達氏による支配の実態について考察し、現地の村落領主ともいうべき小領主層の存在を指摘した。しかも、長井氏から伊達氏へ上部支配層が交替しても、こうした現地の小領主層は存在し続けたことからすれば、在地に密着した小領主層の存在無くして、長井氏や伊達氏の支配はあり得なかったことを示している。

次に、明治初年の字限図や地籍図から、荒砥城および周辺地域を鳥瞰した。その結果、城館（実城）を囲繞するように楯廻・古城廻（被官屋敷）や～町（城下集落）という地名が現存し、三重構造になっていることが確認できた。しかも、それらは当該期の史料『晴宗公采地下賜録』に記載される「館廻屋敷」や「居屋敷廻」、さらに「町屋敷」に対応することを指摘し、それは字限図や地籍図に記載される地名が歴史研究へ利用できることでもあると再認識できた。

以上、本書の構成と内容を概述した。すなわち、本書は南奥羽諸地域の多様な実態を、同時代の歴史史料のみならず、発掘の成果、近世・近代の編纂史書、字限図や地籍図に記載される地名などを利活用して描くことを意図したものである。そこに利用される時代を超越した文献史料や出土遺物を含めた遺跡、さらに地名や伝承など、全てが「ふるさと」を構成するものであり、その総体としての地域諸相・景観そのものが「ふるさと」といえる。何ものにも替えがたい「ふるさと」、自分とはなにかを問うとき、共通の民俗芸能や祭礼を通じて確信する帰属意識の根源ともなる「ふるさと」の豊かな多様性を導き出せたであろうか。

註

（1）従来、慶長三陸地震とも称されていたが、その被災地域の広さが確認されるなかで、奥州全域が被災地となったことが確認され、また「三陸」という地域名は近代以降のものであることなどから、名称も変わりつつある。なお、蝦名裕一氏『慶長奥州地震津波と復興―四〇〇年前にも大地震と大津波があった―』（蕃山房、二〇一四）を参照。

（2）保立道久等監修『津波、噴火…日本列島地震の2000年史』（朝日新聞出版、二〇一三）。なお、『日本被害地震総覧599-2012』（東京大学出版会・二〇一三）はマグニチュード約八・一とする。

（3）平成二五年に発掘調査された宮城県岩沼市の高大瀬遺跡では、貞観時と推測される津波堆積層と東北地方太平洋沖地震に伴う津波堆積層とのあいだに津波堆積層と推測される地層が確認され、慶長一六年時との指摘もある（国立歴史民俗博物館企画展示図録『歴史にみる震災』二〇一四）。

（4）菊池慶子氏「仙台藩領における黒松海岸林の成立」（『東北学院大学経済学論集』第一七七号、二〇一一）、同「失われた黒松林の歴史復元―仙台藩宮城郡の御舟入土手黒松・須賀黒松―」（岩本由輝編『歴史としての東日本大震災―口碑伝承をおろそかにするなかれ―』〈刀水書房、二〇一三〉所収）、同『仙台藩の海岸林と村の暮らし―クロマツを植えて災害に備える―』（蕃山房、二〇一六）、蝦名裕一氏「慶長大津波と震災復興」（『季刊東北学』第二九号、二〇一一）。拙稿「慶長奥州地震と相馬中村藩領の復興」（『東北福祉大学研究紀要』第四四号、二〇一七、本書に第八章として収録）。

（5）浜田直嗣氏『政宗の夢　常長の現―慶長使節四百年』（河北新報出版センター、二〇一二）。

（6）菅野正道氏「慶長地震の評価をめぐって」（仙台市『市史せんだい』Vol.23、二〇一三）。

（7）近年刊行の一部を記載する。東京大学地震研究所『新収日本地震史料』（一九八一～九四）、『日本地震史料』（復刻版・明石書店、二〇一二）、宇佐美龍夫編『日本の歴史地震史料拾遺』（一九九八～二〇一二）、藤木久志編『日本中世気象災害史年表稿』（高志書院、二〇〇七）、前近代歴史地震史料研究会『歴史学による前近代歴史地震史料集』（新潟大学人文学部、二〇一五）。

（8）宝文堂出版販売株式会社。

（9）東日本大震災直後に刊行されたものの一部をあげる。保立道久氏『歴史のなかの大地動乱』（岩波新書、二〇一二）、吉越昭久・片平博文編『京都の歴史災害』（思文閣出版、二〇一二）、飯沼勇義氏『解き明かされる日本最古の歴史津波』（鳥影社、二〇一三）、寒川旭氏『歴史から探る21世紀の巨大地震』（朝日新書、二〇一三）、後藤和久氏『巨大津波　地層からの警告』（日経プレミアシリーズ、二〇一四）、磯田道史氏『天災から日本史を読みなおす』（中公新書、二〇一四）。蝦名氏註（1）前掲書。

（10）岩本由輝氏A「原発立地と津波に関する口碑伝説」（歴史書懇話会『歴史書通信』No.一九八、二〇一一）、同B「四〇〇年目の烈震・大津波と東京電力福島第一原発の事故」（同編註（4）前掲書所収）、蝦名裕一氏「慶長奥州地震津波と千貫松伝承」（註（3）前掲書所収）、同「慶長奥州地震津波の歴史学的分析」（『宮城考古学』第一五号、二〇一三）、同「慶長奥州地震津波について―四〇〇年前の大地震の実相」（東北大学災害科学国際研究所編『東日本大震災を分析する2　震災と人間・まち・記録』明石書店、二〇一三）。

（11）菅野正道氏註（6）前掲書。文献史料についても同様であって、後世に編纂された年代記類についても、いかなる史料に依拠して作成されたかの検討が必要であることはいうまでもない。なお、矢田俊文氏「中世・近世初期の地震」（シンポジウム『災害からみた中世社会・資料集』地域に遺る文化財を活用した地域振興事業実行委員会、二〇一三）を参照。

（12）「『慶長津波』の矮小化がもたらしたもの」（『宮城歴史科学研究』第七二・七三合併号、二〇一三）。

（13）その具体的な実践活動の一部は、NPO法人宮城歴史資料保全ネットワークが発信する「宮城資料ネット・ニュース」に掲載されてきたが（平成三〇年九月現在三二二号）、蝦名裕一氏「東日本大震災と歴史資料保全活動―宮城資料ネットワークの一年半の活動から―」（文化財保存全国協議会『明日への文化財』六八号、二〇一二）、NPO法人宮城歴史資料保全ネットワーク『災害を超えて・宮城における歴史資料保全二〇〇三―二〇一三』（二〇一四）の他、ふくしま歴史資料保存ネットワークと福島大学うつくしまふくしま未来支援センターによる活動の記録『ふくしま再生と歴史・文化遺産』（山川出版社、二〇一三）、『東日本大震災　文化財レスキュー事業記録集』（全国美術館会議、二〇一五）等を参照。

(14)『東日本大震災　南相馬市災害記録』(「第5章復興への取り組み／5―1相馬野馬追の開催」、南相馬市復興企画部、二〇一三)。なお、「第6章東日本大震災を語り継ぐ」は職員と市民四人の地震・津波発生直後からの避難行動をまとめた貴重な記録でもある。以下、行事復活の軌跡は同書に拠る。

(15)『原町市史　第10巻　特別編3　野馬追』(南相馬市教育委員会、二〇〇四)。

(16)懸田弘訓氏「福島県浜通り地方における民俗芸能の被災と復興の現状―祭祀と芸能の意義の再確認―」(杉田政夫氏等「東日本大震災後の福島県浜通り地方における民俗芸能の被災と復興の状況」所収、『福島大学地域創造』第二九巻第二号、二〇一八)。

(17)一柳智子氏「民俗芸能の中期的復興過程における継承活動の諸相と原動力―福島県浜通り地方の三つの田植踊を事例として―」高倉浩樹・山口睦編『震災後の地域文化と被災者の民俗誌』(新泉社、二〇一八)所収。

(18)懸田氏註(16)前掲書。

(19)「なぜ大災害の非常事態下で祭礼は遂行されるのか―東日本大震災後の『相馬野馬追』と中越地震後の『牛の角突き』―」(東北社会学会『社会学年報』第四二号、二〇一三)。

(20)「浸水線に祀られるもの」(『季刊　東北学』第二九号、柏書房、二〇一一)。

(21)南相馬市教育委員会『大悲山石仏保存活用計画』(二〇一八)。当史跡については、『大悲山石仏保存修理事業報告書―東日本大震災にともなう災害復旧事業と史跡整備事業―』(二〇一七)を参照。

(22)中村賢二郎氏『文化財保護制度概説』(ぎょうせい、一九九九)および同氏『わかりやすい文化財保護制度の解説』(ぎょうせい、二〇〇七)。

(23)複数自治体の「歴史文化基本構想」や「歴史的風致の維持向上計画」の策定に関与した経験知でしかないが、こうした策定の基礎作業に従事するのは、多くが文化財保護行政に携わっている自治体職員である。自治体の事業に対する補助を条件に、政府主導の文化財活用政策が、観光立国の政府方針と相俟って推進されている現状では、担当職員の負担を増加させている一面もある。

(24)　桑折町『桑折町歴史的風致維持向上計画』（二〇一六）。
(25)　福島県域では、南相馬市を構成する旧一市二町、すなわち鹿島町史・小高町史に続いて、原町市史も通史編Ⅰ（二〇一七）・Ⅱ（二〇一八）が完結した。とくに原町市史は、資料編五冊・通史編二冊のほか、特別編として自然（二〇〇五）・民俗（二〇〇六）・野馬追（二〇〇四）・旧町村史（二〇〇八）の四冊が刊行され、いずれも震災前の貴重な姿を残している。また、相馬市史も進行中であり、資料編三冊・特別編二冊を刊行、さらに浪江町史も進められており、震災前に『浪江町史別巻Ⅱ浪江町の民俗』（二〇〇八）が刊行されている。宮城県域では、岩沼市史が進行しており、すでに資料編三冊・特別編一冊（自然）に続いて通史編1（原始古代中世）が刊行されたが（二〇一八）、特筆すべきは『子ども岩沼市史』（二〇一二）が刊行され、児童・生徒を対象に歴史・自然をわかりやすくまとめている。さらに亘理町でも、平成一六年に亘理町史編纂委員会が設置され、刊行準備中であることを聞く。
(26)　刊行の経緯については、泉田邦彦氏「『地域の記憶』を記録する」（人間文化研究機構領域連携型季刊研究プロジェクト「日本列島における地域社会変貌・災害からの地域文化の再構築」『新しい地域文化研究の可能性を求めて』Vol.5、二〇一八）を参照。
(27)　秋山哲雄氏「北条氏一門と得宗政権」（『日本史研究』第四五八号、二〇〇〇。後に同氏『北条氏権力と都市鎌倉』〈吉川弘文館、二〇〇六〉に収録）。
(28)　「鎌倉末・南北朝期の標葉室原氏―新出史料　海東家文書の『室原家伝来中世文書』の考察―」（相馬郷土研究会『相馬郷土』第三〇号、二〇一五）および「南北朝・室町期の標葉下浦氏―新出史料　海東家文書の『下浦家伝来中世文書』の考察―」（『相馬郷土』第三一号、二〇一六）。
(29)　「桐村家所蔵『大中臣氏略系図』について」（『茨城県史研究』第四八号、一九八二。後に同氏『日本中世史料学の課題』〈弘文堂、一九九六〉、さらに『網野善彦著作集第十四巻（中世史料学の課題）』〈岩波書店、二〇〇九〉に収録）。
(30)　『日本の歴史12　中世武士団』（小学館、一九七四）。

第一編　南奥の地域社会

第一章　石川氏と石川庄

第一節　石川庄と石川氏の土着

一　石川庄の成立

中世、石川地方を支配した石川氏、その苗字の地が石川庄である。では、石川庄はいつ頃成立したのであろうか。石川庄となる地域は、一〇世紀初頭の『和名類聚抄』に記載される白河郡一七か郷、すなわち、大村・丹波・松田・入野・鹿田・石川・長田・白川・小野・松田・小田・藤田・屋代・常世・高野・依上の一部である。しかも、遅くとも一〇世紀末頃までに、高野・入野・常世・依上四か郷が分離して高野郡となり、さらに一二世紀には高野郡依上郷を中心に依上保が成立すると、残る白河郡一三か郷が白河庄と石川庄に再編されたと考えられる。

とくに、その名称から石川郷が中心であって、玉川村川辺の堂平B遺跡から「石川」と刻まれた須恵器甕が出土していること、さらに「伊予入道殿（源頼義）以来、代々源家御崇敬」(1)のあった川辺八幡宮の鎮座する地であることなどを考えると、その周辺、阿武隈川沿岸地域と石川郷との関係を想像させる。なお、石川郷のほかに長田・藤田・鹿田三か郷が石川庄域と考えられ、長田郷を平田村永田を遺称地と考えて平田村に、藤田郷を石川町中野にある藤田城からその周辺に、さらに鹿田郷を鮫川村・古殿町に比定することもできるが、必ずしも確証あってのことではない。

この比定に対して、石川郡内の水系を重視した遠藤巌氏は、川辺・小高を中心とする阿武隈川右岸を藤田郷、その対岸を長田郷、沢井・松山を中心とする社川流域を石川郷と考え、鮫川という水系の異なる蒲田を中心とする地域を

鹿田郷と推定する。(2)

ところで、石川庄という名称が文献史料で確認されるのは、仁平四年（一一五四）ころ、村上源氏の流れをくむ源雅定が作成したと推定される中院流家領目録草案(3)に「陸奥国　石河荘」とあるのが、荘園領主が確認できる唯一の史料である。これによって、源雅定が石川庄の庄園領主であったことがわかるものの、その後、雅定の系統、すなわち中院家あるいは久我家に石川庄が伝領された痕跡は確認できない。

では、この石川庄はいつごろ、どのようにして成立した庄園なのであろうか。この点についても確証は得られず、これに関連して次のような三つの考えが指摘されている。

①源頼義に従った源頼遠・有光父子は、前九年合戦で安倍氏と戦い、「奥州仙道の地」を賜り、有光の時、白河郡を割き「旧郷石川の庄」を置き、自ら石川と称したという『石川氏一千年史』(4)の記述から、前九年合戦の後、白河郡から「石川」が派生し、石川氏が誕生したという考え。

②『尊卑分脈』（一四世紀後半、洞院公定によって編纂された系図集）の「清和源氏系図」に記載される源満仲の曾孫有光に、「初め摂津国に住み柳津と号す、後に陸奥国に住み石川と号す、もとは柳津源太と号し、後に石川冠者と号す」とある注記から、有光が石川氏の祖であり、後三年合戦の後（一一世紀末）に土着したとする『福島県史』や大石直正氏の考え。(5)

③一一世紀後半、有光の従兄弟、大和源氏の頼俊は陸奥守在任中、蝦夷追討の任務を遂行するとともに、古い郡郷制を再編して中世的な荘園公領制を形成しようとする政府の方針のもと、有光に石川地域を開発させ、大治三～長承四年（一一二八～三五）ころ、皇室を本家、中院家を領家として立荘されたとする遠藤巌氏の考え。(6)

いずれも確たる史料を前提としての論証ではないが、一一世紀後半・末～一二世紀前半、清和源氏流の石川有光が関わり、開発、立荘されたという大枠が設定されそうである。これをもう少し、石川氏、とくに有光とその次世代の年代設定から考えるとどうなるだろうか。

二　石川氏の誕生

石川氏の系譜については、『尊卑分脈』が極めて信憑性が高いものとして多用されている。では、石川氏の祖と考えられる有光は、いつ頃、石川地域に土着したのであろうか。もっとも、有光に関する同時代の史料は確認できず、系図等にたよらざるをえない。たとえば、「角田石川家系図」には、「八幡太郎の代官として　石川郡内泉の庄に在城、仙道七郡の主」とあることから、後三年合戦（一〇八三〜八七）後に土着したと理解され、あるいは『源流無尽』(7)には、応徳三年（一〇八六）に没したとある。しかし、これらは、近世以降にまとめられた資料に基づいた理解であって、信憑性に欠けることはいうまでもない。(8)

そうしたなかで、『尊卑分脈』には有光の子光家について「母は佐竹進士義業の女」との記述が確認できる（図1）。この佐竹義業は、源義家の弟義光の子にあたる。義光は、後三年合戦に際し、兄義家を助けるため官職をなげうって奥州に下ったことで知られるが、大治二年（一一二七）に八三歳で没しているから、一一世紀半ば〜一二世紀初頭の人物ということになる。したがって、有光に嫁いだ義業の女子は少なくとも一一世紀末〜一二世紀前半の人物で、有光に嫁いだのも一二世紀初頭と推測される。

また、近世秋田藩が家臣の北酒出忠房から提出させた「源氏系図」には、有光の子基光に「母藤清衡女」とあり、さらにその子光義に「母藤清綱女」とあった。(9)「藤清衡」は平泉を本拠とした藤原清衡のことであり、その子が「清綱」である。そこで、『尊卑分脈』をもとにまとめると、図2のような婚姻関係ができあがる。藤原清衡は大治三年（一一二八）に七三歳で没し、その子基衡も一一六〇年前後に没したと考えられるから、清衡の女子も一二世紀半ばの

図1　石川氏の系譜（『尊卑分脈』による）

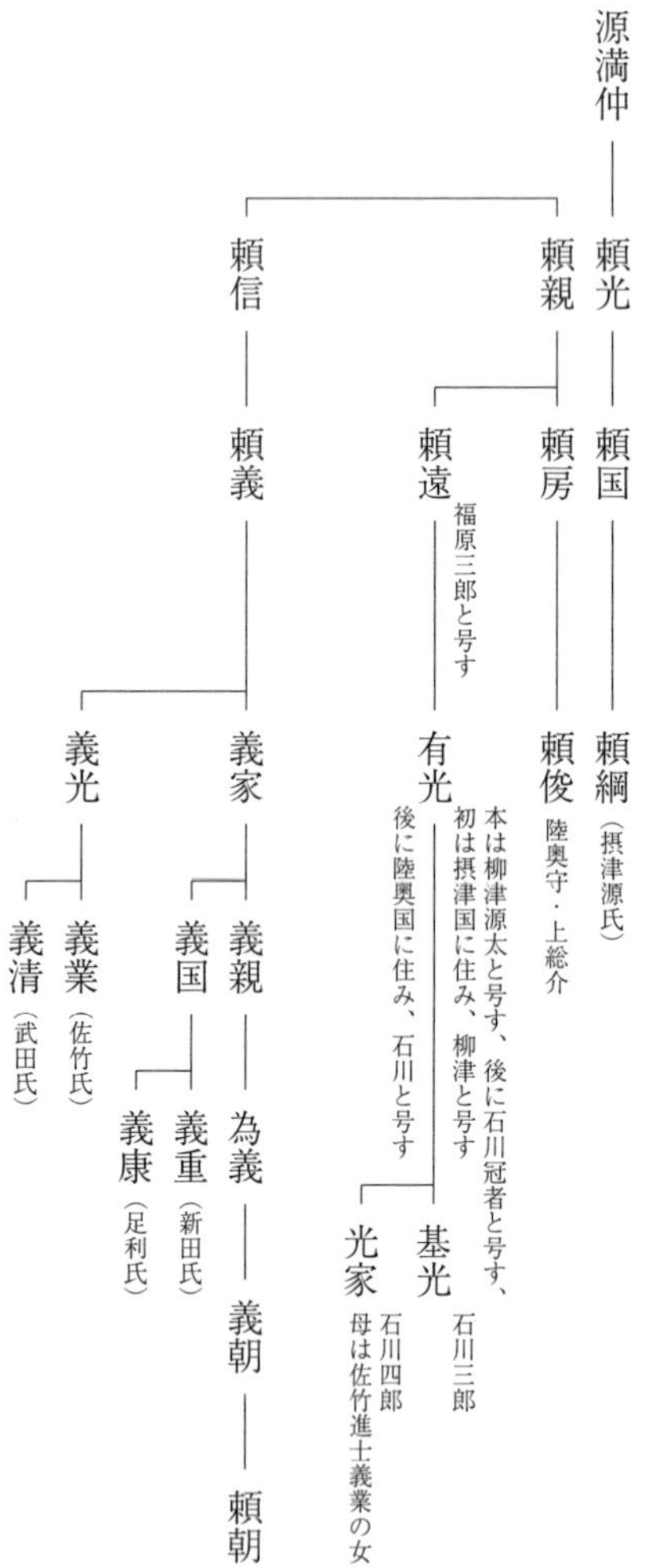

図2　石川有光と佐竹氏・藤原氏（『尊卑分脈』「石川庶流系図」等による）

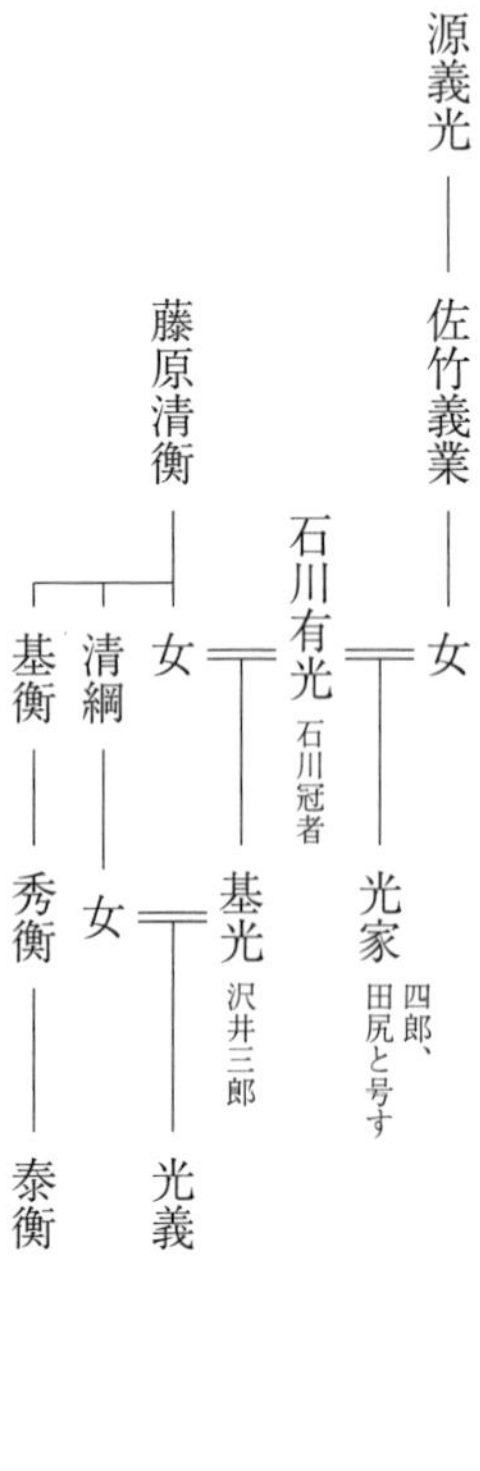

人物と思われる。

このように有光の婚姻関係を整理すると、有光も一一世紀末〜一二世紀半ばにかけての人物ということになり、後三年合戦ないしその後に「八幡太郎の代官として石川郡内泉の庄に在城」したという時期とは、義家の没年が嘉承元年（一一〇六）であることから、整合性がとれない。一方、福島県石川郡玉川村岩法寺に残る石塔に(10)「施主□□入道、治承五年辛丑十一月　日、為源基光□」と刻まれる治承五年（一一八一）が有光の子基光の没年と理解しても大きな齟齬は生じない。こうした点から、一二世紀前半、源有光が石川地域に土着して開発を進め、中院雅実ないしその子雅定を介して立荘されたという大枠を想定しておきたい。

三　石川氏と平泉藤原氏

平成二年、岩手県平泉町の「柳之御所」遺跡で墨書の確認できる数枚の木片が発見された。その木片は折敷の一部と思われるが、さらに年輪から確認された伐採年代一一五八年＋α年という時期から、藤原秀衡期のものと理解されている。(11)

この折敷に書かれた一二名は、藤原氏の当主、おそらく秀衡から「絹」を与えられた人びとのリストであった。しかもこの一二名のなかに、石川姓が二名含まれていた。さらに記述される「海東」は福島県太平洋岸（いわゆる浜通り）南域を示す地域名であり、「石埼」は「いわさき」と読めることから岩城氏の一族岩崎氏と理解できる。いずれも福島県浜通り南域であることから、この「石川」を名のる二人も石川一族と理解できるのである。

少なくとも、石川一族の二人は平泉において、おそらく藤原秀衡から絹を与えられたのである。しかし、だからといって、石川氏が秀衡の家臣として平泉に出仕していたと考えることは当たらない。

時代は少し下るが、源頼朝の平泉攻撃前後の藤原氏の家臣を検討すると、北奥・出羽の秋田致文や由利八郎、田川行文、さらには泰衡を殺害した比内郡贄柵（秋田県大館市）の河田次郎、鎌倉を攻撃しようとした大河兼任などは、いずれも「泰衡郎従」ないし「数代郎従」と『吾妻鏡』に記載されており、その多くは頼朝勢によって滅ぼされている。

このような、「数代」にわたる郎従の多い北奥・出羽に対し、南奥には藤原氏と強い主従関係で結ばれた武士は少ない。[12]たとえば、後述する厚樫山（福島県国見町）の戦いで源頼朝が藤原国衡を敗ることができたのは「三沢安藤四郎」の兵略によるものであったと『吾妻鏡』は記述している。この「三沢安藤四郎」は、その苗字が現在の宮城県白石市大鷹沢三沢に由来するものと思われるが、こうした地域の武士さえ、頼朝方として行動していた。

さらに、いわき市内郷の「白水阿弥陀堂」は、岩城則道ないし海東成衡に嫁した藤原基衡の娘（清衡の養女とも）が、夫の死後、永暦元年（一一六〇）に建立したものという。[13]もとより、伝承の域をでないが、「折敷」の墨書にも「海東四郎」が記載されており、平泉との関係が指摘できる。

そうしたなかで、信夫郡（福島市）の佐藤季春は、「代々伝れる後見なる上、（基衡の）乳子」[14]であった。「乳子」とは、おそらく「乳母子」のことであろう。「乳母」とは、主家の子息を育てる役割を任された女性であり、乳母と同じ母乳で育てられた子は「乳母兄弟」として、主家の子息と深い関係が維持されたが、主家からすれば、将来の後継者ともなる子息の後見勢力を確保するという意味も持つ。したがって、そうした期待に応えられる権勢をもった家柄ということになり、郎従とは異なる、地域の有力者でもあった。

こうした岩城氏や佐藤氏は、北奥の郎従とは異なり、藤原氏の滅亡後も存続しており、必ずしも運命をともにしていない。とすれば、存続した石川氏も、平泉に出仕していたとはいえ、藤原氏の郎従と理解することはできない。少なくとも、石川有光と「藤清衡女」とのあいだに成立する婚姻関係は、決して家臣に組み込まれたことを示すものではなく、乳母「家」と同様、その家を後見勢力として期待する意味が強かったのであり、北奥の郎従家とは異なる。[15]

文治五年（一一八九）七月、頼朝は奥羽・平泉攻撃を決定、太平洋岸、日本海岸、内陸部の三方から軍勢を進撃させることにした。これに対して藤原泰衡は、伊達郡国見宿（福島県国見町）を最前線基地として異母兄国衡を総大将に二万余騎の軍勢を配置。さらに、その西北に位置する厚樫山の中腹から南の阿武隈川までの三キロメートルにわたって、幅十五メートルほどの二重の堀と三重の土塁を構え、河を堰止めて水堀としたのである。さらに、国見宿の後方、刈田郡根無藤（宮城県蔵王町）にも城郭を構築し、名取・広瀬の両河川（仙台市）の水底には大縄を張り、その北方にあたる国分原・鞭楯（仙台市）に本陣をおいた。しかし、鎌倉勢の侵攻は早く、八月十日には厚樫山の平泉勢を攻撃、逃げる国衡も柴田郡（宮城県）で戦死した。

以後、泰衡勢は敗走、平泉に到着した頼朝勢は泰衡の探索を開始した。九月二日には平泉を発って厨川柵（岩手県盛岡市）に向かったが、翌日には比内郡贄柵（秋田県大館市）まで逃れた泰衡も、郎従河田次郎のために殺害された。四日、志波郡陣ケ岡（岩手県紫波町）に到着した頼朝のもとに泰衡の首級が送り届けられた。

この後、朝廷から奥羽両国の土地支配権を承認された頼朝は、翌建久元年（一一九〇）三月、伊沢家景を陸奥国留守職に就けて、多賀国府の行政機構を掌握していった。奥羽の御家人支配を任された葛西清重と伊沢家景（留守氏の祖）を奥州惣奉行というが、奥羽両国が鎌倉幕府の支配に組み込まれていったのである。

頼朝は、この平泉攻撃に東国のみならず、遠く中国・九州の武士まで動員した。なかには、平泉攻撃に参加しなかったために所領を没収され、一方で、従軍して所領を安堵された武士もいた。頼朝は、この平泉攻撃を利用して彼らの去就を明確に求めたのである。[16]

頼朝の平泉攻撃の目的はこれだけではなかった。泰衡の首が届けられた際、前九年合戦の先例が踏襲され、泰衡の首は安倍貞任の首と同じ八寸の鉄釘で曝されたのである。しかも、この一連の行為は多くの軍勢の前で行われた。おそらく、先祖源頼義以来の主従制を印象づけ、頼朝の正統性を再認識させたのである。泰衡梟首の後に、あえて全国の武士を引き連れて厨川まで北上したのも、「前九年合戦」の再現であった(17)。

この奥羽合戦(18)に、石川氏はどのような行動をとったのであろうか。明確な史料が残されているわけではないものの、『尊卑分脈』には基光の二男秀康に「右大将家の御時、誅せらる」とある点は無視できない。「右大将家」とは、建久元年（一一九〇）一一月、右近衛大将に任ぜられた頼朝のことであるが、石川一族が頼朝に殺害されるのは、この奥羽合戦をおいて考えられない。鎌倉幕府が樹立された後も、石川氏（基光系）が御家人として存続したことを考えれば、頼朝に味方した嫡男光義と平泉の藤原氏に加担した秀康という、石川氏内部で去就が分かれたことを意味している（後掲図3参照）。

いずれにしても、奥羽合戦の後、石川光義が石川庄内の支配を頼朝から安堵されたことは、その子孫が鎌倉時代、同庄を支配し続けたことから確実であろう。さらに、佐竹義業の女子を母とする基光の弟である光家の系統も、石川庄内を支配することになる。

第二節　鎌倉時代の石川氏

一　幕府草創期の石川氏

奥羽合戦後、多くの鎌倉御家人が奥羽の地の地頭に任命され、かれらの支配するところとなった。たとえば、伊達郡は常陸国の御家人中村常陸入道念西に与えられた。伊達氏の祖である。さらに、浜通りの行方郡・好嶋庄預所職および亘理郡は千葉介常胤に与えられ、二男師常、四男大須賀胤信、三男武石胤盛にそれぞれ分与され、その後、現地に移住している。

これに対して、奥羽の武士で旧領を安堵されたのは石川氏や岩城氏、信夫郡の佐藤氏、出羽の由利氏などきわめて少なかった。こうしたなかで、石川氏の動向が確認されるのは、『吾妻鏡』建久六年（一一九五）三月一〇日条である。頼朝は、治承四年（一一八〇）に被災した東大寺大仏殿の落慶供養に参列するため上洛、ついで奈良に下った。この時の随兵に「石河大炊助」と「沢井太郎」が従っていた。

では、この石河大炊助と沢井太郎の実名を考えることは可能だろうか。当時の確実な史料が残されていないなかでは、後世に編纂されたものであっても系図を参考にせざるをえないが、基光の子光義を「沢田と号す、石河太郎」と記す『尊卑分脈』の記述は貴重である。もっとも、「沢田」は明治二二年に町村制が施行された際に成立した村名であるから、これは「沢井」の誤りであろう。また、後世の編纂資料ではあるが、「石川庶流系図」[19]では、基光を「沢井三郎」とするから、その子太郎光義を沢井太郎に比定できる。

石河大炊助についても、確実な史料は存在しない。小豆畑毅氏は、一三世紀中葉に発生した蒲田村（古殿町鎌田）をめぐる相論の一方の当事者である大炊助光行が、石川光盛の曾孫であることから、その家系は大炊助を名のったのではないかと類推し、建久六年の石河大炊助を光盛に比定している[20]。光盛は『尊卑分脈』に「石川太郎」とあるのみで確証はないものの、その可能性は否定できない。

ところで、ここに現れた石河大炊助（光盛）と沢井太郎（光義）は、石河庄に移り住んだ有光の孫にして、それぞれ光家・基光の子にあたる。佐竹氏の女子を母に持つ光家と、平泉藤原氏の女子を母に持つ基光の二系統の子孫が、頼朝の随兵として上洛しているのであって、それぞれ別個の御家人として幕府に御家人役を勤めている。以後、石川

図3　石川氏略系1（『尊卑分脈』「石川庶流系図」等による）

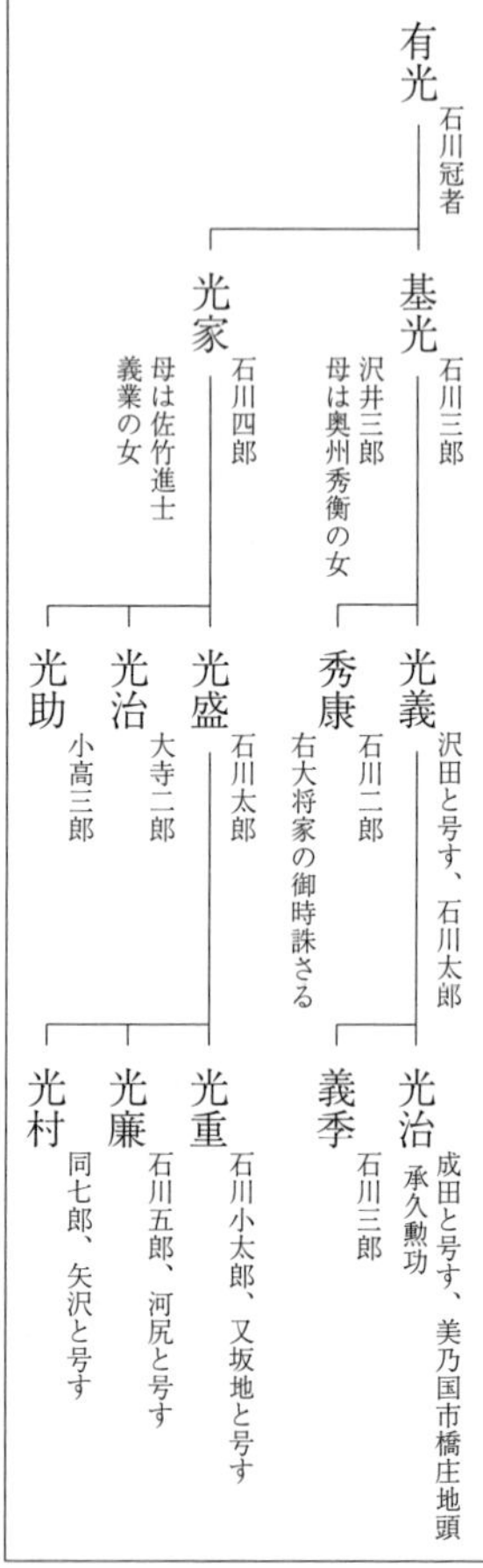

氏は基光系と光家系に分かれて、存続することになる（図3）。

二　幕府政治の進展と石川氏の分立

正治元年（一一九九）正月、源頼朝が没すると、「鎌倉殿」（頼朝以来の幕府最高権威者）の地位は嫡子頼家が継承した。しかし、頼家の権力は制限され、重要案件は北条時政・義時父子ら有力御家人の合議によって決定されることになった。その結果、この合議体制の主導権をめぐって御家人間の対立が表面化することになった。侍所別当の梶原景時が追討され、さらに三浦義澄や千葉介常胤という幕府の重鎮が亡くなるなか、建仁二年（一二〇二）七月、頼家が征夷大将軍に就いた。この頼家を支えたのが比企氏であったが、翌年七月、北条氏は頼家の発病をきっかけに比企一族を滅ぼすとともに、頼家を伊豆国の修禅寺（静岡県伊豆市）に幽閉し、翌年七月にはかれを暗殺した。こうして、次の将軍には、頼家の弟実朝が就任した。北条氏の外戚の立場は堅持されることになった。

この事件後、幕府の実権を握った北条時政とともに、その後妻である牧氏の女婿平賀朝雅が台頭し始めた。彼は頼朝の猶子であり、建仁三年一〇月には京都守護として上洛、後鳥羽院にも近仕していた。彼は時政とともに、幕政の実権を掌握しようとし、元久二年（一二〇五）六月、武蔵国留守所惣検校職として大きな勢力を持っていた畠山重忠を謀殺することに成功した。

比企氏や畠山氏が没落した今、北条氏に匹敵する勢力は、和田氏や三浦氏など一部の御家人しか残っていなかったが、建保元年（一二一三）五月、その残された有力者和田氏も北条氏の謀計によって滅ぼされた。この事件の直後、北条泰時は陸奥国遠田郡を獲得、さらに北奥津軽の平賀郡をも掌握した可能性がある。建保五年一二月、義時は陸奥守に就任、北条氏による奥羽支配が始まろうとしていた。

承久元年（一二一九）正月に発生した将軍実朝の暗殺事件は、幕府と朝廷との対立を激化させた。後鳥羽上皇は、実朝を頂点とする幕府の軍事力を国家（朝廷）の警察力として利用することを摸索し、自ら実朝に実名を与えたり、寵妃坊門局の妹を正室に迎えさせた。しかし、実朝の暗殺によってその構想を頓挫させられた上皇は、北条義時を排除することによって自己の構想を実現しようとした。これに対して義時は、実朝の後継者として皇族を考えていたが実現できず、そのため、頼朝の遠縁にあたる摂関家の九条道家の子三寅（後の四代将軍頼経）を迎えることになった。

承久三年五月、後鳥羽上皇は西面の武士や北面の武士、そして在京御家人、さらには畿内近国の武士を召集して北条義時追討の宣旨・院宣を下した。ところが、上皇に味方するものは少なく、畿内の大社寺も動かなかった。

これに対して幕府は、東国の御家人を動員して大軍を京都に派遣した。朝廷方も、美濃・尾張国境の木曽川まで軍勢を派遣したものの敗退。六月十四日には幕府勢は宇治川から京都に乱入して朝廷勢が一掃されることになった。泰時・時房による乱後の処理が開始された。後鳥羽院政が廃止され、院や順徳上皇・土御門上皇がそれぞれ隠岐・佐渡・土佐に流されるとともに、後堀河天皇が即位して後高倉院政が開始された。院方に加わった多くの御家人は斬罪に処せられ、没収された西国を中心とする多くの所領は、戦功のあった御家人に恩賞として給与された。幕府の支配圏は西国まで拡大し、そして強化されることになった。

この合戦の軍功記録が『吾妻鏡』や『承久記（古活字本）』に載っているが、六月一四日の宇治橋合戦に渡河して討ち死した人びとのなかに「石河三郎」が記録されていた。その実名を確認することはできないが、『尊卑分脈』に記載される沢井太郎光義の子光治に「成田と号す、美乃（濃）国市橋庄の地頭、承久の勲功」とある点が参考になる。

その弟義季は「石川三郎」であり、これらの点から小豆畑氏は、義季こそ石河三郎であり、「兄弟で出陣した」と指摘する。[21] 光治の参陣を確認できないものの、光治が「勲功」として市橋庄（岐阜県岐阜市）の地頭職を与えられたことからすれば、少なくとも弟義季の討ち死という軍功に対して、恩賞が兄光治に与えられたと考えることもできる。なお、光治の子孫は市橋庄を支配し続け、その子孫石川光忠は尾張藩で家老職を務めることになる。また、承久合戦に際しては、光治・義季兄弟という基光系石川氏の従軍が知られるのみで、光家系石川氏の動向は確認できない。

ところで、『吾妻鏡』には「武蔵守殿御手」、すなわち北条泰時の一手として参陣、宇治川で戦死した「石河平五」を記載する。遠藤巌氏は、北条氏の被官としての石川氏と考え、石川庄が北条氏の所領に組み込まれる時期を考える目安と指摘している。[22] これに対して小豆畑氏は、「平五」という名のりは平姓であるとして、常陸大掾氏と理解する。もっとも、桓武平氏流の梶原景季は「源太」を名のり、藤原流の宇佐美氏も「平左衛門」を名のる場合もあり、その可能性を指摘するに留めたい。

鎌倉殿と主従関係を結んだ武士、すなわち御家人は鎌倉幕府への奉仕活動として、いろいろな負担（御家人役）を強いられた。御家人側にしても、軍功によって恩賞が与えられることを考えれば、承久合戦への参陣は当然の行為であった。すでに述べたように、建久六年（一一九五）の頼朝上洛に際して、石川大炊助・沢井太郎を含む多くの御家人が供奉しているが、これも広義の軍事的負担といえよう。

また、幕府が御家人という武力集団を基盤にしていることもあって、朝廷は幕府に対して、京都の治安維持を求め、多くの御家人が交替で京都に在駐していた。いわゆる大番役であるが、さらに、市中の治安を維持するために篝屋を設置し、その維持も「篝屋役」として幕府（御家人）が担った。後には、鎌倉の警備（鎌倉番役）も加わった。

しかし、御家人役は戦争への従軍を中心とする軍事的負担だけではなく、多くの経済的負担も賦課された。たとえば、寿永元年（一一八二）三月、頼朝は妻政子の安産を祈願して鎌倉・鶴岡八幡宮に通ずる参詣路を整備したが、その際、自ら指揮するとともに、北条時政以下の御家人が土石を運んだことが『吾妻鏡』に載っている。いわゆる「段葛」の整備であるが、これなど早い時期の御家人役である。その後、鎌倉が都市として発達してくると、都市基盤の整備・補修も求められてくる。

これに関連して、鎌倉の中心的な大路でもある若宮大路の側溝の底部から、三点の木簡が出土したが、それらは、「二けん　おぬきの二ろう」、「二けん　まきのむくのすけ」、「二けん　かわしりの五ろう」と読むことができた[23]。この三人がどのような人物か、即断することは容易ではないが、松吉大樹氏はそれぞれ小貫二郎・牧木工助・川尻五郎と読み解き、いずれも石川氏一族であること、さらに石川氏が北条氏の被官である御内人であることを考えると、石川一族が若宮大路の普請を負担した御内人役ともいうべきものの事例であることなどを指摘している[24]。この木簡が書かれた時期など明らかにできないが、『鎌倉市埋蔵文化財緊急調査報告書12　平成七年度発掘調査報告』は、側溝の年代を出土遺物から嘉禄元年（一二二五）～鎌倉時代後期に比定している。そこで、この年代を前提に、三人の名を考えてみよう。

図４　石川氏略系２―１（『尊卑分脈』による）

図５　石川氏略系２―２（「石川庶流系図」による）

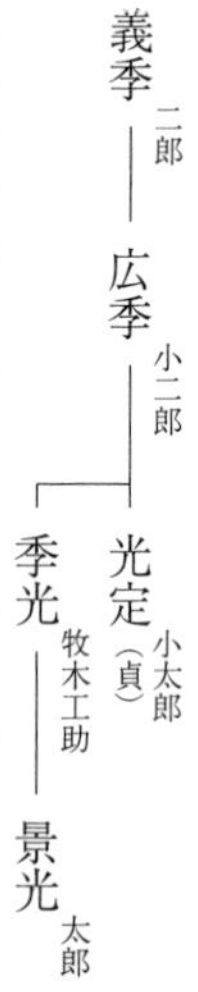

牧木工助について『尊卑分脈』（図４）には、基光系石川氏で、義季（石川三郎）の子季光に「木工助」とあり、「石川庶流系図」（図５）も季光を「牧木工助」と記しているが、義季の子広季の子（義季の孫）となっている。すでに述べたように、義季は承久合戦で討ち死にしているから、その子孫である牧木工助季光も一三世紀半ば（あるいは半ば後半）と考えられる。

ついで、河尻五郎については、光家系石川氏の光盛の子光廉に、『尊卑分脈』では「石川五郎、河尻と号す」と記し、「石川庶流系図」では「河尻と号す、小五郎」とあり、その可能性がある。ところで、文永二年（一二六五）八月の北条義宗下知状[25]には、光盛が承元三年（一二〇九）、所領九か村を嫡子光重に譲与したことを載せているが、とすれば、光廉は十三世紀前半の存在ということになる。

小貫二郎については『尊卑分脈』に記載がないものの、康永二年（一三四三）九月付の結城親朝注進状案[26]に「同（石川）小貫三郎時光」とあり、小貫氏が石川一族であることが確認できる。その系譜を明らかにできないが、少なくとも一三世紀半ばに「小貫」氏が石川一族として存続していたことは確実である。

ところで御家人役には、朝廷を含む京都の建造物の維持・再建への奉仕も含まれていた。たとえば、建長二年（一二五〇）三月、幕府は閑院殿を造営する担当者の名簿を朝廷に送った。閑院殿は、もともとは九世紀の藤原冬嗣の私邸であったが、院政期には里内裏として利用され、さらに白河上皇の御所として造営、以後も里内裏として用いられたものである。

この担当者名簿のなかに、二条大路の北、油小路に面する築地塀の一部を負担する「河尻太郎」の名があった。『尊卑分脈』では、河尻修理亮助廉の子助光を「河尻太郎」と記載し（図6）、「石川庶流系図」では「小太郎」とするが、既に述べた河尻五郎光廉の孫に当たる。

しかし、名簿上は河尻太郎助光が単独で築地塀の造営を負担することになっているが、実態はそうではなかった。当時の武士団は、惣領家を中核として多くの庶子家が寄り添って行動していたが、幕府に対しては、惣領家が庶子家を含む一族を代表して御家人役を負担していた。賦課する負担額は、惣領家から庶子家に対して、その支配する所領の規模に応じて配分されることになっていた。したがって、河尻太郎助光もまた河尻一族を代表して、御家人役を務めたのである。

ところで、この閑院殿の造営を負担したのは、御家人であって御内人ではなかった。河尻太郎助光もまた御家人と

図6　石川氏略系3（『尊卑分脈』による）

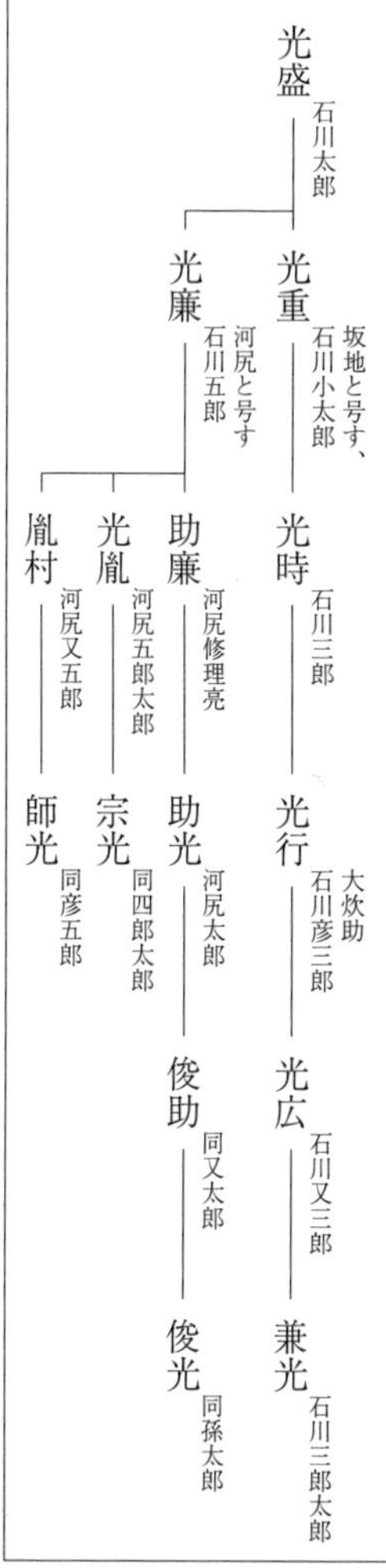

して、この造営役を負担したのである。したがって、既述の若宮大路の普請を負担した石川一族が御内人であったとは断言できず、比定できる人名から設定できる一三世紀半ば、閑院殿造営役を勤仕する「河尻太郎」の例からも、小貫氏以下が御内人であったとは断言できない(27)。

一方、後に詳しく述べるように、極楽寺流北条氏の被官として光家系石川氏を確認できるのであって、いつごろ、どのような理由から、石川氏が北条氏の被官に組み込まれるのかが新たな課題となる。

第三節　鎌倉北条氏と石川氏

一　北条氏の専制と石川氏

執権義時は、元仁元年（一二二四）六月、病没した。その直後、義時の後妻伊賀氏が女婿一条実雅を将軍に、子息政村を執権に立てようとしているとのうわさが流れた。そのため、泰時は幕政に大きな影響力を持っていた頼朝の後家政子（泰時の伯母）から「軍営の後見として、武家のことを執行すべきこと」（『吾妻鏡』）を申し渡されたうえで、次期将軍ともなるべき藤原三寅を戴き、幕府の宿老や多くの御家人を集結させ伊賀氏の計画を防ぐことに成功した。

泰時は、執権を中心とする幕府政治の安定化をめざした。嘉禄元年（一二二五）一二月、新築された幕府（宇都宮辻子）に三寅（四代将軍藤原頼経）を迎え入れるとともに、連署に時房を迎え、評定衆を設置して幕府の中枢に据えた。さらに貞永元年（一二三二）七月には、幕府の基本法ともなる「関東御成敗式目」を編纂した。

泰時の後、孫の経時を経て執権に就任したのは、その弟時頼である。寛元四年（一二四六）閏四月のことである。時頼は、幕政を主導し、康元元年（一二五六）に執権職を一族の長時に譲与したものの、その後も弘長三年（一二六三）一一月に亡くなるまで幕政の実権を掌握した。

この時頼の時代は、執権として政務を担当した前半期に対し、執権職を辞退した後半期は、北条氏の本宗家（得宗家）という立場でもって政局を運営した。おそらく、多くの被官と所領を支配し、他の御家人とは比較にならない権力基盤を掌握した時頼は、執権という公的立場を離れても、北条氏の本宗家という立場から幕政の中心を占めることができたのである。

この時頼の時代、政治はその私邸で行われる「寄合」と称する秘密会議で重要案件が取り決められた。しかも、その「寄合」に出席できるのは、北条政村や金沢実時といった北条氏のなかでも時頼派や伯父安達義景という、もっとも信頼しえる人びとや有力被官だけであった。こうした「寄合」といい、執権職の一族への譲与といい、時頼の政治には専制的な兆候があった。一方で、負担の多い大番役・篝屋役という御家人の負担を軽減するとともに、引付制度を創設して裁判の能率化と公正をはかろうともした。

北条氏の強大化・専制化は、奥州においてもその実態をみることができる。たとえば、遠藤巌氏は陸奥国八二の郡・庄・保のうち、三〇地域に北条氏の所領を指摘され、[28]さらに奥富敬之氏も半数以上の四五地域を北条氏の所領と考えている。[29]これら北条氏の所領は、北条義時が陸奥守に任命された時、国衙領がその支配に組み込まれ、さらに和田氏や三浦氏を排斥する過程でその一族の持つ所領を集積して肥大化していったものであろう。

北条時頼が、得宗として幕政に大きな影響を与えていた頃、おそらく弘長元年（一二六一）三月以前のことではあるが、蒲田村（古殿町鎌田）の支配権をめぐって、光家系石川氏の大炊助光行が一族の坂路光信を北条重時に訴えるという事件が発生した。

光行は、父光時が嘉禎三年（一二三七）一〇月に曾祖父光盛から譲与された蒲田村を建長六年（一二五四）一〇月に

図7　石川氏略系4（石川氏関連資料による）

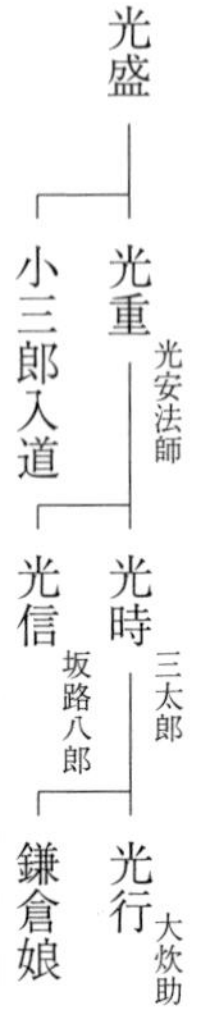

相続したこと、光時の没後、祖父光安法師（光重）が蒲田村を支配してしまったが、祖父に対する敵対行為を恐れて黙っていたこと、しかし、その祖父が没した今は、それ以前の相続に基づいて蒲田村を支配したいと訴えたのである。

　これに対して光信は、光盛が承元三年（一二〇九）、嫡子光重（後の光安法師）に「富益内の村々」を譲与したこと、これに対して光時は、祖父光盛に懇望して蒲田村の譲状を強要して得たこと、そこで光重が光盛に問いただしたところ、光盛の「返状」には廻谷村を光重の弟「小三郎入道」に相続させ、残りの村々は承元三年の譲状のまま、光重が支配することが記載されていること、したがって、強要して得た光時の譲状は破棄して欲しいこと、そればかりか、光時・光行父子は光重に敵対するものであるから、教令違犯の咎に処して欲しいと答弁した。

　これに対して北条重時は、弘長元年（一二六一）三月、嘉禎三年に光時が光盛から蒲田村を譲与されたことは事実であり、光重の得た光盛の「返状」に蒲田村を悔い返すという文言が記載されていないので、光行の提出した証文（光時の譲状）は破棄しがたい。したがって、光行の蒲田村支配を認めるべきであるとの裁許を下したのである。両者の関係をまとめると、図7のような系譜ができるが、蒲田村をめぐる叔父・甥の対立であった。

二　坂路光信の越訴

　ところが、この内紛はこれで収まらなかった。今度は、弘長元年の判決に不満を持つ坂路光信（行円法師）が大炊助光行（光蓮法師）を訴えたのである。いわゆる「越訴」である。この制度は、文永元年（一二六四）一〇月、北条実時・安達泰盛を越訴頭として成立したものであったが、光信はさっそくこの制度を利用したのである。(30)

　今回の訴状からは、光盛から嫡子光重に譲与された「富益内の村々」とは、坂地（坂路）・千石（古殿町仙石）・富

承元３年(1209)	光盛は嫡子光重に「富益内の村々９か村」を譲与。
嘉禎３年(1237)10 月	光時、祖父光盛に懇望、蒲田村を譲与される。
嘉禎４年(1238)10 月 10 日	光盛、廻谷村を子の小三郎に譲与、残りは嫡子光重に譲る。
建長６年(1254)10 月 13 日	光時、祖父光盛の譲状に任せ、光行に蒲田村を譲与。
	蒲田村内吉田屋敷と田１町を「鎌倉娘」に譲与。
	光時没後、祖父光重が蒲田村を支配、祖父に対する敵対行為を恐れて沈黙。
	祖父の没により、蒲田村の支配を要求して提訴。
正元元年(1259)12 月５日	光重が坂路光信に与えた譲状に蒲田村譲渡が記載。
弘長元年(1261)３月	北条重時、光行勝訴の判決を下す。
?	光信、光行を提訴。
文永２年(1265)８月	北条義宗、光行勝訴の判決を下す。

沢・谷俣（八又）・都賀（戸賀）・河部（玉川村川辺）・給当（矢吹町久当）・堤（矢吹町堤）・廻谷の九か村であったこと、光盛から光重への「返状」は嘉禎四年（一二三八）のできごとであったことなどがわかる。

さらに光信は、蒲田村支配の正当性を示すものとして、正元元年（一二五九）一二月、父光重から蒲田村相続を記載した譲状の存在を主張。これに対して光行は、祖父光盛から孫光時に蒲田村が譲与された理由として、光盛が孫の光時を二歳の時から養育していること、光重への譲状に蒲田村譲与の旨を記載したのは、光盛が「所労」の時であって、「隔にて有る」ので、とくに文書として光時に与えたと主張している。意味が判りにくいが、子への譲与ではなく、孫への譲与であるため、とくに意識して譲状を書き残したものであろう。

これに対して北条義宗は、弘長元年に下された北条重時の判決理由をほぼ踏襲し、文永二年（一二六五）八月に光行勝訴の判決をふたたび下している。ここでは、光重に蒲田村を譲与する旨が記された正元元年の光重譲状はまったく考慮されていない。蒲田村をめぐる相論は、光信の執拗な訴えにも拘わらず、光行の勝訴に終わったのである。

ところで、この石川一族の所領紛争に対して、判決を下したのは北条重時であり、孫の義宗であった。御家人の所領相論に対して、審議を行い、判決を下すのは引付衆であり、執権および連署である。弘長元年の執権・連署は北条長時と政村であり、文永二年のそれは政村および時宗である。さらに、執権および連署の下す判決書は、その最後に「依仰、下知如件」あるいは「依鎌倉殿仰、下知如件」とあるために「関東下知状」と称されるものであるが、石川氏のそれは、「〜状如件」とあって、明らかに幕府発給の文書ではなかった。

この事実は、石川一族の紛争に対し、重時家の家政機関から判決書が出されたものと考えられ、少なくとも光盛系石川一族は、重時〜義宗の被官であったと判断せざるを得ない。光行が、一族内の所領紛争を訴えた相手が重時であったことは、重時と光行とのあいだに被官関係があったことを想定できるのである。

三　石川光広と石川光隆の相論

光盛系統の内紛は、なおも続いた。いつの頃からか、光行は越後国苅羽郷（新潟県五泉市）半分を支配していた。永仁六年（一二九八）三月、光行（石川大炊助入道光蓮）は道円にその三分の一を、残りを子息光広に譲与し、一二月になって「安堵の御下文」が下された。ところが、これに不満をもった道円は再配分を求めて提訴したため、「訴陳」が繰り返された。道円も光行の子であろう。

その結果、正和二年（一三一三）一一月、特別な配慮（別儀）から「和与」が成立し、光行の知行分半分が道円に与えられることになった。道円の勝訴でもあった。その際、「和与」を保証するため、散位藤原朝臣□□の「判形」（花押）が裏面に据えられた。藤原某がどのような人物か判らないが、北条氏（重時系統）の家司であった可能性がある。

ところで、この史料は最初の部分が欠けていた。この欠けた部分に、あるいは「蒲田村」が記載されてあった可能性は残る。すなわち、それから一〇年以上経った嘉暦二年（一三二七）頃、光広（入道して真蓮）は、蒲田村に関連して一族石川与四郎（光隆）を訴えた。その内容は明らかではないが、これに対して光隆は答弁書を提出したため、光広はふたたび訴状（重訴状）を提出したのである。結局、決着せず、光隆に鎌倉への出頭が求められた。

当時の裁判は当事者主義であったから、訴人の主張に対して、論人は証拠書類とともに陳状を提出して陳弁しなければならなかった。すると、この陳状に対して、訴人は陳状の不備を指摘して自己の正当性を主張するため、再度訴状を提出した。これが「重訴状」であるが、論人もまた再度陳状を提出した。これが「重陳状」である。こうして、訴人・論人によって訴状（重訴状）・陳状（重陳状）の提出が原則的に三度繰り返されたため、「三問三答を番える」といわれた。「問答を遂げ」るのである。この訴状・陳状を吟味するのが司法当局の役目であって、独自の捜査などは行われなかった。そのため、現実には容易に解決せず、その時には、訴人・論人双方を鎌倉に出頭させ、法廷で互いに主張を述べさせて、その不備を見いだして判決が下されたのである。

なお、御家人に対する召状は、次のよう関東御教書(31)の形式をとった。

相馬孫五郎重胤申、陸奥□□□村田在家事、訴状如此、早□□□可被参対之状、依仰執達如□、

元亨二年閏五月四日　武蔵守（北条守時）□□（花押）

長崎三郎（思元）左衛門入道殿

ところが、光広・光隆の相論に対して出頭を命じたのは、大宅某と左衛門尉某の二人であった。この二人は、おそらく北条氏（重時系）の家司であった可能性がある。たとえば、得宗家はその家政機関として公文所を設置しており、出頭命令ではないものの、次のような公文所に出仕する家司の連署による奉書(32)を発給していた。

筑前国宗像第二宮造営事、物社、自公方雖有其沙汰、依別御願、所被寄銭伍佰貫也、早為奉行、募当庄年貢、急速可被終其功之由候、仍執達如件、

元応二年二月十九日　　平（花押）
沙弥（花押）
左衛門尉（花押）
宗像大宮司殿

その特徴は、発給者が執権や連署などの北条氏であった関東御教書に対して、官職を持たないか（平や沙弥）、せいぜい左衛門尉のように低い官職の者が関わっていた点にある。当時、重時系北条氏の当主は前年四月、執権に就いた守時であったが、大宅・左衛門尉が関わった奉書は、得宗家公文所の発給したものに近似しており、守時家にも類似の組織が設置されていた可能性がある。

このように考えると、光行（光蓮法師）の所領を光広・道円が和与した際に作成された和与状に、今後の証文として判形を据えて裏書した「散位藤原朝臣□□」も、当時、引付衆の一番頭人であった守時の家司と理解できる。いずれにしても、光盛系石川一族は重時系北条氏の被官として、所領支配を維持し続けていたのである。

四　「北条貞時十三年忌供養記」に見る石川一族

応長元年（一三一一）一〇月、執権北条貞時が病没。元亨三年一〇月（一三二三）には、一三回忌の法会が鎌倉円覚寺で催された。その時の記録が「北条貞時十三年忌供養記」[33]として残されている（以下「供養記」と略述）。この記録には、全ての北条氏とその被官だけでなく、多くの御家人の名が記載されており、貞時の一三回忌が、幕府あげての法会という形で行われたことを示している。

「供養記」には、馬を貢進するなど一二名の石川一族の名が記載されており、貞時の一三年忌法会に参列、応分の

表１「北条貞時十三年忌供養記」に見る石川一族と負担内容

石川一族	負担内容	
石河（川）孫大郎入道	馬一疋	
石河（川）小太郎	馬一疋	但馬権守（邦貞）馬一疋　御使　石川三郎
石川三郎		内蔵権頭（邦敦）馬一疋　岡村右衛門入道進　御使　石河三郎
石河沢井六郎入道	馬一疋	
石河沢井小六郎	馬一疋	
石河牧木工助又大郎	馬一疋	
石河大炊助又太郎	馬一疋	宮内少輔（光遠）馬一疋　御使　江馬平四郎
石河々尻六郎	馬一疋	
石河高貫弥五郎	馬一疋	
石河大寺孫太郎	馬一疋	駿川左近大夫（常葉範貞）馬一疋　御使　五大院七郎
石河次（須）鎌彦大郎	馬一疋	
石河大嶋六郎	馬一疋	

役割を負担するなど、一定の奉仕活動を得宗家に対して行っていることがわかる（表1）。この一二名は、石川姓だけの者が一部にいるとはいえ、ほかは「石河大寺」や「石河牧」という複姓を名のっている点に特徴がある。しかも石川に続く苗字は、支配する所領名に基づくものであろうから、鎌倉時代末期の石川氏、あるいは石河庄の状況を知るうえでもきわめて貴重な史料といえる。

ところで、石川氏は有光の後、基光系と光家系に分かれたことはすでに記した。この「供養記」に記された石川一族も、判断できない例があるものの、この二系統に大別できる。

まず、石河三郎・石河小太郎・石河孫大郎入道という、「石河（川）」を名のる一族は、おそらく基光系と思われる。また、基光が「沢井」を名のったことからすれば、石河沢井六郎入道・石河沢井小六郎も、基光系石川氏であることは確実である。

さらに石河牧木工助又大郎は、基光系光義の子季光が「牧木工助」を名のっており、その子孫であろう。『尊卑分脈』は、季光の孫光氏に「助又太郎」と注記している。「牧」は、社川の東、現在ＪＲ水郡線が通る地域の旧い地名であったらしく、社川の南に位置する沢井を支配した基光系石川氏がその北・東に所領を開発・拡大した結果、牧「氏」を創出させたものと思われる。鎌倉市の若宮大路から出土した木簡に「まきのむくのすけ」（牧木工助）とあったことはすでに記した。

いずれにしても、沢井や牧という、社川が阿武隈川と合流する地域（石川町西部）を基光系石川氏が支配していたのである。これに対して、光家系石川氏はどうであったろうか。

石河大炊助又太郎は、大炊助を名のっていることから、弘長元年（一二六一）以前に坂路光信と蒲田村をめぐって裁判を展開した「大炊助光行」の系統（光家系）であることはいうまでもない。光行は、文永二年（一二六五）当時、すでに出家しているが、その時から約五十年ほど経過していることから、光行の孫世代が考えられる。

石河々尻六郎は、『尊卑分脈』によれば、基光の子秀康に「河尻と号す」とあるが、秀康は頼朝によって殺害されており、その子孫を確認できない。ところが、光家系光盛の子光廉が「河尻」を名のってその子孫が継承しており、「河尻」の支配は基光系から光家系に移ったことが推測される。小豆畑氏は、河尻又五郎胤村の子「六郎光方」に比定している。

ところで、この「河尻」とは石川庄内のいずれの地域名であろうか。この河尻を諸資料から検出すれば、既述の北条重時下知状に記される「石川庄河尻郷内蒲田村」や徳治二年（一三〇七）の熊野三山の檀那職をめぐる相論に関連して作成されたと思われる旦那相論和与状[34]に記される「石河一門河尻方竹貫七郎」が参考となる。「蒲田村」は鮫川の上流、古殿町鎌田に、「竹貫」も隣接する古殿町竹貫にそれぞれ比定されるから、遠藤巌氏の説くように、鮫川上流域が「河尻」郷であって、あるいは松川や田口もその域内であったかも知れない。したがって、石河高貫弥五郎も古殿町竹貫を支配した光家系石川氏であろう。

石河大寺孫太郎は、『尊卑分脈』によれば光家の二男光治に「大寺二郎」とあり、その子孫であろう。「大寺」は、玉川村南須釜・舘坂に「大寺城跡」が残存し、字南宿・古宿など城下集落的地名も残されているが、その周辺の地域名であろう。『尊卑分脈』はその子孫を伝えていないが、康永二年（一三四三）の結城親朝注進状案[35]にも「同（石河）大寺孫三郎祐光」を載せており、やはり光治の子孫と考えられる。

なお、『尊卑分脈』は光家の三男光助に「小高三郎」と注記しており、大寺に近い玉川村小高を支配したものである。「石川庶流系図」は、光資（助）の子光康に「須鎌と号す」と注記しているが、光助の子孫がその周辺に拡大し、玉川村須釜を支配したことに基づくものと思われる。「供養記」に載る「石河次鎌彦大郎」の「次鎌」も須鎌の誤りと思われ、「石川庶流系図」では光康の曾孫義光に「彦太郎」と注記する。また、北須釜や小高には、一四世紀初頭以降の板碑が残されており、同系の石河一族が蟠踞していたことがわかる。石河大嶋六郎は、まったく判らない。

このように「供養記」からは、石川氏の多くの一族が十三年忌法会に参列しているのであるが、表1に示したように、石川姓の基光系、大炊助系・大寺＋小高系の光家系に二分ないし三分されることがわかり、しかも、石河小太郎・石河大炊助又太郎・石河大寺孫太郎が他の一族よりも負担額が多いことがわかる。あるいはこの三名がそれぞれの家系の惣領的地位に就いていたことを物語っており、有光後の石川一族の分立の実態を示しているのかもしれない。

五　石川氏は北条氏被官か

ところで、「供養記」に石川一族の多くが記載されていることもあってか、これまで石川庄の惣地頭職が北条氏領であると主張されてきた。たしかに北条氏は陸奥国内に多くの所領を獲得してきたが、それには、有力御家人を排除し、あるいは義時の陸奥守就任をきっかけに国衙領を支配下に組み込むなどの手段が取られてきた。いわば、上からの掌握であった。

たとえば、陸奥国遠田郡（宮城県遠田郡）は和田義盛の滅亡後、北条泰時に与えられたものであり、名取郡もまた三浦義村に与えられて後、三浦氏が宝治合戦で滅びた段階で北条氏が手に入れた所領である。

ところが石川庄については、北条氏が惣地頭職を掌握、ないし惣地頭であった痕跡が確認できないのである。おそらく、石川庄惣地頭職が北条氏によって掌握されているとの理解は、「供養記」に多くの石川一族が記載され、得宗貞時の十三年忌であるがゆえに得宗被官（御内人）と認識されたことに由来するのではなかろうか。

しかし、貞時十三年忌に馬を含めて負担を強いられた人びとには、北条氏の被官ばかりか御家人も含まれていたのであり、全てが得宗被官であったわけではない。石川氏が一族内の紛争処理を訴えたのが極楽寺系北条氏（重時系）であったことを踏まえれば、少なくとも重時系北条氏の被官に組み込まれた石川氏が存在したことは確実であっても、石川氏の全てが北条氏の被官に組み込まれたことは意味しないのではなかろうか。

幕府滅亡後の建武元年（一三三四）四月、陸奥国司北畠顕家と思われる人物が石川庄内の鷹貫（竹貫）・坂地・矢沢三か郷を結城宗広に宛て行っている(36)。この鷹貫郷以下は北条氏の旧領として建武政府に没収され、宗広に恩賞として与えられたものと思われる。史料の欠如も考えられるが、それにしても、これ以外で新政府に没収された石川一族の所領は確認できない。後述するように、石川一族がいち早く倒幕方に加担したという事情も考慮すべきではあるが、北条氏が石川庄の惣地頭職を掌握していたとすれば、没収された所領がわずか三か所とは少なすぎるように思われ、この点からも石川一族の全てが被官化していたとは考えられないのである。

六　石川一族の分出

「供養記」から、石川一族が庄内の各地に派生・分出したことが確認されたが、他の事例もいくつかの史料から確認できる。たとえば、建武四年のことではあるが、菊田庄滝尻城に籠もる小山駿河権守を攻撃した石川松河四郎太郎は、その苗字から現古殿町松川に由来するものであろうし、また、翌年五月、上洛する北畠顕家軍を追走し、伊勢・

奈良、さらには阿倍野・堺での合戦の軍忠を求めた石河小平七郎三郎光俊や結城親朝と連携した石川千石六郎時光も、平田村小平および古殿町仙石にそれぞれ由来するものである。

なお、「千石」は承元三年（一二〇九）、光盛が嫡子光重に譲与した九か村に含まれており、さらに松河・小平もまたその地理的位置から、光家系石川氏ではなかろうか。「石河庶流系図」には光盛の孫光経が小平を、その弟光胤が松川を、さらにその弟胤村が「田口」をそれぞれ名のったとあり、これらをまとめた地域（河尻郷）がその祖光盛によって支配され、以後、新たに開発された村名が次世代によって苗字の地となったことが推定できる。

ところで、「石川庶流系図」では河尻を名のる光廉の曾孫経胤が「松崎」を名のっている。松崎は、現在の中島村松崎に比定できるが、河尻氏系が石河庄北域も支配していたことになる。もっとも北域は、光家の次子光治が大寺を、三子光助が小高を名のっており、光家系ではあるが、おもに光盛系（河尻氏系）以外によって支配された可能性がある。小高光助の次子光康が「須鎌」を、三子資朝が「吉村」を名のっているのも、泉郷川に沿った開発の結果と見ることもできよう。

このような事例からは、石川一族が石河庄内各地に蟠踞していたことがわかるが、一族が錯綜したかたちで所領の支配にあたっていたことを想像させる。おそらく、そうした状況が、時には境界をめぐる紛争を発生させ、あるいは所領そのものをめぐる相論さえ惹起させたであろうことは、大炊助光行と坂路光信の相論からも理解できる。「供養記」の記述から、石川一族がまとまった行動をとっていたかのように考えやすいが、必ずしもそうではなく、所領支配をめぐって内紛がおこる危険を常にはらんでいたのである。

七　幕府の滅亡と石川氏の去就

文保二年（一三一八）に即位した後醍醐天皇は、延喜・天暦の治の醍醐天皇にならって自ら「後醍醐」と名のり、

図８　中世前期の石川庄関連地名

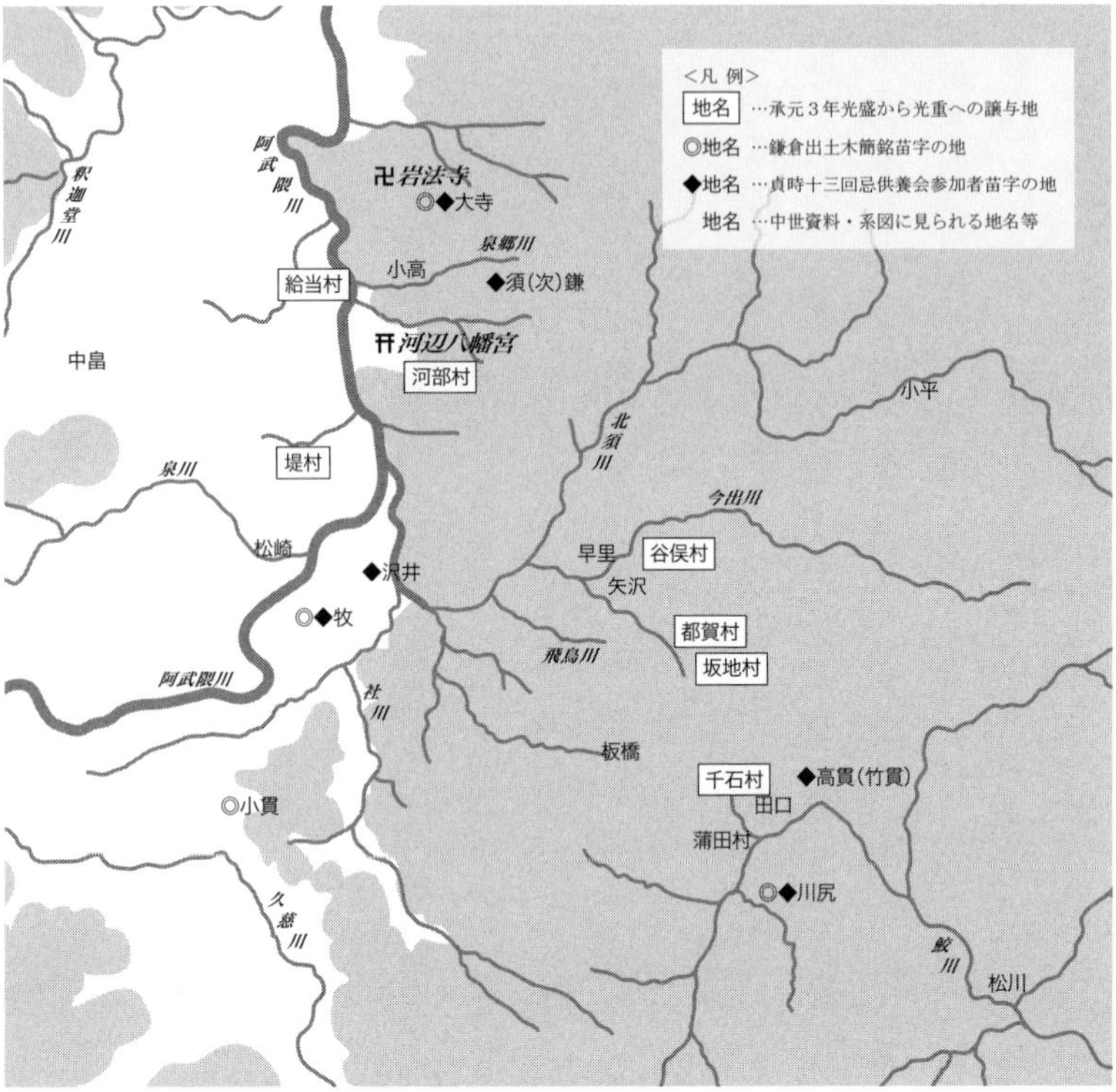

天皇親政という政治理想の実現に向かった。幕府討滅の計画は、正中元年（一三二四）および元弘元年（一三三一）五月になされたが、いずれも発覚、計画は頓挫、八月、笠置山に入った天皇に対して、翌月には幕府が大軍を京都に派遣した。この幕府の派遣軍は、北条一族の大仏貞直や塩田時見、そして足利高氏（後の尊氏、便宜、尊氏と記す）が引率したものであったが、結城上野入道（宗広）や岩城次郎入道・相馬右衛門次郎・岩崎弾正左衛門尉・高久孫三郎・伊達入道・田村刑部大輔入道など、浜通りや中通りに関係する武士も加わっていた（『太平記』）。

　九月、幕府軍の攻撃で笠置山は陥落、天皇は捕らえられ、翌年三月には隠岐に流された。その後、天皇の皇子護良親王や楠木正成に同調するものが続出、元弘三年（正慶二年・一三三三）閏二月、隠岐を脱出した天皇は伯耆

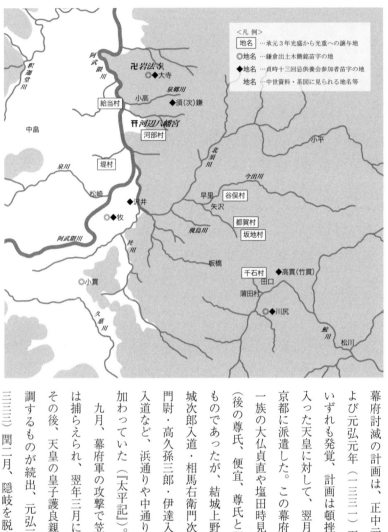

の名和長年に迎えられ、船上山を本拠にした。これに対して幕府は、ふたたび名越高家や足利尊氏を上洛させたが、尊氏はその途中で後醍醐天皇から幕府討滅の綸旨を得たらしい（『梅松論』）。丹波国篠村に入った尊氏は、五月七日、京都の六波羅探題を陥落させたのである。

一方、新田義貞も護良親王の令旨をえると、さっそく帰国、五月八日には新田庄内の生品明神（群馬県太田市）で倒幕の行動を開始し、翌日には武蔵国に攻め入った。これに尊氏の子千寿（後の義詮）も合流、一八日には鎌倉を攻撃した。激戦が鎌倉の各所で繰り広げられたなかで、義貞が稲村崎から鎌倉に突入、五月二二日、ついに高時を始めとする北条一族・その被官は代々の墓所東勝寺で自害して全滅したのである。

ところで、石川大炊助余四郎光隆が「伯耆国船上寺」を攻撃するための出陣命令を幕府から受けたのは四月一六日のこと。[37]しかし、光隆はこれに応ぜず、翌五月二三日には「安積郡佐々河城」の陸奥六郎（北条俊時）を攻撃、自身も手負いを受けたが、七月には鎌倉に到着して「二階堂釘貫役所」に勤仕している。[38]光隆は、大炊助を名のっており、おそらく極楽寺系北条氏の被官であったはずであるが、北条氏に与せず、かえってその追討軍として行動したのである。なお、光隆の「役所勤仕」を認定したのは泰政と経道の二人であったが、その軍功認定は新田義貞と異なるから、光隆は足利千寿（義詮）のもとに加わったものであろう。また、同じ七月、石川（板橋）□郎時光は、上洛するとともに足利軍に加わるため、尊氏の奉行所に赴いている。

一方、石川七郎□□義光は、五月一七日には相模国世野原に到着、一八日の稲村崎の戦いを経て二一日には前浜（鎌倉・由比ヶ浜）での合戦を報告、その軍功を新田義貞から認められている。[39]北条氏が幕政を掌握していた時、石川氏（その一部か?）はその被官として行動していたのであるが、幕末の混乱期にあって、石川一族は倒幕方に付きながらもそれぞれの判断で行動し、新しい時代に対応しようとしたのである。

註

（1）川辺八幡神社文書建武三年三月三日付沙弥光念紀進上案（『石川町史』第三巻〈中世編年資料六三〉、以下「石川編年□と略述」）。
（2）「十二〜十三世紀の陸奥国石河荘」（『宮城教育大学紀要』第三二巻、一九九八）。
（3）國學院大學『久我家文書』第一巻（一九八二）。
（4）本書では、『修訂石川一千年史』（『角田市史　別巻Ⅰ』一九八五）を使用した。
（5）「治承・寿永内乱期南奥の政治的情勢」（『日本中世の政治と文化』〈吉川弘文館、一九八〇〉所収）。
（6）註（2）前掲書。
（7）『石川町史』第三巻（中世付二）。
（8）小豆畑毅氏「石川有光伝説の形成と流布」（『石川史談』第一九号、二〇〇七）。
（9）佐々木紀一氏「北酒出本『源氏系図』の史料的価値について」（山形県立米沢女子短期大学『生活文化研究所報告』第二七号、二〇〇〇）。
（10）『福島県史七　古代中世資料』（一九六六）金石文九六。
（11）入間田宣夫氏『都市平泉の遺産』（山川出版社、二〇〇三）、同『平泉藤原氏と南奥武士団の成立』（歴史春秋社、二〇〇七）。なお、折敷墨書に記載された人名については、拙稿「奥州藤原氏の奥羽支配―折敷墨書を読む―」（『政治経済史学』第三四八号、一九九五。後に拙著『鎌倉幕府と東国』続群書類従完成会、二〇〇六に収録）および小豆畑毅氏「奥州藤原氏と石川氏―柳之御所跡出土折敷墨書をめぐって―」（『石川史談』第一二号、一九九九。後に同氏『陸奥国の中世石川氏』岩田書院、二〇一七に収録）を参照されたい。また、この折敷冒頭の墨書銘は「人々給絹日記」と読まれてきたが、近年、鍛代敏雄氏（東北福祉大学）は「久ハし給絹日記」（下賜給絹日記）と読むべきではないかと指摘された（「柳之御所遺跡出土の折敷墨書を読み直す」『東北福祉大学芹沢銈介美術工芸館年報』10号、二〇一九）。首肯すべきであり、拙著等で引用した箇所についても訂正すべきと考えている。

(12) 塩谷順耳氏「兼任の乱の歴史的意義」（『秋田地方史の研究』一九七三）や『秋田市史　第二巻　中世　通史編』（一九九九）は、北奥羽では大河兼任・河田次郎の事例を挙げて平泉藤原氏との関係が弱い武士も存在したと指摘する。

(13) 『いわき市史』第一巻（一九八六）。

(14) 『十訓抄』。

(15) 註（11）拙著。

(16) 入間田宣夫氏「鎌倉幕府と奥羽両国」（大石直正等編『中世奥羽の世界』〈東京大学出版会、一九七八〉所収）。

(17) 川合康氏「奥州合戦ノート―鎌倉幕府成立史上における頼義故実の意義―」（樟蔭女子短期大学『文化研究』三号、一九八九。後に『鎌倉幕府成立史の研究』〈校倉書房、二〇〇四〉に収録）。

(18) 横山昭男氏・誉田慶信氏・伊藤清郎氏・渡辺信氏『山形県の歴史』（山川出版社、一九九八）および拙稿「東遷した武士団」（関幸彦編『武蔵武士団』吉川弘文館、二〇一四）。

(19) 佐々木紀一氏「『清音寺蔵本佐竹幷諸家系図』所収石川氏系図二種について」（『山形県立米沢女子短期大学紀要』第三五号、二〇〇〇）。

(20) 「鎌倉期石川氏の系譜について」（『石川史談』第七号、一九九三）。

(21) 註（20）前掲書。

(22) 「東北地方における北条氏の所領」（東北大学日本文化研究所『研究報告』別巻第七集、一九七〇）。

(23) 『鎌倉市埋蔵文化財緊急調査報告書12／平成七年度発掘調査報告』（一九九六）および「石川編年」四〇。

(24) 「鎌倉・北条小町邸跡（泰時・時頼邸）雪ノ下一丁目三七七番七地点の人名木簡についての考察」（『鶴見考古』第二号、二〇〇二）。

(25) 秋田藩家蔵文書二〇（「石川編年」七）。

(26) 白河市教育委員会所蔵結城家文書（「石川編年」八〇）。

(27)　七海雅人氏は、三点の木簡が出土した若宮大路側溝に面する北条小町邸後遺跡が北条重時の邸宅との秋山哲雄氏の指摘（『都市鎌倉の中世史』吉川弘文館、二〇一〇）に基づいて、石川一族が「極楽寺流北条氏との主従関係がはたらいた可能性」を指摘する（「御家人の動向と北条氏勢力の展開」『鎌倉幕府と東北』吉川弘文館、二〇一五）。
(28)　註（22）前掲書。
(29)　「陸奥国得宗領の研究（正・続）」（『目白学園女子短期大学紀要』第六・七号、一九七〇・一九七一）および『鎌倉北条氏の基礎的研究』吉川弘文館、一九八〇）。
(30)　佐藤進一氏『鎌倉幕府訴訟制度の研究』（目黒書店、一九四六）、遠藤巌氏「陸奥国石河荘総地頭職北条義宗」（大石直正先生還暦祝賀実行委員会『六軒丁中世史—大石直正先生還暦記念—』一九九一）。
(31)　相馬家文書（『原町市史』4〈二〇〇三〉一〇八）。
(32)　宗像神社文書（『鎌倉遺文』第三五巻〈一九八八〉二七三七七）。なお、奥富敬之氏「得宗家公文所の基礎的素描」（『日本史攷究』第一六号、一九七〇）や細川重男氏「得宗家公文所と執事」（『古文書研究』第四七号、一九九八。後に同氏『鎌倉政権得宗専制論』〈吉川弘文館、二〇〇〇〉に収録）を参照。
(33)　円覚寺文書（「石川編年」三九）。
(34)　熊野那智大社文書（「石川編年」二三）。
(35)　白河市教育委員会所蔵結城家文書（「石川編年」八〇）。
(36)　白河市教育委員会所蔵結城家文書（「石川編年」五七）。
(37)　秋田藩家蔵文書二〇（「石川編年」五一）。
(38)　秋田藩家蔵文書二〇（「石川編年」五三）。
(39)　宮城県図書館所蔵石川家文書（「石川編年」五六）。

附論1　岩沼板橋家文書について

1　「岩沼板橋家文書」の確認

平成二三年は、歴史資料をめぐる大きな出来事がいくつもあった。その一つが、東日本大震災である。同年三月一一日、午後二時四六分に発生したマグニチュード九・〇という未曾有の東北地方太平洋沖地震は、最高九・三メートル以上、最大遡上高四〇メートルという巨大津波を誘発させ、青森県から千葉県に至る太平洋岸に押し寄せて、死者（震災関連死を含む）・行方不明者は約一万九千人に及んだ。さらに、七月に発生した集中豪雨は、福島県会津地方や新潟県に大きな被害をもたらした。

この巨大津波は、海岸部に位置する多くの博物館・資料館ばかりか、地域の歴史遺産をも呑み込み、多くの文化財を消失させるなど多大な被害を生じさせた。こうした状況に対し、各地の研究者を中心とする諸組織による文化財の救出作業、いわゆる文化財レスキューが展開した。そのレスキューの実態については、現在も進行中ではあるものの、いくつかの事例が報告されている(1)。

一方、同年一二月、宮城県白石市では、白石市文化体育活動センターを会場に、歴史シンポジウムin白石「南奥羽の戦国世界―新発見！遠藤家文書に見る戦国大名の外交―」が開催され、関連図録『伊達氏重臣　遠藤家文書・中島家文書―戦国編―』も刊行された。同図録には、遠藤家文書四二点、中島家文書四点、遠藤家蒐集中世文書一四点からなる新出資料六〇点が収録されている。南奥に関する資料が六〇点も新たに確認されることなど想像もできなかったばかりか、内容の濃い数量に圧倒される。その後に確認された史料が、平成二九年三月、『伊達氏重臣　遠藤家文書・中島家文書―戦国編2―』として刊行された。今後の南奥史に影響を与えること大であることはいうまでもない。これに比べると量的には少ないものの、筆者もまた相馬岡田家文書の補修作業のなかで、数点の新出資料と既知の史料の誤りを是正したことがあった(2)。

さらに、宮城県岩沼市で進められている市史編纂事業に基づく市内の悉皆調査で五点の中世文書が発見された。その内容から、南奥石川庄内の板橋を本貫とする板橋氏や石川庄の鎮守でもある川辺八幡神社に関連するもので、板橋隆三氏が所蔵する。板橋氏や川辺八幡神社に関する文書群は、後述するように何か所かに分散されており、「板橋文書」とか「川辺八幡神社文書」と称されている。そのため本稿では、それらと区別するため「岩沼板橋家文書」と仮称する。五点のうち二点が新出史料、残る三点もこれまで写しでしか確認できなかった文書の正文であることが判明した。本稿は、この五点について詳述するものである。なお、石川氏関連の資料は、『石川町史　第三巻　資料編1　考古・古代・中世』（二〇〇六）〈以下『町史』と略述〉に収録されており、文書番号などは同書に拠った。また、本稿掲載の文書五点は、その後に刊行された『石川町史　第一巻　通史編1』（二〇一二）にも収録されている。

ところで、「板橋文書」は石川氏の一族板橋氏の家伝文書であるが、すでに明治二二年、現在の東京大学史料編纂所が採訪して二七点を影写していた。その後、原本は所在不明であったが、近年、高橋賢治氏によって確認され、現在は栃木県立博物館が所蔵している(3)。

板橋氏は、石川庄内板橋（福島県石川郡石川町板橋）を本貫の地とするが、当該氏に関する研究は極めて少なく、地元自治体史を除けば、わずかに小豆畑毅氏の研究があるに過ぎない(4)。今後の研究の進展には、板橋氏を含めた石川氏関係文書の総合的な調査が必要になることはいうまでもない。

なお、本稿作成にあたっては、岩沼市史編纂室の協力を得て原本を調査するとともに、所蔵者板橋隆三氏のご配慮をいただいた。記して深謝の意を表すものである。

2　「岩沼板橋家文書」の紹介

（1）吉良貞家寄進状

奉寄進　川邉　八幡宮
　陸奥國石河庄内大畠村事
右為天下泰平、武運長久、所奉
寄附也者、早専祭礼、可被致
祈禱之精誠之状如件、
　貞治六年七月四日　兵部大輔源朝臣（花押）《（吉良貞家）》
　　「板橋《（後筆）》下野《（出好カ）》守殿」

本文書は、奥州管領吉良貞家が石川庄内大畠村（湯川村）を河辺八幡神社に寄進したものである。これ以前、観応三年（一三五二）七月八日、吉良治家は会津河沼郡佐野村を「石川庄下河辺八幡宮」に寄進した（『町史』八七）。しかし、神職石川板橋高光はこれに満足せず、足利尊氏の寄進状を希望、貞家は同日付けで尊氏の執事仁木頼章へ高光の要望を取り次いでいる（『町史』八八）。これに応えるかたちで、七月二八日、尊氏の寄進状が発給された（『町史』八九）。当時、尊氏は鎌倉にあったが、治家は北畠顕信らの籠もる宇津峰城を攻略すべく安積郡日和田（郡山市）に在陣していた。宇津峰城攻撃を前に、地域の北朝勢力をまとめるためには、彼らの要請を断り切れぬ尊氏・治家方の対応であった。

これ以前、尊氏は弟直義を鎌倉で謀殺、内紛の収束を図ったが容易に収まらず、その後、南奥を中心とする奥州管領体制は解体状況にあった。各地に管領を自任するものが複数現れたが、吉良治家もその一人である。しかし、幕府は治家を認めず、石橋棟義を下向させて治家を攻略させた(5)。そうした緊張関係のなかで発給されたのが本文書である。

なお、寄進状の奥に宛名を記すことはあり得ず、「板橋下野守殿」は後筆であって、板橋家に伝来することを強調するために書かれた可能性もある。下野守は、板橋隆三氏所蔵の「板橋家譜」（近代の写本）には高光の子ないし兄弟として「出好」とあり、

　貞治六年七月四日賜於河邊八幡宮神領大畠村其下文曰

奉寄進河邊八幡宮　陸奥国石河庄内大畠村事

　右為天下泰平武運長久所奉寄附也者早専祭礼可被致祈禱之精誠之状如件、

貞治六年七月四日　兵部大輔源朝臣在判

　　板橋下野守殿

と、若干の異同は認められるものの本文書が記載されており、同家に伝来したことが傍証できる。

（2）斯波詮持書状

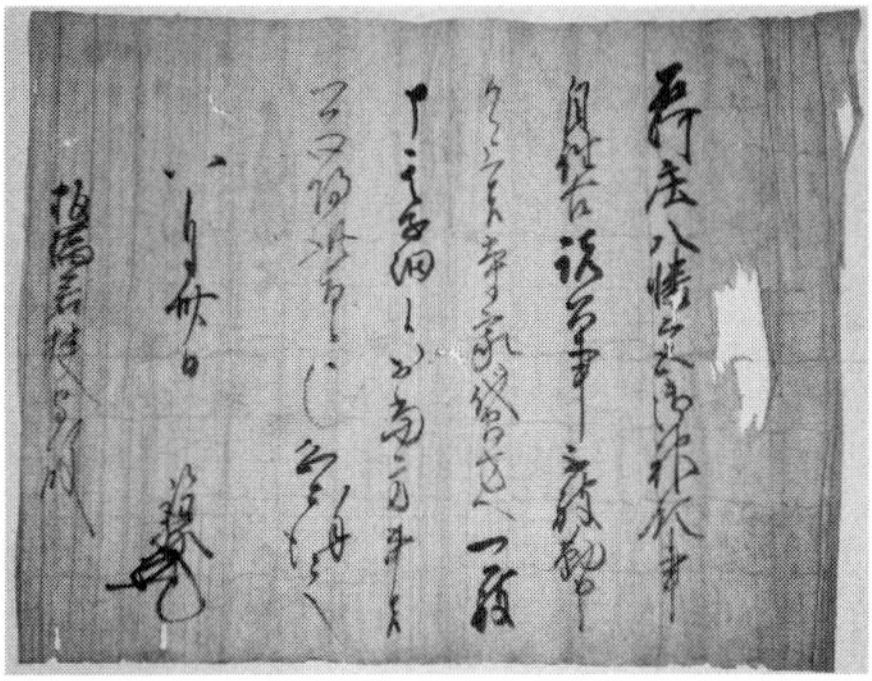

石河庄八幡宮御神領事、
自往古諸公事不被勤申
候上者、寺家代官方へ可被
申其子細候、於當方事者、
可心得此旨候也、恐々謹言、
八月卅日　（斯波）詮持（花押）
板橋若狭守殿

本文書は、『町史』一―二五に川辺八幡神社文書として収録されているものである。しかし、同書に収載された写真から同文書を見ると、筆継ぎも不明瞭であるばかりか、花押を含めて一筆であり、後世の写しであることは明らかである。本文書が正文である可能性は極めて高い。その内容は、斯波詮持が板橋若狭守に対し、「石河荘八幡宮」＝川辺八幡神社の神領には往古より諸公事を賦課してこなかったことを認め、「寺家代官」にその子細を申すべきであり、詮持もこのことを了承したというものである。

ところで、詮持は奥州管領斯波直持の子にして、直持が吉良満家とともに奥州管領として職権を行使した後、吉良氏が分裂・衰退するなかで、斯波氏系がその立場を安定的に維持したといわれる。直持の動静は貞治六年（一三六七）九月を最後に確認できなくなるが、その後を継承したのが詮持である。もっとも、同時期、石橋和義・棟義父子、さらには畠山国詮らも活動していたらしく、詮持が管領として安定的に行動していたわけではなかったようである。

本文書は年欠であるが、詮持の発給文書は応安五年（一三七二）五月～明徳五年（応永元年・一三九四）七月に及ぶというから、[6]本文書も恐らくはその間のものと思われる。しかも、明徳三年（一三九一）正月には奥羽領国は幕府の管轄から鎌倉府に移管されているから、あるいはそれ以前ということになろう。板橋若狭守の実名は不明であるが、前掲「板橋家譜」は「若狭守□好」に関連して本文書を次のように記載している。若干の異同はあるものの、同文書と考えられる。なお、「□好」は虫損して読むことができない。

石河庄八幡宮御神領事、自往古諸公事不被勤申之上者、寺家代官方江可被申其子細候、於當方事、可心得此旨候
也、恐々謹言、
八月晦日　　詮持在判
板橋若狭守殿

（3）足利満貞知行安堵状

當知行地事、如元不可
有相違之状如件、
應永九年十二月廿四日（足利満貞）（花押）
石河掃部助殿

本文書は、『町史』一三七に川辺八幡神社文書として収録されている。ただし、前掲『町史』一二五文書と同筆であり、一二五と同様、後世の写しであろう。本文書が正文である可能性が高い。

既述のように、奥羽領国の管轄が幕府から鎌倉府に移り、応永五年（一三九八）一一月に鎌倉公方氏満が没すると、

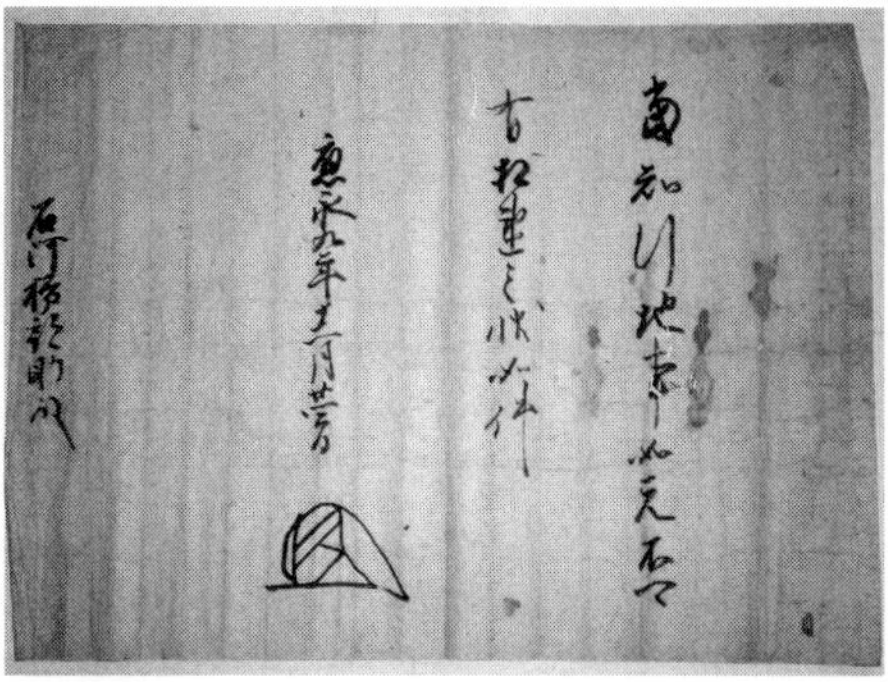

(4)　**足利満直感状**

十月廿三日冨岡城於
木戸口、致散々合戦、
手者星源三数ヶ所被

その跡を継いだ満兼は、翌年春、その支配を遂行するため二人の弟（満貞・満直）を多賀国府に派遣した。しかし、二人とも多賀国府に入ることはできず、南奥に留まることになった。いわゆる稲村公方満貞・篠川公方満直である。[7]

そうしたなかでの石川氏への「当知行地」安堵は、南奥への職権遂行の一環として、あるいは不安定な立場を確保するために行われたものであろう。なお、石河掃部助について「板橋家譜」は「仲好」とし、関連文書として本文書ならびに次号文書を次のように記載する。

有一紙其文曰、當知行地事如元不可有相違之状如件、
　応永九年十二月廿四日　在判　石河掃部助殿
又感状壱通其文曰
十月廿三日冨岡城於木戸口致散々合戦手者星源三数ヶ所被疵其外
少々被疵之条尤以神妙也於向後弥可抽戦功之状如件
　応永十六年十月廿三日　在判　石川掃部助殿

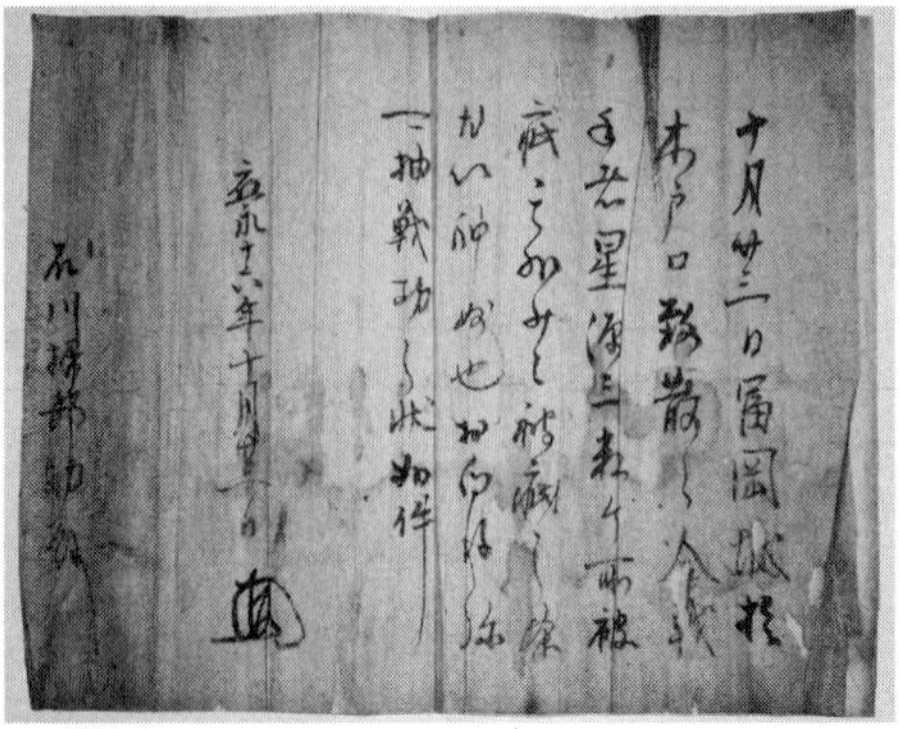

疵、其外少々被疵之条、
尤以神妙也、於向後弥
可抽戦功之状、如件、
　應永十六年十月廿三日（花押）（足利満直）
　　石川掃部助殿

本文書は、『町史』一四一に川辺八幡神社文書として収録されているが、それは前掲一二五・一三七文書と同筆・同紙であり、後世の写しであろう。本文書が正文である可能性が高い。

篠川公方満直が、冨岡城における合戦で「手者」星源三が疵を蒙るという軍忠に対し、その主人である石河掃部助の戦功を賞したものである。『町史』は、冨岡を安積郡冨岡（郡山市美穂田町）に比定し、星源三を掃部助の郎等と理解する。

ところで、冨岡城における合戦について、詳細は判らない。しかし、奥羽の管轄が幕府から鎌倉府に移管されると、南奥にはこれを容認する国人ばかりではなく、動揺・反発する国人も少なくなかった。すなわち、応永三年（一三九六）には田村則義・清包父子の支援を得た小山若犬丸が蜂起、これに旧南朝勢力の残党も荷担したという。これに対し、公方氏満は自ら白河城に出陣、田村・小山勢を鎮圧したが、田村氏の蜂起は前年にもあったらしく、突然勃発した事件ではなかった。

その後、満貞・満直が下向したが[8]、その直後には南奥の有力国人伊達政宗（九代）・葦名満盛が抵抗、斯波詮持も加わったともいわれる。この事件に結城白河満朝は鎌倉公方、稲村・篠川両公方に味方したため、その所領白河庄・高野郡・石川庄などを安堵されている。しかし、伊達政宗らの反抗はその後も継続した。こうして、鎌倉府の奥羽支配の遂行は、南奥国人を二分し、その抗争を激しくさせた。

ところが応永一六年（一四〇九）七月、鎌倉公方満兼が没すると、その二ヶ月後には持氏が公方位を継承した。冨岡城における合戦がその直後の紛争であったこと、公方継承に付け入った南奥国人の抵抗であったことなどは容易に想像できる。これに対し、石川氏の一部が満直に荷担したことが判る史料でもある。

（5）足利満直知行安堵状

陸奥石川庄之内
本領當知行之事、
不可有相違候也、謹言、
三月廿六日　（足利満直）（花押）
石川板橋太郎四郎殿

本文書は、篠川公方満直が石川板橋太郎四郎に対し石川庄内の知行地を安堵したものである。ところで『町史』には、石川太郎四郎に宛てて下された同日付けの「高南（カ）朝宗副状」が一六六文書として収録されている。すなわち、

石川庄之内御本領当知行之事、不可有相違候之由、被成御判候、目出候、
恐々謹言、

三月廿六日　民部少輔朝宗（花押）

謹上　石川太郎四郎殿

というものである。「御判」を据えた判物が出された際、それに朝宗が副えて下したものである。この判物に当たる文書が本文書であろう。この朝宗について、小豆畑毅氏は篠川公方足利満直の執事高南民部少輔朝宗と同一人物と指摘する。(9)

ところで、「石川板橋太郎四郎」について、『町史』は一六文書の解説で宣好に比定し、満直との時期的不一致を指摘して再検討を求めている。もっとも、前掲「板橋家譜」には複数の「太郎四郎」を載せており、必ずしも宣好とは断定できない。また、この「板橋家譜」には、

太郎四郎勝好長好之男

将軍下文其詞曰、陸奥國石川庄之内、本領當知行之事、不可有相違候也、

三月廿六日在判石川板橋太郎四郎殿

人皇九十八代崇光天皇、観應三年□月八日、依四条縄手之合戦勲功之賞、自足利将軍尊氏公、賜於加増六萬石、

とあり、観応三年（一三五二）の「四条縄手之合戦」の勲功により足利尊氏から本領を安堵された下文と理解している。おそらく、満直の花押を尊氏と誤認したものであろう。

3　「板橋家譜」に記載される文書

本書で用いた「板橋家譜」は、版心に魚尾を付け「板橋瑛紀蔵」と印刷した二〇行の用紙箋に「板橋家譜曰人皇七十代　後冷泉天皇天喜二年春　高祖八幡太郎源義家公」に始まる同家の略系を記述したものと同筆になるから、あるいは板橋瑛紀氏が「板橋家譜」を写したものであろうか。すなわち、

板橋家譜

系圖別有壹巻今槩而述之

八幡太郎義家

人皇七十代　後冷泉天皇御宇、天喜二年春、為征安部頼時到奥州之期、

陸奥國石川郡泉庄板橋村築於物見舘焉、或夜感霊夢焉、次日里人謂曰

に始まり、治部太輔頼氏、左馬頭義氏、信濃守時好（以下略）と続き、甚兵衛義次らで終わる。ただし、次紙があったようであるが確認できない。歴代および兄弟等の名を記載して関連する文書を記載しているが、それらは既述した、

(5)三月廿六日「足利満直知行安堵状」

(1)貞治六年七月四日「吉良貞家寄進状」

(3)応永九年十二月廿四日「足利満貞知行安堵状」

(4)応永十六年十月廿三日「足利満直感状」

(2)八月卅日「斯波詮持書状」

の五通（記載順）であるが、「板橋家譜」作成時にこれらの文書が作成者（家）のもとに伝来していたことを意味する。ところが、「板橋家譜」は三月廿六日「足利満直知行安堵状」の次に、

信濃入道光好

駿河守
掃部助高好　又曰駿河守板橋院殿光渡明俗大居士元一元辛未八月十六日□□駿河守□□□所石川郡板橋村板橋山光渡寺ニ在リ

文和二年三月六日有下文、其文曰、陸奥國石河庄内千石村板橋村幷八幡宮神領下河邊村・急當村・澤尻村等事、早伊東刑部少輔相共莅彼所、任関東御下文之間、沙汰付下地於石河板橋掃部之助高光、可被執進請取状、使節令緩怠者、可有其咎之状如件、

文和二年三月六日　左京大夫在判

佐竹孫三郎殿

という文書を記載しているのである。現在、同家にこの文書は確認できないが、『町史』は近似した文書を九四文書として、以下のような同日付の「吉良貞家施行状」を収録している[10]。

陸奥国会津河沼郡内、佐野村三浦介与一跡事、早高橋大五郎相共莅彼所、任御寄進状之棟、沙汰付下地於石河々辺八幡宮神主板橋掃部助高光、可被執進請取状、使節令緩怠者、可有其咎之状如件、

文和二年三月六日　右京大夫（花押）

伊東左近大夫殿

九四文書は板橋幸一氏が所蔵するもので、『町史』によれば「写し」とのことであるが、内容自体を否定してはいない。「板橋家譜」所載の文書では、「任関東御下文之間」は「任関東御下文之旨」の、「左京大夫」は「右京大夫」の誤りなど、一部に読み間違いがあるものの、内容的に誤りがあるとは思われない。しかも、安堵された所領が千石

村・板橋村および八幡宮神領下河邊村・急當村・澤尻村であることから、次のような『町史』九一「足利尊氏袖判吉良貞家奉書」との関連が考えられ、これこそ「関東御下文」であろう。

（足利尊氏）
（花押）

陸奥國石河庄内下千石村・板橋村并八幡宮神領下川邊村・急當・澤尻村等事、且為本領之条、
文書分明之上、且依今度忠、領掌不可有相違之状、依仰執達如件、
観応三年八月三日　右京大夫（吉良貞家）（花押）

このように考えられるならば、板橋（隆三）家には『町史』九一に対応した「吉良貞家施行状」も伝来していたことが考えられ、さらなる調査が求められる。「板橋家譜」は筆写された後、関連文書を確認したようで、余白部分に多くの文書を書き足している。これらの文書についても詳述すべきであるが、次の機会を俟ちたいと思う。

註

（1）・平川新氏「東日本大震災と歴史資料の救出」（日本歴史学協会資料保存利用問題シンポジウム、学習院大学、二〇一一年六月）。
・本間宏氏「東日本大震災と歴史資料―福島県の被災状況と史料保護活動について―」（福島県史学会研究報告会、福島市アクティブシニアセンター・アオウゼ、二〇一一年八月）。
・北日本近世城郭検討会「東日本大震災による城郭の被災」（仙台市博物館、二〇一一年八月）。
・葛飾区郷土と天文の博物館「環境学講座・東日本震災緊急報告会」（同館、二〇一一年八月）。
・仙台市博物館「東日本大震災1年・資料レスキュー展」（同館、二〇一二年三月）。
・『月刊文化財』五八三号（二〇一二年四月）は、「東日本大震災から1年を経過して」をテーマに、宮城・福島・岩手・茨城三県の文化財レスキュー事業について報告している。

（2）『相馬岡田家文書修復報告書』（福島県相馬市教育委員会、二〇〇七）。

（3）小豆畑毅氏「南奥板橋氏についての若干の考察」（石陽史学会『石川史談』第一〇号、一九九七）。

（4）註（3）前掲書。

（5）小川信氏『足利一門守護発展史の研究』（吉川弘文館、一九八〇）。

（6）小川氏註（5）前掲書。

（7）高橋明氏は、満貞の応永六年下向説に対し、応永一二～一六年と指摘する（「稲村殿満貞と篠川殿満直」『福大史学』第八二号、一九九五）。さらに近年、小豆畑毅氏は「稲村・篠川両公方と民部少輔朝宗」（小林清治編『中世南奥の地域権力と社会』岩田書院、二〇〇二）で、満貞・満直による南奥統治を並列的ではなく時系列に理解する必要性を指摘している。すなわち、応永六～二三年ころは満貞中心に統治されていたが、同二四年ころ～三一年は満貞から満直への権力移行が進められ、その結果、満貞は鎌倉に帰還せざるをえなかったこと、その後、満直単独の統治が永享一二年（一四四〇）まで続いたという。

（8）この前後における南奥の政治的動向は『福島県史1』（一九六九）に拠った。

（9）註（7）前掲論文。

（10）『南北朝遺文　東北編　第二巻』（東京堂出版、二〇一一）には収録されていない。

第二章　中世標葉氏の基礎研究

はじめに

鎌倉時代以前、すなわち、文治の奥羽合戦の軍功によって千葉介常胤が亘理郡・行方郡・好嶋庄を源頼朝から給与される以前、南奥浜通り（とくに福島県太平洋岸を「浜通り」と通称）がどのような地域社会であったかについては、同時代史料が皆無に等しい状況のなかで、その具体像を知ることは難しい。

そうしたなかで、『福島県史1　通史編1　原始・古代・中世』（一九六九）で本格的に叙述され、それを受けて『浪江町史』（一九七四）の「第二編　古代・中世」、さらに『いわき市史　第1巻　原始・古代・中世』（一九八六）でも記述されるなど、周辺自治体史で概述されているが、とくに浜通り中部域を支配した標葉氏に関する専論は管見の限り確認できなかった。また、浪江町文化財調査員でもあった故山田秀安氏が既知の資料を整理され、それらに概評を加えて『標葉氏の歴史』（私家版、二〇〇五）を著されたが、再考すべき課題も少なくない。

一方で、近年、相馬市史編さん委員会によって刊行された相馬中村藩士の家譜集『衆臣家譜』全一八冊（相馬市史資料集特別編）のなかで、標葉一族に関する中世文書の存在を窺わせる内容が確認された。『衆臣家譜』は、藩主相馬益胤の命によって「御旧記方諸士系図引」に就いていた斎藤完高が、天保九年（一八三八）に完成させた藩撰の系図集である。その成立過程については大迫徳行氏の解題に詳しいが、寛政以前、すでに「衆臣の家牒」が存在したということ。寛政四年（一七九二）、藩主祥胤に「衆臣之家譜」編纂を命じられた渡辺美綱は、これを二五本（巻）にまとめたが、それらは「家士系図」と名づけられて官庫に収められた。文政五年（一八二二）、藩主益胤は都甲伊綱に「家士系図」の補訂・追記を命じたが、伊綱は天保元年（一八三〇）に没した。天保四年、益胤からその事業の継承を命じられた斎藤完高は、天保九年にこれを完成させたという。幕末に至って完成した本系図集は、近世に実在した家臣の系譜を記録した部分が大半ということになる。したがって、相馬近世史の解明に資するところ極めて大なるものがあるといわざるを得ない。

しかし、それだけではなかった。本家譜刊行の責任者でもある大迫徳行氏から、中世文書と思われる内容が引用されているとの教示を得たので確認したところ、一五点の中世文書が一部引用され、あるいは要約されたものであることがわかった。これらがどのような文書で、どのような意味を持つかについては既にまとめたが[1]、その後、驚くべきことに、この家譜集編纂に関わった藩士斎藤完隆が史料採集し、筆録したと思われる文書の写が発見され、泉田邦彦氏によって報告されている[2]。その写は必ずしも正確ではないものの、中世標葉氏の研究が深化するきっかけになることはいうまでもない。本章では、こうした新たに確認された史料や既知の史料を再検討することにより、あるいは泉田氏の指摘を考慮しつつ、当該氏の動向を検討し、標葉氏研究の基礎作業とするものである。

第一節　海道平氏と標葉氏

ところで、浜通り地域は、古く「海道」と称されていたらしい。たとえば、『日本後紀』延暦二四年（八〇五）一一月一三日条には「停陸奥国部内海道諸郡伝馬、以不要也」とあり、同書弘仁二年（八一一）四月二二日条にも「廃陸奥国海道十駅、更於通常陸道、置長有・高野二駅、為告機急也」などとあり、海に沿った地域、あるいは東海道の延長という意味であったろうか。

この「海道」地域を支配したのが、桓武平氏の一族、いわゆる海道平氏である。たとえば、図1は岩城宏一氏所蔵「岩城系図」(3)を抄出したものであるが、海道太郎成衡は桓武平氏・良望＝常陸大掾国香の子孫忠衡の子で、藤原秀衡の妹（後の徳尼）を娶り、永暦元年（一一六〇）に五一歳で没したとある。

しかし、『奥州後三年記』(4)には、

真衡子なきによりて、海道小太郎成衡といふものを子とせり、年いまだわかくて妻なかりければ、真衡、成衡が妻をもとむ、当国のうちの人はみな従者となれり、隣国にこれを求むるに、常陸国に多気権守宗基といふ猛者あ

図1　岩城系図

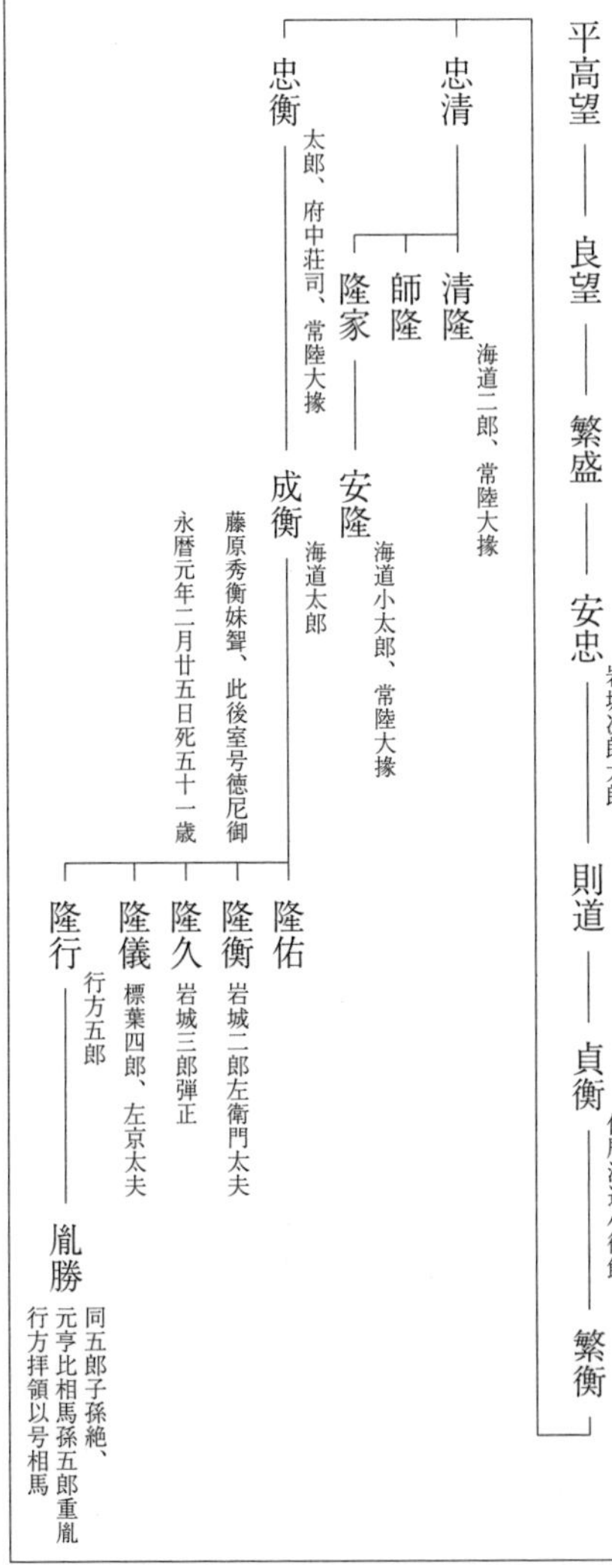

り、そのむすめをのづから頼義朝臣の子をうめることあり、頼義むかし貞任をうたんとて、みちの国へくだりし時、旅のかり屋のうちにて彼女にあひてけり、すなはち、はじめて女子一人をうめり、祖父宗基これをかしづきやしなふ事かぎりなし、真ひらこの女をむかへて成衡が妻とす、

とある。

清原真衡が成衡を養子に迎え、常陸国の多気宗基の孫娘をその妻に迎えたのである。その孫娘の父は、安倍貞任を討つために陸奥国に下向しようとした源頼義であった。その時期は、『本朝続文粋』に「去永承六年（一〇五一）、惣以頼義為令征罰、被任彼国」とあるから、一一世紀半ばのことである。既述「岩城系図」によれば、成衡は永暦元年に五一歳で没したのであるから、天仁二年（一一〇九）ないし天永元年（一一一〇）の生まれということになり、『奥州後三年記』に記す成衡とは別人でなければならず、『浪江町史』が指摘するように疑問が残る。

また、『東奥標葉記』(5)には、

（繁盛の）嫡子海道出羽権守平朝臣安忠、尚住二府中（常陸国）一。其頃、海道一番大家の為二平氏一故に、世の人是を称二海道平民（氏）一、安忠四代の嫡伝海道太良（郎）忠衡号二府中庄司一、舎弟海道次郎忠清後号二三休入道一、是譲二府中一、忠衡の嫡子海道小太良（郎）平朝臣成衡、常陸大掾号、東奥に下向して常州多河郡、奥州菊田郡・岩崎郡・標葉郡四郡並行方郡の中、領レ是岩崎郡住二大舘一。当時従二平城一十町余南也、而五十一歳、永暦元年二月廿五日卒す、妻は藤原朝臣基衡の息女也、後号二徳尼御一、男子五人女子二人産レ之、嫡子楢葉太良（郎）隆祐法名常信楢葉の庄を領す。二男岩城二郎隆衡、号二左衛門太夫一立二嫡家一住二大舘一、（中略）三男岩崎三良（郎）隆久、弾正忠、法名永祐号領二岩崎郡一、（中略）四男標葉四郎隆義、左京大夫、法名昌信と号、後白河院の御宇に保元年中、標葉一郡を分領、請戸の御舘に移す。大平寺の向へ請戸の浜近所也、当時田畠と成跡地不二分明一、此時請戸大明神当家の氏神として奉り社領を寄附而当社鈴木志

摩守正重・同淡路守広重の先祖一郡の社家頭として補二別当職一（中略）五男行方五郎隆行は行方郡之中、小高郷並に中郷の中、是を領して堀内の御舘に住す、右、小高氏は此家の種族也、牛越村釈迦堂、是徳尼御の開建なり、（中略）行方五郎隆行より七代の後胤行方五良（郎）胤勝嗣乱無レ是、元享（亨）年中此家断絶す、鎌倉の将軍守邦親王の御治世、北条尊（高）時入道副将軍の時にして相馬孫五郎重胤に胤勝の賜二遺跡一、関東より行方郡小高に下向す、

とあり、小高氏のことなど、行方郡に関する記述を含みながらも、海道平氏については「岩城系図」に近似した内容を記載する。さらに、行方郡の支配についても、行方胤勝に後継者がおらず元亨年中に断絶、そのため、いわゆる中村藩主家に繋がる相馬重胤が幕府（将軍守邦親王・北条尊時入道副将軍）から賜って下向すると説き、行方氏から相馬氏への移行が円滑に行われたかのように記述しており、ここでも「岩城系図」に近似する。

相馬氏下向・移住以前の行方郡の状況については、確たる史料がないなかで、江戸時代一八世紀前半に編集された『東奥標葉記』や「岩城系図」からの考察には慎重にならざるをえない。

そうしたなかで、鎌倉時代末〜南北朝期に作成されたと考えられる部分を含み、信憑性の高いと評価される系図[6]に「桓武平氏諸流系図」[7]がある。その該当部分を抄出すると、図2のようになる。すなわち、貞衡に「号石城三郎大夫」とあるばかりか、その父安忠も「菊多権守」とあって、「石城」＝岩城や菊多（菊田）を支配していたことを推測させる。「岩城系図」も、安忠に「岩城次郎太郎」、その孫貞衡に「住居海道小御館」と記述するなど、浜通り南端域との関連を示している。

ところで、「海辺大小郎」とある成平は、『奥州後三年記』に、前九年の合戦が終わり、安倍氏の旧領奥六郡を支配した清原武貞の子真衡（実平）が養子として迎えた海道小太郎成衡（成平）に比定できる。後に成衡は、常陸国の豪族多気権守宗基（致幹）の孫娘を妻にむかえたことも「奥州後三年記」に見える。

図2　桓武平氏諸流系図（抄出）

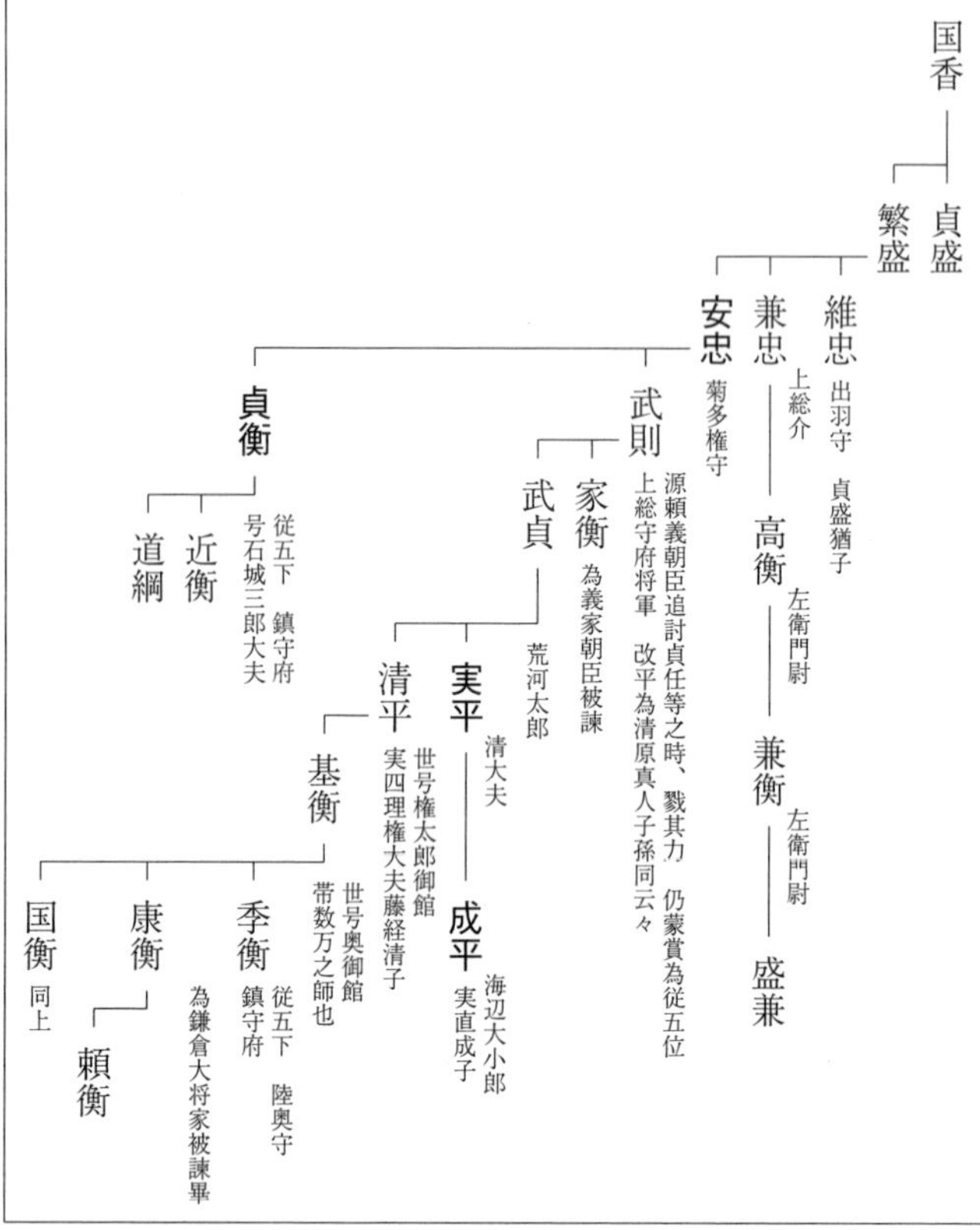

ただし、成衡について不明な点が多く、真衡についても貞衡の誤字として両人を同一人物とする考え、(8)あるいは別人で、武貞の子は貞衡であっていわき市地方を支配した海道平氏の一族で、武貞の養子に迎えられたとの指摘(9)などが

あって、判断に苦しむところである。一方、「桓武平氏諸流系図」には批判的な指摘もある(10)。

一般論として、系図や後世に編纂された史料を活用する場合、二つの系図と近世の編纂史料との関連も含めた書誌学的研究が必要であり、かなり慎重にならざるをえないのであるが、これらの記述内容の背景に海道平氏の存在があったこと、出羽の清原氏と海道平氏とのあいだには、複雑な族縁関係が想定されるが、少なくとも「海道」を名のる成衡＝成平と菊多・石城を含む現在のいわき市周辺との関わりは認められよう。

清原実平（真衡）の養子に迎えられた成衡であったが、真衡の没後、その異父兄弟でもある家衡・清衡の対立が生まれ、そこに陸奥守として着任した源義家が介入するという、いわゆる後三年合戦が展開されるなかで、諸資料からは確認されなくなる。

ところが、平安時代末～鎌倉時代、常陸国で活動していた大中臣姓の那珂氏に関する系図で、一族の中郡氏についても記載される希有な好史料と評価される桐村家所蔵「大中臣氏略系図(11)」に、成衡に関する記述が確認される。すなわち、中郡上総権守頼経に関連して、

海道ノ小太郎業平《ナリヒラ》坂東平氏歟、蒙シ御勘気一ヲ之時、賜打手一ヲ、於下野国氏江《ウチエ》（氏家カ）風見楯《ミノ》一ニ令討之一ヲ、ス丶キ丸ト申ス金作ノ太刀ヲ取テ進上之一ヲ、彼太刀ヲハ業平夜ハ黒ヌリノサヤニサシ、昼ハ金作ノサヤニサシケリ、或説云件ノ太刀ヲハ人数流樋《ヒトカストモナカレヒトモ》申之一ヲ云々、此時頼経賜ハリ三星文一ヲ畢、

とあるのである。

「海道の小太郎業平」が海道小太郎成衡（成平）と同一人物であることは間違いないが、その成衡（業平）は、おそらく源義家の勘気を蒙って討手を差し向けられ、下野国氏江（氏家か）の風見楯において討たれたというものである。この記述が事実とすれば、成衡の死は後三年の合戦が収束して間もない頃であったろうから、一一世紀末という

ことになる。

「岩城系図」は、成衡について「藤原秀衡妹聟、此後室号徳尼御、永暦元年（一一六〇）二月廿五日死五十一歳」とするが、永暦元年＝藤原秀衡の時代では一一世紀末と一致せず、成衡による行方氏を含む五子の五郡配置を保元年間（一一五六〜五九）とする『東奥標葉記』の記述も肯定できない。

清原真衡の養子に海道小太郎成衡が迎えられたことが全てではないにしても、その後も平泉藤原氏と浜通り地域とのあいだに何らかの関係が維持されたことは、前章で指摘した石川氏や岩城氏の事例からも推測できる。しかし、両者の関係は強固な主従関係を根底としたものでなかったから[12]、奥羽合戦に際して藤原氏に必ずしも同調しなかったのである。すなわち、『吾妻鏡』建久元年（一一九〇）正月八日条には、藤原泰衡が梟首された後、蜂起した大河兼任を追討するため、頼朝が千葉介常胤に出陣を命じたところ、「東海道岩崎輩」が常胤の到着を待たずに「先登」を進めたいと要請したため、これを許したとある。「東海道岩崎輩」は、岩手県平泉町の柳之御所遺跡から出土した折敷墨書「下賜給絹日記[13]」に記載される「海道四郎殿、石埼次郎殿、石川三郎殿、石川太郎殿」の「石埼」が「岩崎」であることはすでに指摘したが[14]、藤原氏の滅亡後も存続したのであり、この「岩崎輩」と同族であった岩城氏を含めた海道平氏の去就も自ずと理解できる。

なお、この「東海道岩崎輩」を「岩崎三郎隆久」に比定し、「五氏分封」をこれ以前とする『浪江町史』の指摘は、結果的に「岩城系図」を前提としたもので首肯できない。ただし、飯野家文書所収岩城郡八幡宮縁起注進状案[15]には、「地（頭岩城太郎）清隆」や飯野八幡宮の別当「岩城太郎嫡男師隆」、さらに「（千葉）常胤代陸奥国平六真隆」などとあり、岩城氏の存在を否定するものではない。

ところで、宮城県角田市（旧伊具郡）に残る高蔵寺の阿弥陀堂は、治承元年（一一七七）、藤原秀衡の発願によって建立されたと伝えられている[16]。その事実を確認できないが、『陸奥話記』によれば、陸奥守藤原登任の郎従として下向し「一郡を領」するほどの勢力を持った平永衡は、伊具十郎とも称したというから、その「一郡」は伊具郡（宮城県南域）であったろう。そうした有力者であったからこそ、安倍頼時の女婿に迎えられたのであるが、治承元年建立が正しければ、藤原氏の影響力が伊具郡にまで浸透していたことが推測できる。同様に、平泉藤原氏の祖ともいうべき藤原経清は、『尊卑分脈』に「亘権守」、「奥州御館系図[17]」に「渡（亘理）権大夫」などと記載され、さらに「奥州後三年記」にも「わたりの権大夫」と記述されるほど亘理郡との関係が強く意識されている。

さらに『吾妻鏡』文治五年一〇月二日条には、捕縛されていた「囚人佐藤庄司・名取郡司・熊野別当」が厚免を蒙りおのおの本所に帰ったことが記されているが、同書に拠れば熊野別当は「泰衡一方後見」でもあったという。この別当は、名取郡司とともに解放されていることからすれば、恐らく名取郡に鎮座する熊野三社の別当と理解できるが、泰衡との強い関係が推測できる。

こうした諸事例からすれば、浜通り南域が海道・岩城・岩崎という海道平氏の影響下にあったのに対して、北部の亘理・伊具・名取三郡は藤原氏の影響下にあったことが推測される。ただし、「泰衡一方後見」でもあった熊野別当は、名取郡司とともに解放されていることからすれば、藤原氏が浜通り北域に有した影響力とは、面的なものではなく、点的なそれであった可能性が高い。

ところが、浜通りの中間に位置する行方郡や標葉郡については不明な点が少なくない。『奥相志[18]』によれば、中郷牛越（南相馬市原町区）の「館下山の中央泉竜寺境内跡」にある釈迦堂について、

古記に曰く、右は遠古、徳尼御と称する人の開建なり。釈迦の像の胸中に徳尼菩提の為に造立す。享正三年乙未六月晦日と銘あり享正の年号は伝写の誤りか、考知せす。

とあって、徳尼伝承の痕跡が確認できる。ただし、「享正」の年号は古河公方足利成氏の治世下で使われた私年号で、享正三年は長禄元年（一四五七）に該当するが、あるいは、享徳（一四五二〜五五）や康正（一四五五〜五七）の誤記の可能性も考えられる。さらに、同書の北標葉郷高瀬村（双葉郡浪江町）の「丈六山」についても、「往昔、徳尼御海東小太郎平成衡後室、阿弥陀、釈迦両堂開建の古蹟なり」と徳尼に関する伝承を伝えている。これらは、伝承であって歴史事実を伝えるものではないが、徳尼を介して伝えられるのは、この地域が平泉の影響というより、その嫁いだ岩城氏（海道平氏）の影響下にあったと考えられる点である。

また、既述の『東奥標葉記』は行方氏の子孫として小高氏を位置づける。この小高氏を、相馬氏以前の小高地域の支配者と位置づける考えもある。たとえば、既述『衆臣家譜』巻之九十三には、古小高氏を載せ、「海東小太郎成衡五男」の行方五郎隆行について、

領二行方郡之内一、住二小高堀内館一、行方郡者自二文治年中一為二総州相馬氏之領地一、元亨三年癸亥夏四月　相馬重胤公自二総州一移二居行方郡太田邑一、於レ是行方氏後昆、属二　重胤公之麾下一、住二小高岩迫一、改二行方氏一称二古小高一、
岩迫山歓喜寺者邃古当家之祈願院也、

と載せている。隆行後の血脈は「此間、嗣《あと》知れず」とし、相馬高胤の時（一五世紀後半）として、古小高宮内少輔政胤、古小高帯刀俊胤父子に続けている。

行方氏が、相馬氏の行方郡移住にともない、古小高氏に改めたことなど、相馬氏以前の行方郡を考えるうえで興味深い記述があるものの、相馬氏以前の行方氏・古小高氏に関する同時代史料は確認されておらず、その実態を解明するに至っていない。今後の研究の深化を俟たざるをえないといえよう。

このような現状のなかで、浜通り北域が平泉藤原氏の影響が及んでいた地域と推測できるのに対し、南域は一二世

紀後半に岩城氏や岩崎＝石埼氏、さらには海道氏が存在したことが確実視される。しかし、その中間地帯でもある行方・標葉郡域については、海道平氏に関する痕跡が垣間見られるものの、標葉氏や行方氏の存在が確定したわけではないという段階に留めざるを得ないのである。

第二節　標葉郡・標葉氏と和田（関沢）氏・相馬氏

一　標葉郡総地頭職と和田（関沢）氏

奥羽合戦後、標葉郡や標葉氏はどのように処遇されたのであろうか。これに関する史料もほとんど存在しないが、次の二点は希少である。

［A］　和田（関沢）義基譲状案(19)

譲渡所領越後国奥山庄南条内関沢屋敷也・大塚下柴橋清水夏居、上野国荒野村、

陸奥国標葉郡総地頭職事、

右、所領者、義基相伝所也、而相副代々御下文等、嫡子右衛門次郎義章仁所譲渡也、中略　仍譲状如件、

永仁三年十二月三日　　右衛門尉義基在判

［B］　和田（関沢）義章譲状案(20)

ゆつりわたす《（譲渡）》そりやう《（所領）》、ゑちこのくに《（越後国）》をくやまのしやう《（奥山庄）》、ミなミてう《（南条）》のうちせきさわ《（関沢）》・おゝつか《（大塚）》・志うつ《（ミカ）》・なつゐ《（夏居）》、かうつけのくに《（上野国）》あらやの村、みちのくに《（陸奥国）》しねはのこほり《（標葉郡）》のそふ《（惣）》地頭しき《（職）》の事、

右のところ〳〵ハ、よしのり《（義章）》そうてんの所りやうなり、しかるを御くたしふミ《（下文以下）》いけ、てつき《（手継）》をあいそへて、

ねうはう《女房》のふちはら《藤原氏》うちにゆつりあたふるところ也、た丶し一この《期》丶ちハ、申をくむねにまかせて、しそく《子息》ひこ《彦》二郎ならひにねうし《女子》三人にわかち《分》たふ《給》へく候、し丶さかい《四至堺》にをきて《於》ハ、ほんゆつりしやう《本譲状》にみへたり、御ねんく・御くうし《公事》にいたりてハ、せんれい《先例》にまかせてさた《沙汰》をいたすへし、もしこのこども《子共》のなかに、御心にたかう《違》もの候ハ丶、ねうほう《女房》のはから《計》いとして、いつれのこども《子共》にても、よく御こ丶ろ《心》にあい候ハんこ《子》にたふ《給》へく候、た人《他》にハたふ《給》ましく候、よつてゆつりしやう如件、

嘉暦元年十二月廿日　平義章判

義基関沢和田右衛門尉

義章右衛門　　義行彦四郎

義親弥二郎　　義政長橋二郎兵衛

史料［A］は、和田義基が嫡子義章に「標葉郡総地頭職」とともに越後国奥山庄（新潟県胎内市）南条内の所領を譲与したもの、史料［B］はその義章が「しねはのこほりそふ地頭しき」を含む所領を「ねうはうのふちはらうち」（女房藤原氏）に一期相続したもので、その後は「しそくひこ二郎ならひにねうし三人」（子息彦二郎并女子三人）に分与することを定めている。この和田義基は、越後国奥山庄を支配した相模国の御家人三浦氏の一族で、その系譜を略述すれば、図3のようになる。

では、義基が「標葉郡総地頭職」を得たのはいつのことであろうか。義章の譲状には「よしのりそうでんの所りやう」とあり、義基以前に遡ることを暗示している。羽下徳彦氏は、奥山庄は宗実が恩賞として与えられたものであったが、義茂の子重茂を猶子として自分の娘を娶せ、奥山庄を譲ったものと指摘する。[21]その後、重茂が和田合戦（一二一三）で討死すると重茂の後家が相続したが、嘉禎四年（一二三八）、後家は奥山庄政所条・黒河条を子息時茂に譲与

図3　三浦氏略系

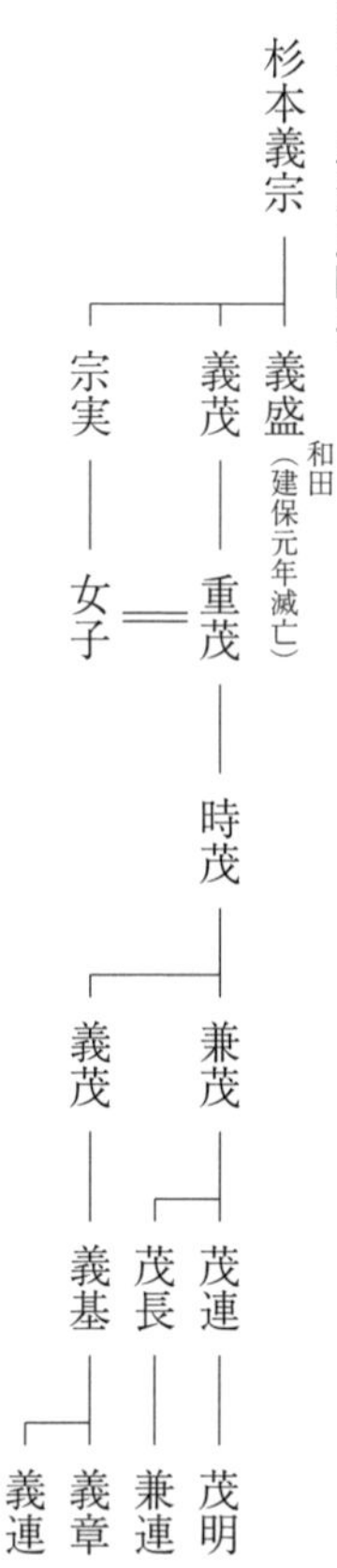

したのである。

　時茂は建治三年（一二七七）一一月に没したが、その直前の四月、三人の孫（茂連・茂長・義基）に所領を分割譲与しているが、それは奥山庄のみならず、出羽・讃岐・阿波・相模等の国々に散在する所領が含まれていた。羽下氏は、相模の所領を代々相伝の本領、出羽国の所領は和田合戦（一二一三）で重茂が討死したための恩賞、讃岐・阿波両国の所領は承久合戦の軍功と推測する。

　ところで、時茂が義基に譲与した所領は、奥山庄内の金山・増川・長橋・関沢・大塚・塩津・二柳・柴橋および出羽国常枚郷、相模国津村屋敷であって、標葉郡は含まれていなかった。もちろん、時茂の譲状が現存するものだけとは限らず、すでに失われた可能性もないわけではない。したがって、二つの可能性が指摘できよう。すなわち、①譲状は失われたものの、時茂から譲与された所領、そして、②標葉郡総地頭職は時茂から譲与された所領ではない、である。

　①の場合、時茂の承久合戦による恩賞ないし重茂が和田合戦で討死したことによる恩賞、そして、重茂の父義茂の奥羽合戦による恩賞などが想定される。しかし、承久合戦で没収された多くの所領は西国に集中し、奥州内の所領が

没収される可能性は少ないのではないだろうか。

また、和田合戦による恩賞の場合、『吾妻鏡』建保元年（一二一三）五月七日条には、遠田郡（宮城県）が修理亮＝北条泰時に、同国三迫（宮城県栗原市）が藤民部大夫＝二階堂行光に、名取郡（宮城県）が平六左衛門尉＝三浦義村に、由利郡（秋田県）は大弐局にそれぞれ与えられたことを記載するが、標葉郡はみられない。

さらに、『吾妻鏡』文治五年八月二〇日条は、玉造郡まで進撃した頼朝が、先陣の軍士らに書状を送ったことを記載するが、その相手は「小山之輩幷三浦十郎、和田太郎、小山小四郎、畠山次郎、和田三郎」らであった。ここに見られる「和田三郎」こそ重茂の岳父宗実であったから、妻＝宗実の娘を介して相続するようになった可能性もある。しかし、宗実を含む軍勢は頼朝に従った大手勢の一員であり、浜通りを北上した千葉常胤率いる東海道勢に属したものではなかった。後に、浜通りを与えられたのは、亘理郡の武石氏、行方郡の相馬氏、好嶋庄の大須賀氏など常胤の子息たちであったし、大手勢に属し、信夫郡で佐藤氏を破って、後に伊達郡を与えられた伊佐氏（後の伊達氏）や厚樫山で軍功をたて白河郡を与えられた結城氏を考えれば、宗実もまた浜通りの所領を与えられる可能性はきわめて少ないことになる。

②の場合、標葉郡総地頭職は義基が幕府から新たに給与された所領ということになる。しかし、祖父時茂からの相続は建治三年（一二七七）四月であり、自身が標葉郡総地頭職を義章に譲与したのが永仁三年（一二九五）一二月であるから、その間の恩賞の可能性がある。この間、弘安四年（一二八一）五月には蒙古の襲来があり、同八年一一月にはいわゆる「霜月騒動」が勃発した。だが、蒙古の襲来に際して、鎮西に所領をもたない越後国の和田氏が参戦したとも考えられない。それに対して「霜月騒動」は、安達泰盛が北条氏の被官平頼綱によって亡ぼされるという、奥羽両国を震撼させた大事件であった。

そのように考えた場合、和田氏が安達氏と対立する平頼綱側に就いていたことになり、標葉氏は没収される側、すなわち安達氏に与したことが考えられる。こうした点を現時点で確認することはできない。しかし、和田氏の一部は北条氏の被官であり、後に標葉氏も北条高時の庇護を受けることになる。

すなわち、義基の甥茂明は嘉元三年（一三〇五）五月、北条時村を謀殺した一二名の一人であり、茂明を『武家年代記裏書』[22]は「御内人」と明記する。奥山庄内の所領相続については、和田一族内で幕府に提訴する事例が頻発し、判決を有利に進めるために北条氏に接近する者も現れた。その一例が茂明であったが[23]、奥山庄に対する北条氏の関与が強まっているのであり、明確に被官化したとの確証はないものの、義基もまた例外ではなかったのではないだろうか。

ところで、建治元年（一二七五）の六条八幡宮造営注文[24]に記載される造営役を負担する陸奥国の御家人交名はこれまで等閑視されてきたが、次のようなものである。

陸奥国

陸奥国	四貫	留守	十貫	宮城四郎跡	六貫	信夫右衛門入道跡	五貫
岩崎三郎跡	七貫	岩城太郎跡	八貫	小平人々	十貫	泉田兵衛尉	六貫
楢葉太郎跡	四貫	標葉四郎跡	六貫	河原毛太郎跡	三貫	新田太郎跡	三貫
古河左衛門尉	四貫	三沢二郎	三貫	新開三郎跡	三貫		

京都の六条八幡宮は源家の守護社であったから、幕府成立後、その造営費用は御家人の負担となった。ここには、岩崎・岩城・泉田・楢葉・標葉・河原毛（河原子か）などを名のる御家人が記載されているが、彼らは造営費用を負担する陸奥国居住の御家人であった。

その一人「標葉四郎跡」は、その造営費用をすでに亡くなった標葉四郎の子孫たちが負担することを示しており、負担者を一括して「～跡」と記しているのである。したがって、建治元年当時、標葉四郎の子孫は御家人として存在していたことが確認できるのであるが、後述するように、その一族と思われる標葉五郎四郎清直が北条高時から標葉郡中田（双葉郡双葉町）の支配を安堵され、その庇護を受けていた。遠藤巌氏が指摘するように、清直は高時の被官と理解できる。[25] しかし、その被官化した時期は建治元年以後、そのきっかけに弘安八年（一二八五）の「霜月騒動」を想定することも可能だが、確証はない。

二　標葉氏と相馬氏

正和二年（一三一四）一一月、相馬一族の大悲山通胤は所領行方郡大悲山村および小嶋田村（南相馬市）、高城保長田村（宮城県松島町）の蒔田屋敷を子息行胤に譲与した。[26] その際、行胤の妹鶴夜叉に蒔田屋敷と附属する田を分け与えたが、別の妹「しねはの女子」＝標葉女子は、「ふてう」＝不忠をはたらいたとして義絶し相続対象から除外したのである。行胤の妹が「標葉女子」と称されるのは、彼女が標葉氏に嫁いだからであろうが、そのこと自体が不忠の理由となったかは明らかではない。

この点に関連する史料に、作成年代が不明な「相馬系図」[27] があり、抄出したものが図4である。行胤の妹に「楢葉女子　義絶也」とあるのは「標葉女子」の誤りと思われるが、他の妹鶴夜叉に「論人」とあるのは、おそらく兄行胤（訴人）が鶴夜叉を訴えたことによるものであり、それは「蒔田屋敷と附属する田」をめぐる訴訟だったのではなかろうか。「行胤跡」とあるから、行胤が没した後、行胤から子息朝胤への所領譲与は建武四年（一三三七）一一月のことであるから、それ以後の相論であろうか。

ところで、両氏間の婚姻は正和二年（一三一四）一一月以前のことであるが、当時、相馬氏の所領を巡っていろいろな訴訟が頻発した。たとえば、相馬胤門はその所領行方郡高村を養子重胤に譲り与えた。ところが、胤門の死後、叔父胤氏とのあいだに相論が発生、幕府は重胤勝訴の判決を下している。しかし、敗訴した胤氏ないしはその子息師胤は、判決に不服だったらしく越訴したが、この越訴は幕府から濫訴と認定され、師胤はかえって所領三分一を没収されたのである。(28)

しかもこの所領は、御内人の筆頭たる長崎思元に与えられることになった。この没収された所領とは、行方郡内太田村、吉名村、北田村および高村の在家三分一などであった。この直後、岩城二郎、結城宗広が現地に派遣され、相馬氏から村々を取り上げて長崎思元に引き渡された。ところが、岩城二郎、結城宗広の二人はこの三か村や高村の在家三分一ばかりでなく、重胤分の在家まで長崎氏に引き渡そうとしたのである。そこで、重胤は多くの一族、郎等を引き連れて北田村に押し入り、耕作した稲穂を刈り取り、民屋を破却して対抗した。その後、重胤、思元双方から幕府に提訴されたが、どのような判決が下されたかわからない。

こうした北条氏と御内人による所領横奪は各地にみられたらしく、その結果、被官化する御家人も多く、標葉清直もそうした一人であったろう。義絶の原因に、こうした北条氏との関係、すなわち、北条氏から所領を護ろうとするなかで近隣御家人とのあいだで婚姻関係が生ずるものの、その相手方が北条氏と結びつくという、所領支配を揺るがす状況を設定することは容易であろう。

図4　相馬（大悲山）氏略系

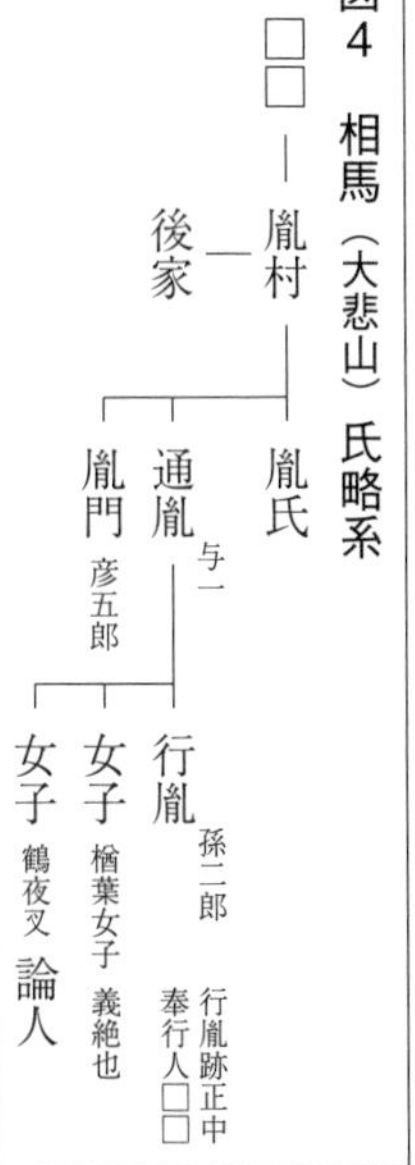

第三節　標葉氏の内紛と得宗専制

既述『衆臣家譜』巻之三一に収録される「平姓室原氏」系図に引用された鎌倉期に関連する取意文を抽出し、新たに確認された文書史料とともに、標葉氏の実態を素描しておこう。なお、引用された箇所に適宜、番号を付けておく。

室原氏者

　桓武天皇之皇子葛原親王之後常陸大掾国香之苗裔標葉氏ノ庶流ニシテ而住于標葉郡室原村ニ、故ニ氏ス焉、先代系図紛失シテ而不伝、故ニ中古之連続不詳、雖然正安・延慶以来至貞和・観応年中ニ、従鎌倉将軍家所賜之証文・感状等数通于今伝焉、仍其文章各長略シテ挙ルコト大目ヲ如左、

①正安二年十二月廿四日隆俊及末期、嫡子標葉隆氏在鎌倉之間、継母尼法真授与譲状ヲ二男室原孫四郎隆実也、故ニ兄弟及争論訴鎌倉之処、下浦村可為隆実カ之所領御下知状、延慶三年五月十八日、陸奥守平朝臣判・相模守平朝臣判、

②尼法真領地下浦・室原村之内御証文、応長元年六月十八日、左衛門尉判、散位判、

③尼法真領地下浦・室原村内以亡父平隆俊跡ヲ所被配分也、守先例可領掌御下知状、応長元年七月八日、陸奥守平朝臣判・相模守平朝臣判、

④隆俊女子新開四郎三郎妻分地御証文、応長元年六月十八日　左衛門尉判・散位判、

⑤隆俊女子新開四郎三郎妻領知標葉郡組倉村内・下浦村内亡父平隆俊跡所配分、守先例可令領掌之御下知状、応長元年七月八日、陸奥守平朝臣判・相模守平朝臣判、

⑥隆俊二男隆実賜室原村内田一町余分地之御証文、応長元年七月八日、陸奥守平朝臣判・相模守平朝臣判、

①は、延慶三年（一三一〇）に陸奥守平朝臣・相模守平朝臣の二名によって発給されたものであるが、官途から、陸奥守は大仏宗宣、相模守は北条師時に比定される。この二名は当時の連署・執権であるから、その発給文書は「関東下知状」であろうが、標葉隆氏と舎弟室原隆実とのあいだに発生した相論に対する裁許状でもある。なお、室原は福島県双葉郡浪江町の字名である。

すなわち、正安二年（一三〇〇）一二月二四日、標葉隆俊の「末期に及び」、嫡子隆氏は鎌倉にいたため、継母の尼法真によって譲状が二男室原孫四郎隆実に与えられた。そのため、兄弟は相論に及び、幕府に訴えたところ、延慶三年五月一八日、下浦村[29]を隆実の所領とする裁決が下され、下知状が作成されたのである。なお、継母尼法真が譲状を隆実に与えたという記述は、標葉隆俊の死に伴い、尼法真が実子である隆実への所領譲与を代行したことを推測させ、これを不満とした継子の隆氏が幕府に訴えたことが考えられる。

ところが、その翌年、応長元年（一三一一）七月八日になって再び裁許状③⑤⑥が下されたことは、③⑤の「守先例可領掌御下知状」「守先例可令領掌之御下知状」が関東下知状の文言を一部引用したものと考えられることからわかる。ただし、延慶三年五月に続いて翌応長元年七月、安堵の裁許状が二度にわたって下された背景はわからない。

なお、③⑤については、次のような原文書の写が新たに確認されている。取意文番号に泉田氏の付した文書番号「一―b」などを併せて載せておこう。

③（一―b）

可早以庄（尼カ）法真領知陸奥国標葉郡下浦村内田肆町柒段陸合在家参宇、室原村内田参段壱合在家参宇坪付見配分状事、

右、以亡（夫）父平隆俊跡所被配分也者、早守先例可令領掌之状、依仰下知如件、

応長元年七月八日

「承了（誤記カ）　陸奥守平朝臣（花押影）

相模守平朝臣　判

（花押影）

⑤（二―b）

可早以平氏（新開四郎三郎妻）領知陸奥国標葉郡組倉村内田壱町壱段玖合・在家壱宇（源平次郎）、下浦村内田参段玖合・在家壱宇事、

右、以亡父平隆俊跡所被配分也、早守先例可令領掌之状、依仰下知如件、

応長元年七月八日

陸奥守平朝臣　判

相模守平朝臣　判

すなわち③は、尼法真が亡父（亡夫の誤り）平隆俊の遺跡である下浦・室原両村内（の一部）の配分を認められたもの、⑤は新開四郎三郎の妻ともなった隆俊の女子に対し、組倉・下浦両村内の支配を認めたものであるが、相続に関して、彼女も相論に加わって提訴していたことがわかる。⑥は、法真の子隆実が室原村内の田一町余を安堵されたことを示す。

ところで、応長元年七月八日付の文書（の写）には、次のような一点がさらに確認されている。

（二―h）　（前欠）

肆段壱合在家肆宇（坪付見配分状）事、」

右、以亡父平隆俊跡所被配分也者、早守先例可領掌之状、依仰下知如件、

応長元年七月八日

陸奥守平朝臣　判

相模守平朝臣　判

この文書（二―h）は、前欠で安堵された者がわからない。⑥にあるように法真の子隆実とも考えられるが、嫡子隆氏も所領の相続が認められた可能性がある。残された文書と家譜の引用（①〜⑥）関係からは、隆実の可能性があるが断定できない。なお、これらの文書を伝来した室原氏は、隆実の系統であって、そのため『衆臣家譜』編纂者は被安堵者が確定できない前欠文書でありながら、その祖ともいうべき隆実と理解したのではないだろうか。これらの血縁・婚姻関係を整理すると、図5のようになる。

図5　標葉氏略系

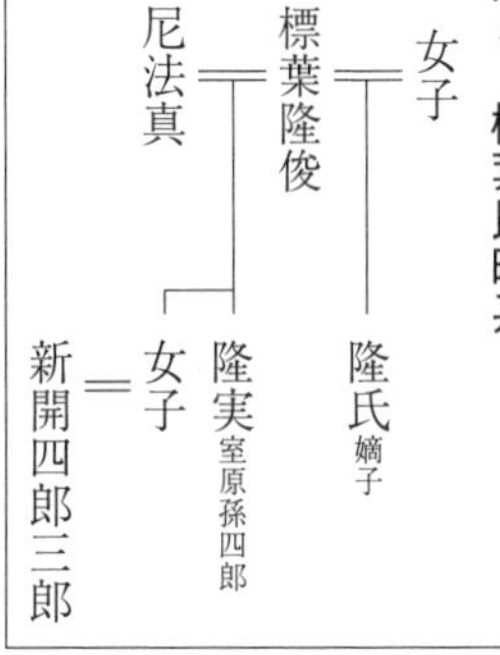

ところで、②は尼法真が下浦・室原両村内の一部を、④は隆俊の女子（新開四郎三郎の妻）が組倉・下浦両村内の一部を支配することに関連する文書であるが、問題は関東下知状よりも早くに下された応長元年（一三一一）六月一八日という発給日であり、発給者である左衛門尉某、散位某である。

関東下知状に類似した文書形式に、六波羅探題や鎮西探題から発給される六波羅下知状や鎮西下知状がある。いずれも執権北条氏の一族が発給しているが、その多くが受領名を名のっており、左衛門尉や散位という下級官職や前職者ではない。したがって、②④は関東下知状でもなければ六波羅下知状でも鎮西下知状でもない。そこで、これに類似した、あるいは類似すると想定される文書形式を考えると、以下のような史料が確認される。

［C］　得宗家公文所奉書(30)

異国降伏御祈事、御教書如此、任被仰下之旨、可致精勤之由、相触若狭国中、可令執進巻数給之旨候也、仍執達如件、

正応五年十月十三日　　右衛門尉在判

沙　弥在判

左衛門尉在判

工藤右衛門入道殿

この文書は、「異国降伏」を祈禱するよう幕府から御教書が下されたので、その旨に従って精勤するよう若狭国全域に連絡し、その報告を提出するよう命令したものである。当時の若狭守護は北条得宗家であったから、幕府の命令は形式的には得宗家（守護）に伝えられ、得宗被官＝御内人から若狭国の守護代工藤右衛門入道に伝えられた。こうした事務連絡は、得宗家に設置された公文所に勤務する御内人によって執行された。公文所は、得宗家の所領支配や御内人への下命を差配したから、右衛門尉以下の三人も御内人ということになる(31)。

したがって、この文書の前提には、幕府から得宗家に下された「御教書」の存在が想定されるが、それが以下の史料である。

［D］　関東御教書案(32)

異国降伏御祈事、先々被仰下畢、武蔵・上野・伊豆・駿河・若狭・美作・肥後国一宮・国分寺・宗寺社、殊可令致精勤之由相触之、可執進巻数之旨、可令下知給之由、被仰下候也、仍執達如件、

正応五年十月五日　　陸奥守（北条宣時）御判

進上　相模守（北条貞時）殿

すなわち、蒙古襲来の噂があってのことであるが、異国＝蒙古の降伏を祈念するよう（朝廷から）仰せ下された。そこで、武蔵以下六か国内の一宮・国分寺・宗たる寺社に対し精勤することを連絡し、さらにその際に用いた経巻の提出を下知することが、執権・連署から仰せ下されたので取り進めるように、という内容である。

武蔵以下は、当時、得宗家が守護となっていた国々であって、そのため、この「御教書」の宛所は得宗家の当主でもある北条貞時となっている。この命令を受けた得宗家の公文所は、それぞれの国の守護代に得宗家公文所奉書を発給したものと思われるが、現在は若狭国の守護代である工藤氏に出されたもののみが残されている。

②④の文書形式が判然としないため、断言はできないが、発給者が「左衛門尉・散位」という点では類似する。もし、この二通が得宗家公文所の奉行人から発せられた「得宗家公文所奉書」とするならば、尼法真や標葉隆俊の女子＝新開四郎三郎の妻は、得宗家の被官（御内人）であったことになり、標葉郡の一部が得宗家の所領に組み込まれていた可能性がある。

ただし、その後、二人に対しては関東下知状が発給されており、御家人身分であったことをも意味する。御家人であると同時に得宗家にも奉仕する二つの立場を使い分けていたとも考えられる。少なくとも、尼法真の行った隆実への所領譲与に対し、反発した隆氏が提訴し、さらにその姉妹に当たる新開四郎三郎の妻も同調したものであろう。

以上のように考えることができるならば、次の文書も新たな理解をもたらすことになる。

［E］　北条高時安堵下知状[33]

□奥国標葉郡内於中田□、□葉五郎四郎清直安堵御判、為後日謹言上、仍安堵御判、下知如件、

元亨四年六月二日

相模守（北条高時）（花押）

すなわち、史料［E］は標葉郡中田村の安堵を要請した標葉五郎四郎清直に対し、執権北条高時が了解して安堵したものと漠然と考えられてきた。しかし、標葉氏の一部が得宗家に奉仕する立場に組み込まれていた、あるいは標葉郡の一部が得宗家の支配に組み込まれていたと仮定するならば、高時は執権として安堵したのではなく、得宗家の当主として「御内人」標葉清直の所領支配を安堵したと理解できるのである[34]。さらに、「標葉郡」が得宗家の所領と示唆するものとして、次の史料がある。

［F］　後醍醐天皇綸旨[35]

大和国鳥見・矢田両庄事、為陸奥国標葉庄替、被付東北院門跡云々者、不可有改動之儀之処、庄官等廻縦横秘計、不叙用下知云々、事実者、太以不可然、早可改易所職、可令致興行沙汰給旨、天気所候也、仍上啓如件、

元弘三年
十二月十七日　　右中弁宣明

謹上　東北院僧正御房

当初、後醍醐天皇は東北院門跡に標葉庄を与えたのであるが、のちに大和国鳥見・矢田両庄に替えたところ、庄官らは「縦横秘計」を廻らし、下知を受け容れないので、彼らの所職を早く改易すべきである、というものである。なお、この文書には「標葉庄」とあり、高時が安堵した所領は「標葉郡」であったが、こうした事例はまま見られるものであり、同一地を示すものと理解しておきたい。

とすれば、標葉郡は元弘三年（一三三三）一二月以前、東北院門跡に与えられていたことになるが、その時期は明らかにはできない。ただ、同郡が得宗家に関わる所領であったならば、元弘三年五月の幕府滅亡後、建武政府に没収され、東北院門跡に寄進された可能性が高い。しかるに、こうした新政府の処置に対し、庄官等は反発したらしく、

「廻縦横秘計、不叙用下知」という事態を招いたのである。

この「庄官等」が標葉氏であったことはいうまでもない。その後も標葉氏は新政府方として行動したようであるが、次第に新政府に対する反発は増幅し、ついにその反発は行動となった現れた。たとえば、次の史料をみてみよう。

[G]　陸奥国宣[36]　（北畠顕家）（花押）

可令早大河戸三郎左衛門尉隆行領知標葉孫九郎跡半分事、右、為勲功賞可令知行之状、所仰如件、

建武二年六月九日

[H]　陸奥国宣[37]　（北畠顕家）（花押）

大河戸三郎左衛門尉隆行申、標葉孫九郎跡半分事、自津軽戦場逃上之間、被分召之、所被宛行于隆行也、早莅件所可沙汰付彼代官、本主縦帯綸旨　国宣、雖支申之、不可許容、有子細者、追可注進之旨、国宣候也、仍執達如件、

建武二年六月廿五日　　右近将監清高奉

標葉平次殿

すなわち、「津軽戦場」から逃げ帰った標葉孫九郎の所領半分が没収され大河戸隆行に宛て行われたのである。しかし、それに対して「帯綸旨　国宣」びて反発する「本主」＝標葉孫九郎の存在が理解できるが、陸奥国府は同族の標葉平次に現地に赴いて執行すべきことを命じたのである。

元弘三年（一三三三）五月、鎌倉の北条氏が滅亡したものの、建武政権に対する幕府の遺臣による反撃は激しさを

加え、とくに津軽では大規模な争乱に発展した。逃げ帰った標葉孫九郎は、おそらく建武政権によって津軽に派遣されたものの、何らかの事情で無断で帰国したのである。鎌倉時代末期、一族の一部が北条氏の被官に組み込まれたものの、却って北条氏への反発によって標葉氏の多くは北条氏打倒に参画したのであろう。しかし、建武政権が成立しても、標葉氏を始めとする地域領主に対する動員、負担は多く、新政に対する不満は増大していったのである。

なお、泉田氏は、次のような鎌倉期を推測させる文書二点も併せて紹介している。しかし、一見して理解できるように、発給者たる執権・連署名は存在しないし、年号も一〇世紀のものである。したがって、偽文書として処理すべきであろうが、一方でこのような文書が残されていたことも事実である。とくに土地の境界を示した文言などは、当時の譲状に散見するから、あるいは基になる文書が断簡のような形で残されていた可能性もある。さらに「二―i」によれば下浦村には室原隆俊が知行する「津湊」が存在したことなど、当時の流通を考えるうえで貴重でもあろうが、本章では地名の比定など困難であり、今後の課題としたい。

（二―f）関東下知状写

（花押影）

奥陸標葉庄室原小五郎隆清知行致勝美萱地境、西大道限南外野二本椚限、東葉木沢東水根沢限、北者河登土橋限而成敗仕地候、任往古境、為備累代渡置所状如件、

相模守平朝臣貞隆（花押影）

貞元二年八月十五日

（二―i）関東下知状写

下浦村内室原小三郎隆俊致知行津湊原境事、上者椈橋限、下者二石鶴子谷池手洗沢切、津事者、南者三枚岩際、

北者蓬田落合江尻湊限而成敗仕地候、任往古境、為備累代亀鏡、依御下知置彰所如件、

長徳弐年八月十五日

陸奥守平朝臣隆敏　判

相模守平朝臣重隆　判

第四節　南北朝期の動乱と標葉氏

一　「家譜」掲載の取意文と原文書

まず、前掲「平姓室原氏」系図（『衆臣家譜』）に引用された南北朝期の取意文に通し番号を付け、さらに泉田氏が紹介した文書を掲載するとともに、泉田氏の付した文書番号を（　）内に示しておこう。

⑦標葉彦三郎高光属中賀野八郎殿代官伊賀式部左衛門貞長、宇多庄横川城合戦先懸目安一通、建武四年十一月十九日　承　判、

（二―d）　標葉高光軍忠状写

目安

標葉彦三郎高光軍忠事

右、東海道大将軍中賀野八郎殿御代官伊賀式部左衛門次郎貞長、為対治宇多庄凶徒発向之間、高光馳参宇多庄、今月一日押寄横川城、懸先河渡致散々合戦次第、貞長見知畢、有御尋不可有其隠者也、然早給御判、為施弓箭面目、々安言上如件、

建武二年十一月十九日

「承了（証判）　判」

（二―e）標葉高光軍忠状写断簡

目安

標葉彦三郎高光軍忠事、

右、東海道大将軍中賀野八郎殿御代官伊賀式部左衛門次郎貞長、為対治宇多庄凶徒発向之間、高光馳参宇多庄、今月一日押寄横河城、懸先河渡致散々合戦次第、貞長見知畢、有御尋不可有其隠者也、然早給御判、為施弓箭、

⑧標葉小五郎高連代子息彦三郎高光属大将軍中賀野八郎殿、押寄標葉郡手岡城、令退治并侍所伊賀左衛門次郎貞長為大将馳向宇多庄楯、十一月一日渡川尽戦功目安一通、建武四年十一月廿一日　承　判、

（一―e）標葉隆連代隆光軍忠状写

○合戦目安

付東海道大将軍中賀野八郎殿御手」標葉小五郎隆連代子息彦三郎隆光」押寄楢葉郡手岡楯令対治畢《畢》、

一、同廿五日侍所式部伊賀《ヒ》左衛門次郎貞長為大将軍馳向宇多庄楯、同十一月一■《日》渡河責寄候、貫際（ママ）致合戦上者、

給御判為備向後亀鏡、目安如件、

建武四年十一月廿一日

「承了（証判）　（花押影）（中賀野義長）」

⑨標葉彦三郎高光、於下総国登毛郡、普音寺入道孫子令蜂起之時、属大将軍中賀野八郎殿抽軍忠目安一通、建武

五年正月五日　一見承　判、

（一―a）標葉隆光軍忠状写

目安

標葉彦三郎隆光軍忠事、

右、去五《建武》正月三日、於上総国登毛郡、先代余類普音寺入道孫子令蜂起之間、属大将軍中賀野八郎殿御手、致散々合戦畢、然早給御判為備向後亀鏡、目安言上如件、

建武五年正月五日

「（証判）一見候了　判（中賀野義長）（花押影）」

⑩標葉四郎左衛門清隆去二月十六日伊勢国小屋松合戦於搦手致軍忠、同三月十三日八幡合戦於搦手致忠節、同月十六日天王寺合戦、属大将之隊、馳向浜手懸入大勢ノ中、切捨三人、分捕一人、証人石思五郎・石川五郎令見知、目安一通、建武五年三月　承　判、

（二―a）標葉清隆軍忠状写

標葉四郎左衛門尉清隆申軍忠事、

右、去五《建武》二月十六日伊勢国小屋松合戦於搦手致軍忠候事、

一、同三月十三日八幡合戦於搦手致忠節畢、

一、同三月十六日天王寺合戦、属大将御手馳向浜手、大勢中懸入、切捨三人、分取一人、証人石田心（カ）五郎・石河五郎令見知畢、然早給御判、為備後証、恐々目安状如件、

建武五年三月　日

「承了《証判》　判」

⑪右同人右大将家兵庫嶋御発向之御供、今月二日摂州湊川先懸、同三日生田森幷摩那山麓合戦之時、抽軍忠目安一通、建武五年六月九日　承　判、

（二―f）標葉清隆軍忠状写

標葉四郎左衛門尉清隆申軍忠事

右、大将兵庫嶋御発向之間、御共仕之処、今月二日、御敵寄来摂州湊川城之間、馳向于花熊、於中手軽一命致軍忠畢、同三日、生田森幷摩那《耶》山麓合戦之時、抽随分忠節訖、此等次第、三浦葦名孫二郎同所合戦之間、令見知者也、然早賜御判、為備後証、粗言上如件、

建武五年六月九日

「承了《証判》　判」

⑫標葉彦三郎隆光伊豆国仁科城軍忠之感状、暦応二年二月廿日　民部太輔判、

（二―c）上杉憲顕感状写

伊豆国仁科城軍忠事、尤以神妙則可被注申京都之状、依仰執達如件、

暦応二年二月廿日　民部大輔　判

標葉彦三郎殿

⑬標葉彦三郎隆光去正月廿日馳着伊豆国仁科城、於大手致軍忠、同廿三日抽軍忠被疵目安一通、暦応二年二月一見　判、

（一―d）標葉隆光軍忠状写

目安

標葉彦三郎隆光

右、去（暦応）二正月廿日馳付伊豆国仁科城於大手致軍忠畢、同廿三日切登中手致散々合戦忠節之処、被射隆光肩之条、大将并寺岡《ヲカ》三郎見知之上者、賜御判為備後証、目安如件、

暦応弐年二月日

（証判）「（中賀野義長）（花押影）

一見候了　判　」

⑭標葉小五郎隆連代子息彦三郎隆光陸奥国埋峯・霊山・安達郡成田城・伊達郡藤田城・田村庄宇津峯合戦致軍忠目安、貞和三年九月　一見　判、

（二―g）　標葉隆連代隆光軍忠状写

標葉小五郎隆連代子息彦三郎隆光軍忠事、

右、為陸奥国埋峯・霊山凶徒対治大将御発向之処、去七月十二日馳参安達郡成田城之処、同十三日夜、岩色城御敵令没落畢、同廿二日押寄伊達郡藤田城搦手、付于南切岸致散々合戦之条、徳河左衛門次郎同所合戦之間、令見知畢、仍伊達郡藤田・霊山御敵悉令降参者也、次八月九日田村庄宇津峯凶徒為退治、被押寄冨田彦三郎殿・小松五郎殿当庄新御堂并館岡城之間、馳参最前致忠節之処、御敵令降参之上者、賜御判為備後証亀鏡、恐々言上如件、

貞和三年九月日

（証判）「一見了　判」

⑮標葉四郎左衛門尉清隆去十一月十一日於鬼屋宿進代官秀五郎秀春、同廿二日於倉本合戦致忠節、同十一月八日馳参名取郡物響御館、同廿二日広瀬川合戦先懸抽戦功、仁木式部太輔殿所見知着到一通、観応二年十二月　承判、　已上十五通

（一―c）標葉清隆着到状写

着到

標葉四郎左衛門尉清隆

右、去十月十一日於鬼屋宿進代官彦五郎秀春、同廿二日於倉本合戦、致忠節、同十一月八日一族相共馳参名取郡物響御楯、同廿二日広瀬川御合戦之時、清隆先懸致散々戦功畢、此条御大将仁木式部大夫殿御見知之上者、賜御証判、為後証、仍着到如件、

観応二年十二月　日

「（証判）（花押影）

承了　判」

二　標葉氏の去就

福島県浜通りでも、宇多郡の知行を認められた結城氏に対し、同郡の検断奉行に任じられた相馬氏の反発は強く、両者のあいだで抗争が繰り広げられた(38)。合戦の場となったのが、宇多郡熊野堂城（相馬市）である。当時、相馬氏の惣領重胤とその嫡子親胤は、足利尊氏の重臣斯波家長に従って鎌倉にあった。そのため、熊野堂城への攻撃は重胤の次子光胤によってなされたが、たとえば、建武三年（一三三六）三月一六日の合戦では、光胤勢に合流して戦う標葉孫三郎教隆のような標葉一族も存在した。

また、その直後の二七日には、光胤と「標葉庄地頭等御敵」とのあいだで合戦が展開し、「標葉弥四郎清兼・同舎弟弥五郎仲清・同舎弟六郎清信・同舎弟七郎吉清・同小三郎清高・同余子三郎清久」らが召し捕られ、さらに標葉孫四郎・同孫七郎・同孫九郎・同孫十郎・標葉三郎四郎のほかに一族・被官と思われる長田孫四郎・落合弥八郎らも打ち取られ、生け捕られている。

翌四年年四月から五月にかけては、標葉庄小丸城や立野原で相馬勢とのあいだに合戦があり、一〇月には好嶋庄の伊賀盛光の代官贄田盛行が行方郡小池城（南相馬市鹿島区）に押し寄せ、さらに小丸城や滝角城、楢葉郡朝賀城を攻撃している。また、北畠親房の重臣越後権守秀仲は、「楢葉九郎左衛門入道性円・標葉四郎左衛門入道清閑」らが下向すること、常陸国駒楯を攻撃する足利勢が退散すれば、広橋経泰を派遣することを結城親朝に連絡し、味方に引き入れようと画策している。標葉清閑や楢葉性円らの下向が、親朝の動向を左右させるほどのものであったことを示している。しかし、足利勢優位の状況を打開できるほどでなかったことも確かであった。

標葉一族も、いわゆる南北両朝に属して、その本拠地や周辺地域で熾烈な戦いを展開したのであるが、そればかりか、西国にまで転戦した一族もいた。すなわち、⑦〜⑮は、南北朝期の建武四年〜観応二年（一三五一）における標葉氏の転戦記録ともいうべきものである。いずれも北朝年号が用いられており、標葉隆俊の系統が一貫して北朝方として行動していたことが理解できる。

⑦（二—d・e）の標葉彦三郎高光は、⑧（一—e）から標葉小五郎高連の子息であることがわかるが、⑨（一—a）、⑫（二—c）、⑬（一—d）、⑭（二—g）から宇多庄近辺の戦いの後、下総国に転じ、さらに伊豆国仁科城（静岡県西伊豆町）で戦い、ふたたび陸奥に戻ると、埋峯（須賀川市）・霊山（伊達市）・安達郡成田城（三春町）・伊達郡藤田城（国見町）・田村庄宇津峯（須賀川市）と転戦したことがわかる。

一方、⑩（二―a）、⑪（二―f）、⑮（一―c）からは標葉四郎左衛門清隆が、伊勢から八幡（石清水八幡宮か）、さらに天王寺から湊川や生田森などに転戦、陸奥に戻ると倉本（川か）や名取郡、さらには広瀬川で戦ったことがわかる。高光（標葉氏の通字は「隆」であり、隆光が正しいかも知れない）と清隆の関係はわからないが、その転戦地はきわめて広範囲であり、それぞれの合戦における軍功を求めたのである。

⑦（二―d・e）、⑧（一―e）とも、宇多庄近辺の戦いに関する史料である。建武四年一一月一九日以前、高光は中賀野八郎の代官伊賀貞長に属して宇多庄横川城（相馬市）で先懸けを働き、また、標葉郡手岡城（富岡町）を攻撃、その後、「侍所」伊賀貞長が「宇多庄楯」を攻撃した時にも従い、一一月一日には川を渡って戦功を尽くしたのである。

中賀野八郎は、足利尊氏によって陸奥支配を託された斯波家長の武将で、義長と名のった。伊賀貞長は好嶋庄の領主で、早くから足利方に属した。中賀野義長が、伊賀貞長を派遣して宇多庄を攻撃したのは建武四年一一月一日であることは、次の史料［I］から確認できる。

［I］　岡本隆弘代国近軍忠状[39]

目安

岡本三郎四郎隆弘代孫次郎国近軍忠事、

右、為宇多庄凶徒対治、自中金八郎殿、依被差遣伊賀左衛門次郎貞長、属于彼手、十月十九日罷立岩城郡、同十一月一日押寄横河城、致合戦条、御見知之上者、賜御判、為備後証、目安如件、

建武四年十一月　日

（証判）「承候了　（中賀野義長）（花押）」

すなわち、岡本隆弘は宇多庄の凶徒（南朝方＝白河結城氏）攻撃を中金八郎（中賀野八郎）から命じられた伊賀貞長に属して一〇月一九日に岩城郡（隆弘の本領地）を出立、一一月一日には横川城を攻撃したのである。おそらく、浜通りを北上した貞長勢に標葉高光が合流したものと思われる。なお、横川城は『奥相志』入山上村に「横川」の地名があり、『福島県の地名』（日本歴史地名大系7、平凡社、一九九三）は山上村（入山上村を合併）宇堀坂の古館跡を横川城に比定する。

ところで高光が攻撃した標葉郡手岡城は、現在の富岡町「手岡」に該当するというから、標葉郡は楢葉郡の誤りである。また、一般に「ちょうか」と呼ぶというから、建武四年一〇月一五日付伊賀盛光代贄田盛行軍忠状[40]に「今月建武四四日押寄行方郡小池城、同六日打落之以降、標葉郡小丸幷瀧角城、同楢葉郡朝賀城、其外御敵城墩等不残一所至于御対治」とある「楢葉郡朝賀城」のことであろう。

とすれば、一〇月四日に行方郡小池城を攻撃、同六日に落城させた後、伊賀盛光が軍忠状を提出したのが一〇月一五日であることを考えると、標葉郡小丸・瀧角城、楢葉郡朝賀城を攻撃したのは一五日以前になる。その後、伊賀貞長に属した標葉高光は「宇多庄楯」に向かい、一一月一日に川を渡って戦功を尽くしたのであるから、「宇多庄楯」とは横川城を指し、「川」も宇多川（の上流か？）の可能性が高い。したがって、標葉高光は直近の横川城での戦功を一一月一九日に報告するとともに、それ以前の戦功と横川城での戦功を併せて、あらためて二一日に再報告したものと思われる。こうした二重報告ともいうべき「軍忠状」の提出は、他にも見られる[41]。

⑨（一—a）に記される「下総国登毛郡」は未詳、下総国に登毛郡はないが、土気郡が上総国には存在する。また、「普音寺入道」は『尊卑分脈』や『続群書類従』巻第一四〇（第六輯上）「北条系図」（図6）にある普園寺＝「普音寺」＝基時と思われ、「普音寺入道孫子」は基時の子・孫の意味であろうか。基時は、正和四年（一三一五）七月に執

図6　北条氏略系

北条義時 ┬ 泰時
　　　　 └ 重時 ― 業時 ― 時兼 ― 基時（号普園寺） ― 仲時 ― 友時（松壽）
北条時房 ― 朝直 ― 宣時 ― 宣泰 ― 貞直

権に就任するも、翌年には辞任して出家、新田義貞が鎌倉を攻撃した時には化粧坂を守り、鎌倉の普恩寺で自害した幕府の重鎮である。[42] したがって、上総国土気郡内で基時の子孫が蜂起した時、高光は中賀野義長に属して軍功に励み、建武五年二月に軍忠状を提出、「承判」を受けたことを示している。「承判」を受けた時期が二月であることから、「普音寺入道孫子」の蜂起はその前年＝建武四年の可能性がある。「普音寺入道孫子」については、後述する。

その後、高光は伊豆に転戦した。すなわち、⑫（二―c）は伊豆国仁科城での高光の軍功に対し、暦応二年（一三三九）二月に民部太輔＝上杉憲顕が感状を下したもの。⑬（一―d）によれば、同年正月二〇日、高光は仁科城を攻撃する軍勢に合流、早速、大手にて軍忠を致し、さらに二三日には疵を蒙るという軍忠を働いたので、軍忠状を提出、確認の承判を得ている。おそらく、仁科城での合戦における軍忠を報告して承判を得るとともに、その後二月二〇日になって、上杉憲顕から感状を得たものと思われる。

仁科は、現在の静岡県西伊豆町仁科に比定されるが、幕府滅亡時には北条貞直が支配していたために没収され、足利尊氏に与えられたことは、元弘三年後半のものと考えられる足利尊氏・同直義所領目録[43]に、「伊豆国仁科同（貞直）」とあることから確認できる。

鎌倉幕府滅亡後も、北条氏の遺児・遺臣による蜂起が相次いだ。たとえば、建武二年七月には、北条高時の遺児時行は信濃で挙兵、鎌倉を占拠した。いわゆる「中先代の乱」である。しかも、尊氏と後醍醐天皇が対立するようになると、延元二年（一三三七）、天皇は朝敵恩免の綸旨を時行に下し、尊氏・直義兄弟の追討を命じた。建武四年八月、再び奥州を進発して武蔵に入った北畠顕家勢に加わった時行は、一二月には鎌倉を再占拠している。

その後、上洛を続ける顕家は翌延元三年五月、和泉堺浦で高師直に敗れて戦死。既に建武三年一二月に後醍醐天皇は吉野に逃れており、起死回生策としての顕家＝奥州勢の再上洛も効なく、尊氏方の優勢は揺るぎなかった。そうしたなかで、北畠親房は海路、常陸国に至り、南朝方の勢力回復に努めたため、高師冬勢とのあいだに合戦が続いた。標葉高光が軍功に励んだ伊豆国仁科城での戦いもその一環であったろう。

ところで、『鶴岡社務記録』[44]暦応二年（一三三九）二月条には、「自伊豆仁科城凶徒卅七人、目代具参、此内十三人者、於龍口被切了、大将普薗寺左馬助云々」とある。この「大将普薗寺左馬助」は、普園寺殿北条基時の孫にあたる友時で幼名を松壽と称した。したがって、⑨（一―a）の「普音寺入道孫子」も友時の可能性が高く、延元四年（一三三九）二月の仁科蜂起以前、延元二年後半に下総ないし上総で蜂起したと考えることもできる。

同年には、後醍醐天皇の綸旨によって尊氏追討を命じられた北条時行が北畠顕家勢に合流、一二月に鎌倉を再占拠したことは既述した。北条時行の行動に、「普音寺入道孫子」＝北条友時も連携していたと考えることもできる。こうした顕家＋時行＝南朝方の軍事行動に対して、標葉高光は中賀野義長＝北朝方に属して軍功に励んだのである。

しかし、暦応四年（一三四一）には南朝方の小田治久が北朝方に通ずると、康永二年（一三四三）には結城親朝が北朝方に転じ、一一月には南朝方の拠点である関・大宝両城が落ちると、北朝優位は確定的となった。北畠親房の常陸支配も叶わず、吉野にもどらざるをえなかった。

一方、延元四年八月、後醍醐天皇の後を継いで義良親王が皇位につくと、北畠顕家の弟顕信は常陸を経て田村庄宇津峯城に入り、葛西氏をたよって桃生郡（宮城県）に向かった。以後、葛西氏や南部氏とともに北奥を支配した顕信に対し、多賀国府にあった北朝方の石塔義房も苦慮したが、常陸の小田治久や南奥の結城親朝が北朝方に転じたため勢いを挽回、暦応四年の栗原郡三迫の合戦に勝利し、北朝優位の状況を確保した。

ところが、貞和元年（一三四五）、京都における尊氏派・直義派の対立によって義房は京都に呼びもどされ、かわって畠山国氏・吉良貞家が両派を代表して奥州管領として着任した。当時、南北両朝の抗争は小康状態を保っていたが、北奥では北畠顕信・南部氏が、南奥では霊山・宇津峯両城を拠点とした伊達氏や田村氏が南朝方として残存していた。そのため、国氏・貞家は北朝勢を糾合して、貞和三年には伊達郡藤田城、小手保川俣城を陥落させ、霊山・宇津峯城を攻撃して、同年七月には中通りの一部を平定したのである。

標葉高光がいつ南奥にもどったか明らかではないが、おそらく関・大宝両城が陥落した康永二年（一三四三）以後であろう。したがって、「埋峯・霊山・安達郡成田城・伊達郡藤田城・田村庄宇津峯」などの合戦による軍忠を報告、確認の承判を得た時期は貞和三年九月であるが、それは康永二年以後の合戦における軍忠と思われる。

また、当初は南朝方として行動した国魂行泰も北朝に転じ、康永三年（一三四四）には吉良貞家に属して宇津峯城攻撃のために着陣、さらに、貞和三年七月以降、伊達郡藤田城や霊山・宇津峯両城を攻撃して戦功をあげ、九月になって軍忠を報告している。[45] この貞和三年九月という日付は、標葉高光が軍忠状を提出したものと一致するから、高光の行動も国魂行泰のそれに類似した内容であったものと思われる。

鎌倉幕府が崩壊して以降、南北朝期における高光の軍功は、以後の標葉氏の歴史に大きな影響を与えたものと思われ、こうした軍忠状等が代々相伝されたのである。

三　標葉清隆の動向

次に、⑩（二―a）、⑪（二―f）、⑮（一―c）に記載される標葉清隆について考えてみよう。

⑩（二―a）は、建武五年＝暦応元年二月の伊勢における合戦、同三月の八幡・天王寺における合戦のそれぞれの軍忠を報告、その承判を受けたものである。なお、清隆の軍忠状は「建武」を用いており、北朝方として行動していたことがわかる。

ところで、建武三年六月、足利尊氏が光厳上皇を奉じて入洛すると、捕縛された後醍醐天皇は光明天皇に神器を渡し、翌月には吉野に逃れたのである。いわゆる南北両朝の並立である。翌年八月、霊山にあった北畠顕家は再び南下して京に向かった。一二月には鎌倉で斯波家長を撃破したものの、美濃青野原で桃井直常らに破れ、伊勢に転じた。建武五年（延元三年）二月、伊賀より奈良に入った顕家勢は、以後、河内や山城男山・天王寺などで高師直と対戦、五月の堺浦・石津での戦いで敗死するのである。したがって、⑩に記される「伊勢国小屋松」の地を確定できないものの、再上洛しようとする北畠顕家が桃井直常に破れて東海道筋を進撃できず、やむなく伊勢に転じた際に起こった合戦の地ということになる。

ところで、建武五年閏七月付小平光俊軍忠状には[46]、

石河小平七郎三郎光俊申軍忠事

右、為顕家卿後攻、自奥州馳上、当年建武五二月十一日、勢州御発向之時、属御手、同十六日、於伊勢国雲地河、致軍忠訖、

一、同廿八日、於奈良坂、抽合戦忠節畢、

一、同三月十三日、於男山洞巓、致忠節畢、

一、同十六日、於安部野、致合戦之忠訖、

一、同五月廿二日、於和泉国堺浦、致軍忠畢、此等次第同所合戦之間、須賀兵庫允・佐々木左衛門六郎令見知訖、
然早預御証判、欲備亀鏡之状、如件、

建武五年閏七月

（異筆）「是将軍御判」
（証判）「（花押）」（高師直カ）

とあり、北朝方の石川光俊は「伊勢国雲地河」での軍忠を報告している。「雲地河」は、雲出川・雲津川のことと思われ、現在の津市と松阪市の中間、一志郡を東流する河川である(47)。

さらに延元三年三月日付国魂行泰軍忠状にも(48)「同二月十四日・十六日、伊勢国河又河口合戦、抽軍忠畢、」とあり、南朝方の国魂行泰は「伊勢国河又河口」の合戦における忠節を報告している。現在、「河又」川の名は確認できないが、『三重県の地名』（日本歴史地名大系、平凡社）によれば、式内社「川俣神社」の遺称地が旧鈴鹿郡内に六か所ほど確認されるという。国魂行泰軍忠状には「河口」ともあるから、郡内の小河川が合流して伊勢湾に流れる鈴鹿川とも考えられる。津市の北に位置する。おそらく、上洛を果たそうとする北畠顕家と桃井直常ら北朝方との交戦は激しく、伊勢各地で激戦が展開されたのであろう。

敗れた顕家は、伊勢から大和奈良に入ったが、追撃する北朝方と合戦したことは、顕家とともに行動した国魂行泰の軍忠状に「（二月）廿八日、奈良合戦、致忠了」とあり確認できる。

なお、建武五年三月二一日付岡本良円着到状(49)には、「南都幷八幡・天王寺御発向之間、御共仕候畢」とあり、さらに建武五年閏七月日付岡本良円軍忠状(50)にも、

岡本観勝房良円軍忠事

一、去二月廿八日南都御共仕、於奈良坂本、致軍忠畢、

一、同三月十二日男山御共仕、同十三日合戦抽軍忠畢、
一、同十四日天王寺御共仕、同十六日安部野合戦、致軍忠、則攻入天王寺、致合戦之刻、新田西野修理亮之手者一人生捕之条、於天王寺面之□、石河孫太郎入道、長田左近為奉行、被遂実検之上、高橋中務丞為奉行、重被実検畢、（下略）

とある。良円の着到状・軍忠状に証判を据えたのはいずれも高師直であったから、良円は師直に従って行動していたのであろう。しかも、「二月廿八日南都御共仕、於奈良坂本、致軍忠畢」との文面からは、伊勢から南都・奈良に転戦したことが考えられる。

標葉清隆の転戦は、「八幡」「天王寺」と続いた。これもまた、小平光俊の「三月十三日、於男山洞巓、致忠節畢」、「同十六日、於安部野、致合戦之忠訖」や、岡本良円の「三月十二日男山御共仕、同十三日合戦抽軍忠畢」、「同十四日天王寺御共仕、同十六日安部野合戦、致軍忠、則攻入天王寺、致合戦」との記述から、少なくとも「伊勢」以後は彼らと同一行動を取っていたと考えられる。

すなわち、標葉清隆が石清水八幡宮（男山）に籠もる北畠顕家を攻め、さらに天王寺・安部野（阿倍野）合戦に「大将之隊」に属して浜手に向かい、敵勢に討ち入って三人を切り捨て、一人を捕らえた際、その軍功を「石思五郎・石川五郎」が見知＝見届けている。

さらに、標葉清隆の軍忠状の日付は三月、岡本良円が着到を報告したのが三月二一日で、それに証判を下したのが高師直であること、天王寺合戦における岡本良円の軍功＝「一人生捕」を確認＝実検した者が「石河孫太郎入道」＝南奥・石川庄の住人であることなどから、清隆の軍忠状に証判を下したのも高師直の可能性が高い。北朝方についた標葉氏は、岡本氏や石川氏とともに、同じ南奥の武士でありながら、南朝方の国魂氏と戦闘を繰り広げたのである。

ところで⑪（二—f）は、「大将家」が兵庫嶋を出発した時、標葉清隆も供奉、六月二日、摂津湊川に先駆けし、翌日の「生田森幷摩那（耶）山麓」の合戦に軍忠を抽んじたため、報告して証判を得たというのである。六月二日に清隆が「摂州湊川」で先懸けしたとは、「湊川」で合戦が行われたことを示すとともに、翌三日にも「生田森幷摩那（耶）山麓」で合戦があったことを示している。その位置関係から、西から東に向かって合戦が展開されたことになる。

なお、六月の湊川や生田森での合戦について、旧稿[51]では確認できずに「建武三年五月の湊川合戦に関するもの」と考えたが、泉田氏が次の史料「本田久兼軍忠状写[52]」を指摘し、建武五年六月の湊川や生田森の合戦を検証された[53]。

本田次郎左衛門尉久兼謹言上、

欲早任度々軍忠旨、賜御一見状間事、

右、自四月十七日、兵庫警固御共仕、同六月二日御敵湊河城寄来間、属御手、致合戦畢、同三日押寄前城、追散御敵訖、此等次第加藤式部丞令見知畢、然早下賜御一見状、恐々言上如件、

建武五年六月　日

「承了（証判）　（花押影）」

さらに⑪の「右同人右大将家」について旧稿では「右大将家」と解釈したが、泉田氏の指摘するように、（二—f）では「右、大将兵庫嶋御発向之間」とあるから、高師直に比定できる「大将」に供奉して六月二・三日の合戦に及んだことになる。いずれも従うべきで、清隆は天王寺合戦後、本田氏ら九州の北朝勢とともに湊川・生田森・摩耶山を転戦したのである。

次に⑮は、観応二年（一三五一）一二月、標葉清隆が「仁木式部太輔殿」に着到状を提出し、「証判」を得たものである。その内容は、

一一月一一日　代官秀五郎秀春を「鬼屋宿」に派遣
　　　二二日　「倉本合戦」にて忠節
一一月　八日　名取郡「物響御館」に着到
　　　二二日　「広瀬川御合戦」で先懸、戦功

というものであるが、（一―c）によれば、一一月一一日・二二日は一〇月の誤りであったことがわかる。この「倉本合戦」「広瀬川合戦」については、観応三年一一月二二日付吉良貞家挙状[54]に記載される、

ⅰ去建武二年下総国千葉城発向之時、親胤属当手、至于箱根坂水呑戦致功候訖、
ⅱ次奥州下向之後、去貞和三年伊達郡藤田・霊山・田村□、宇津峯城等発向之時、率一族馳参、依抽軍忠、郎従等被疵候、加之、去年宇津峯宮・伊達飛騨前司・田村庄司一族以下凶徒、府中襲□之処、
ⅲ同十月廿二日馳向柴田郡倉本河、一族幷郎従数輩手負打死之上、親胤被疵候、同十一月廿二日於名取郡広瀬河合戦、進代官致忠候、
ⅳ就中、今年田村庄凶徒対治之刻、最前進子息治部少輔胤頼、於安積郡部谷田陣、至佐々河・田村・矢柄・宇津峯当陣、抽忠節候、仍可浴恩賞之由、令言上候、

が参考になる。

この書状は、奥州管領吉良貞家が相馬親胤の軍忠を、足利尊氏の執事仁木頼章に報告、恩賞を要請したものである。とくに、観応二年一〇月二二日には、柴田郡倉本河の合戦（いわゆる船迫の合戦）で親胤自身が負傷したこと、そのため、翌一一月二二日の広瀬川の合戦には代官を派遣して忠節を働いたことなどがわかる。ここに記述される倉本河は現在の白石川、広瀬川は仙台市内を東流する河川で、仙台市北半の旧宮城郡と南半の旧名取郡を隔てる名取川の支

流である。

ところで、明和九年（一七七二）、仙台藩の田辺希文によって編纂された『封内風土記』[55]巻之五（名取郡）には、

吉田邑（中略）

那智山物響寺。真言宗。武州江戸弥勒寺末寺。伝云。用明帝之御宇草創。開山僧名不伝。豊前州宇佐宮慈現法印中興。不詳其年月。那智権現之別当也。永正中。当家十三世尚宗君。造営殿堂。是以安置十二世成宗君・尚宗君霊牌。二十世肯山君祈尊考雄山君冥福。命読誦普門品三十三万巻。歴三年。而終功。故雄山君霊牌亦安置焉。往古有二十四坊。今悉荒廃。惟存其名。有尚宗君所賜之書。及造営旧記等。無住時附託禰宜治兵衛者。肯山君世公収之。

とある。吉田邑は、現在の名取市高舘吉田のことで、ここに那智山物響寺が存在していたことがわかる。

那智山物響寺は、「那智権現之別当也」とあるように那智権現（那智神社）の神宮寺として存続していたが、『封内風土記』が編纂された明和九年当時は廃絶されていた。その西にそびえる高舘山は那智山ともよばれ、中腹に熊野那智神社が鎮座し、頂上部に高舘城跡が確認される。

（観応二年）一一月二五日付吉良貞家書状[56]には、「一日合戦、御代官致忠候、神妙目出候、抑名取要害堅固未作之間、依用心難儀、遷伊具舘候了」とあって、「名取要害」の存在が知られるが、これが高舘城跡との指摘もある。「名取要害」や高舘城跡と「物響御館」との関連は判らないが、貞家が堅固に造作されていなかった「名取要害」から伊具舘に遷ったことなどから、北朝方の標葉清隆が馳せ参った「物響御館」もまた北朝方の施設であったろうし、少なくとも「名取要害」と「名取郡物響御館」は同一施設か、あるいはその近辺に位置づけられよう[57]。この後、標葉清隆の行動は確認できない。

四　分立する標葉諸氏

当該期の標葉氏を考える資料として、浪江町高瀬丈六の仲禅寺が所蔵する木造十一面観音像の「胎内銘」[58]がある。康永二年（一三四三）六月六日の日付をもつこの「胎内銘」には、計二八七名の名が記され、そのうち五九名が女性という特徴をもつ。また、「囲（開）津殿・西殿・紀平五郎殿・長田殿・小野田三郎殿・谷田殿」という「〜殿」が一〇名、ほかに苗字を記載された者が数多く記載される。これらの苗字は、平や源、大江のような姓氏から、竜田・下浦・室原というように標葉郡内の地名を名のる場合とに二分される。

姓………平清宣　源小三郎　大江二郎

浪江町……長田殿（浪江町長田）　小野田三郎殿・小野田侍従房（浪江町小野田）
谷田殿・谷田三郎入道（浪江町谷津田）　下酒井小三郎（浪江町酒井）
室原四郎（浪江町室原）　借宿六郎（浪江町苅宿）
高瀬女（浪江町高瀬）
下浦五郎（南相馬市小高区下浦）

双葉町……郡山四郎・郡四郎（双葉町郡山）　鴻草七郎（双葉町鴻草）
羽鳥源太郎入道（双葉町上羽鳥・下羽鳥）　渋川妻内方（双葉町）

大熊町……熊女（大熊町熊）

不明………竜田彦四郎　新開三郎　新田二郎三郎　寺内敬心
古藤二郎　青柳　安藤三郎入道　尼藤二郎
河又五郎　金若五郎　金藤太郎　栗原修理進

乙田部氏女

この二八七名は、観音像造立に際して結縁した人びとであり、単に観音信仰を媒介にしたものというよりは仲禅寺（観音像造立時の寺名かは不明）に関連ある人びとであることは、苗字の多くが近隣の地名に由来することからも想像できる。

また、名前の表記は、観音像造立者との関係を端的に示していると考えられるが、とくに「〜殿」は結縁した人びとが生活する世界のなかで有力者とみるべきであろう。しかも、「長田」は南北朝期に標葉氏と行動をともにした長田孫四郎と同姓であり、標葉氏から別れた一族の可能性もある。小野田・谷田氏のように「殿」と記載された人びとも同様に考えられる。さらに鴻草氏の場合、双葉町鴻草に残る磨崖仏の成立年代が一五世紀後半とすれば[59]、こうした磨崖仏を造立できる主体が存在したことを意味するから、標葉一族との理解が可能となる。

有姓者あるいは苗字を持つ者全てが標葉一族との確証はないが、あるいは苗字を持っていても「殿」付けで記載される者とそうでない者との区別を明確にはなしえないものの、多くの標葉一族が結縁していたこと、それは標葉氏が標葉郡を中心に展開していたことを意味する。そうした標葉氏の分立する時期の始期を断定できないにしても、南北朝期に大きく展開したことは否めない。

第五節　室町期の標葉氏

一　分立と統合

分立した標葉氏も、外界の強力な権力者に対しては協働せざるをえなくなる。すなわち、明徳三年（一三九二）正月、将軍足利義満は、鎌倉公方氏満に陸奥・出羽両国を与え、鎌倉府の管轄下に加えた。その後、応永六年（一三九九）、氏満の子三代鎌倉公方満兼は弟満貞・満直を派遣し、奥州支配を実効あるものにしようとした。しかし、二人は大崎氏や留守氏・葛西氏の存在により多賀国府に入ることはできず、それぞれ稲村（須賀川市）・篠川（郡山市）に拠ったため、稲村公方・篠川公方と称されることになる。[60]

南奥では、鎌倉府の支配を容易に受け入れがたい状況にあったが、下向した満貞・満直は伊達・白河結城両氏に所領の献上を命じるなど強圧的な態度に徹した。[61]そのため、中小国人層のなかには、一揆契約を結び、彼ら公方の圧制に対抗しようとする動きもみられた。たとえば、応永一七年（一四一〇）二月には浜通りの一〇氏が一揆を結んでいるが、構成メンバーは「就大小事、堅相互見□被見継」ことを約するとともに、「於公方之事者、五郡以談合之儀」って対処することを申し合わせている。これに連判した国人とは、五郡の国人、すなわち標葉・楢葉・相馬・諸根・好嶋・白土・岩城の七氏に判読不明な三氏が加わっていた。[62]

ここで留意すべきは、諸根以下四氏は岩城・岩崎両郡の国人であるが、南北朝期に分立し、標葉郡に割拠した標葉一族は標葉氏のみであり、他にはみられない点であろう。他郡の有力国人と一揆契約を結ぶ時、標葉一族は一致して単体として契約しているのである。すなわち、「満済准后日記」[63]正長元年（一四二八）一〇月二五日条には、

奥・伊達・蘆名・白河・石橋・懸田・岩城《キ》・岩崎《カサキ》・標葉《シムヤ》・楢葉《ナラハ》・相馬《サウマ》、此等方へ御教書被成之、以上十二通、今日遣右京兆方也、使者安富、

とあり、幕府の御教書が「奥」＝稲村・篠川を含む一二氏に発給されているのであるが、標葉氏に対しては一通の御教書が送られているだけである。これに対して、同日記の翌正長二年二月二一日条には、「細川右京兆来、自奥佐々河書状等数通持来也、則備上覧了、伊達・葦名・白河・海道五郡者共請文也」とあるように、請文が送られてきたこ

とを載せているが、「岩城・岩崎・標葉・楢葉・相馬」を「海道五郡者共」と記している。標葉氏からも請文が提出されたのである

五郡一揆の諸氏は、鎌倉府の支配に抗して結成されたものであったが、幕府から「海道五郡者共」、鎌倉府（稲村公方）からも「東海道五郡輩」などと一括して認識されたことは、次の稲村公方足利満貞書状(64)からも明らかである。

仙道辺之事、可有御同（カ）心候、可致用意候、仍石川駿河孫三郎等之事、令合力、致忠節候者可然候也、謹言、

二月五日　（花押）

東海道五郡輩中

ただし、こうした単体として認定される状況も徐々に変化する。すなわち、寛正元年（一四六〇）一〇月二一日に下された次の二通の「足利義政御内書案」(65)である。

[J]

成、、、子細哉、（成氏誅罰事、度々被仰遣之処、于今遅々如何躰子細哉）

加談合相馬等之輩、、、、也、（不廻時日励戦忠者、可有勧賞有也）

月日　　御判

標葉常陸介殿

[K]

成、、哉、加談合岩崎等之輩、、、也、

月日　　御判

標葉伊予守とのへ

将軍義政が鎌倉公方足利成氏の誅罰を命じたが、容易に応じないため、勧賞を約束して即刻の出陣を再度下命したものである。ところが、この御内書は標葉常陸介と標葉伊予守の二人に下されているのである。常陸介には「殿」、伊予守には「とのへ」と区別され、後者は前者に比べて薄礼ではあるものの、以前のような標葉郡を代表するような唯一の標葉氏ではなく、二人の標葉氏が対象であることは、幕府がいわゆる惣領家と庶子家とを区別してはいるものの、両者に御内書を出さざるをえない状態、加えて談合すべき対象を相馬氏と岩崎氏に選別するなど、両者が拮抗している状況を推測させるのである。

二　標葉氏の滅亡

相馬氏が本格的に南進策を進めるのは、一五世紀末のことである。すなわち、正長元年（一四二八）六月、千倉庄を支配する岩松千千代を謀殺して行方郡北部を得た胤弘は、翌年五月頃に勃発した「宇多庄合戦」に鎌倉公方方として幕府方の篠川公方満直と対峙し、白河結城氏の影響を排除することに成功するのである(66)。

こうして、行方郡を固持するとともに宇多郡への足がかりを得た胤弘であったが、その跡を継いだ高胤の時、すなわち文安二年（一四四五）五月、行方郡牛越の館主牛越上総介定綱が、小高に隣接する飯崎氏の協力を得て相馬氏に抗したのである。これらのできごとは、近世に編纂された『相馬氏家譜』や『奥相志』によってしか確認されないが、一五世紀半ばになってもなお行方郡内が相馬氏（後の中村藩主家）によって統一されず、国人が割拠している状況を物語っている。しかし、岩松氏に続いて牛越・飯崎両氏を排除した高胤は、白河結城氏と一揆を結んで遠交近攻策を採って南進策を押し進めようとしていた。すなわち、標葉郡への侵攻である。もっとも、この軍事行動についても、近世の編纂書に頼らざるを得ないのが現状である。

この標葉侵攻について、『奥相茶話記』(67)所収「平姓相馬氏御系図」は、

高胤
　相馬治部少輔、長享元年春標葉左京大夫清隆の在城に押寄合戦、於陣中病死、
盛胤
　相馬大膳大夫、御内室会津城主芦名遠江守盛舜の御女、
　長享元年冬、標葉左京大夫入道得台、同左馬助隆成楯籠る所の権現堂の舘を攻落し、標葉郡、此時、泉田・藤橋・室原・下浦・熊川・山田・小丸・小野・井戸川・苅宿等の侍随附す、

と記し、『御家給人根元記』[68]は、

扨相馬出羽守高胤公、標葉郡主標葉左京太夫清隆と武威を争事五十二年、長享元年十二月、権現堂之城ニ押寄合戦之時、高胤君出陣中御頓死、是を敵ニ深く隠し早速御帰陣有て、小高ニ而御病死と披露有、円応寺開基大雄難公と奉申ハ是也、

（中略）

是高胤御子大膳大夫盛胤十八歳之時、明応元年権現堂之城ニ押寄合戦、時に標葉之一族泉田隠岐守・藤橋出羽守両人、本家を背き、相馬之御手ニ属、故ニ安々と標葉左京太夫清隆・同左馬介隆成父子を責潰ス、是より標葉郷相馬之御手ニ入、此時之御約束ニ而、泉田之家、代々相馬御一家に被準、此時標葉殿ニ六簱・七人衆と申て大家之侍十三人有、井戸川・山田・小丸・下浦・熊・上野、是を六簱と云、室原・郡山・樋渡・苅宿・熊川・中村・牛渡、是を七人衆と申、此十三人衆も追々降参仕、相馬之御手ニ属、此外標葉給人大方、昔ハ標葉殿ニ被官家也、樋渡氏逆心有、仙台ニ走、氷山氏子孫断絶す、

と記載するのである。

すなわち、前者によれば、長享元年（一四八七）春、高胤は標葉清隆の拠る権現堂城（浪江町）を攻撃したが陣中で病死、そこで家督を継いだ盛胤が同年冬（暮れの意であろう）に攻め落とし、泉田・藤橋・室原・下浦・熊川・山田・小丸・小野・井戸川・苅宿といった標葉氏の家臣を従えるようになったというのである。これに対して後者は、権現堂城を攻撃した長享元年一二月、高胤が病死したために軍勢を返したが、一八歳で家督を継承した盛胤は、明応元年（一四九二）になって標葉を攻撃、その際、標葉の一族泉田隠岐守・藤橋出羽守を味方に引き付け、標葉清隆・隆成父子を責め潰したというのである。長享元年に標葉を攻撃した点は一致するものの、高胤の病死後、盛胤が標葉氏を亡ぼしたのは長享元年か明応元年かの違いがある。

『相馬氏家譜』(69)には、高胤の跡を継いだ盛胤について、初めは定胤と名のっていたこと(70)、会津の葦名盛舜の娘を娶るとともに、岳父盛舜の一字を受用して定胤を盛胤と改めた後、標葉清隆を亡ぼしたとある。盛胤と葦名氏との婚姻、「盛」字の受用が確かであれば、葦名氏の協力を得て標葉氏を亡ぼしたことになり、高胤病死の直後に標葉氏攻撃が可能とは考えられない。その場合、明応元年説を採るべきであろう。

また、標葉の一族泉田隠岐守・藤橋出羽守の離反が標葉氏を亡ぼす大きな要因であったことは、南北朝期以降、標葉一族の分立が進行しながらも一揆契約に際してはまとまりを見せていた状況が変化し、惣領家に対する反発が離反を招き、ついには滅亡に至らしめるほど深刻であったことを意味する。その要因がどのような点にあったのか、一族の苗字、「六籏・七人衆」と称された標葉氏家臣の苗字と康永二年の「観音像胎内銘」に記載された苗字との関連など、今後の課題となる。

以後、標葉郡は相馬氏によって支配されるのであるが、『奥相秘鑑』(71)には「顕胤・盛胤両代三郡館持並出騎之事」として、

標葉郷城代　　出騎
　泉田館　泉田右衛門太夫顕清　二十五騎、慶長七年ヨリ泉藤右衛門胤政、
　熊川館　熊川美濃隆光　　　　同所　落館・焼館・小館、無城代　取出陣城カ
　熊館　　熊右衛門隆重　　　　同所　中館・西館、無城代
　佐山館　門馬大和定経
　上浦館　中村右兵衛胤高
　下浦館　室原伊勢清隆
　新山館　樋渡摂津重則　　　　同西館　酒井将監
　渋川館　木幡大隅清定　　　　鶉草・宮田館・中田館、城代不知
　藤橋館　藤橋紀伊胤隆
　羽鳥館　羽鳥伊賀
　両竹館　城代不分明、慶長七年ヨリ泉田掃部胤隆
　津嶋館　紺野美濃
　本条館　明応元年迄標葉大将標葉左京大夫清隆法名得台入道、相馬盛胤御為落城、以後無城代、
　　　　　苅屋戸出雲・上野但馬・小丸主水・井戸川大隅、右四人モ出騎

とある。こうした中世の城館の存在は、「六籏・七人衆」の実態を考える材料ともなるが、今後の検討に委ねたい。

註

（1）拙稿「近世のなかに発見された中世―中世標葉氏の基礎的考察―」（『東北福祉大学研究紀要』第三四巻、二〇一〇）。
（2）A「鎌倉末・南北朝期の標葉室原氏―新出史料　海東家文書の『室原家伝来中世文書』の考察―」（相馬郷土研究会『相馬郷土』第三〇号、二〇一五）およびB「南北朝・室町期の標葉下浦氏―新出史料　海東家文書の『下浦家伝来中世文書』の考察―」（『相馬郷土』第三一号、二〇一六）。
（3）いわき市『いわき市史』第一巻（一九八六）。
（4）『群書類従』巻第三六九（第二十輯）。
（5）岩磐史料刊行会『岩磐史料叢書』中巻（一九一七）。
（6）野口実氏「古代末期の武士の家系に関する二つの史料―永承二年二月二十一日付『藤氏長者宣』と中条家文書『桓武平氏諸流系図』―」（奈良・平安文化史研究会『古代文化史論攷』第五号、一九八四。後に『中世東国武士団の研究』〈高科書店、一九九四〉に収録）。
（7）『中条町史・資料編第一巻』（一九八二）。
（8）小口雅史氏「延久蝦夷合戦再論―応徳本系『御堂御記抄』諸本の検討を中心に―」（『古代中世の史料と文学』吉川弘文館、二〇〇五）。
（9）樋口知志氏「藤原清衡論（上・下）」（『岩手大学人文社会科学部紀要』第八二～八三号、一九八二。後に『前九年・後三年合戦と奥州藤原氏』〈高志書院、二〇一一〉に収録）。
（10）白根靖大氏「中条家文書所収『桓武平氏諸流系図』の基礎的考察」（『東北中世史の研究・下巻』所収、高志書院、二〇〇五）。
（11）網野善彦氏「桐村家所蔵『大中臣氏略系図』について」（『茨城県史研究』四八号、一九八二。後に『日本中世史料学の課題』〈弘文堂、一九九六〉に所収）。
（12）拙稿「奥州藤原氏の奥羽支配―折敷墨書を読む―」（『政治経済史学』第三四八号、一九九五。後に『鎌倉幕府と東国』

〈続群書類従完成会、二〇〇六〉に収録）。
(13) 鍛代敏雄氏「柳之御所遺跡出土の折敷墨書を読み直す」（『東北福祉大学芹沢銈介美術工芸館年報』10号、二〇一九）。
(14) 拙稿註（12）前掲書。
(15) 飯野家文書（『定本飯野家文書　中世編　CD―ROM』飯野文庫、二〇〇二）。
(16) 『角田市史一・通史編上』（一九八四）。
(17) 『続群書類従』巻第一五八（第六輯下）。
(18) 相馬中村藩が編纂した領内の地誌。本来は漢文体であるが、『相馬市史4　資料編1』（一九六九）に読み下して収録。
(19) 奥羽編年史料所引伊佐早文書（『鎌倉遺文』第二五巻一八九三八）。
(20) 伊佐早謙所蔵文書（『鎌倉遺文』第三八巻二九六七〇）。
(21) 『惣領制』（至文堂、一九六六）。
(22) 『続史料大成18』（臨川書店、一九六七）所収。
(23) 拙稿「越後国と北条氏」（『国史学』第一一四号、一九八一。後に拙著『鎌倉幕府と東国』〈続群書類従完成会、二〇〇六〉に収録）。
(24) 福田豊彦氏・海老名尚氏「田中穣氏旧蔵典籍古文書『六条八幡宮造営注文』について」（『国立歴史民俗博物館研究報告』第四五集、一九九二。後に「『六条八幡宮造営注文』と鎌倉幕府の御家人制」と改題して同氏『中世成立期の軍制と内乱』〈吉川弘文館、一九九五〉に収録。
(25) 豊田武・遠藤巌・入間田宣夫「東北地方における北条氏の所領」（東北大学日本文化研究所『研究報告別巻』第七集、一九七〇）。
(26) 大悲山家文書・相馬通胤譲状（『原町市史4　資料編Ⅱ古代・中世』九六）。以下、拙著『中世相馬氏の成立と発展』（戎光祥出版、二〇一五）および『原町市史1　通史編Ⅰ原始・古代・中世・近世』（二〇一七）を参照。
(27) 相馬岡田家文書（註（26）前掲『原町市史4』一一四）。

(28) 拙稿「相馬氏と鎌倉北条氏」(『千葉県の歴史』第二七号、一九八四、後に拙著『鎌倉幕府と東国』〈続群書類従完成会、二〇〇六〉に収録)。
(29) 南相馬市小高区。当初、標葉郡に属していたが、『奥相志』によれば明暦二年(一六五六)、行方郡小高郷に組み込まれたと伝える。
(30) 東寺百合文書リ(『鎌倉遺文』第二三巻、一八〇三〇)。
(31) いわゆる得宗家の公文所については、奥富敬之氏「得宗家公文所の基礎的素描」(『日本史攷究』第一六号、一九七〇)および『鎌倉北条氏の基礎的研究』(吉川弘文館、一九八〇)、細川重男氏「得宗家公文所と執事―得宗家公文所発給文書の分析を中心に―」(『古文書研究』第四七号、一九九八)および『鎌倉政権得宗専制論』(吉川弘文館、二〇〇〇)等を参照。
(32) 東寺百合文書リ(『鎌倉遺文』第二三巻一八〇二六)。
(33) 相馬岡田家文書(註(26)前掲『原町市史4』一一三)。
(34) 註(25)前掲書。
(35) 島原図書館所蔵松平文庫色々証文(『南北朝遺文・東北編』第一巻〈二〇〇八〉二八)。
(36) 東北大学日本史研究室所蔵朴沢家文書(註(35)前掲書、一四八)。
(37) 東北大学日本史研究室所蔵朴沢家文書(註(35)前掲書、一五〇)。
(38) 以下、相馬氏を中心とした当該期の状況については、註(26)前掲『原町市史1』を参照。
(39) 秋田藩家蔵文書一・岡本元朝家蔵文書二九号(『福島県史七　資料編2古代・中世資料』(一九六六)。
(40) 註(15)前掲書。
(41) 漆原徹氏「軍忠状に関する若干の考察」(『古文書研究』第二一号、一九八三)および『中世軍忠状とその世界』(吉川弘文館、一九九八)。
(42) 『太平記』巻第一〇「信忍自害事」。
(43) 東京大学史料編纂所所蔵比志島文書(註(35)前掲書三五)。

(44)『鶴岡叢書』第二輯（鶴岡八幡宮、一九七八）。
(45) 国魂行泰軍忠状（註（39）前掲書所収国魂文書一〇）。
(46) 国立公文書館蔵楓軒文書纂七一合編白河石河文書（『石川町史三』〈二〇〇六〉六九）。
(47)『三重県の地名』（日本歴史地名大系二七、平凡社、一九八三）。
(48) 国魂行泰軍忠状（註（39）前掲書所収国魂文書一〇）。
(49) 註（39）前掲書所収岡本元朝家蔵文書三〇。
(50) 註（39）前掲書所収岡本元朝家蔵文書三二。
(51) 註（1）前掲書。
(52) 薩藩旧記二十所収入来本田文書（『南北朝遺文・九州編』第一巻〈一九八〇〉一一八八）。
(53) 註（2）A前掲書。
(54) 相馬家文書（註（26）前掲『原町市史4』二七八）。
(55)『封内風土記』（復刻版仙台草書第三巻、宝文堂、一九七五）。
(56) 結城家文書（『白河市史』第五巻〈一九九一〉三三三）。
(57) 物響寺については、平成二年、名取市教育委員会によって周辺も含めて発掘調査されている。なお、名取市文化財調査報告書第30集『名取熊野三山周辺遺跡調査報告書Ⅰ—高舘山地区—』（一九九二）および石黒伸一朗氏「名取郡物響寺の文明五年銘　磬」（『宮城考古学』第二号、二〇〇〇）等を参照。なお、『岩沼市史1　通史編Ⅰ』（二〇一八）は物響御館と名取要害・高舘城を同一の施設と指摘している。
(58) 註（26）前掲『原町市史4』の「金石文資料」に収録。なお、佐藤正人氏「武士社会の信仰」（註（26）前掲『原町市史1』第三章第三節四）を参照されたい。
(59) 双葉町歴史民俗資料館研究調査報告第一冊『標葉・鴻草磨崖仏の研究』（一九九五）。
(60)『福島県史1　通史編1（原始・古代・中世）』（一九六九）および註（26）前掲『原町市史1（通史編Ⅰ）』を参照。なお、高橋明氏「稲村殿満貞と篠川殿満直」（『福大史学』第八二号、二〇一三）は応永六年の満貞派遣に対し、満直の派遣は応永二二〜二六年と指摘する。

(61)『奥州余目記録』（『仙台市史　資料編1古代・中世』一九九九）。

(62)相馬家文書（註（26）前掲『原町市史4』三五八）。

(63)『続群書類従』巻第八七〇上〈補遺二〉（続群書類従完成会、訂正三版・一九五八）。

(64)栃木県立博物館蔵板橋文書（註（46）前掲書、一五七）。

(65)『続群書類従』巻第六六四（第二三輯下）。

(66)註（26）前掲『原町市史1　通史編Ⅰ』を参照。

(67)『福島県史料集成』第五輯所収（福島県史料集成刊行会、一九五三）。

(68)『相馬市史5　資料編2』所収（一九七一）。

(69)註（68）前掲書所収。本書は相馬中村藩士渡辺美綱によって編纂されたもので、岩崎敏夫氏の解題によれば寛政一〇年（一七九八）に成ったという。その記述内容を当該期の史料から確認できないが、いまは当史料の記述に依り、後考をまちたい。

(70)相馬盛胤が初め定胤と称していたことについては、『奥相秘鑑』巻第二「御先祖三代被叙従四位下之事」に「古盛胤初名定胤」とあるばかりか、泉田邦彦氏が紹介した海東家文書のなかには、つぎのような相馬定胤安堵状写が残されていた。

右、依為忠節、始室原方本内地少不違山川迄、於標葉如知行被成、（候脱カ）仍而渡進候処実也、仍為後日証文如件、

平定胤（相馬盛胤）御判

藤原定清（木幡）判

発給年が記載されていないが、『衆臣家譜』巻六（刊本）「室原氏系図」の「隆宗」に「従先祖累代住于標葉郡室原村ニ、属本宗標葉清隆七人衆之内也、後属相馬高胤朝臣ノ麾下ニ、応仁二年戊子（一四六八）三月廿六日本領安堵之証文有　定胤朝臣御判並ニ木幡定清判」とあり、応仁二年の可能性がある。

なお、海東家文書には「かなやの村五貫百六十九文、右、堅可令知行者也、慶長七年寅　三胤公御判、三月廿日、室原主殿殿」という相馬三胤（利胤）所領宛行状写が含まれている。三胤は義胤の嫡子にして、石田三成との関係から三胤と名のったらしい。「利胤朝臣御年譜」によれば、慶長七年五月、関ヶ原の戦いに徳川方に就かなかったため「相馬旧領三郡御改易」となった際、三胤は訴状を提出するために江戸に向かった。その時、三胤は蜜胤と改名したという。「年譜」に従えば、その直前の文書ということになる。

(71)　註(68)前掲書所収。

第三章　陸奥の武石・亘理氏について

第一節　武石氏と亘理郡

武石氏の初見史料は『吾妻鏡』治承四年（一一八〇）九月一七日条の、

十七日丙寅、不待広常参入、令向下総国給、千葉介常胤相具子息太郎胤正、次郎師常（号相馬）、三郎胤盛（武石）、四郎胤信（大須賀）、五郎胤道（国分）、六郎大夫胤頼（東）、嫡孫小太郎成胤等参会于下総国府、従軍及三百余騎也、

である。すなわち、石橋山の戦いに敗れた源頼朝は、房総半島に逃れて再起を図ったのであるが、これに合流した千葉介常胤率いる軍勢に子息「三郎胤盛（武石）」が加わっていたのである。その後の胤盛の動静には不明な点が多いものの、平家追討には加わったらしく、たとえば、元暦元年（一一八四）二月の一谷に向かう源範頼勢に父・兄弟らとともに従軍したことが延慶本『平家物語』（源氏三草山幷一谷追落事）に「千葉介経胤、同太郎胤時、同小太郎成胤、相馬小次郎師経、同五郎胤道、同六郎胤頼、武石三郎胤盛、大須賀四郎胤信、（中略）中村太郎等を始として五万六千余騎、六日酉剋に摂津生田森に付にけり」とあるからわかる。

平家滅亡の後、頼朝が攻撃の目標としたのは平泉藤原氏であったが、この合戦に海道大将軍として出陣した父に従い、胤盛が太平洋岸を北上したことは、『吾妻鏡』文治五年（一一八九）八月一二日条に、

海道大将軍千葉介常胤・八田右衛門尉知家等参会、千葉太郎胤正・同次郎師常・同三郎胤盛・同四郎胤信・同五郎胤道・同六郎大夫胤頼・同小太郎成胤・同平次常秀・（中略）、相具于常胤・知家、各渡逢隈湊参上云々、

とみえる。軍事行動以外では、寿永元年（一一八二）八月一八日、頼朝の嫡男頼家の七夜儀に、父常胤に従って進物としての馬を弟大須賀胤信とともに引き、建久二年（一一九一）正月一日には父常胤が献じた垸飯の儀に砂金を進めている。

しかし、胤盛の動向が確認されるのは建久二年までであり、『千葉大系図』[1]に「父兄弟相倶随于頼朝卿、所々進発、軍功不遑算、或昵近供奉於公界規式父子兄弟超于諸人平均之」とあるような多弁さに比し、その具体的な動向を窺い知ることはできない。そこで留意すべきは、治承四年九月、逃れる頼朝に合流しようとする千葉介常胤勢に関する『源平闘諍録』[2]（兵衛佐催坂東勢事）の記述である。すなわち、

於下総国ニ一者不レマシ有二他人ノ綺《イロイ》一、常胤可レトテ仕二先陣一、相‐随輩ハ、新介胤将、次男ハ師常、同田辺田四郎胤信、同国分五郎胤通《ミチ》、同千葉六郎胤頼、同孫堺平次常秀、武石次郎胤重、能光《ミツ》禅師等為レ始、引二率三百余騎之兵一、打二向下総国一エ、

とあり、ここに三郎胤盛の姿はなく、子息武石胤重が記載されているのである。もちろん、『源平闘諍録』の史料批判は重要である。しかし、『吾妻鏡』に「次郎師常号相馬」と記載された師常が、同書には単に「二男師常」とのみあって、いまだに相馬郡（御厨）を支配できずにいる実態を反映したものであることを考えると[3]、胤盛ではなく、子息胤重が従軍したという記述からは、胤盛不参の可能性も指摘できる。

『千葉大系図』は、胤盛の没年について「建保三年乙亥六月十三日卒、年七十」と記しているが、諸史料に建久二年以降の記載がなくなることは、建保三年よりかなり以前に没した胤盛を想像することも可能である。もし、この点が首肯しえるならば、胤盛の早い死去が武石氏のその後に大きな影響を与えたと想像することは容易い。

ところで、胤盛が陸奥国亘理郡を支配したことは、その子息胤重に関連して、宮城県松島町の五大堂にあったとい

われる鐘銘の写にも[4]「曰（亘）理郡地頭武石二郎胤重、嘉禄三年丁亥被鋳改畢」とあって事実と思われる。しかし、『千葉大系図』に記載される「賜本地及父加恩地奥州宇多・伊具・亘理三郡、而子孫繁昌于東奥矣」という、宇多・伊具両郡も譲与されたという点については極めて否定的である。この点については、『伊達世臣家譜』[5]にも、

以㆓常胤第三男従五位下武石左兵衛尉（初称三郎）胤盛㆒、為㆑祖、胤盛文治五年七月従㆓征夷大将軍源頼朝㆒、討㆓藤原泰衡於奥州㆒、有㆓戦功㆒焉、建久元年十一月源公賜㆓田于宇田・伊具・亘理（皆在于奥州）三郡之地㆒、

とあり、建久元年（一一九〇）一一月、文治の奥羽合戦の戦功によって源頼朝より「宇田・伊具・亘理」三郡を賜ったと記載する。この点は如何であろうか。

たとえば、伊具郡（宮城県伊具郡・角田市）の場合、円覚寺文書徳治二年（一三〇七）五月日付円覚寺毎月四日大斎番文[6]には「四番　伊具左衛門入道」と載せ、また、『太平記』巻第六「関東大勢上洛事」にも「先（北条）一族ニハ、（中略）伊具右近大夫将監（有政）」、さらに同書巻第一〇「高時幷一門於東勝寺自害事」にも「伊具越前前司宗有」を載せ、伊具氏の存在が確認される。伊具左衛門入道は不明だが、伊具右近大夫将監有政とは、正宗寺本北条系図に記載される義時の子（伊具）有時の曾孫彦四郎有政に、伊具越前前司宗有は『続群書類従』巻第一四〇所収北条系図に記される有時の孫越前守宗有に、それぞれ比定される。しかも、義時の子有時に「伊具祖」と記す系図もあり、承久合戦後から、伊具郡が北条一族によって支配された可能性が高く、したがって武石氏が伊具郡を支配できる状況を設定することはできない[7]。

さらに、宇多郡（福島県相馬市・相馬郡新地町）についても武石氏の支配下にあったとの確証はなく、遠藤巌氏によれば、鎌倉北条氏の所領であった可能性が高い[8]という。そのためか、建武二年（一三三五）六月、建武政府は「伊具・曰（亘）理・宇多・行方等郡、金原保検断事」を武石上総権介胤顕・相馬孫五郎重胤に命じている。しかも、その翌月

には結城上野入道宗広が後醍醐天皇より「勲功賞」として「宇多庄」を宛行われている。[9]

　結城氏が知行した宇多庄と、武石・相馬両氏が検断の職にあった宇多郡が同一の地であったことは間違いなく、以後、南朝方に与した結城氏と、北朝方の武石・相馬両氏の対立の原因ともなる。[10] しかも結城氏は、その家人中村氏を「宇多庄熊野堂」に立て籠もらせたため、これを攻撃する相馬氏と熾烈な戦いを展開したことは相馬家文書・相馬岡田家文書・岡本元朝家蔵文書等に散見する。この中村氏について、たとえば『奥相志』[11]には、

　嘗て熊野の社司鈴木氏、宇多郡の内数邑を領し、争奪の世独立すること能はず、故に白川道忠（結城上野入道源秀と号す、総州結城より移りて奥の白河に居る）に属して采邑を保つ、礼を厚くし以てその氏族中村六郎広重（嘗て結城中邑に居る）を迎へ、中野邑に居り中村殿と称せり、

とある。明治四年に完成した『奥相志』で鎌倉時代の状況を断定できないものの、既述の如く、中村氏が熊野堂に立て籠ったことは事実である。さらに、宇多庄に立て籠もった「黒木入道一党」[12]も宗広の家人であったが、「黒木入道」が宇多郡黒木（相馬市黒木）を本貫とする在地の領主であった可能性が大きいとすると、中村氏と宇多郡中村（相馬市中村）との関係も想定できよう。このような地域領主の存在は鎌倉期に遡るものと思われ、武石氏が介在できる可能性は極めて少ない。武石氏が、鎌倉期以来、伊具・亘理両郡を支配した可能性は殆どないのである。

第二節　鎌倉幕府・鎌倉北条氏と武石氏

　ところで、鎌倉中期以降の武石氏の動向は、その多くが『吾妻鏡』に散見するにすぎない。いま、略譜[13]とともに、諸資料記載の武石一族の名をまとめると、図1・表1のようになる。

図1　武石氏略系

表1　武石一族の名（出典を明示していないものは『吾妻鏡』による）

治承四年	九月一七日	三郎胤盛
寿永元年	八月一八日	三郎胤盛
元暦元年	二月	武石三郎胤盛（＊平家物語・源平盛衰記）
文治五年	八月一二日	三郎胤盛
建久二年	正月　一日	三郎胤盛
嘉禄三年		亘理郡地頭武石二郎胤重（＊松島町五大堂鐘銘写）
寛元三年	八月一五日	武石三郎朝胤
建長二年	三月　一日	武石入道（胤重）
	八月一八日	武石四郎
三年	八月一五日	武石四郎胤氏
四年	四月　一日	武石次郎（広胤？）
		武石三郎朝胤
	四月一四日	武石三郎朝胤
	八月　一日	武石四郎胤氏
	一一月二〇日	武石四郎胤氏
	一二月一七日	武石四郎胤氏

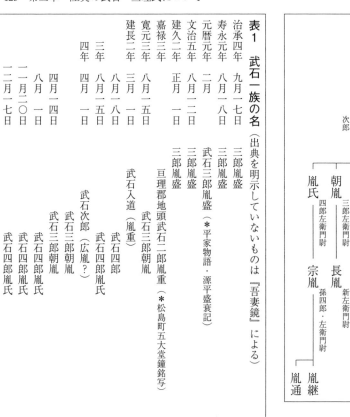

五年	八月一五日	武石四郎胤氏
六年	正月　一日	武石三郎朝胤
康元元年	六月二九日	武石三郎左衛門尉
		武石四郎
	七月　六日	武石四郎
	七月一七日	武石四郎胤氏
	八月一五日	武石三郎左衛門尉朝胤
正嘉元年	八月一五日	武石三郎左衛門尉朝胤
	一〇月　一日	武石三郎左衛門尉朝胤
	一二月二九日	武石四郎左衛門尉胤氏
二年	正月　一日	武石左衛門尉？
	六月　四日	武石三郎左衛門尉朝胤
	六月一七日	武石三郎左衛門尉
文応元年	正月二〇日	武石四郎左衛門尉長胤（胤氏？）
	一一月二七日	武石新左衛門尉長胤
弘長元年	正月　一日	武石新左衛門尉
	正月　七日	武石新左衛門尉
	二月　七日	武石新左衛門尉長胤
	四月二四日	武石新左衛門尉
	四月二五日	武石新左衛門尉
	七月一二日	武石新左衛門尉
	八月一五日	武石三郎左衛門尉朝胤
		武石新左衛門尉
	九月二〇日	武石新左衛門尉長胤
	一〇月　四日	武石新左衛門尉長胤
三年	正月　一日	武石新左衛門尉長胤

	正月　七日	武石新左衛門尉長胤
	八月　九日	武石三郎左衛門尉朝胤
	八月一五日	武石新左衛門尉長胤
文永二年	六月二三日	武石新左衛門尉長胤
建治元年	五月　日	武石入道跡（胤重）（＊六条八幡宮造営注文）
永仁四年	五月　四日	武石四郎左衛門尉平宗□(胤)（＊箱根町宝篋印塔銘）
徳治二年	五月　日	亘理四郎左衛門尉（宗胤）（＊円覚寺文書）
応長元年		肥前太守成阿弥陀生□（宗胤）（＊長和町仏岩宝篋印塔銘）

建長四年（一二五二）四月一日条に記載される武石次郎は、『続群書類従』巻第一四四所収の「千葉支流系図」や『千葉大系図』に見られる胤重の子息広胤に比定され、『千葉支流系図』等によれば三郎朝胤・四郎胤氏の長兄に当たる。

この胤重の子息三兄弟が将軍の供奉人役を奉公している事実は、建治元年（一二七五）五月の「造六条八幡新宮用途」二十五貫を負担することになったのが「武石入道跡」であったことと符合する。[14]武石入道は胤重に比定されるが、武石氏の御家人役は胤重という故人名で幕府に把握されていたのであり、それは建長二年（一二五〇）三月当時、「閑院殿造営雑掌」として「押小路面土平門」西の築地三本を負担することになったのが武石入道であったとしても、武石氏に賦課される御家人役は、現実にはその子息三人が負担したものと思われる。建長時に生存していた胤重は、建治時には没したため「―跡」と記載されたのであるが、武石氏の御家人役は、胤重の段階で固定されたのである。

広胤・朝胤・胤氏三兄弟が御家人役を果したのも、文応元年（一二六〇）頃までであった。同年正月二〇日条の武石四郎左衛門尉長胤は胤氏の誤りであろうが、これ以降、御家人役は朝胤の子息新左衛門尉長胤と一時的に朝胤自身が奉公して広胤・胤氏系統は確認できない。

　これに呼応するかのように、『千葉大系図』には胤氏の子息宗胤に関して、「同孫四郎・左衛門尉、母千葉介胤綱女、居于奥州領地、正和三年（一三一四）甲寅七月三日死、年六十四」と記載する。この記載内容が正しければ、武石氏は幕府への奉公は朝胤―長胤系統が（当然のことながら、武石郷を支配しつつ）、陸奥国亘理郡の支配は胤氏―宗胤系統がそれぞれ担当する分業体制をとったものと思われる。したがって、前掲円覚寺毎月四日大斎結番注文に見られる「五番　曰（亘）理四郎左衛門尉」は宗胤に比定できる。

　ところで、『千葉大系図』には、武石宗胤の曾孫広胤に関して「亘理左兵衛尉、此時以居領之号為称氏」と記載し、始めて亘理を名のったとする。これは前掲『伊達世臣家譜』の、

　胤氏子従五位下肥前守初称二弥太郎・又左衛門尉一・宗胤、宗胤、乾元中始来二于奥州一、住二于亘理城一、宗胤子従五位下右京亮初称二三郎一治胤、治胤子従五位下石見守初称二四郎一高広、高広子従五位下因幡守初称二左兵衛尉一広胤、広胤、暦応二年始称二亘理氏一、

という記述とも符合する。しかし、既述の如く徳治二年当時の「曰理四郎左衛門尉」は宗胤であり、亘理を名のる時期が系図に記載される時期より早かったことを示している。

　では、武石氏内部で幕府への奉公・亘理郡の支配を分担したのはなぜであろうか。これに関連しては、木村修氏が紹介された長野県長和町と神奈川県箱根町に現存する宝篋印塔銘からの考察は貴重である。すなわち、木村氏は円覚寺毎月四日大斎結番注文に記載される曰理四郎左衛門尉を得宗家の被官と位置づけ、箱根町の宝篋印塔[15]の造立には北条一族金沢氏の菩提寺である称名寺関係の僧侶や得宗被官二階堂氏が重要な役割を果たしたことを論じられ、さらに信濃の塩田平は守護北条氏の館、すなわち信濃守護所の推定地と考えられるから、武石氏の信濃入部も北条得宗家による信濃支配の枠組みのなかで、得宗被官として実現したものと推測されたのである[16]。円覚寺毎月四日大斎結番注文

に記載された人びとのすべてが、北条氏の被官であったとは考えられず、武石氏が即座に北条氏被官であったとの考えにはなお躊躇を覚えるものの、四郎左衛門宗胤の系統、すなわち亘理郡に移住した系統に限定すれば、かなり首肯できるのではないだろうか。

第三節　南北朝期の武石・亘理氏

元弘三年（一三三三）五月、鎌倉幕府が滅亡するなかで、後醍醐天皇は陸奥国支配の要として義良親王と北畠顕家を多賀国府に派遣し、さらにその父親房を同行させた。一二月にはいわゆる陸奥将軍府が組織化されたものと思われるが、『建武年間記』によれば、引付衆の三番に武石二郎左衛門尉が加わっていた。

しかし、幕府の残党はなお残り、翌年には津軽を中心に反建武政府勢力として反挙したのである。もっとも、その蜂起も一二月には収束したらしく、武石上総介胤顕が「津軽降人」金平別当宗祐・弟子智道らを預かるとともに、[17]翌建武二年六月、相馬重胤とともに「伊具・亘理・宇多・行方等郡、金原保検断」奉行に任じられている。『亘理町史・上巻』（一九七五）は、前掲「武石二郎左衛門尉」を胤顕に比定しているが、確証はない。

ところで、その際、相馬重胤が本拠地行方郡の「郡奉行」にも補任されていることは、武石胤顕が亘理郡の郡奉行に任じられていた可能性を残す。しかも、その翌々月には好嶋庄の領主伊賀式部三郎に対し、安達郡木幡山に立て籠もった「小平輩与同散在凶徒」を対治するため動員命令を下している。[18]このような軍勢を催促できる権限は、陸奥将軍府管内にあっては郡奉行ないし検断奉行をおいて考えられない。武石胤顕は、好島庄あるいは好島庄を含む岩城郡周辺に対する公権を行使しえる立場にあったことになる。

また、足利尊氏が後醍醐天皇と離反するなか、足利方に味方した相馬氏と行動している武石五郎胤通（武石左衛門五郎胤通）が存在する[19]。胤通は、鎌倉から帰国した相馬光胤とともに小高城に籠城、尊氏を破って奥州に帰国する北畠顕家勢の攻撃に小高城が落ちると、相馬親胤の子胤頼とともに逃れ、その後も行動を共にしている。このように、武石氏は倒幕方として建武新政府に味方し、尊氏が離反するや足利方として行動していることがわかる。

しかし、胤通についてはその系譜もわからず、その名のりから父が左衛門尉を官途としていたことを推測させるにとどまる。おそらく、相馬家文書建武四年二月六日付氏家道誠奉書にある武石四郎左衛門入道道倫の「子息左衛門五郎」が胤通に比定できよう。もっとも、武石四郎左衛門入道道倫もまた武石氏関連の系図にいっさい見られず、わずかに観応二年（一三五一）の船迫合戦（宮城県柴田町）に討ち死したこと、弟に武石但馬守が存在することなどが確認できるのみで[20]、陸奥将軍府の三番引付衆「武石二郎左衛門尉」との関係を推測できるにすぎない。

ところで、当該期、諸系図で四郎を名のるのは高広である。『千葉大系図』には、

高広　武石四郎、延元二年丁丑八月奥州国司顕家卿為討尊氏・義詮、率諸将攻入関東、此時、高広応之進発揚功名、随顕家卿入洛、暦応元年与高師泰・細川頼春数戦、五月廿二日於泉州安部野、顕家卿討死、高広奮戦同殞命、年四十三、

とあり、「亘理伊達氏系図[21]」にも、

高広　同（貞胤）二男　胤員依早世家督相続、武石四郎、石見守　従五位下、
延元々年、北畠源中納言顕家卿上洛ノ時供奉、同月廿七日合戦之時、討死、四十三、治世六年

とある。脱漏箇所も考えられ、北畠顕家の上洛に従ったことはわかるが、「亘理伊達氏系図」では二度にわたる顕家の上洛が混同されている。

しかも、『千葉大系図』に見える武石四郎高広は、南朝方として、暦応元年（一三三八）五月、顕家とともに和泉で討ち死しており、船迫合戦で討ち死した四郎左衛門尉道倫とは別人となるばかりか、同時代史料からはその存在を確認することすらできない。

したがって、当該期の諸史料に残る武石二郎左衛門尉、武石上総介胤顕、武石四郎左衛門尉道倫・子息左衛門五郎胤通、武石但馬守らと、系図に残る武石四郎高広の関係をどのように理解すべきかが新たな課題となる。この点については、確証はないものの、諸史料を主たる資料として利用すべきであって、系図の高広についてはその存在自体を否定的に捉えなければならない。

とくに、高広は四郎を名のるのみで、官途名を名のっていないのに対し、諸史料に表れる武石氏は上総介や但馬守、さらに左衛門尉を名のっている。当該期、受領名を官途にできたのは、たとえば、相馬一族にあっては、奥州行方郡に移住し、近世相馬中村藩主家に連なる相馬出羽権守親胤や子息讃岐守胤頼であって、例外的に庶子家の岡田胤家が常陸介を名のるにすぎない。また、留守氏でも三河権守を名のる家任だけであり、官途名にも惣庶の別は存在したように思われる。

この推論が首肯できるならば、上総介や但馬守を名のった系統こそ武石氏の惣領家系統と理解すべきであり、南朝方として戦死した高広を武石氏の嫡流とすることは理解できない。現在、諸史料に表れる武石氏を推論を含めて整理すると、図2のような系譜が考えられる。

図2　武石氏系譜

- 武石上総介胤顕
- 武石二郎左衛門尉
- 武石四郎左衛門尉道倫 ―― 左衛門五郎胤通
- 武石但馬守

ところで、相馬家文書のなかに、南北朝期の武石（亘理）氏と亘理郡に関する史料が残されている。[22] すでに、一部を利用しているのであるが、あらためて整理しておきたい。

建武四年（一三三七）二月以前、武石道倫は亘理郡坂本郷（宮城県山元町坂元）について、子息左衛門五郎の軍忠を根拠にその知行を要請。二月になって道倫の知行が認められている。道倫の申状には、「至正和年知行云々」とあったらしい。すなわち、坂本郷は正和年中（一三一二〜一七）に道倫が知行するに至ったということであろうか。遠藤巌氏は、正和以来建武四年まで本領として知行していても、先祖相伝の所領として安定せず、後に兵粮料所に指定されたのは、亘理郡（坂本郷）が鎌倉北条氏の所領として建武政府に没収されたためと考えざるをえないと指摘し、さらに前掲円覚寺毎月四日大斎結番注文に記載される「亘理四郎左衛門尉」を武石道倫と推測する。(23)既述のように、亘理（武石）四郎左衛門尉（宗胤）が北条氏の被官との推測を木村氏の論考から引用したが、四郎左衛門尉が道倫と同一人とすれば、坂本郷が「御内御恩地」の一つであったという遠藤氏の指摘も整合性をもつ。

康永二年（一三四三）八月、石塔義房は武石新左衛門尉に対し、亘理郡鵲谷郷（亘理町逢隈鷺屋）の替りとして坂本郷半分ならびに長戸呂村（亘理町長瀞）を宛て行っている。この新左衛門尉は不明であるが、左衛門五郎（胤通）の可能性もある。しかし、新左衛門尉に宛て行われたのは坂本郷の半分であった。

ついで観応二年（一三五一）一〇月、武石道倫が船迫合戦（宮城県柴田町船迫）で討死した直後、奥州管領吉良貞家は道倫の弟武石但馬守に対し、坂本郷に関する「本理非」が落居したので、その半分の知行を認めている。それはおそらく、文和二年（一三五三）四月になって吉良貞家からあらためて安堵された依（給）所村・摩尼谷上下村（山元町真庭）・精進谷村の諸村であったろう。

したがって、武石道倫が安堵された坂本郷は、同郷に関する「本理非」をめぐる相論の結果、新左衛門と但馬守とに二分されて支配されることになったのである。「本理非」の内容については不明であるが、あるいは北条氏の所領として没収されたため、その相伝性が問われたのであろうか。いずれにしても、道倫―新左衛門と相伝すべき坂本郷は、二分されて但馬守に折半されたのであり、道倫系と但馬守が坂本郷をめぐって対立した状況がわかる。

なお、観応三年一一月には、宮城郡関袋郷の替りとして、黒河郡大神村（宮城県富谷市大亀）、亘理郡武熊村（宮城県岩沼市）が勲功の地として吉良貞家から山名下野守に宛て行われた(24)。遠藤巌氏によれば、山名下野守は吉良貞家とともに奥州に下向し、陸奥将軍府の侍所奉行に任じられた人物に推定されるし、黒河郡もまた北条氏の所領であったことなどから、武熊村もまた北条氏関係所領であったと指摘する(25)。

亘理郡が、すべて亘理氏の支配下にあるわけではなかったのである。しかし、鎌倉幕府が崩壊するなかで、陸奥将軍府の引付衆となった武石二郎左衛門尉や亘理郡等四郡検断奉行となった武石上総権介胤顕のように、新たな亘理郡支配を目論む武石（亘理）氏もまた存在したのである。それは道倫や但馬守も同様であったろう。

系図上、「高広」を継承したのは左兵衛尉広胤であり、このとき、亘理を名のるとともに、「本領宇多・伊具・亘理三郡」を安堵されたように記されるが、武石氏が亘理を名のるのは、すでに鎌倉時代末期、宗胤のころであり、武石氏が宇多・伊具両郡を支配した事実は確認できないことは既に記した。

第四節　亘理氏と十文字氏

ところで、嘉吉元年（一四四一）の次の旦那譲状(26)は、不明な点があるものの、長泰からの熊野旦那職の譲状で、当該期の亘理氏を考える際に貴重である。

亀鶴より
譲渡旦那之事

一、伊勢国入之神宮寺引一ゑん《(円)》、五ケ旦那一ゑん

同大井殿

一、奥州渡之郡タケ《(武)》石・十文字一門一ゑん

一、同十文字ノ彦左衛門、其外渡之旦那一ゑん、同牛袋殿

一、ヒタチ《(常陸)》ノヲクリ《(小栗)》、経ツカノ一門、其外ヲクリ一ゑん

一、畠大井之三反ノ内下一反

渇食より譲

一、伊勢国山田之旦那一ゑん

一、奥州アイツ《(会津)》田後之紀伊阿闍梨引一円

右、此任譲所々知行候、若此旨をそむかん共から《(輩)》ハ、親之ふけう《(不幸)》たるへく候、仍譲状如件、

嘉吉元年かのととり八月廿四日　上長泰（花押）

「渡之郡」、すなわち亘理郡の「タケ石・十文字一門一ゑん」「十文字ノ彦左衛門其外渡之旦那一ゑん、同牛袋殿」の熊野旦那職以下が譲渡されたのである。

亘理郡に、名取郡のような明確な熊野信仰の痕跡は捜し出せないが（名取郡には熊野三社が存在する）、安永八年（一七七九）四月、仙台藩に提出された諸村の『風土記御用書出』(27)には、次のような修験寺院が記載されている。

法道院　小堤村横町

勧学院　小堤村新井町

文殊院　下郡村弓丁

大性院　　下郡村石間
成就院　　高須賀村端郷荒浜字上丁
金剛院　　高須賀村端郷鳥屋崎浜字浜屋鋪
修善院　　牛袋村字館
大泉院　　高屋村字柴町

いずれも本山派、すなわち聖護院に属しており、この地と熊野との関係を示唆する。また、こうした旦那職の対象として、「タケ石・十文字一門」「牛袋殿」が存在した。亘理郡の十文字氏について、『亘理町史』（一九七七）には、源義経とともに奥州に下向した渡辺綱の子孫と称する源左衛門綱安が奥州藤原氏没落後、亘理郡に逃れて十文字綱安と名のったことに始まるという。その館跡は逢隈の十文字神社の東側で南北一二〇間、東西四〇間、周囲に堀をめぐらしたもので、明治十九年の「亘理郡十文字村字宮前絵図」「亘理郡十文字村字大手絵図」によると、館跡の西側で南北に延びる溝渠と北側を東西に走る溝渠が幅広く、その合流点である北西の角のところは沼になっている。館内にも二本の溝渠が南北に走っている。この頃は北側の濠の深さも三メートル位あり、北端の一番地盤の高いところは七メートル位あったというから、かなりの面影を残していた、

とあり、さらに、

宮方の新領主武石氏と対抗するために足利方の相馬氏と結び、領内に妙見社を勧請したが、武石氏が足利方に属すると両者の対立も解消された。その後、亘理から涌谷に移住し、涌谷亘理（伊達）氏の賓客として厚遇された

とも記される。

確かに、遠田郡南高城村（宮城県美里町）の提出した『風土記御用書出』[28]には、「八幡社」の地主として「伊達安

芸様御家中・十文字八郎左衛門」とあり、さらに同村曹洞宗寺院満昌寺の『風土記御用書出』[29]にも、「寺格之事」として「伊達安芸家中十文字八郎左衛門家中寺」などとあり、十文字氏が涌谷伊達氏の家中として存在したことが確認される。しかし、中世の実態についてはまったく触れられておらず、不明な点が多い。

ところで、「タケ石・十文字一門」「同十文字ノ彦左衛門」「牛袋殿」は、どのように理解すべきであろうか。「タケ石」と「十文字一門」を同格と見るか、「タケ石」の「十文字一門」と見るかのいずれかが考えられるが、タケ石「一門」と記されておらず、後者の可能性がある。また、「同牛袋殿」の「同」も「十文字一門」と同じように「タケ石」を受けての記述とすれば、十文字氏と牛袋殿は同族と理解できる。

こうしたなかで、『系図纂要』巻八所収「平氏四」は参考となる。すなわち、同書には図3のようにあり、さらに、その子孫忠胤は牛袋利兵衛と名のり、幕府に仕えて明暦四年（一六五八）に没したことまで記載する。十文字氏や牛袋氏は武石氏の一族であって、さらに坂本・大平・小平（以上は宮城県亘理郡山元町）を名のる世代もあった。

ところで、胤盛の孫胤安の名のる「長谷二郎」の苗字の地は、阿武隈川の北、宮城県岩沼市西部の地名である。この長谷姓については、寛文五年（一六六五）、相馬中村藩士・中津幸政によって編纂された『奥相茶話記』[30]巻第五「名

図3　亘理氏略系（『系図纂要』から抄出）

胤盛（武石三郎）―胤重（武石六郎）―胤安（長谷二郎）―胤之（坂本四郎）―胤則（十文字五郎）―胤祐（牛袋七郎　長門守　号浄天）―胤貞（大平八郎）―長胤（小平八郎）

―胤時（牛袋七郎五郎　治部少輔・法名浄山）

取郡座流川合戦敗北之事」に、天正四年（一五七六）四月、相馬氏が対立する伊達氏を攻撃しようと、亘理・名取両郡の領主を糾合しようと新館山城胤治が働きかけた時のこととして、「両将各評議し、相組する人には葛西・深谷・国分・北目・柳生・岩沼本姓長谷・亘理誓約して、山城に注進」とあり、胤安の子孫が阿武隈川の北、長谷まで進出して岩沼を名のった可能性がある[31]。

もとより『系図纂要』は安政四年（一八五七）ころ、飯田忠彦によって編纂されたと考えられているから、そのすべてが事実とは断言できない。しかし、少なくとも胤盛の子孫は亘理郡に移住し、亘理氏本宗のみならず、坂元・十文字・牛袋・大平・小平・長谷など、村落規模の領主として割拠したことは認められるものと思われる。

第五節　亘理氏と伊達氏

既述の『亘理伊達氏系図』によれば、永徳元年（一三八一）秋、広胤の子息行胤は、苅田郡で伊達宗遠と戦い、敗れてその「旗下」に属したといい、『伊達正統世次考』[32]巻之四の伊達宗遠項にも同様の記述が見えるが、これは「亘理氏系図一説」に基づくものであった。さらに同書の政宗項には、応永九年（一四〇二）条に、「亘理・黒川属旗下、宇多・名取・宮城・深谷・松山入手裏、見系図一本」とあり、亘理郡が伊達氏の支配に組み込まれた時期を記述する。「亘理氏系図一説」と「見系図一本」が同一の系図か確認できないが、行胤以降を「亘理伊達氏系図」から抄出したものが図4である。

図4からは、「行胤」の子息元胤（重胤とも記される）は応永一九年（一四一二）三月、国分盛経と戦って戦死したが、同二三年九月、その子息胤茂が盛経を攻撃して討ち捕らえたと伝えるものの、確証はない。ただし、伊達氏や国

図4　亘理氏略系（「亘理伊達氏系図」から抄出）

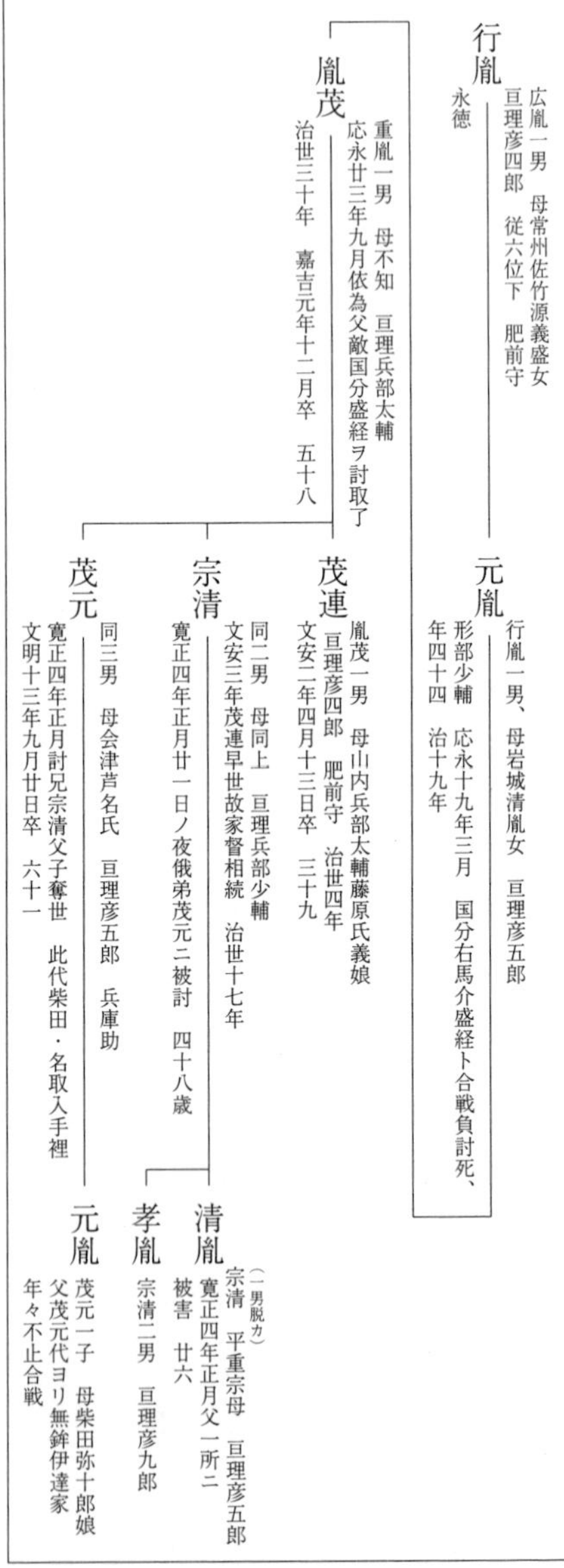

分氏との衝突が日常的に発生していたことを示すものとも思われる。

また、胤茂の跡を継承したのは茂連だったが、文安二年（一四四五）四月に没すると、弟宗清が相続した。ともに、山内氏義の女を母とする。ところが、寛正四年（一四六三）正月、末弟茂元は兄宗清、その子息清胤を殺害、家督を奪ったという。事実関係に不明な点が多いものの、茂元は会津葦名氏の女を母としたというから、亘理氏内部に山内氏を背景とする宗清派と、葦名氏を背景とする茂元派の対立があったことを推測させる。なお、系図には「此代、柴田・名取入手裡」とあり、茂元の時代、柴田・名取両郡を支配したことが記される。

文明一三年（一四八一）に没した茂元跡を継承したのは、柴田弥十郎の女を母とする元胤であった。柴田弥十郎は不明であるが、柴田郡の領主と思われ、亘理氏の柴田郡「入手裡」と何らかの関連があろう。また、「父茂元代ヨリ無鉾伊達家、年々不止合戦」とあり、伊達氏との抗争が続いた時でもあった。

一方の伊達氏は、文明一五年、上洛した成宗が将軍足利義政に謁し、各界に馬九五頭、太刀二三振、砂金三八〇両、銭五万七千疋を献上したというから、(33)その強大さを窺い知ることができる。また、奥州探題大崎氏と婚姻関係をむすび、長享二年（一四八八）には、大崎氏の内訌に介入するなど、勢力伸張をはかっていた時期でもあった。

永正元年（一五〇四）、元胤は没したが、長子元実は早世しており、二男宗元がその跡を継ぐことになった。系図によれば、「伊達家ノ為旗下」とあり、伊達氏の支配に組み込まれたらしく、名のりの「宗」の一字は伊達氏の通字に由来するものであろう。また、子息宗隆も当初は元重と名のったらしく、宗隆への改名が伊達氏に組み込まれた状況を象徴的に示している。宗元は、享禄四年（一五三一）に没したという。

永正一一年（一五一四）、伊達氏を継承した稙宗は、大永三年（一五二三）ころ、奥州守護職に補任された。以後、天文五年（一五三六）には奥州守護法ともいうべき「塵芥集」を制定するとともに、その前年には「棟役日記」を、同七年には「段銭帳」を作成して領域の年貢賦課体制を確立していく。しかも、奥州守護職を梃子に、周辺国人領主とのあいだに婚姻関係を結び、服属関係を持続しつつ、奥州守護体制を築きあげていこうとしたのである。(34)

こうした婚姻関係を基盤とした伊達氏の守護体制に、亘理氏も組み込まれていった。すなわち、宗元の子元重は、稙宗の諱字「宗」を拝領して宗隆と名のるとともに、その一女を稙宗の側室に容れていた。ところが、宗隆には男子なく、その一女と稙宗とのあいだに生まれた綱宗を養子に迎えたのである。しかし、亘理氏を継いだ綱宗は、天文一二年（一五四三）三月、稙宗と子息晴宗が対立したいわゆる「伊達天文の乱」に際して懸田（福島県伊達市）で戦死、(35)そのため、綱宗の弟元宗をさらに養子に迎えたのである。ただし、別本「亘理伊達氏系図」(36)は、綱宗の戦死を天文一四年（一五四五）三月の「穂原（保原）合戦」とする。

天文の乱終結後、元宗は異母兄たる晴宗に属することになるが、その亘理郡支配は伊達氏から独立していた。たとえば、『晴宗公采地下賜録』(37)には小梁川尾張守に対する安堵の個所に、

其方せんたい《先代》よりのりやう《領》中ハ申事なく候、加をん《加恩》のところまても、わたり《亘理》・ミやき《宮城》りやう《領》中のことく、末代におゐて守護不入たるへく候、

とある。すなわち、尾張守の支配地は先代から相伝の所領だけでなく、加恩の地までも、亘理（亘理氏支配）や宮城（留守氏支配）のように守護不入の地として支配すべきことを認めているのである。亘理氏の亘理郡に対する支配については、伊達氏も介入できなかったのである。亘理の地は、相馬氏への対抗上、極めて重要な地であったから、亘理氏の去就は伊達氏にとって大きな意味をもっており、強権を発動することも容易ではなかったのであろう。

永禄七〜八年（一五六四〜六五）ころ、伊達氏の家督は晴宗から輝宗に相続された。輝宗は、祖父稙宗以来の周辺領主との婚姻関係を維持しつつ、その対立対象を相馬氏に限定していった。そうしたなか、元亀元年（一五七〇）四月、重臣中野宗時・牧野久仲父子は輝宗と対立して米沢を出奔、関・湯原（宮城県刈田郡七ケ宿町）を経て相馬領に向かったが、途中、宮（宮城県蔵王町）で「亘理城」から出張した元宗・重宗父子に迎撃され、ようやく相馬に逃れたのである。(38)以後、相馬氏との戦いに亘理氏も出陣しているが、天正四年（一五七四）の出陣は一七備という大軍であり、しかも彼らから誓紙をとるという万全を期したものであった。(39)

伊達・相馬両氏の抗争はその後も続いたが、天正六年、輝宗は越後出兵の留守中、元宗・重宗父子に相馬との戦いを命じており、伊具郡を中心として合戦が展開されたらしい。伊達領と相馬領の境界は阿武隈山地であり、小規模な合戦はあっても、決着のつくような大きな戦いは展開されなかったが、伊具郡は伊達領と相馬領の中間に位置したか

ら、伊達・相馬両氏にとって争奪の対象とならざるをえなかったのである。

ところで、元宗は子息重宗の妻に相馬弾正大弼盛胤の女を迎えている。その時期は不明であるが、天正一二年の後半、伊達氏は相馬氏と和議を結び、一時期ながら小康状態を保つことがあったから[40]、あるいはその時期かも知れない。亘理氏と相馬・伊達両氏との婚姻関係をまとめたものが、図5である。

天正一二年、政宗が家督を相続した直後、輝宗は二本松城主畠山義継に謀殺された。さらに同一四年一〇月、後継のないままに田村清顕が没すると、田村氏内の伊達・相馬両派が対立し、伊達・相馬両氏の対立もさらに進んだ。天正一六年四月、百目木（福島県二本松市）城主石川弾正が政宗に敵対したことに端を発し、翌月には相馬勢が築山（二本松市）に軍勢を進めるなかで、葦名氏がこれを支援するため軍勢派遣を検討するなど緊張した状況が続いた。翌閏五月、相馬義胤は田村家中の掌握を意図して三春城に乗り込んだのである。しかし、伊達派の田村家中が防戦したため、義胤は船引（田村市）に退いたが、さらに伊達勢に追撃されて敗走した[41]。

しかし、その後も相馬勢は岩城氏とともに田村領を侵犯したため、政宗は相馬勢を田村領から離れた北辺の地に釘付けにする必要があった。そのため、相馬氏の影響下にあった駒ケ嶺城や新地方面（福島県新地町）を奪い取ろうとした。

天正一七年（一五八九）五月、政宗はまず家臣桜田元親を派遣して相馬領の西端「相馬飯土居」（飯館村飯樋）を攻略、さらに新地方面に出陣した。この駒ケ嶺・新地の両城攻撃に、元宗の子重宗が戦功を挙げ、その結果、新地の地を賜ったことは、五月二四日付白石宗実宛伊達政宗書状[42]に、

廿三日之来章、今廿四日戌刻到着、幷田母神へ之内札、同前ニ令披見候、自何昨日訖、無何事之由、肝要ニ候、此口両地城主、駒峯ニ者、黒木方相定、今日被移候、蓑頸山ニ者、亘理より坂本方被相定候、警固以下、殊ニ普

図5　亘理氏と伊達氏・相馬氏

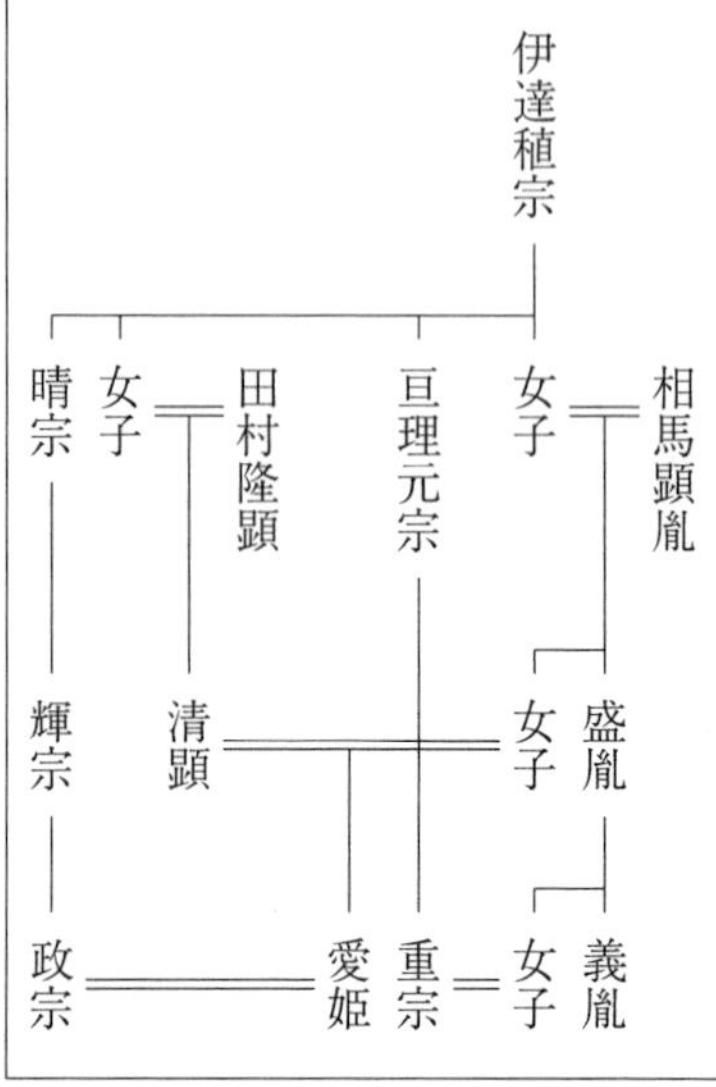

請も、昨今ニ悉無残所出来候条、明日者金山迄令納馬、
廿六日ニ者、大森へ必定可為着陣候、

とあり、さらに同日付鬼庭綱元宛て伊達政宗書状[43]にも同様の記述があって確認される。年月未詳ながら、伊達政宗宛行状写に記載される「谷地小屋・真弓・高倉畠・木の崎・大井・らちの浜・つるし・福田[44]」（いずれも新地町）は、この時のものであろう。

ところが翌年九月、遠田郡大沢邑百百館に移された重宗は、さらに天正一九年（一五九一）、八八五貫文余をもって涌谷に移ることになった。文禄三年（一五九四）六月一九日、元安斎元宗は六五歳で卒した。法名は泰岳元安、洛陽院と号した。

慶長一一年（一六〇六）、政宗の一女五郎八姫が松平忠輝に嫁ぐ時、将軍徳川秀忠に「拝謁」した重宗の子定宗は、「佩刀及時服」を賜り、さらに政宗から伊達の姓を賜るとともに「竹雀及引両紋」を許されたことが『伊達世臣家譜』に記載される。但し、『性山公治家記録』は「竹ニ雀ノ御紋」の許された時を、元亀二年（一五七一）とする。

以後、伊達家の一門として涌谷を代々支配、そのため涌谷伊達家と称され、この地で明治維新を迎えることになる。なお、維新後は旧姓に復して亘理姓を名のっている。

註

（1）本書では千葉市加曽利貝塚博物館復刊（一九七二）本を使用。奥書に「按此系図は寛永年中千葉介平重胤所撰なり、其後書継あり、此は後裔浅草第六天神の社司鏑木氏の手沢と見ゑたり、恐くは原本同家に伝ふべし、便を得てこれを問ふべし」と朱書されているようであるが、厳格な史料批判が必要であることはいうまでもない。

（2）山下宏明編著『源平闘諍録と研究』（未完国文資料刊行会、一九六三）。なお、福田豊彦・服部幸造『源平闘諍録・下』（講談社学術文庫、二〇〇〇）には、胤盛不記載・胤重記載について特段の記述はない。

（3）拙著『中世相馬氏の基礎的研究』（崙書房、一九七八）および『相馬氏の成立と発展』（戎光祥出版、二〇一五）。

（4）伊達家文書徳治三年四月二五日付「松島五大堂鐘銘写」（『仙台市史　資料編1古代・中世』一九九五）。

（5）仙台叢書刊行会『復刻版・仙台叢書　伊達世臣家譜』第一巻（宝文堂出版株式会社、一九七五）。

（6）『鎌倉遺文』二三九七八。

（7）拙稿「鎌倉時代の伊具郡について」（拙著『鎌倉幕府と東国』所収、続群書類従完成会、二〇〇六、初出は二〇〇四）。

（8）「東北地方における北条氏の所領」（『東北大学日本文化研究所報告別巻』第七集、一九七〇）。

（9）福島県南相馬市教育委員会『原町市史1　通史編Ⅰ』（二〇一七）。

（10）福島県相馬郡新地町『新地町史　歴史編』（一九九九）。

（11）福島県相馬市『相馬市史4　資料編1』（一九六九）。

（12）相馬岡田家文書建武三年三月日付相馬長胤軍忠状（『原町市史4　資料編Ⅱ』〈二〇〇三〉一五六）。

（13）「千葉支流系図」（『続群書類従』巻第一四四）。

（14）拙稿「御家人役の一様態―『吾妻鏡』正嘉二年三月一日条の検討―」（安田元久編『吾妻鏡人名総覧』〈吉川弘文館、一九九八〉所収、後に拙著『鎌倉幕府と東国』〈続群書類従完成会、二〇〇六〉に収録）。なお、福田豊彦氏・海老名尚氏「田中穣氏典籍古文書『六条八幡宮造営注文』について」（『国立歴史民俗博物館研究報告』〈第四五集、一九九三〉所収、後に福田氏『中世成立期の軍制と内乱』〈吉川弘文館、一九九五〉に収録）および福田氏「房総の御家人について―『源平闘諍録』

の頼朝挙兵説話と『六条八幡宮造営注文』の御家人交名―」（福田編『中世の社会と武力』〈吉川弘文館、一九九四〉所収）等を参照。

(15)　箱根町教育委員会『元箱根石仏・石塔群の調査』（箱根町文化財研究紀要第二五号、一九九三）。

(16)　「武石氏関係の宝篋印塔をめぐって」（『千葉史学』第二六号、一九九五）。

(17)　遠野南部家文書建武元年一二月一四日付津軽降人交名注進状（註（12）前掲書一三二）。

(18)　飯野家文書建武二年八月二八日付上総権介軍勢催促状（『定本飯野家文書　中世編　CD―ROM』飯野文庫、二〇〇二）。

(19)　相馬家文書建武三年三月三日付相馬光胤着到状（註（12）前掲書一五三）。

(20)　相馬家文書観応二年一〇月二五日付吉良貞家書下案（註（12）前掲書二六〇）。

(21)　千葉市立郷土博物館『千葉氏関係資料調査報告書Ⅱ『東北千葉氏と九州千葉氏の動向（亘理氏及び仙台千葉氏）』』（一九九七）。

(22)　註（12）前掲書一六八、二二九、二六〇、二八二および史料纂集『相馬文書』（続群書類従完成会、一九七九）一二五。なお、拙稿「相馬文書の成立と伝来」（『古文書研究』第五八号、二〇〇三。後に拙著『中世東国の地域社会と歴史資料』名著出版、二〇〇九に収録）を参照。

(23)　註（8）前掲書。

(24)　榊原家文書（『岩沼市史5　資料編Ⅱ』〈二〇一五〉二八）。

(25)　遠藤氏註（8）前掲書。

(26)　註（21）前掲書六六。

(27)　『宮城県史24　資料編2』（一九五四）。

(28)　『宮城県史25　資料編3』（一九五四）。

(29)　註（28）前掲書。

(30)　『福島県史料集成』第五輯（福島県史料集成刊行会、一九五三）。

（31）拙稿「陸奥の武石・亘理氏について」および「中世武石・亘理氏関連資料」（註（21）前掲書所収）および『岩沼市史1　通史編Ⅰ』（二〇一八）を参照。

（32）米沢市史編さん委員会「米沢市史編集資料」第一五号（一九八五）。

（33）「伊達成宗上洛日記写」（『大日本古文書　伊達家文書之一』四七）。

（34）小林清治氏「戦国大名伊達氏」（『米沢市史　原始・古代・中世編』一九九七、後に『戦国大名伊達氏の研究』高志書院、二〇〇八に収録）。

（35）『伊達正統世次考』巻之九上（天文一二年条）。

（36）註（21）前掲書一六三。

（37）『山形県史　資料編15上　古代中世史料1』（一九七七）。

（38）『性山公治家記録』（仙台藩史料大成『伊達治家記録一』宝文堂、一九七二）元亀元年四月四日条、同月五日条。

（39）註（38）前掲書天正四年八月二日条。

（40）小林清治氏「相馬義胤と伊達政宗」（『野馬追の里歴史民俗資料館講演』第二集、一九九六、後に『戦国大名伊達氏の研究』高志書院、二〇〇八に収録）。および高橋俊介氏「天正十四年の南奥羽における『惣和』と相馬氏」（『駒沢大学大学院史学論集』第三七号、二〇〇七）など。

（41）高橋充氏「戦国の争乱と相馬氏」（南相馬市教育委員会『原町市史1　通史編Ⅰ』第四節、二〇一七）。

（42）『仙台市史　資料編10　伊達政宗文書1』（一九九四）四三三。

（43）註（42）前掲書四三四。

（44）註（42）前掲書四三五。

第二編　中・近世移行期の相馬氏と相双社会

第四章　相馬義胤の発給文書と花押

はじめに

中・近世を通して、福島県浜通り北域（いわゆる相双三郡）を支配した相馬氏・相馬中村藩は、下総国相馬郡・相馬御厨を本貫とする千葉一族であるが、文治五年（一一八九）の奥羽合戦をきっかけにおそらく千葉介常胤が行方郡（福島県南相馬市）を支配することになった。その後、次男師常がこれを継承し、鎌倉時代末期、その子孫が下向、移住した。従来、藩主相馬家の祖重胤が元亨年間（一三二一～二四）に移住したことが強調されたきたが、近年、重胤系とは異なる一族がそれ以前に移住していたことが指摘されている(1)。

後に藩主家となる重胤の移住を強調するのは、江戸期に編纂された史書を根拠としており、平将門の子孫伝承やそれに関連する文書の作成など、新たな視点からの研究が追求されている(2)。

また、中世以来、明治維新に至るまで、一度も国替えを経験しなかった大名であることが強調される。それ自体、希有な事例の一つといえるが、そのことが中世領主から近世大名へ、容易に脱皮したことを意味するものではない。対照的に、伊達氏、仙台藩の場合、伊達郡から置賜郡米沢へ、さらに一時的に黒川（会津）に本拠を移し、豊臣秀吉によって岩出山（当時は岩出沢）に国替えを命じられ、さらに仙台に移ることで近世大名に変貌したとも考えられる。かつて石井進氏は、中世の武士と近世の武士の違いを、地植えの領主から鉢植えの大名へと、的確に表現したことがあったが(3)、その変貌の過程で、領地の変更は必ずしも不要なできごとではなかったともいえる。

したがって、相馬氏がどのような経過を歴て近世大名に脱皮できたかを考察することは、中世の領主がどのようにして近世大名に移行したか、中世的体質をいかに克服して近世大名に脱皮できたかを考える好個の事例ともいえる。(補註1)この中近世以降期に、相馬氏の当主として戦乱の時期を克服し、豊臣秀吉・徳川家康という強力な統一政権と対峙したのが相馬義胤である。義胤は、天文一七年（一五四八）の生まれ、寛永一二年（一六三五）に没しており、まさに移行期を生き抜いた存在といえよう。

しかし、義胤については、『相馬市史1　通史編』（一九八三）にその概略が記述されているほか、鈴木啓氏『外天公義胤』(4)、只野清編『相馬世紀7』(5)などが知られるが、それらは啓蒙書的色彩の強いものであって、なお研究の余地がないわけではない。それは、余りに個性的であるとともに、大名伊達政宗との関係のなかで、小名相馬氏を存続させたが故に増幅された姿が一人歩きしているといっても過言ではない。

たとえば、「義胤朝臣御年譜」(6)寛永一二年（一六三五）一一月一六日条の「御遺言ニ而御遺体帯甲冑、北方ニ向テ寺中ニ奉葬」という記述から、それが伊達氏を意識した義胤の遺言であり、本拠を中村城に移すのも「（小高城は）対伊達防備に不利であるなどの理由から、十一代利胤のとき、宇多郡中村に大規模な築城工事を起こした」のであり、「半世紀以上にわたる北方の雄、伊達氏との抗争を十分意識しての築城」と理解され、さらに「六二万石に対する六万石の抵抗は、とうてい武力だけでかなう筈もなく、（中略）いわゆる武士道精神が要求され（中略）、野馬追の隆盛もその一つの現れ」と意識、記述されるようになる。(7)

しかし、義胤の評価は伊達氏、とりわけ政宗との関係のなかだけでなされるものであろうか。少なくとも、義胤発給の文書を中心とした関連史料が充分に収集・研究されていない現状を再認識すべきである。その後、『原町市史4　資料編Ⅱ』（二〇〇三、以下『市史4』と略述）に収録された一六点の義胤発給の文書・書状について、年代比定と花押の変化について「相馬義胤の文書の花押」（A稿）[8]を、さらにその後に確認された文書を含めて一八点について「相馬義胤の文書の花押再考」（B稿）[9]をまとめた。しかし、その後も義胤発給文書が確認され、現在は二二点を数える。絶対数はきわめて少ないものの、花押の変遷が確認された。花押については、すでに佐藤進一氏が、

花押は、自著から発生したものであるにもかかわらず、結果的に類似性・類型性が認められるが、その背景には何らかの作為があり、押著者の作為の実体を追究することが必要、

と指摘している。[10]佐藤氏の指摘を参考に、義胤発給文書の花押とその変遷を考えることは、義胤像を具体的に、そして豊かに描く基礎作業となるばかりか、中世から近世への変貌の過程を明らかにできるものと思われる。以下、発給文書の年代比定と花押の変遷について詳述することとする。

第一節　義胤発給文書の年代比定

1寛徳寺宛寄進状　　岩崎真幸氏所蔵文書

奉寄進

熊野山

田一町　熊野口内

永禄十三

卯月廿七日　　義胤（花押）〈I型〉

寛徳寺　参

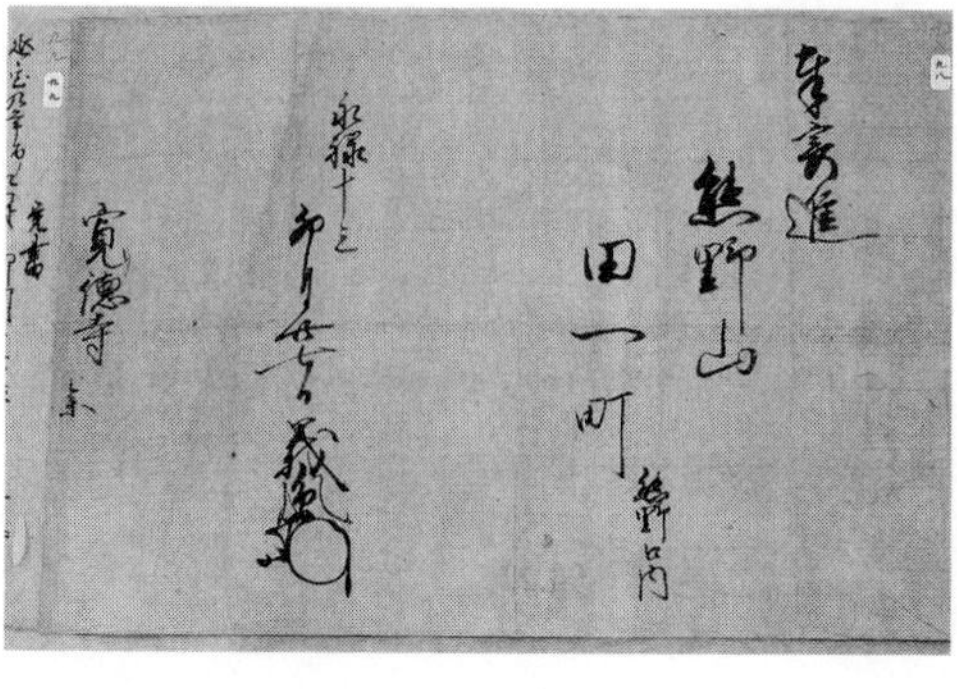

本文書は、確認される義胤発給文書のもっとも古いものである。寛徳寺は、すでに延元二年（一三三七）八月二六日付相馬胤平軍忠状に[11]、「同廿六日当国行方郡高平村内寛徳寺打越」とあるように、少なくとも一四世紀前半に確認される古寺である。義胤の家督相続を、『相馬市史1』等の天正六年（一五七八）説に[12]従えば、本文書は相続以前のものである。

なお、永禄一三年（一五七〇）は四月二三日に元亀元年と改元されているから、厳密には同年四月二七日はありえない。ただし、改元情報が即座に該地域に伝達されたわけではないだろうから、その点はやむを得ないにしても、「永禄十三」は後の付年号の可能性もある。本寄進状の花押をI型とする。

2某宛書状　芹沢文書（茨城県立歴史館寄託）

其以後、絶音章、無御心元次第候、就中、近節其大
陽手口之御取刷、模様等、毎々承度候、然者先立
為御代官、岩瀬筋へ御勢遣、各被仰合、一両ケ所
被入御手裏之段、定而可為御本望候、幾度乍申
事、義胤事者双方申合候上、於只今者猶更
無事念望此事候、毎弥相互不打置可申
承候条、不能重意候、恐々謹言、
八月十九日　義胤（花押）〈I型〉

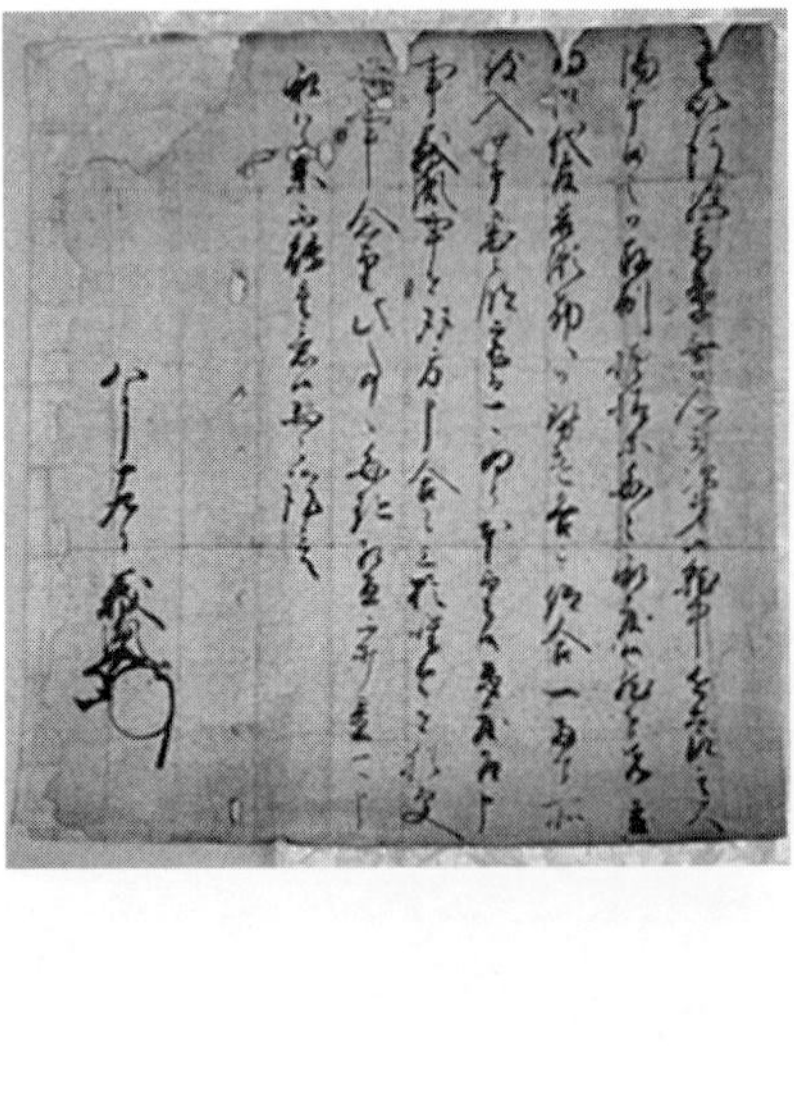

本書状は、既に『茨城県史料　中世編I』（一九七〇）に収録されていたが、「石塚義胤書状」と認識されていた。

そのため、『市史4』にも収録できなかったものである。(13) 本書状を含む芹沢文書は、茨城県行方郡玉造町芹沢に居住する芹沢外記氏が相伝する一四七点（写しも含む）からなる中世文書群で、現在、茨城県立歴史館に寄託されている。

その意味するところは、連絡を取らなくなったことを侘び、「大陽手」方面の「取刷」＝戦さの状況に関する情報を得たいこと、先頃、代官として岩瀬方面に軍勢を遣わして仰せ合わされ＝合戦し、一、二箇所を手に入れたことに対して祝意を述べている。さらに、義胤＝自分は相手と申し合わせ、今は無事＝和睦・平和を希望しているばかりであるから、互いに打ち捨てずに申し承りたいと述べている。

本書状には宛所がないため、その内容から年代を比定したい。この書状で参考になるのは、「為御代官、岩瀬筋へ御勢遣」したこと、義胤は「無事」を強く念望していることであり、さらに、書状の発給が八月一九日であるから、岩瀬方面（福島県須賀川市・岩瀬郡鏡石町等）への軍勢派遣はこれ以前になることなどであろう。では、こうした諸条件を充たす時期とはいつのことであろうか。

岩瀬地域（須賀川市・岩瀬郡）は二階堂盛義が支配していたが、隣接する田村清顕との抗争がたびたびあった。たとえば、天正二年（一五七四）に比定される正月晦日付杉目（伊達晴宗）宛田村清顕書状(14)には、

内々態可申述候之処ニ、幸便之間、令啓候、仍去廿六当地御代田迄出馬、廿七岩瀬河東へ及動、小作田外曲輪打散、前田河之小屋、其外白河領中、龍崎岩峯寺切而、悉皆不相残放火、同廿八須賀河籠口押通、保土原外城・木崎、是又在々所々焼払、同昨廿九安積へ相動、大槻之地宿・外城取破、并成田・河田之外構、其外郷村不相残放火、如存取成、無何事打帰候、听召可為御大喜候、爰元於取琅、毛頭無御心元不可有之候、何様以見当、重而可及備由存候、猶珍子細候者、追而可申承候、恐々謹言、

正月晦日　清顕（花押）

杉目へ

とあり、御代田（郡山市）から岩瀬河東、須賀川を経て安積方面大槻まで軍を進めたことがわかる。

この点に関しては、「伊達輝宗日記」[15]天正二年正月二二日条に「会津より、田村より須賀川むかつて廿七日ニ手切候とて、脚力参候」とあり、会津＝葦名が脚力を派遣し、田村が須賀川二階堂氏に対し二七日に手切れすると連絡があったことを輝宗に情報提供しており、清顕書状の内容と一致する。

翌二月、田村氏はさらに軍を進め、安積郡成田・富田・川田・高倉・小原田を支配したのに対し、葦名盛氏が長沼に在陣、佐竹義重も棚倉の赤館まで進軍。しかし、その後、佐竹と田村とのあいだには和睦の気運が盛り上がり、二二日に義重が赤館を退くと、清顕は義重と対面を遂げたことを晴宗に伝えている[16]。

三月に入ると、葦名盛氏は田村氏との和睦について仲介を輝宗に求めたため、輝宗は佐竹・葦名・田村に使者を遣わし、「佐・会・田無事の事」を廻らすことになった。しかし、その後も葦名・二階堂両氏と田村氏の衝突は収まらず、しかも伊達氏もまた最上氏や二本松畠山氏との小競り合いが発生したため、三家和睦の斡旋も容易に進まなかった。そのようななか、六月には葦名盛興が二九歳で死去したため、父盛氏は二階堂盛義の子盛隆を養子に迎え、盛興の妻（伊達晴宗の女）を再嫁させたのである。

七月、田村清顕が仲介して伊達氏と畠山氏との和睦が成就したが[17]、八月に入ると最上氏との和睦も進められ、九月には調ったようである[18]。この間、田村氏と葦名・二階堂氏との和睦に関する史料はみられない。したがって、こうした状況のなかで、義胤が無事＝和睦を念望するとの書状を発給しても時間的齟齬は生じない。

この推論が成立するとすれば、この義胤書状は天正二年のものとなる。ただし、これ以外にも同じような状況があるとすれば、書状発給の時期を限定することはできない。それはあったのだろうか。

天正七年は田村清顕の女「愛」が伊達政宗に嫁いだ年でもある。ところが翌年六月には葦名止々斎が、さらに翌天正九年七月には二階堂盛義が相次いで没すると、隣接する田村清顕は二階堂領を侵犯、これに対して葦名盛隆は長沼に出馬、さらに田村領御代田を攻めたのである。天正一〇年三月以前である。

この間の事情は、『性山公治家記録』天正一〇年三月、四月一日、同月五日、同月九日の各条等に詳しいが、同月一八日条に、

会津・磐瀬・田村和睦御扱ノ義、最前ヨリ御使者伊達相模入道碩斎・中嶋左衛門宗求ヲ双方ニ附置カレ、且度々御使者御飛脚等ヲ以テ御異見仰進セラレ、頃日和睦相調フ、

とあるように、ようやく三家和睦が成就したのである。もっとも、後に詳述するように、『性山公治家記録』の記述は編者の誤りで、三家和睦も含めて天正九年であることが指摘されている[19]。

このようにみてくると、田村氏と葦名・二階堂両氏の対立は天正二年にはすでに発生し、天正九年四月になってから三家和睦が成就したのである。もっともこの間の史料はきわめて少なく、和睦成立がこれ以前にまったく存在しなかったのか、あるいは和睦が結ばれた後、再び争いが発生した可能性はなかったのかなどの課題は残る。

こうした限定的な範囲のなかで、八月一九日付の本書状を考えた時、天正九年四月の和睦成立から同年とは考えられず、したがって天正二～八年が考えられ、残存史料だけをみると、天正二年の可能性が大きいということになろうか。なお、花押はI型である。

3　葦名西殿（盛隆カ）宛書状

東京大学史料編纂所所蔵・古文書

態与御届書欣然之至候、然者、去刻輝宗（伊達）、丸森之地へ下着、

内々如伝説之者、向金山之地可被及張陣之由候之条、及其
擬候之処、去ニ一向物浅被相動、無時刻被引除候、其後時宜
如何、別而無取刷入馬候、因茲、於当方も則時納馬候、於子細
者可御心易候、仍爰元無事裁許之段、其听候歟、元宗（亘理）如
籌策者、金山・小斎両地、永当方有相抱而和融可然之由候、
併輝宗出馬之砌、一和之事更難信用之段、堅固申払候、
於爰元者無御心許不可有之候、諸毎期後説之時候条、
閣筆端候、恐々謹言、

拾月十六日　　義胤（花押）〈Ⅰ型〉

蘆名西殿

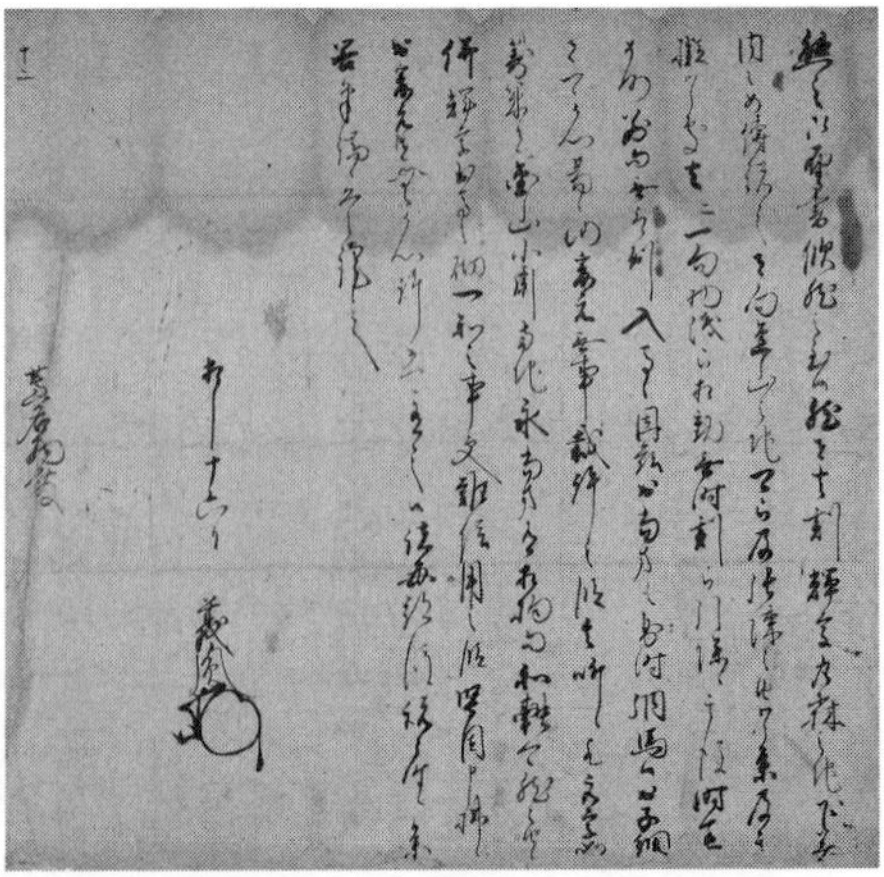

相馬義胤が、葦名西殿に宛てた書状である。輝宗が丸森に入り金山まで軍を進めようとしたため、対処しようとしたが、伊達勢はまもなく引き退いたため、義胤も納馬したこと、金山・小斎を相馬方が支配するという条件での和融（和睦）が亘理元宗の籌策によって持ち上がったが、輝宗が出馬するようでは信用できず、堅固に申し払ったことなどを伝えている。

本書状を、『市史4』は天正一一年に比定する。また、「蘆名西殿」も「盛隆カ」とするが、後掲6号文書で盛隆に比定されるのは「蘆名殿」である。「西殿」と記載する類例としては、天正一一年に比定される七月一〇日付葦名盛隆書状[20]が政宗を「伊達西殿」とする。当時、政宗は輝宗の嫡子として家督を相続することを期待されてはいたが、いまだ相続以前である[21]。「西殿」の表記が相続以前のこととすれば、「蘆名西殿」が盛隆としても相続以前の可能性があ

る。

盛隆は二階堂盛義の嫡子であるが、永禄九年（一五六六）葦名氏の人質となった。当時、葦名当主は盛氏であったが、その子盛興が伊達晴宗の四女と婚姻を結んで家督を継承したものの、天正二年（一五七四）六月に没している。そのため盛氏は、盛興の妻（伊達氏）を養女に迎え、さらに盛隆と再婚させたのである。その後、天正八年六月に盛氏が没している。したがって、盛隆が葦名氏の家督を実質的に相続したのは同年以後のことであろう。

このような葦名氏の複雑な家督継承を考えると、義父盛氏の没後に盛隆が「蘆名殿」と記述されるのは納得できるが、それ以前、葦名氏の実権は盛氏が掌握していたのであり、盛隆はその後継者として「蘆名西殿」と称されていたと想定できるのである。しかもそれは、盛興没の天正二年以後、同八年以前のことになる。

さらに、「籌策」を提出した元宗は亘理氏の当主であるが、その後、剃髪して元安斎と号することになる。その時期を確定することは難しいが、「伊達輝宗日記」天正二年九月三日条に「もと宗、御こへ候」とあり、輝宗が相馬方との戦いを準備するなか、軍勢を一七備とし、家臣に起請文を求めた天正四年八月二日付伊達輝宗陣立並起請文写[22]には、一番備の「亘理源五郎殿（重宗）」とともにその父元宗が元安斎と記載されているから、その剃髪時期を天正二年九月三日から天正四年八月二日のあいだに設定することは可能である。しかし、元宗の剃髪を相馬方が即座に知り得た確証はなく、若干の時間的ずれは認められよう。

一方、『性山公治家記録』天正四年一〇月九日条の「伊具郡小斎城へ御働キアリ」や同五年五月一二日条の「伊具郡金山・丸森ノ両城へ御働キ、城辺マテ押詰メ、麦毛悉ク刈取ル」も視野に入れれば、本書状は天正二年から同五年（盛隆が家督を相続して葦名殿と宛書きされるまで）のあいだに比定できよう。なお、花押はI型である。

4田村月斎（顕頼）宛書状

福聚寺所蔵・田村月斎家文書

態令啓候、然者四当間□□□□□（之儀雅意無止）事候上、可被加諷言之段、
度々注進、就中、於近日者為御吏僧承候、尤彼間之事者、
深甚異他《コトナクタニ》候、元安斎・輝宗有逼塞万方□（被）相継、当方退治
之所行、無其隠之由申廻候、雖然於当方者讒者《サンシャ》被成之外、
不可有之由、令狭量候処ニ、結句、当境目種々計策、其上近
刻者、伊達ゟ堅固被引請、慮外之刷共、誠以無是非候、
好昧甚重之間、猶以遺恨至極ニ候、無拠候間、去十三向小堤
打越、在々所々放火、北郷迄、浜辺無残所打散候、中途へ打出
候衆ニ遂一戦、廿余人打捕、翌日者、向坂本之地、及行
塞小口取刷候、然処ニ重宗、苅田・柴田・伊具、其外之衆
加、被助懸候、遂一戦、為始栃窪与次郎面□者共十余人
打捕、如存知之被成候、如此之上者、毎々可請諌言候、巨砕珍
儀、重而可申入候条、不具候、恐々謹言、

四月十六日　義胤（花押・Ⅰ型）

月斎

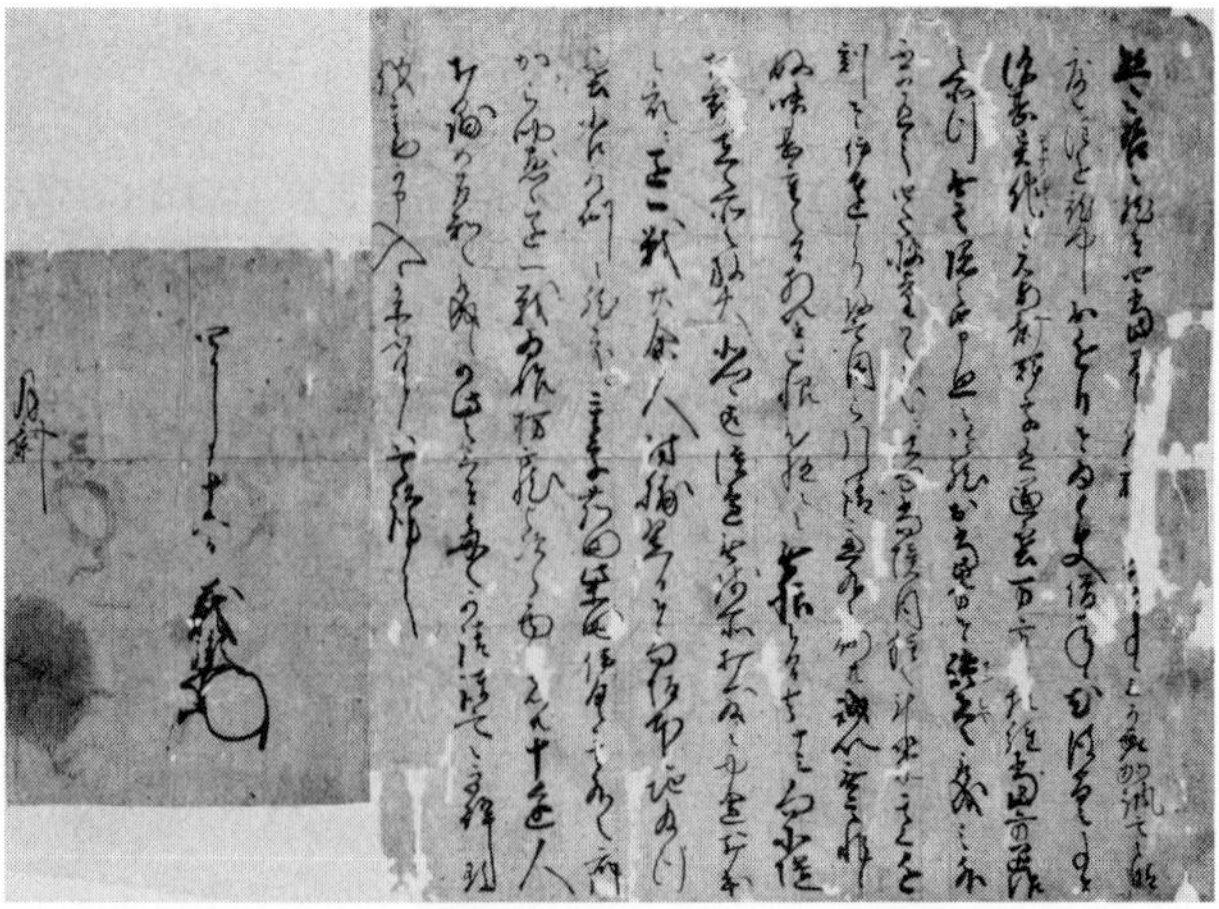

本書状は、義胤から田村氏の一族田村月斎に宛てた書状で、「伊達ゟ堅固被引請、慮外之刷共、誠以無是非」き状

況のなかで、義胤が亘理郡に打ち入り、敵方を圧倒したことを伝えたものである。[23]すなわち、相馬勢は去る（四月）一三日、小堤を攻撃して在々所々に放火し、浜辺まで攻め入って敵方を打ち散らしたばかりか、これを迎え撃とうとした敵方と戦い、二〇数人を打ち捕らえ、翌一四日には坂本（城）虎口に攻め入り、亘理重宗とこれに加勢した苅田・柴田・伊具諸郡の軍勢と対戦したのである。小堤は、亘理氏の本拠と伝えられる小堤城（宮城県亘理町）と推定[24]され、坂本城（宮城県山元町）もまた亘理氏の配下坂元氏の拠点と考えられる。

ところで、義胤が亘理を攻撃した点については、『性山公治家記録』天正九年五月五日条に、

　二本松城主畠山右京大夫殿義継ヨリ、御出陣ニ就テ飛脚到来ス。因テ富塚孫兵衛（諱不知）ニ書ヲ賜フ、義胤、亘理ニ向テ手切ニ及ハルノ由其听ヘアリ、輝宗君、其地マテ御出馬ノ由承ル、宜ク各諫言ヲ加ラルヘキ事肝要タルヘシ、将又磐瀬口ノ事、清顕長沼ニ向テ働カルトイヘトモ、会津無二人衆一故歟、一向出合レサルノ由申来ル、

とある。したがって、『性山公治家記録』に従えば、本義胤書状の発給年は天正九年ということになる。

ところが、『性山公治家記録』天正九年五月五日条については、菅野郁雄氏が「天正九年四月～五月に田村氏と芦名・佐竹両氏は伊達氏の仲介で和睦して」おり、五月段階で清顕が「長沼ニ向テ働カル」状況は設定しにくいとして、天正四年に比定している。[25]その根拠として指摘された史料が、清顕から佐竹氏の臣舟尾山城守昭直に宛てた二通の書状である。[26]すなわち、三月四日付書状では「去比永沼備之時節、為御代官、被打越候、真実以御大儀ニ候」と謝し、同月一〇日付書状では、「殊ニ会ヘ往覆、弥々被相止之様之儀」を異見して欲しい旨が述べられているのである。

この戦いは八月になっても継続され、劣勢な葦名方は伊達輝宗に「鉄炮」の支援を求めたことが、伊達輝宗に宛て

た八月二一日付の葦名止々斎および盛隆の書状[27]から確認される。とくに止々斎書状には、「佐・田向永沼、被及行候間、今度鉄炮成共、指越不申候、案外千万ニ候」とあり、輝宗の対応に不満を示している。いずれにしても、「磐瀬口ノ事、清顕長沼ニ向テ働カル」が佐竹氏とともに行われた軍事行動と確認できるのである。

なお、二通の舟尾昭直宛て清顕書状にしても、伊達輝宗に宛てた葦名止々斎・盛隆の書状にしても、明確に天正四年と断じることはできない。その際、江戸期の編纂史料ではあるものの、『性山公治家記録』天正九年五月五日条の「二本松城主畠山右京大夫殿義継ヨリ、御出陣ニ就テ飛脚到来」を、同書天正四年五月上旬条の「伊達郡東根へ御出陣、相馬弾正少弼殿盛胤、連年隣郡伊達・信夫表へ出張セラレ　当家ノ御家人等ト戦争アリ、因テ今度御馬ヲ出サル、此後敵地へ御働アリ」や同月一五日条の「御陣所ヨリ畠山右京大夫殿義継へ御使札ヲ遣サル、相馬防戦ノ為メ御在陣ニ就テ節々音信御大慶ナリ、秋中敵地へ動キニ及ハルヘシ、其節御加勢ニ於テハ御本望タルヘキノ趣ナリ」と関連づけて理解することもできよう。とくに「秋中敵地へ動キ」については、既述の天正四年八月二日付「伊達輝宗陣立並起請文写」との関係が考えられる。直接的な史料ではないものの、菅野氏の指摘と関連づけて理解できよう[28]。

迂遠な論証となったが、畠山義継書状の「義胤、亘理ニ向テ手切ニ及ハル」という状況もまた天正四年と理解すべきであり、4号書状もまた同年の発給ということになろう。花押はI型である。

5青木助六宛父子連署書状

多賀城市教育委員会所蔵・天童家文書

急度之芳問、悦入候、仍青木弾正、此度当方ヘ不被申
合、与風他出候事、意外此事候、雖然満毛丸、此
方ニ差置候上、爰元無余義候、先々○親類中近遠自内道小嶋(カ)ヘ

可申届覚悟ニ候、無事落居、以弥無程申出候
事、遠慮に候、併無拠候条申断、後日挨
拶に可得其意候、恐々謹言、
（奥上追而書）追而、
其地用心之義、畢竟
旁以任入候、聊も不可
有油断候、
七月廿六日　盛胤（花押）
義胤（花押）〈I型〉
青木助六殿

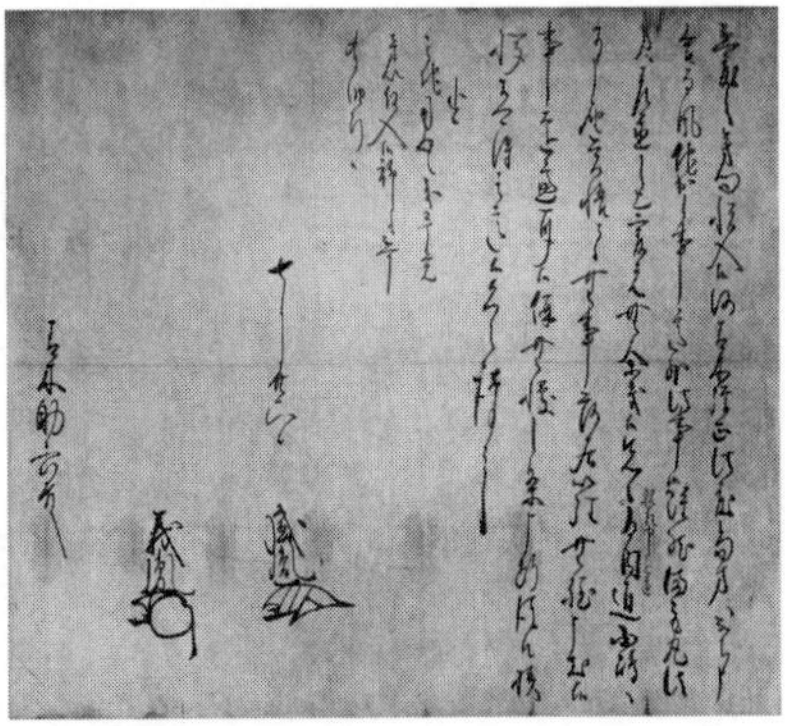

本書状は、盛胤・義胤父子連署によって、青木弾正の突然の「他出」＝伊達方への内応を意外のこととしたうえで、青木助六に対しては、満毛丸（助六の子か）が「此方」＝相馬方に（人質として）差し置いているので、「余義」＝内応することもないだろうと念押しするとともに、「用心」すべきことを確認したものである。

青木氏は、安達郡青木（福島市飯野町）を支配する懸田氏の被官であったが、天文二一年（一五五二）に懸田氏が伊達晴宗に亡ぼされると、その後、伊達実元の麾下に組み込まれたことは、『性山公治家記録』天正四年一〇月九日条に見られるが、同日条には、続けて次のような輝宗の「御書」を載せている。

態之来翰大慶候。仍盛胤、川股江被レ及レ揺之処ニ、自二其元一助合遂二一戦一、数多討捕被レ得二勝利一之由、大慶不レ及二是非一候。雖二勿論之義候一、於二于向後一モ、彼口江無二油断一助成之義、畢竟其方父子前ニ可レ有レ之候。就中、道祐様・実元、一両日中ニ其口御越可レ有レ之候由被レ仰候之間、何篇請二御下知一、可レ然様ニ手刷之義任入訖候。

吉慶期二後音之時一。恐々謹言。

追啓、自二此方一モ今日九、小斎江及レ揺候。兵儀之事ハ各可レ令二相談一候間、可二心安一候。以上。

十月九日　　輝宗 御黒印

青木玄蕃允殿

同　弾正忠殿

この書状も年欠であるが、文中に「道祐様」とあり、少なくとも道祐＝晴宗が没する天正五年一二月五日以前であり、天正四年とする『性山公治家記録』編者の判断は大きく齟齬を来すものではない。しかも、輝宗書状に見られる青木弾正忠と、本連署書状に見られる青木弾正を同一人と見る蓋然性は高く、この連署書状の発給年を天正四年と想定しても大きく誤るものではない。

なお、盛胤・義胤父子連署の書状は、管見の限り当文書だけである。天正四年と比定した場合、義胤は未だ家督相続以前の可能性が高く、にもかかわらず奥上位に書判を据えるなど、当該期の相馬氏権力のあり方を検討すべき史料となる。なお、その発給の背景や歴史的意義については、第七章を参照されたい。花押はI型である。

6葦名殿（盛隆）宛書状

会津若松市立会津図書館所蔵『新編会津風土記』巻之七・村民古文書　会津郡古町組古町村修験円城院所蔵文書

内々近日御無音、其元御様子無御心許候
つる刻、巨細被露紙上候、然者向石川口、可被及
兵断之由、尤肝要候、雖無申訖候、其一味

中堅固被廻御計、御手始此時候、
聊到于御聊爾者、覚等無御心元候、抑
此刻事、当堺可動于戈候由、一段申合、
就中、好味異他候、争可有疎意候
哉、雖然於其口も、其唱外不可有之候歟、
輝宗、本宮当北境へ取刷、無二之段在之候、
如此之上、其外於爰元、不得油断候、併
彼口手刷見合候上者、何篇ニも可申
談事無如在候、石口御出頭之上、珍重ニ可
承候、又事可申述候、期後日之時候之条、
不能審候、恐々謹言、

卯月廿六日　　義胤（花押影）〈Ⅰ型カ〉

蘆名殿

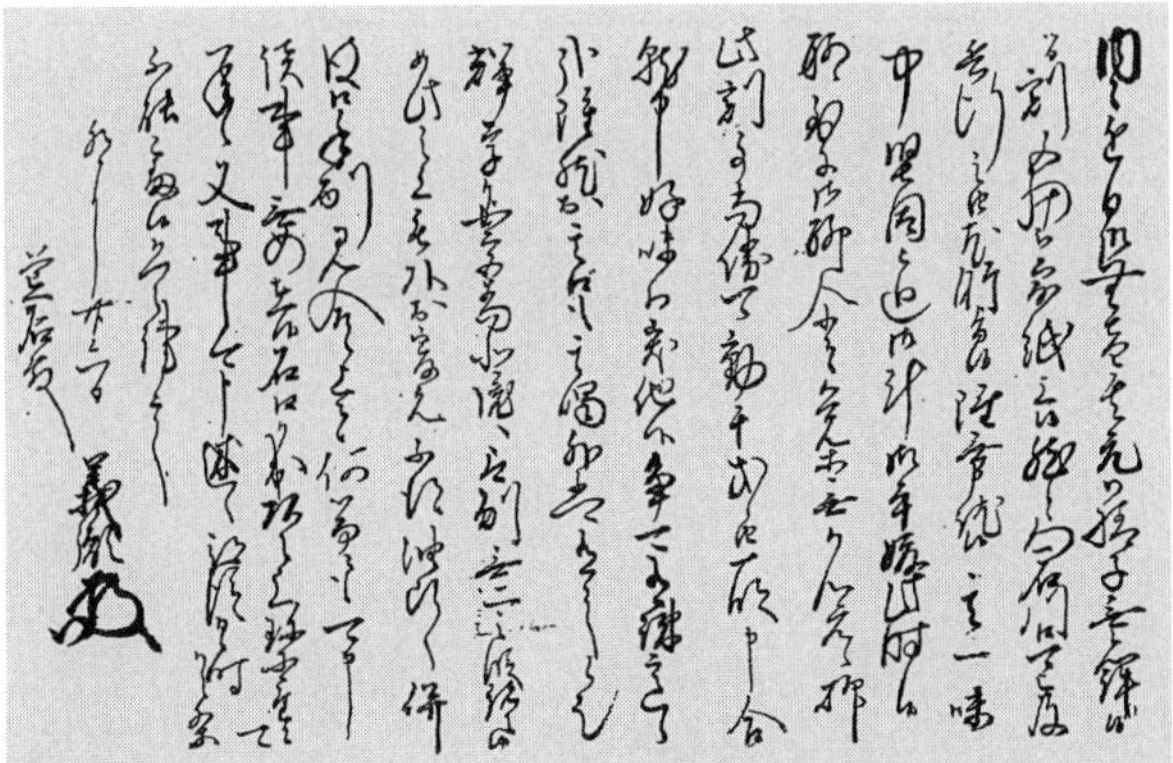

本書状は、義胤が葦名殿に石川方面への出陣を要請するとともに、本宮および「当北境」へ「取刷」＝出馬している伊達輝宗の動勢を「蘆名殿」に伝えたものである。「当北境」とは、相馬氏が支配する地域の北境の意味であろうが、当時は宇多郡・伊具郡方面と考えるべきであろう。

『性山公治家記録』天正一〇年（一五八二）四月一三日条には、輝宗が葦名盛隆に中津川丹波を遣わし、「相馬境御出馬、且又最前ヨリ彼御無事早速成就セラル様ニト、委曲仰進セラ」れたこと、さらに葦名氏の重臣金上盛満・佐瀬

氏常にも「遠藤山城（基信）ヨリ奉書ヲ以テ」申し遣わされたことを載せている。中津川は、金上・佐瀬から遠藤基信への返状を携えて帰ったが、金上の返状には、

盛隆在陣ニ就テ御使祝着ノ由申サル、殊ニ輝宗君其表御出張ノ由一段御大義ニ存セラル、仍テ無事ノ義ニ付テ節々御状ノ旨委細承知ス、爰許堅固ノ上、今ニ盛隆へ不㆓申聞㆒、何様見合セ涯分諷諫セシムヘシ、此段御取成シ任セ入ル、随テ相馬境御吉事出来ノ由、目出肝要ニ存シ奉ル、猶中嶋左衛門帰路ノ時分可㆓申述㆒

と著されていたという。すなわち、輝宗は盛隆に「御無事早速成就」すべきと申し入れ、さらに遠藤基信を介して金上盛満にも「無事ノ義」を申し入れたこと、それに対して金上盛満は、いまだ盛隆に申し上げていないものの、「見合セ」て諷諫するので任せて欲しいというものであった。

また、近年確認された「遠藤家文書」[29]には、同月一三日付佐瀬氏常の返書（E4―8）が残されており、「仍無事為御籌策、別而御使何様爰元依様体涯分　貴意之旨可令諷諫候」と金上返書と同様の旨が記述されている。

なお、この無事については、『性山公治家記録』天正一〇年三月下旬条に、

公・嗣君、会津・磐瀬、田村和睦御扱ノタメ、信夫郡杉目城へ御出、御在留、御使者ヲ以テ三家へ御扱ノ義仰進セラル、会津ノ葦名三浦介殿盛隆幷ニ磐瀬へハ中嶋左衛門宗求ヲ遣サレ、田村へハ伊達相模宗澄入道殿碩斎ヲ遣サル、

三家不和ノ事、元来田村・磐瀬互ニ宿意アリテ多年戦ハル、去年二階堂殿盛義卒去以来、田村ヨリ磐瀬ノ地ヲ侵掠セラル、葦名殿盛隆ハ盛義ノ子ト云ヒ、最前ヨリ会津ハ磐瀬荷担ノ筋目ト云ヒ、当春ニ至テ常州ノ佐竹常陸介殿義重へ相議セラレ、長沼ニ出張、田村ト戦アリ、

公御心許ナク思召シ、和睦御扱ノ事内談ノタメ、去ル比山誉斎氏不知御使者トシテ佐竹殿義重へ仰遣サル、結城主

結城殿晴朝及ヒ常州下館城主水谷伊勢守殿勝俊へモ仰遣サレ、何レモ其意ニ同セラル、故ニ中途へ御出馬、御扱アルヘキ由仰ラレ、杉目へ御出、三家へ御使者遣サル、

とある。同時代史料ではないものの、天正九年七月に二階堂盛義が没すると、その隙をねらって田村勢が磐瀬に侵掠したため、葦名勢は佐竹義重と図り長沼に出陣して対峙した。このような状況に輝宗は、三家和睦を仲介しようとし、義重・結城晴朝・水谷勝俊に使者山誉斎を送り、和睦を進めようとしたというのである。

この輝宗の和睦仲介についても、既述「遠藤家文書」に関連書状が残されている。たとえば、水谷勝俊が遠藤基信に宛てた弥生一五日付の書状（E4—32②）には「先段就申宣題目、此度山誉斎為御使被指越候、即晴朝ことも以使者可被申届処、去十日俄南衆出張、備方無油断ニ付而遅延、（中略）田之儀者如承、畢竟御当方御異見之外、不可有之候」とあり、山誉斎が使者として参着したこと、田村氏との「無事之儀」が伝えられたことなどが確認できる。

もっとも、同じく三月一三日付の基信宛て佐竹氏の臣御代田隆秀書状（E4—34）には、

仍如被仰出□《（会カ）》・岩・田《（岩瀬・田村）》御無事之儀、近年義重事も雖被及御媒介候、互ニ有御難題御不調、単歎敷被存候、然ニ此度以御使有御相談被及御裁許度之由、於当方《（佐竹）》も啐啄ニ被存候、定直々可被及御返答候、御当国《（伊達）》・当方《（佐竹）》事者、被参御好身候条、於何事も無御隔意可仰合事、千言万句ニ候、

とあって、「難題」故に不調ではあったものの、輝宗が使者を派遣したことに対しては、佐竹方も隔意無く合意することが必要と考えていたようである。その結果、五月二七日付で基信に発給された葦名盛隆書状（E4—35①）に「今度以使輝宗江自今以後別可申合儀申述候之処、即有納得御神名預置候、祝着無申事候」とあるように、五月段階では「御神名」すなわち起請文を取り交わして和睦が成就していたようである。

しかし、『性山公治家記録』天正一〇年四月一八日条の「会津・磐瀬・田村和睦御扱ノ義、（中略）頃日和睦相調

フ」については、菅野郁雄氏が、一〇月五日付山内殿（上杉景勝）宛佐竹義重書状[30]に

　然者近年於奥口、田村方対当方不儀連続遺恨深重之間、葦名盛隆令相談、其外之諸士引率、去春一同ニ靡軍籏候之条、不突楯、即時悃望、其上田村方於拘も、岐之城々十二三カ所、被明渡候間、爰元無拠上、遂和睦候、然間奥州皆以令一統候様子、可被及聞召候歟

とある「奥州皆以令一統候様子、可被及聞召候歟」が、五月一七日付春日山（上杉景勝）宛武田勝頼条書[31]に記載される「義重奥口無残所被属本意事」や同じく六月七日付真田昌幸宛武田勝頼条目[32]に記述される「佐竹奥州一統之由、其聞候、然者分国中往還、無異儀様可被相談事、付、会津表同前事」に該当するだけでなく、いずれも天正九年に比定できる文書であること、さらに『性山公治家記録』天正一〇年四月上旬状にある伊具郡小斎城主佐藤宮内が、「当城加勢」である郡左馬助・金沢備中を殺害して伊達方に属したことも天正九年のこととそれぞれ指摘している[33]。当該期の史料に基づいた菅野氏の指摘は、首肯すべきであろう。

その直後の四月条には「角田城主田手式部藤原宗時、相馬表ニ於テ戦死ス」「原田大蔵諱不知相馬表ニ於テ戦死ス」などとあり、「相馬表」で大規模な戦闘があったことがわかる。また、輝宗の出陣も、佐藤宮内離反という相馬家中の混乱に乗じたものであり、その結果、「相馬表」で田手宗時・原田大蔵という重臣が戦死するほどの戦闘になったのである[34]。義胤が葦名氏に石川方面への出陣を要請して輝宗を牽制しようとしたのも、こうした厳しい状況があったためではなかろうか。

したがって、本書状は『性山公治家記録』天正九年五月五日条の「義胤亘理ニ向テ手切ニ及ハルノ由其听へアリ、輝宗君其地マテ御出馬ノ由承ル」や五月九日条に「相馬口御出張御大義ナリ」から、「其地」を「相馬口」に比定、さらに輝宗の相馬北境への出陣が確認できるから、『市史4』のように天正九年とすべきである。したがって、葦名

殿は、天正一二年一〇月に殺害された盛隆である。なお、義胤の花押影は、1号寄進状に類似しており、I型と判断した。

7岩城殿（常隆）宛書状写　　星敏彦氏所蔵文書

今般為使僧、芳章之段令披見之候、抑伊・当間之無事之義、不被打置御裁許難黙止之条、去年一和任其意候、然者金山之地、伊へ返置可令甚源之由、更不覃分明候、爰元之模様、自如雪斎所可申宣候、猶甘露寺任御伝達不能腐毫候、恐々謹言、

卯月廿六日　　義胤

岩城殿

義胤より岩城殿に宛てた書状の写である。使者として派遣された僧の持参した岩城殿らの芳章を披見したことを述べ、岩城殿が伊達・相馬間の和睦について黙止できないこと、去年、和睦について依頼したこと、金山の地を伊達方に返還することが和睦の条件であるとのことであるが、今更明らかにするものでもないし、当方のことについては如雪斎が申し上げるであろうし、岩城殿の派遣した甘露寺（使僧か）が伝達するであろうから、腐毫することはしないというものである。

岩城殿（常隆）が相馬・伊達の和睦を仲介したことについては、三月二五日付某宛伊達輝宗書状[35]に、

態為使者、用一簡候、到今春田《田村》境中無異儀候上、塩口之事自是及意見候間、可心安候、然者盛《葦名》隆近日可為出馬之由候条、万端相談之事、各々前可有之候、於当方者、無事念願之外無之候、扨又相・当《相馬・伊達》間之義、常《岩城》隆任御疇策候処ニ、題目共于今首尾不合候、急速相調候之様ニ馳走任入候、猶内馬場能登守《尚信》任口上候、

とあり、さらに、『性山公治家記録』天正一二年四月九日条の、

　此日、磐城ノ家臣佐藤大隅政信方ヨリ、遠藤山城へ返書ヲ贈ル、態ト御使トシテ仰越サル、相馬へ金山ノ儀数度申理ルトイヘトモ、于今一途ナシ、常隆ニモ如在ナク諷諫セラル、然リトイヘトモ二三家仰合サルマテ遅々ノ義、当方・御当ト同前ニ侘言ニ存セラル、是等ノ旨、彼口上有るへき間、具ニ不申上、此旨宜得御意ノ由ヲ著ス

が参考になる。すなわち、義胤書状の「金山之地、伊へ返置可令甚源之由」とは、『治家記録』の「相馬へ金山ノ儀数度申理ルトイヘトモ、于今一途ナシ」に対応するものであろう。また、輝宗書状の「相・当間之義、常隆任御疇策候処ニ、題目共于今首尾不合候」が『性山公治家記録』の「于今一途ナシ、常隆ニモ如在ナク諷諫セラル」に対応するものであり、「去年一和任其意候」からすれば相馬・伊達との和睦交渉に去年から常隆が介在したが、伊具郡金山領を伊達方に「返置」くことに相馬方が納得せず、相馬・伊達の和睦交渉が用意に進まなかった状況がわかる。

　したがって、本書状の発給年は『市史4』が指摘するように、天正一二年（一五八四）であろう。花押はない。

8 某宛書状案

会津若松市立会津図書館所蔵
『新編会津風土記』巻六・家士古文書　松本与大夫所蔵文書

常隆媒介以惣和成就之上、早々入馬
来候、態々来簡一段祝着候、尤諸境
無何事候、可被心安候、兼而者能々大路次
中無相違様、被加内意候、弥本望候、
毎事重而可申述候条、不具候、恐々謹言、

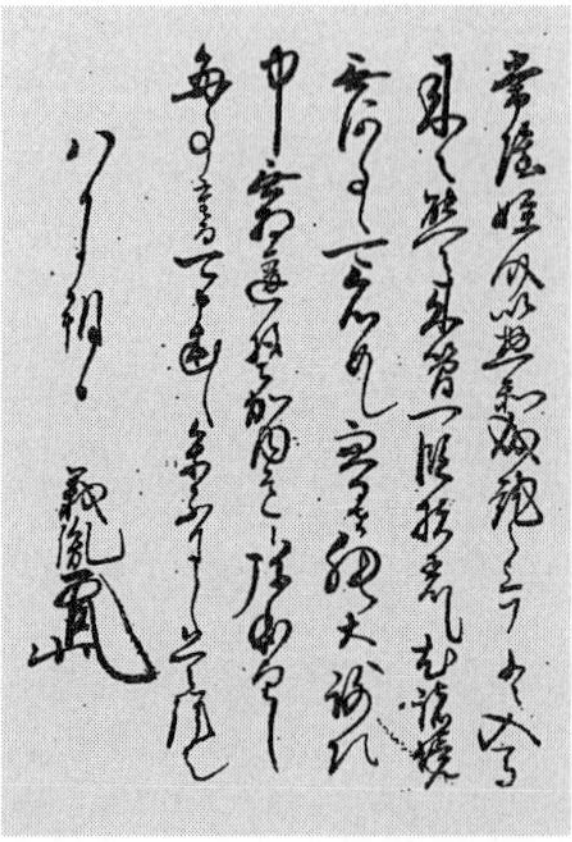

八月朔日　　　義胤（花押影）〈Ⅱ型〉

（宛所欠）

宛所不明の書状である。岩城常隆の媒介によって惣和が成就したため、義胤も入馬したこと、相手（宛所）からの来書を悦び、諸方面が安泰であること、兼ねての者が大路を行き来する際、過ちがないよう命令を下してくれれば本望であることを述べ、今後、どのようなことでも情報を伝えるので、今回は詳細には述べないと断っている。

では、岩城常隆の仲介による惣和＝和睦とは、誰を対象とし、何時のことであろうか。この点については、前掲三月二五日付某宛伊達輝宗書状の「常隆任御疇策」から、前号文書に関連して天正一二年のことと理解できる。また、『性山公治家記録』天正一二年四月一二日条に、

此日、磐城殿ヨリ御返書進セラル、曰ク、

如二来翰一、其以往音絶無二心許一存候之処、御音問祝着至極候、仍御当・相（伊達・相馬）一和被二相調一此間紙損失文字不見江ニ付而、今度以二御使一条々承候、於二于常隆一又損失字不見爰許不調案外ニ存候、佐竹江申合迄者令二遅々一之間、雖二出陣之砌候一、以二使者一相江覃二意見一候、依彼返答従二陣中一委曲可二申述一候、将又仙道口之儀、被レ露二書面一候、盛隆相談令二出馬一候、鹽松口之義被レ及二御意見一候哉、肝要之至候、年来大内（定綱）所江別而御懇切之験此時候、必竟御前ニ可レ有レ之候、書余口上ニ任レ之、不レ能レ詳候、恐々謹言、卯月十二日。伊達殿。常隆書判アリ。

と、岩城常隆が使者をもって相馬に対し意見に覃んだことが見え、さらに五月下旬条から、相馬・伊達両家の和睦については田村清顕が宇多郡まで出馬して仲介に当たったこと、ところが輝宗がこれを受け入れなかったため、白河義親から佐竹義重に連絡して名代を派遣するよう申し入れ、常隆よりも志賀武清が派遣されて協議した結果、和議が調ったことがわかる。

義胤の入馬は、惣和成就の結果であるが、和睦は五月のことであるから、八月の書状に記載されても矛盾はない。したがって、前掲三月二五日付某宛伊達輝宗書状とともに「松本与大夫」所蔵であることからすれば、7号書状以降の状況が記されたもので、『市史4』が比定するように天正一二年の書状であろう。なお、花押影はⅡ型であるが、後述するAないしB型であるかはわからない。

9長江左衛門大夫宛書状　仙台市博物館所蔵・三分一所家文書

一筆啓入候、爾来遙無音、何等之儀候哉、
御床敷候、此口各堅固、可御心安候、伊・当（伊達・相馬）乱
劇付、路次不自在之儘、互不通、失本意候、
此表之儀、自岩城之意見ニ相任、先以取定候、
諸堺何も堅静候、委細桜四可申候間、早々恐々
謹言、
十月十四日　義胤（花押）〈Ⅱ型A〉
長江左衛門大夫殿
（奥上追書）
尚々申候、葛西ハ
鷹を所望候、
相調候者、つなかせ
られて可有之、頼入候、

本書状は、長江左衛門大夫に対し、しばらく無音であったが、それは「伊・当」＝伊達・相馬の乱劇によって路次「不自在」のためであって本意ではなかったことを詫びるとともに、「此表之儀」すなわち相馬方面（相馬と伊達との乱劇）については、岩城（常隆）の意見により「取定」を行ったた

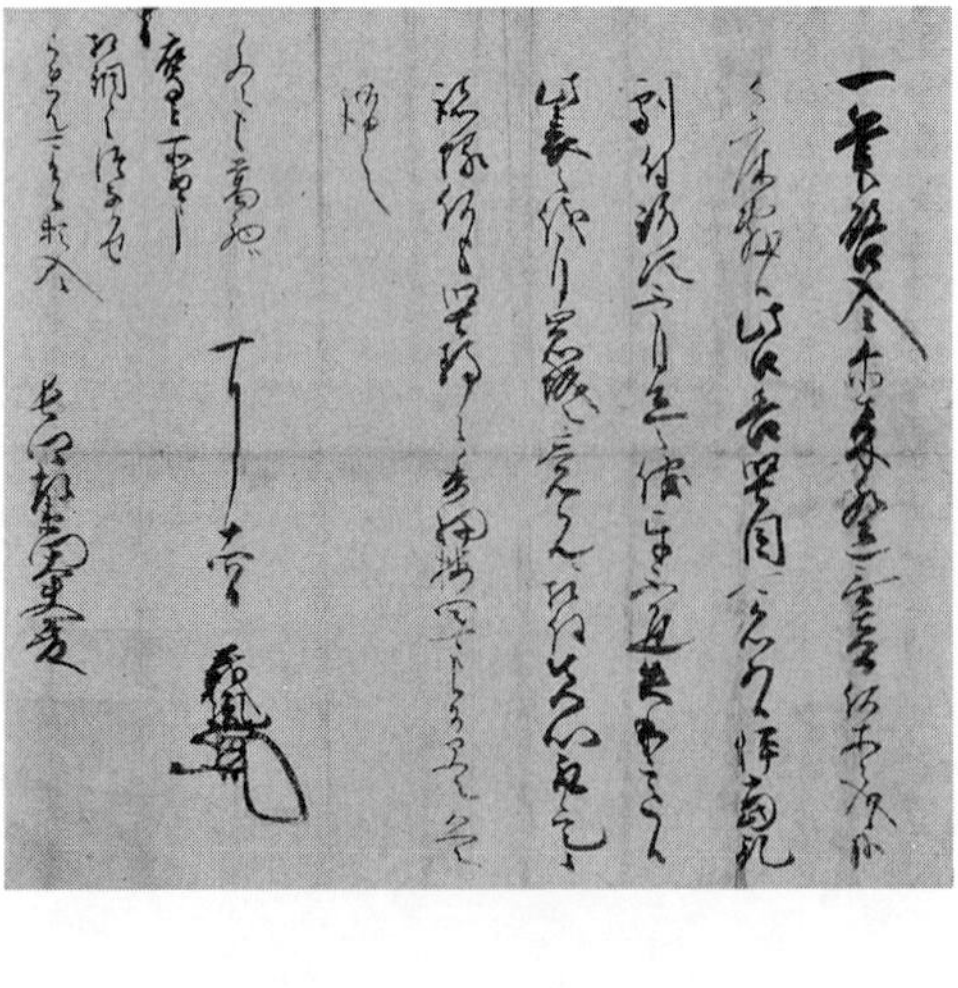

め、「諸界」も「堅静」になったことを伝え、詳細は「桜四」が申し伝えることを述べたものである。

相馬・伊達両氏の和睦については、『性山公治家記録』天正一二年五月下旬条に、

当家・相馬殿義胤御和睦アリ。田村殿、御両家御間柄ナレハ、御戦ノ義御心許ナク思シ、先年中途ヘ御出馬、御扱ヒアリトイヘトモ和義不調、御戦数年ニ及フ。当春以来、又宇多郡マテ出馬シ、逗留有テ様々御扱ヒアレトモ、公望ム所ニ不叶、許諾シ給ハス。故ニ四月中旬田村ヨリ白川郡主七郎殿義親ヲ以テ、佐竹常陸介殿義重ヘ仰通セラル。佐竹ヨリ名代ノ使者差下サレ、磐城ヨリモ名代トシテ志賀右衛門武清ヲ差遣サレ、一同ニ取扱ハル。是ニ因テ、公其意ニ任セラレ、和議調ヘリ、

とあるから、五月中には成就したものであろう。したがって、「自岩城之意見ニ相任」せて和睦が成就し、「諸界何も堅静」になったのであるから、本書状の発給年は、『市史4』が比定するように天正一二年である。花押はⅡ型Aである。

なお、「桜四」は「相馬義胤分限帳(36)」に記載される桜井四郎兵衛のことと思われ、さらに同書には、

桜井次左衛門

一、先祖、深谷御前奥老也、三分一所ヨリ来ル、領百五拾石、有故五十石被召上、

とあるから、三分一所家＝長江氏から、いわゆる深谷御前が義胤に嫁いできたとき、従ってきたものであろう。

10浜田景隆宛書状　『貞山公治家記録』巻之一

態啓之候、先般清顕就取合、御当江為徹書申合候、向後旁以無隔心可申通候、然者、田《田村》于戈定而於御当方《伊達》モ可為御苦労候歟、一途御意見之外不可有之候、抑如其唱候者、政宗被移御代候由目出候、仍而任折節弓十張進之候、

補一義計、毎時彼口上申含候、恐々謹言、

霜月七日　　平義胤書判

謹上　浜田大膳亮殿

本書状は、伊達政宗の家臣浜田大膳亮（景隆）に宛てたものである。「先般清顕」「取合」に基づいて、「御当」＝伊達家に徹書を送ったこと、「政宗被移御代候」とあるように政宗の家督相続を祝い、弓一〇張を送ったことなどが述べられている。政宗の家督相続は、天正一二年一〇月頃[37]であるから、霜月七日とは矛盾せず、本書状が天正一二年のものであることを示す。

また、「清顕就取合」とは、相馬・伊達との和睦に関して田村清顕が宇多郡まで出馬・逗留し斡旋したことを示し、前掲『性山公治家記録』天正一二年五月下旬条のほか、一〇月一九日付畠山義継書状[38]に、「伊・相無事之儀ニ付而、清顕其地へ御中途候、依茲、為代官申越候」とあることも、清顕の積極的な和睦仲介の実態を示している。なお、後世の編纂史料に収録された書状であるため、義胤の花押の型についてはわからない。

11白河南殿（義親）宛書状

東京大学文学部日本史学研究室所蔵・結城白川文書1（東京大学史料編纂所所蔵写真）

来翰披閲本懐之至候、如承就惣
和之儀、佐へ申入処、御同意御理之由、祝着
此事候、然而当使帰路、自佐之挨拶
承訖、其上今度、皇徳寺幷菅生能登守、
被指越条于口才得其意候、随而存分等

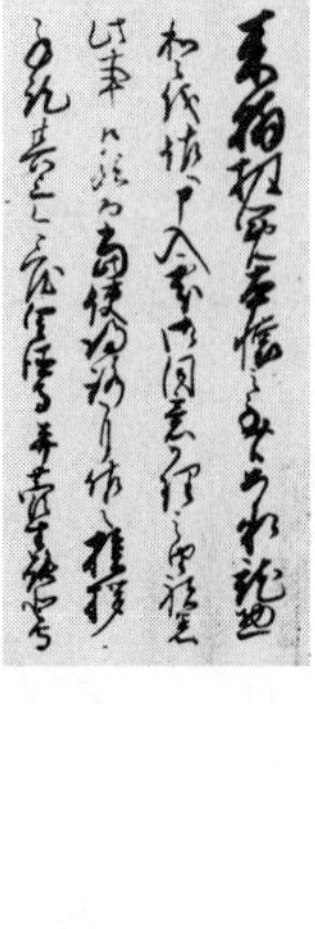

彼両方へ申渡候間、委細可被申候条、不能
　具候、恐々謹言、
　　　　六月八日　義胤（花押）〈Ⅱ型A〉
　　　　　白川南殿
（奥上追書）
就御所望、進之置
鷹御自愛之由、
満足ニ候、将亦、鎖之帷子幷冠物、
被指越珍悦之至候、

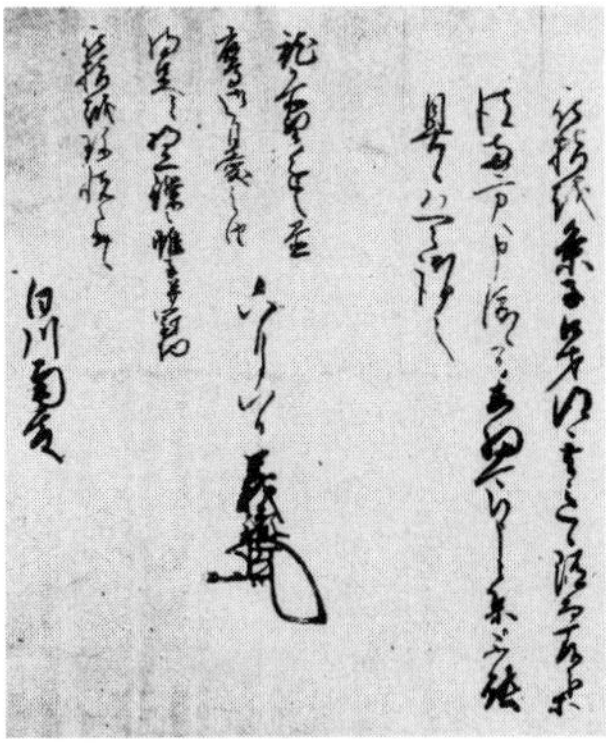

白河南殿に宛てた書状である。「惣和之儀」について佐竹氏に申し入れたところ、同意されたので「祝着」この上ないこと、「当使」＝相馬の使者が帰る際、佐竹方からの挨拶を承ってきたが、この度あらためて「皇徳寺」と「菅生能登守」がやってきたので真意を確認できたため、「彼両方」に申し渡したので、詳細を「白河南殿」に申し上げると記している。

白河南殿は義親のことであるが、七月一二日付白河南殿宛金上盛備等四名連署書状(39)には、

貴札一段本望奉存候、然而惣和之義蒙仰候、兼而ゝゝゝ下候、於当方　無事案外ニ被奉存候、佐・岩ゝゝゝ候与云、両家御異見次第可有之由　被存、度々被申越ゝゝ今度中野常陸介・佐瀬外記ニ本松江差越被申事ハ、ニ之様躰内存をも承届、佐・岩へ御相談可申之由御存候間、指越　被申候所、相馬之面々出合之義被申、猶ニ本松之各催促先以出合被申、其上手詰故、当方へ無相談相衆へ無事落居之様ニ被申合候、於当方、佐・岩へ之無沙汰ニ罷成候、此様躰前立為脚力被申分候段、相衆之義者御媒介之筋目を以被相稼候共、当方出合案外之由被申候間、佐瀬外記事者則　被致成敗候、

とあり、二本松畠山氏について、佐竹・岩城・相馬、白河四氏が「惣和」について対処していること、とくに白河義親は金上盛備以下に命じて対応させていることがわかる。

したがって、二本松畠山氏を一方の当事者とする「惣和」とは、伊達氏と対立する天正一四年のことであり、本書状の発給年も同年と考えられる。なお、拙稿Bでは、天正一六〜一八年（一五八八〜九〇）に比定したが、本書のように修正したい。花押は、Ⅱ型Aである。

12法蔵寺宛書状

個人所蔵文書（南相馬市博物館寄託）

其節者、寒気之時節と云、遠堺と云、爰
許へ為望、来臨寔以御太義之至、難謝候、
雖然、見所外聞、於義胤本懐此節候、
其後取籠、以足□（爾カ）之段、不申入候、覚外候、
向後者、毎事可申承候、不可有御隔心
候、伊鬱期来陽之時候、恐々謹言
　　臘月廿六日　義胤（花押）〈Ⅱ型A〉
　　法蔵寺御坊中

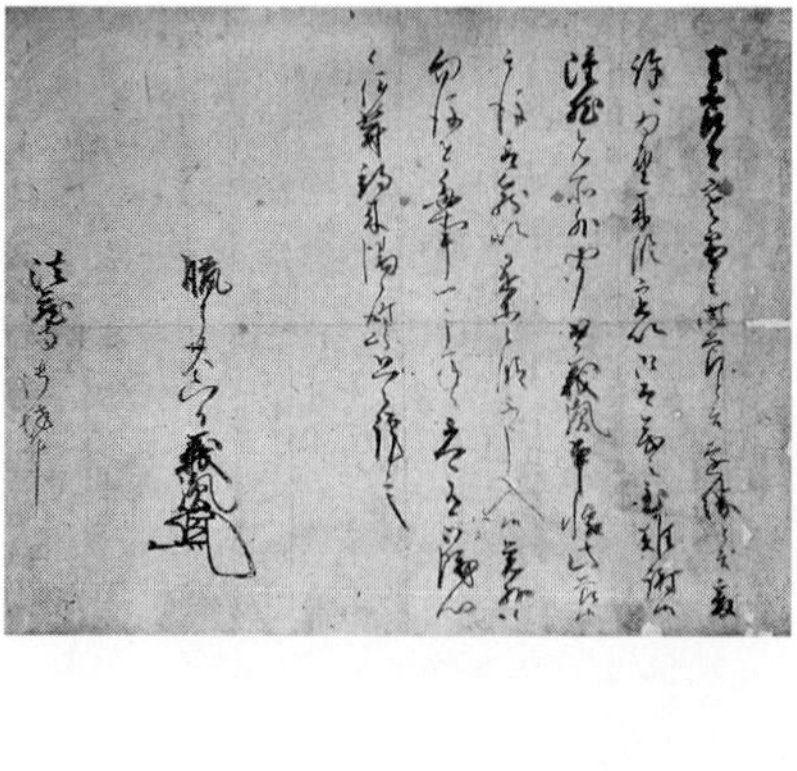

法蔵寺に宛てた書状である。意味の取りにくいところが多いが、その大略は法蔵寺御坊の来臨を謝するとともに、義胤の本懐はまさにこの時であること、あなたのことを考えて申し入れなかったが、それは「覚外」＝本心ではなく今後は何事も申し承りたいので、隔心無く申し入れて欲しい。この「伊鬱」の快復は、「来陽の時」＝来春を期待し

たい、というものであろう。なお、「伊鬱」は「鬱伊」の誤りで、「伊」は「噫」とも記す。また、受給者「法蔵寺」は、「宝永四年三春城下絵図」(40)に記載される「法蔵寺」であろうか。

いずれにしても、きわめて私信的要素の強い書状と思われ、内容から発給時期を特定することは難しい。しかし、「義胤本懐」を、清顕の没後、相馬・伊達両派に分かれて対峙する田村家中に対して相馬方に一統させることと考えれば、それに失敗した天正一六年閏五月以前、清顕の没した天正一四年一〇月以後となり、「臘月廿六日」という日付から、天正一五年に比定できよう。なお、花押は11号書状と同じくⅡ型Aである。

13田村右馬頭（清通）宛書状

蓬田守氏所蔵文書

態之芳札本望之至候、然者不慮之仕合、
以兵部太輔（相馬隆胤）・黒木上総守越度、無是非次第ニ候、
義胤事者、有用所在城（小高城）ニ候処、如此之凶事、
無念至候、扨々其許御静謐之段簡要候、
急之間、不具候、恐々謹言、
五月廿九日　義胤（花押）〈Ⅱ型B〉
田村右馬頭殿

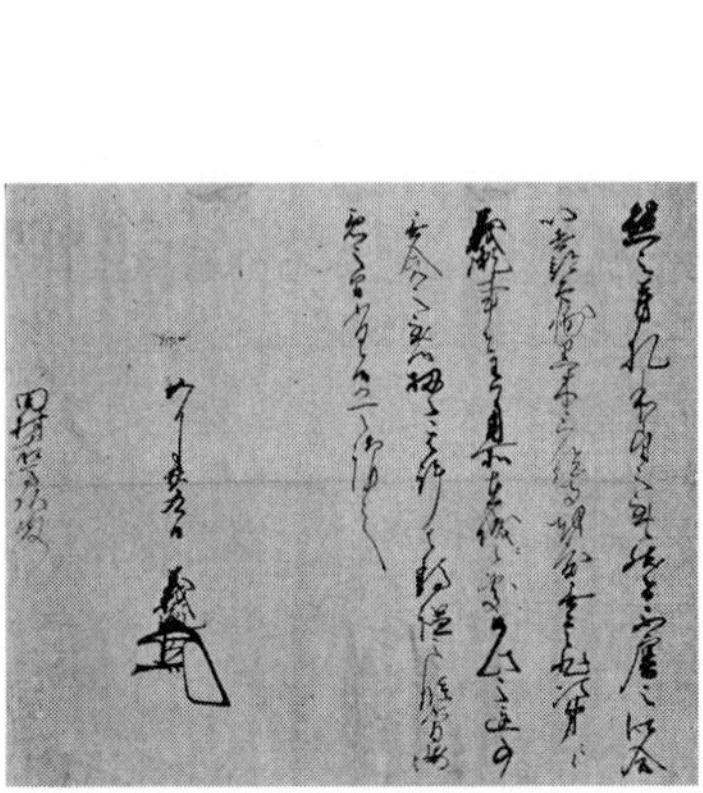

田村右馬頭に宛てた書状である。田村右馬頭は、『貞山公治家記録』天正一六年七月一二日条に「田村一番ノ大身」と記述される梅雪斎顕基の子清通（右馬）であろう。義胤は、「不慮之仕合、以兵部太輔・黒木上総守越度、無是非次第ニ候」と記して、兵部太輔（義胤の弟隆胤）・黒木上総守が「越度」によって「不慮之仕合」＝討死したことを

田村右馬頭に伝えたのである。これについては、天正一八年（一五九〇）に比定される六月一一日付石母田左衛門尉景頼宛伊達政宗書状[41]に、

殊に去十四日、自相向駒之嶺ニ調義候処ニ、自其地旁之見合被及助、悉得太利、就中高胤・黒木上総守為始、数百人被討取之由、誠々刷不及是非次第候、

とあり、本書状もまた天正一八年に比定される。

なお、『貞山公治家記録』には「相馬殿盛胤父子駒嶺ニ向テ働カル」とあるが、13号書状には「義胤事者、有用所在城ニ候処」とあるから、「在城」すなわち小高城にいたことがわかる。義胤が「有用所」を理由に出陣せず在城していたことは、父盛胤や弟隆胤とのあいだに伊達氏に対する戦略上の違いがあったのではなかろうか。

政宗の六月一一日付書状には、「昨日十日者、御茶湯ニ而令参上候、奥州之事ハ不及申候、出羽迄、何分にも当方任下知可有之由、被仰出候」とあり、既に小田原に出仕して秀吉に謁見、奥羽仕置きの先兵を任されていた。秀吉の存在を義胤がどれだけ認識していたかはわからないが、父盛胤と弟隆胤の強攻策、それは秀吉の惣無事政策に違反するものであったから、義胤が「在城」して、違反に直接関与していない姿勢の演出と考えることもできよう。こうした外交策について、相馬一族とその家臣のなかに相反する姿勢が存在したであろうことについては、第七章で詳述したい。なお、花押はⅡ型であるが、これまでのものと微妙に異なるので、B型として区別し、詳細は後述したい。

14 留守政景宛書状案

奥州市立水沢図書館所蔵・留守家文書

関八州之御令、無残御成

就之上、奥両国為御仕置、至于

会津被移御座候、其筋へ之
為御先勢、石田(三成)殿御越候間、
以御直礼被仰届候、内意可申
入之由承候条、如此候、有其心得、
路次番又船橋等可被人御精
事専一候、今廿八九ニ
我等在所迄可為下
着候、不可有御油断候事候、
恐々謹言、

　　七月廿四日　義胤

　高森殿

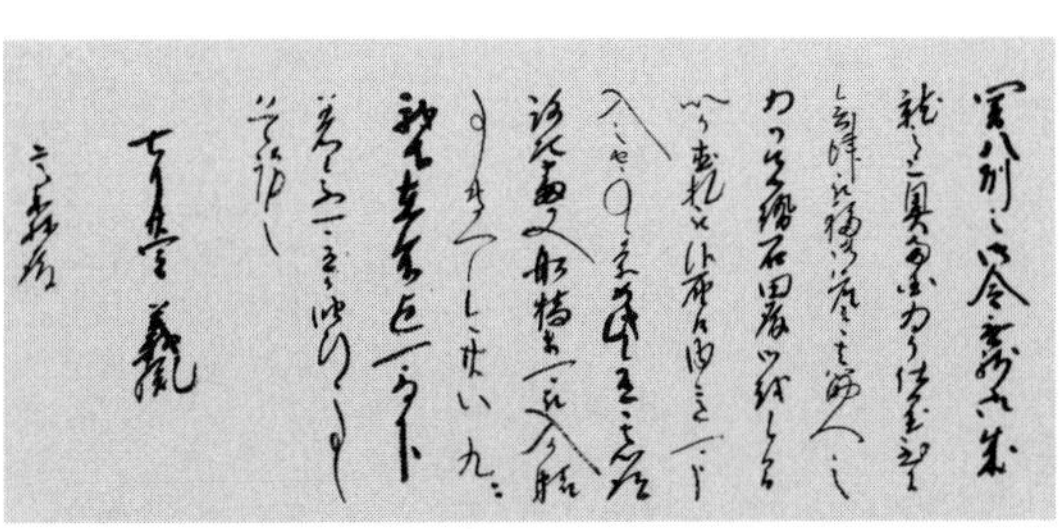

本書状は、義胤から高森殿、すなわち伊達家の重臣留守政景に宛てたものである。寛永二年（一六二五）胆沢郡水沢（岩手県奥州市）に一万石を給されて以後、水沢領主として幕末に至った留守氏＝水沢伊達氏に伝えられた文書群に含まれる。

一七世紀後半、四代仙台藩主伊達綱村は、『性山公治家記録』『貞山公治家記録』、次いで『伊達正統世次考』を編纂する際、藩域で古文書調査を行うとともに、家臣からも所蔵の文書を提出させた。その多くは提出者に返還されたが、本来宛所の子孫に伝来すべきものが他家に移動した場合、藩主の意向で宛所の子孫に引き渡されたり、そのまま藩主のもとに留められ、写しが所蔵者に返還される場合などもあった。本書状も、修史事業に関連して提出された可能性が高く、あるいは写しが返還された一例であろうか[42]。ただし、現在、伊達家文書に本書状の正文は含まれておらず、所在は不明である。

「関八州之御令、無残御成就」、すなわち関東八か国への支配が残すところ無く成就したこと、「奥両国為御仕置、至于会津被移御座候」、奥羽両国の仕置きのために会津に「御座」を移すために出発したことが述べられている。北条氏政・氏照に自害を命じたのは七月五日、秀吉は一七日には陸奥に向かい、二六日に宇都宮に到着すると八月四日に出発、九日には会津黒川城に入っているから、本書状はその途中で発給されたもので天正一八年と考えられる。

また、秀吉への参着命令に対して、『相馬市史1　通史編』などは義胤もまた小田原へ出仕したかのように記述されているが、すでに小林清治氏が、『実季公御一代荒増記[43]』に「太閤様江始而御目見乃時、宇津宮ニ而大崎左衛門督宿老也、相馬長門五十計ノ人」とあることなどから、小田原ではなく宇都宮に出仕したものであることを明らかにされた[44]。以後、相馬領は石田三成・細川忠興らによって検地が行われ、作成された検地目録[45]が「十月日」付けで義胤に下付された。さらに一二月七日、聚楽第において、秀吉から「奥州内本知行四万八千七百石」の朱印宛行状[46]が義胤に与えられ、近世大名として始動するのである。

15山形殿（最上義光）宛書状　旧山形県史所収文書

（追而書）

猶々、中納言殿（豊臣秀次）二本松へ御着陣、家康御事者田村へ御着之由申候、当口へハ治部少（石田三成）御越候、人数之事ハ□岩城迄候、伊達衆へハ取越候、□□可申承候、

急度申述候、春中者御下向之節、於半途早々遂面会候、拙者事ハ当月始罷下候、奥平為御仕置京勢御発向、殊更

大刑少其表へ御出張之由候間、万々無心元候条申述候、其元様子濃ニ可承候、石治少御事者、漸岩城御着候、
万々於下口遂面上可申承候、不能具候、恐々謹言、

七月廿八日　　義胤

山形殿（最上義光）

山形殿＝最上義光に宛てた書状である。発給年については、「春中者御下向之節、於半途早々遂面会候」とあり、義光が下向する際、義胤が途中で面会を遂げたことが参考となる。これ以前、天正一八年の奥羽仕置が終わると、奥羽の諸大名が上洛している。義光は一一月二八日に最上を出立、一二月二五日前後には上洛を果たしたようである(47)。義胤の上洛が義光より早かったことは、聚楽第で知行宛行状を秀吉から与えられたのが一二月七日であったことからもわかる。「利胤朝臣御年譜」に義胤の帰国時期は触れられていないが、「拙者事ハ当月始罷下候」とあり、当月＝七月始めには下向したようである。したがって、本書状は天正一八年ではない。

ところで、「奥平為御仕置京勢御発向」、すなわち、奥羽仕置のために京勢＝豊臣勢が出発したことを述べているが、天正一八年七月の小田原落城後、秀吉は同月二六日には宇都宮に到着している。したがって、七月二八日付で記述すべきことがらは「京勢御発向」ではなく、宇都宮到着でなければならなかった。もちろん、当時、義胤がどこにいたかで、情報がもたらされる時間差も考慮しなければならないが、追而書に「中納言殿二本松へ御着陣」と記述される中納言殿は秀吉の養子秀次を示しているから、この点からも本書状は天正一八年ではない。

奥羽仕置は本来は天正一八年で完了するはずであったが、同年一〇月以降に「葛西・大崎一揆」が発生、さらには九戸政実の蜂起によって、その鎮圧を目的に翌一九年に再仕置が行われることになった。これらの諸事件鎮圧のため、豊臣秀次が派遣されたが、六月二〇日付羽柴伊達侍従（政宗）宛豊臣秀吉朱印状(48)には、

奥州奥郡為御仕置、江戸大納言・尾張中納言・越後宰相中将、其外人数被差遣候、然者御置目儀候間、何之城々へも為留主居御人数被入置候条、其方分領中、二本松筋中納言、最上筋大谷刑部少輔、相馬筋石田治部少輔被遣候間、右之道筋城々明候て、上方人数在陣中可入置候、其方事ハ任一書旨、可相勤候也、

とあり、「二本松筋中納言」は義胤書状の「中納言殿二本松へ御着陣」に符合する。ただし、七月二八日段階で秀次が二本松に到着したことを示すものではなく、その予定を書き記したものであろう。したがって、天正一九年とする『市史4』の比定は首肯できよう。なお、花押はない。

16　片岡志摩守（政胤）宛書状

秋田県公文書館所蔵・秋田藩家蔵文書四四　城下諸士文書巻五

（表紙）「城下諸士文書巻之五」

「相馬長門守平義胤書」

（追而書）
返々於中途、
見合如此之義、
乍慮外、義宣さま

雖未申通候一書
別而得御意候間、
啓入候、然者鵜
無御隔心候ま、、
さま〳〵相たつね
右之通候、
中候へ共、無之候

間、和田安坊（房）守方へ
義宣もたせられ候
申請度由、今日
水戸罷通ニ、以使
者申入候処ニ、御他
行故、使者不懸
御目申置罷帰候、
然処ニろし中ニて
進上候鷂見合
申而、所望仕候へ共、
其身遠慮仕候、
貴所鷂之義、被仰
付候由申間、以書
状申入候、乍無心、
無二ニもたせ申候、
義宣御帰城候砌、
御中上頼入申候、
万事ハ追々可申承候、

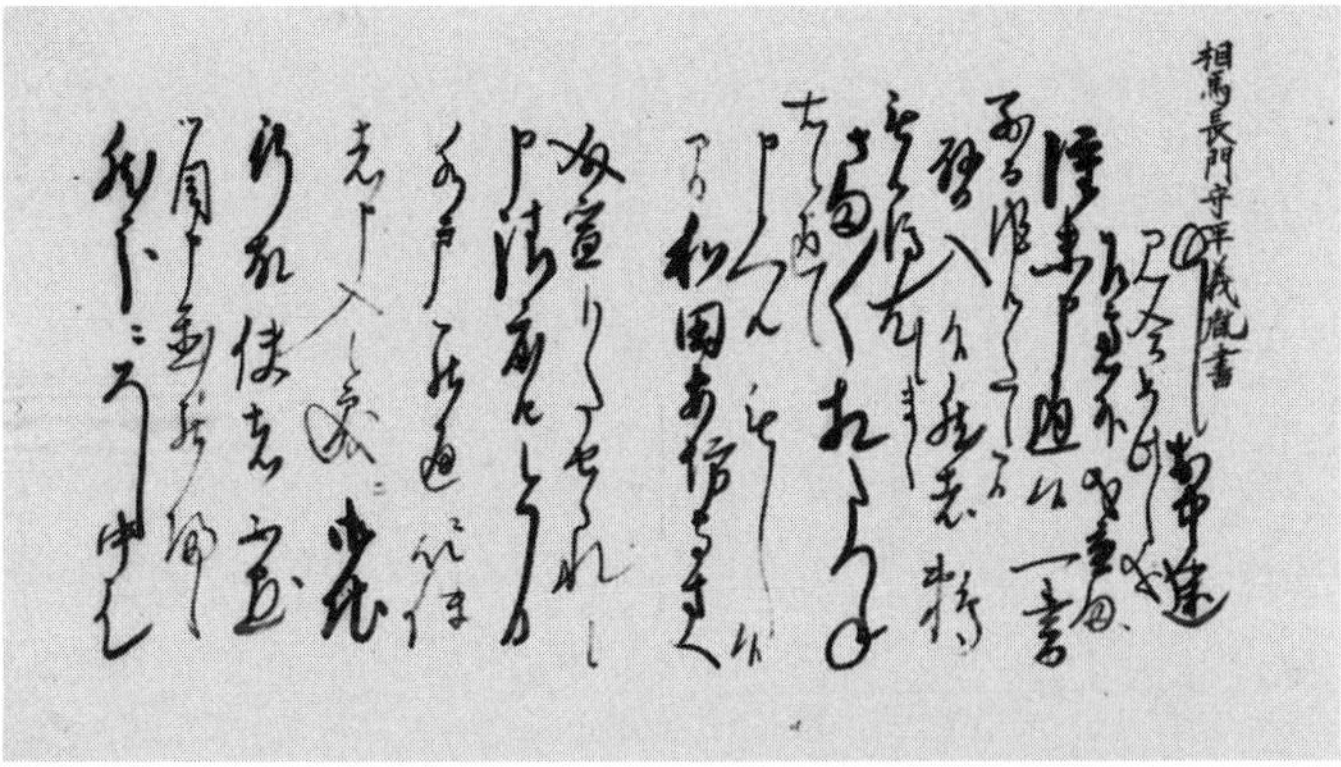
相馬長門守平義胤書

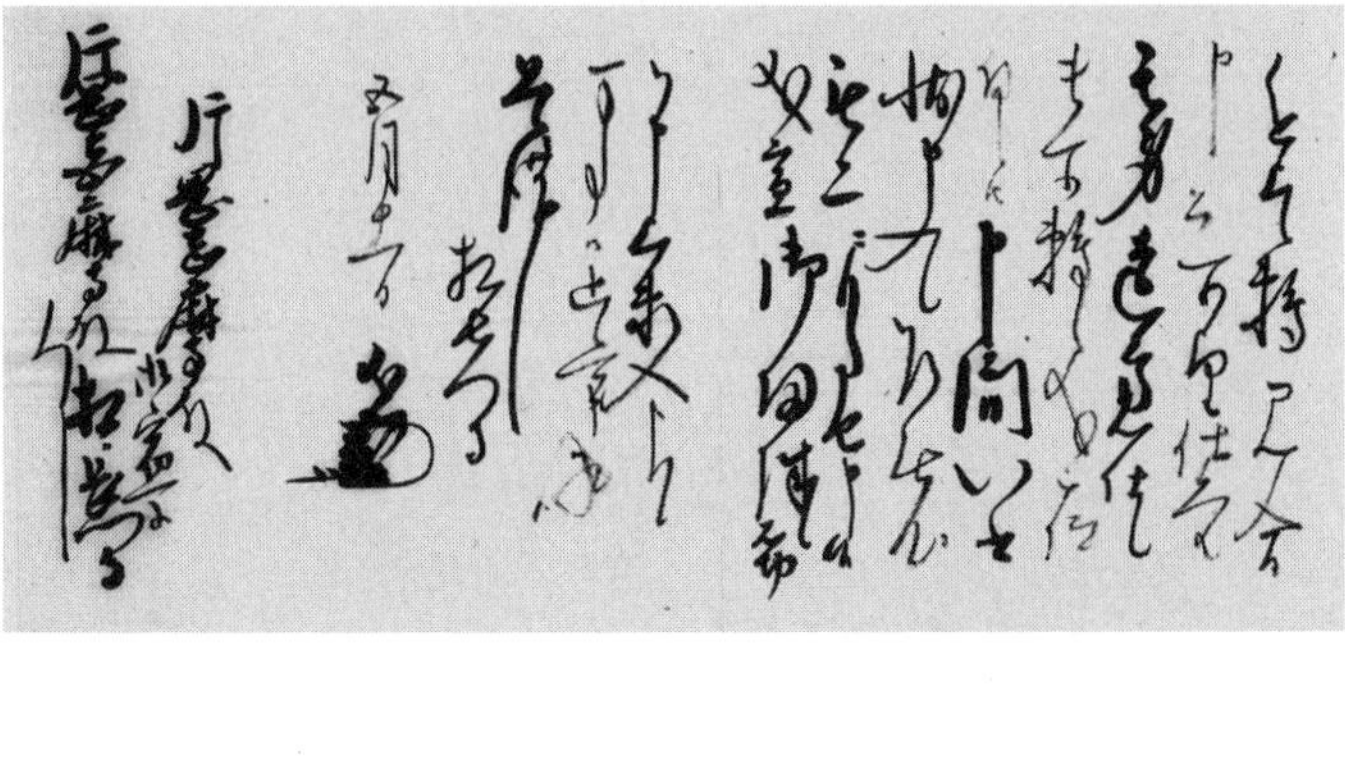

恐々謹言、

　　　　相長門守

五月十一日　義胤（花押）〈Ⅲ型〉

片岡志麻《（政胤）》守殿

　　御宿所

（ウハ書カ）片岡志麻守殿　相長門守

本書状は、佐竹義宣の家臣片岡志摩守（政胤）に宛てたもので、『茨城県史料中世編Ⅴ』（一九九四）に収録され、その後、『市史4』にも収録された。ただし、『市史4』は『福島県史7』に拠っており、若干読みの相違がある。

その意味するところは、鵜を探しあぐねた義胤は、義宣が所持していることを知った。そこで、義宣の家臣和田安房守（昭為）に義宣が所持しているので頂戴致したい旨、義胤が水戸を通る時、使者を派遣して申し入れようとしたが、義宣は外出していた（御他行）ため、使者は義宣に逢うこともできず、その旨を（家中に）伝えただけで帰還してしまった。そこで、外出から帰る時（路地中にて）お会い致し鵜を所望したいと思ったが、義胤自身は遠慮してしまった。貴所（片岡政胤）が鵜について（義宣から？）仰せつけられたというので、あらためて書状をもって申し入れる次第。依頼ごとですが、持たせてくだされればと願い、義宣帰城の時、頼み入って欲しい。そのほかいろいろのことは追って承りたいというものである。文中、理解しがたいところもあるが、大凡このような内容であろう。したがって、特別に重要なでき事があるわけでもなく、発給年代を明らかにすることは難しい。

ところで、本書状には義胤に「相長門守」と官途名が記載されてあるが、その叙任時期を明確にすることは難しい。たとえば、『寛政重修諸家譜』には「寛永三年十月三日従五位下長門守に叙任し」とあって叙任時期を寛永三年（一六二六）とする。しかし、『寛永諸家系図伝』は「寛永三年十月三日、従五位下に叙す」と叙位のみを記述し、「義胤朝臣御年譜一」同日条には「長門守義胤君被叙諸太夫」とあって、すでに長門守に補せられている義胤が諸太夫に叙せられたことを記載し、寛永三年の補任には触れていない。寛永三年の長門守補任を、そのまま肯定的に理解することはできない。

では、義胤の受給文書では、義胤はどのように記載されているのであろうか。たとえば、天正一七年に比定できる一一月二八日付石田三成書状(49)の宛名は「相馬殿」であった。ところが、翌年一〇月、豊臣秀吉が義胤に下付した「奥州相馬検地帳(50)」には宛所として「相馬長門守とのへ」とあるから、長門守補任時期は天正一七年一一月〜天正一八年一〇月ということになる。この間、義胤が補任されるに適した時期を考えると、おそらく、相馬領の検地帳を秀吉から下付される直前、上洛した時期が考えられる。したがって、六月八日付の本書状は少なくとも天正一九年以降に発給されたことになる。

また、「義宣もたせられ候申請度由、今日水戸罷通ニ、以使者申入候処」は、義宣が水戸にいることを前提として使者を派遣する文言である。義胤が国元を離れて水戸周辺を通行するのは、天正一八年（一五九〇）一〇月以後であろうし、さらに伏見の義宣が所領を没収されるのは慶長七年（一六〇二）五月八日のこと、七月に出羽国「秋田仙北」を与えられると、水戸へ戻ることさえ許されず、九月一七日には秋田郡土崎の湊城に入っている(51)。

また、慶長五年は関ヶ原の合戦直前であり、慶長六年も戦後処理の不安定な状況下を考えれば、鶺に関する応答があったとも思われない。したがって、本書状は天正一九年以後、慶長四年以前が考えられる。なお、花押はこれまでと異なるもので、Ⅲ型に分類した。

17某（猪狩紀伊守カ）宛書状（折紙）

猪狩隆家文書（仙台市博物館寄託）

（袖追而書）
尚々、□□　□□
□□□□□
□□□□□□

先日者、年頭被打
越候、万事取紛
疎略之義共、尓今
失本意候、然者近
日、子候者上洛ニ
付而、宿之儀可有之候、
右ニも内意承候、重而
以脚力承候、真実々々
入御念候処、祝着之
至候、雖然宿之儀、相
（折紙見返し）
越ハ慮外ニ候、心事
尚新舘山城守（胤治）可申越
候条、不具候、恐々謹言、
　相長
六月八日　義胤（花押）〈Ⅲ型〉

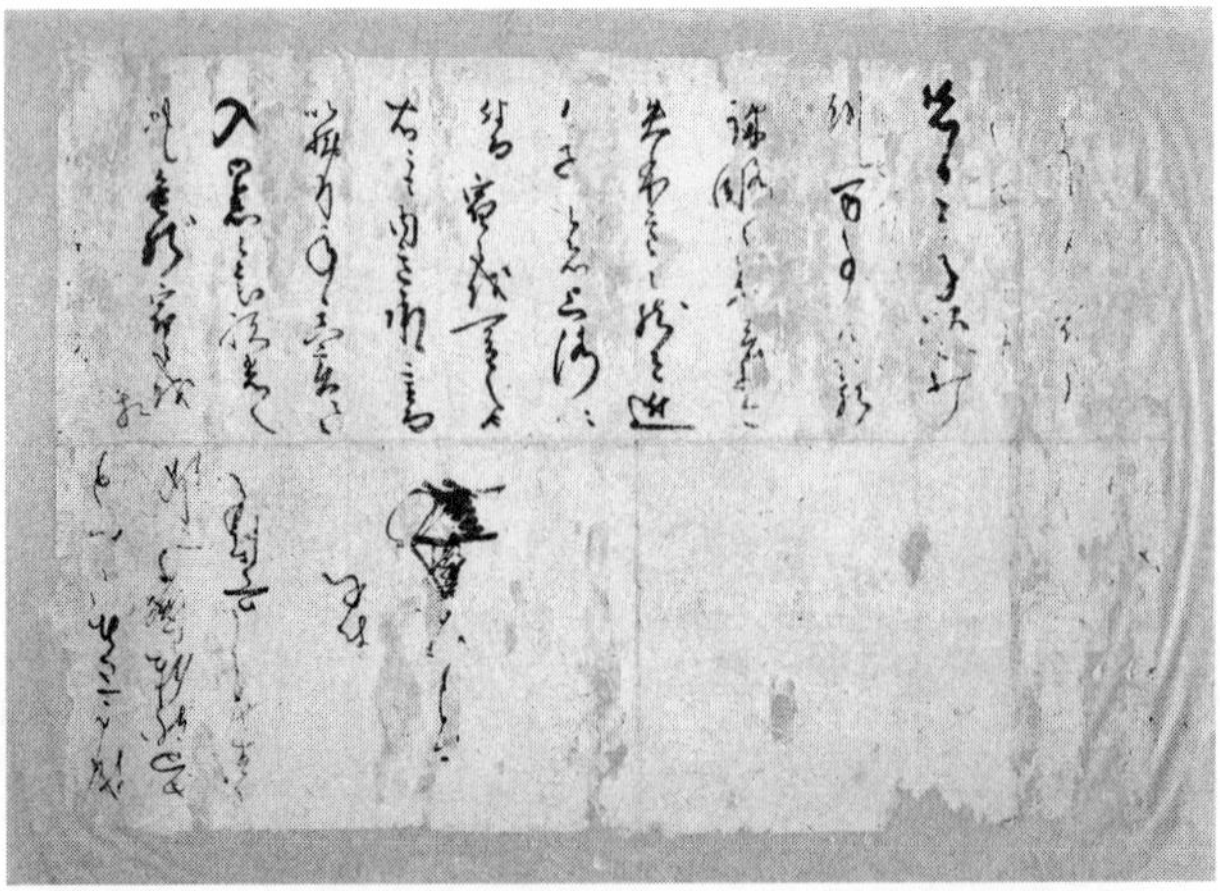

□□□□

本文書は、近年、菅野正道氏によって紹介されたもので、猪狩隆家伝来の文書である(52)。剝落が多く、文意を読み取ることが難しいが、発給者義胤が「相長」＝相馬長門守と記されている点、さらに文言中に記載される「新館山城守」に留意したい。義胤の長門守叙任時期については、前号書状に関連して天正一八年一〇月以前を指摘したが、本17号書状も天正一八年一〇月以降である。

ところで「新館山城守」については、不明な点が少なくないが、「利胤朝臣御年譜」文禄二年九月条に、

老臣

高五百八拾弐石　新館山城胤治　初名青田左衛門、勘気御免、

とあるように、当初は青田を名のった相馬家重臣のひとりであった。胤治については関連資料が少ないなかで、天正一四年に比定される次の新館左衛門佐胤治書状(53)が貴重である。

態令啓候、抑近年者、御世間故雖無指題目候、御当・々(相馬)相互御不通(ママ)用、然者、従岩城如前々互被相談可然由御諷諫候、尤無別心被存候間、向後可申談候由、及御挨拶被申候、然処ニ、旧秋、則中常為御使被指越、於義胤(相馬)も本望ニ被存候、内々其後以使御礼儀可被申入候処、政宗被申入候、塩口江出馬、田長ニ被致在陳、結句於当春者、何方も深雪故、通路不自由故今日迄遅々、乍去余無沙汰相似候間、今度以脚力被申入候、雖無申迄候、如前々御当・々御入魂之様、御馳走御前相極候、就中、御当・伊(伊達)不和、其外佐・岩(佐竹・岩城)、田(田村)御不和ニ候、当方乍不屑媒介申候由被存候、尚二(二本松カ)御進退御籠城候、菟角万方へ企使者、春中ニ一途惣和之所、及御載(裁)許候由被存候、母立被進候、塩味御無事候所、御前へ如此之段、□□□□□□□□□番作州も申入候、御相談今度御思寄ニ可得其意候、万々期後音(之脱カ)時候間、令宥授候、恐々謹言、

追而、御世上何方も御無為ニ落居申、今一度遂再会、聽事共承度候、自然も随身之御用等候者、向後者無御隔意可蒙仰候、一点不可有疎意存候、以上、

新館左衛門佐

二月八日　胤治（花押影）

宛所がないものの、「政宗被申入候、塩口江出馬、田長ニ被致在陣」とあり、政宗が塩松方面に出陣しており、さらに「二御進退御籠城候、菟角万方へ企使者、春中ニ一途惣和之所」の「二」を二本松と理解すれば、畠山国王丸が籠城する二本松城を政宗が攻撃、それを相馬義胤が「惣和」を媒介した天正一四年に想定でき、(54)さらに伊達政宗・佐竹・岩城・田村諸氏の名を挙げるなかで、記述されない葦名氏に宛てたものという『歴代古案』校訂者の指摘はそれぞれ妥当である。

すなわち、天正一四年当時、新館胤治は左衛門佐を名のり、葦名氏との入魂を根拠に伊達との和睦、あるいは佐竹・岩城と田村との和睦を媒介するなど、相馬方の通交に関わっていたとみることができる。なお、二本松開城に関わったのであろうか、九月には政宗から糠沢内に「水上在家四貫文」「ほうしゅ内在家三貫文」(55)の采地七貫文を充て行れている。

また、政宗との対立が激化するなか、伊達氏との和睦を画策する相馬方の一人として胤治が確認される。すなわち、天正十八年正月頃に比定される政宗の書状(56)には、

先達の返札、ことに新山《（新館山城）》よりの返事、いつれも再三披見候、一近日此方江中伊《（中嶋伊勢）》し《（忍）》のひニうちこし、相《（相馬）》よりの口上とも、こまやかニ物かたり候ける、たゝ〳〵りやうけん《（了簡）》なきとハあひミ《（相見）》へ候へとも、相馬たゝ今のかゝへニ、ふかくてをいれぬやうニ候て、無事相すましたきやうたひ《（様態）》にて候、たゝ〳〵とう方のよりたひもく《（題目）》をいださせ、

そのしなニより候て、わひ〇《こと》あるへきやうたいと、たしかニてまへにてハき、と、け候間、りやうじ《聊爾》ニあひさつ《挨拶》
無用にて候、

とあり、新舘山城守胤治が確認できる。二本松開城に仲介し、政宗から采地を与えられるという関係をもって、新舘胤治が伊達方との和睦交渉にも関わっていたのである。

以上、新舘胤治に関わりすぎたが、本書状には「上洛ニ付而、宿之儀可有之候、右ニも内意承候、重而以脚力承候」ともあって、伊達方との関係は必ずしも対立的なものではない。おそらく政宗の上洛時に関する依頼とも思われるが、特定の時期を想定することはできない。したがって、本17号書状の発給時期は、義胤が初めて長門守を記述される天正一八年一〇月以降であり、「六月八日」発給から、少なくとも天正一九年以降と想定しておきたい。

18 閑巷院宛書状（折紙カ）

相馬文書3（東京大学史料編纂所所蔵影写本）
（追而書）
爰元御□□老□申候□□望可
三月廿四日之御状□□□
入御返事、
肥前於号名護屋地、五月
十八日拝見、面上之心地仕□、
殊ニ上洛時□、中途へ一種
一荷被懸御意候、本望
至極ニ候、名護屋へハ卯月
廿二日着陣仕候、然者

太閤様得御意候、帷子・
はをり以下拝領過分之
儀共、不覃申候、殊ニ遠途
罷上之由、被仰立候而、御扶
持方一両月分被下置候、
彼是被聞召、可為御本望候、
御入唐之儀、近々被相究候、
関奥皆以御供ニ候、高麗
事者、手間も入間敷由申
来候間、還国之儀も、来
年者可為治定被存候、
其節一盞相請へき迄候、
将亦且昏御祈念無御油
断由、其威光を以堅固之
還郡眼前ニ候、将亦珍阿弥
供之儀、前広ニ其分別無之候、
乍若輩之身、路地之御供
仕度よし侘申候間、難黙止

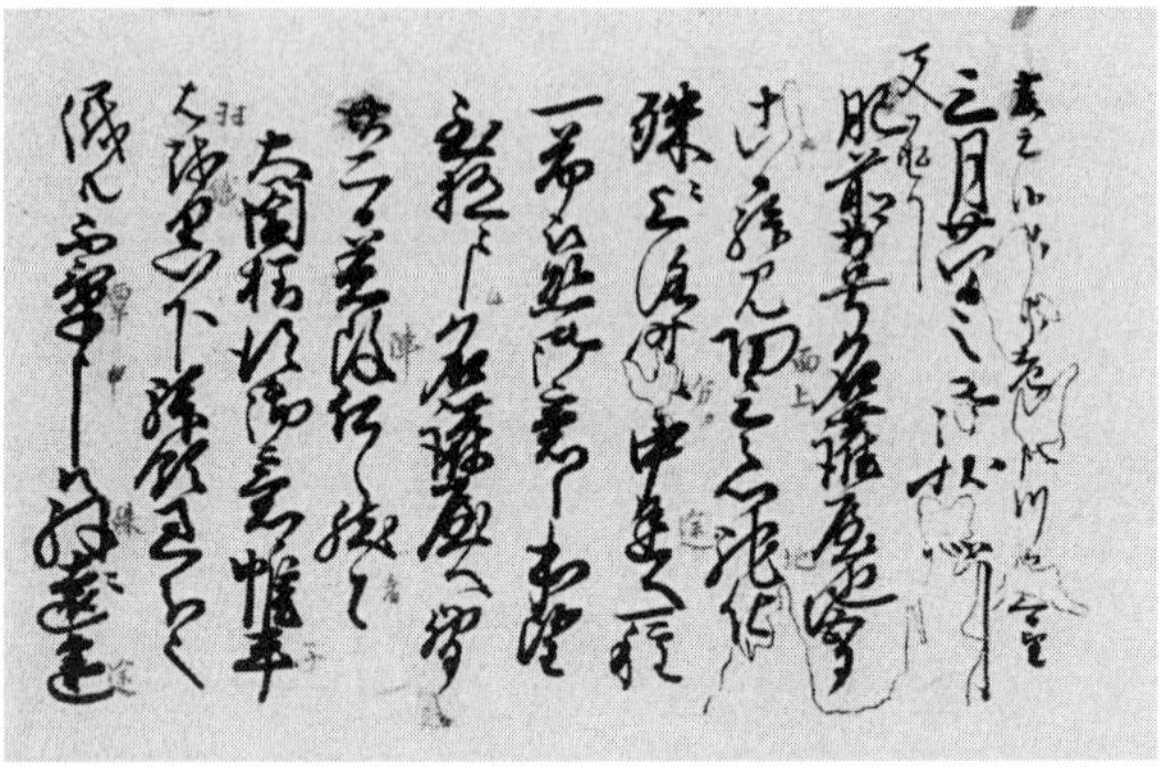

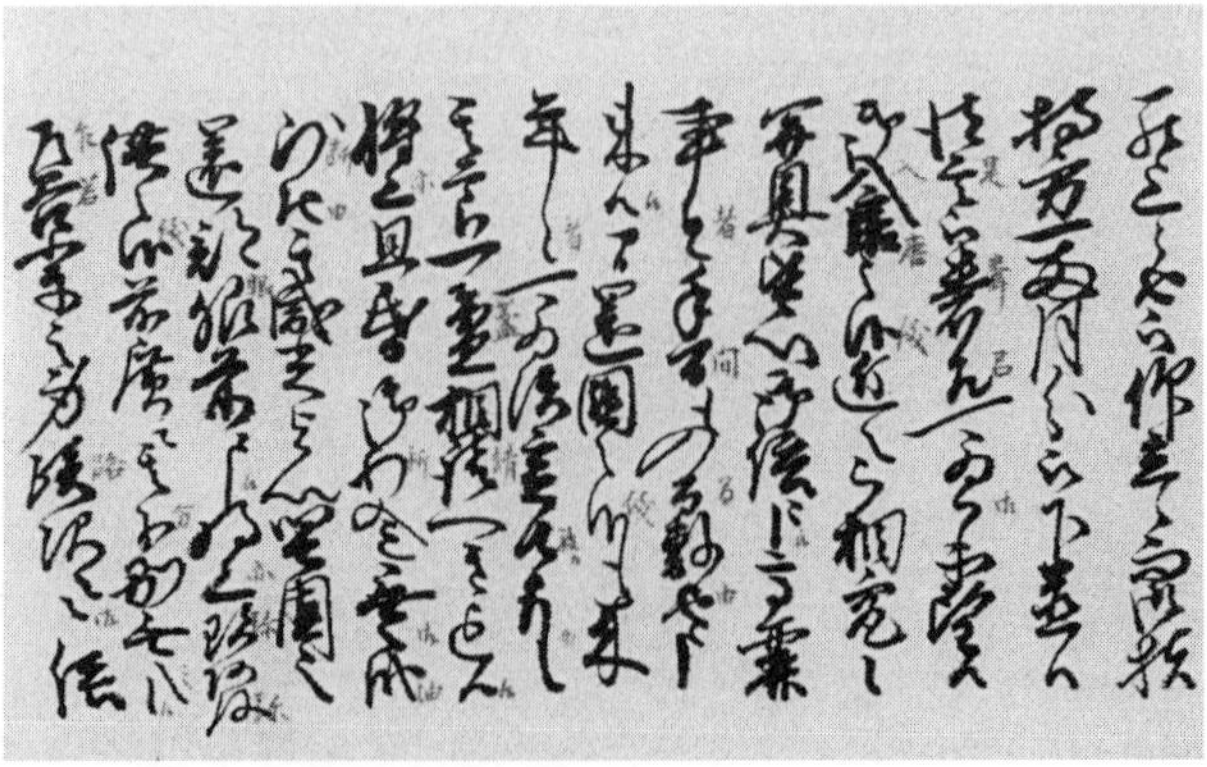

存連立候、彼身之事者、
拙者計之頼之者候間、少も
無油断申付候間、可御心易候、
母其許ニ閣中候間、珍阿弥
不敏と被思召候ハヽ、彼者ニ可被
下御意候、申度事数多
候へ共令略候、恐惶謹言、
　六月四日　義胤（花押）〈Ⅲ型〉
閑巷院　尊報御同宿中

閑巷院に宛てた書状である。閑巷院からの三月二四日付の書状を、五月一八日に肥前名護屋で披見したこと、義胤の上洛途中に「一種一荷」が届けられたことに対する礼状でもある。発給年は書かれていないが、「名護屋へハ卯月廿二日着陣仕候」と義胤が名護屋に着陣したことが記述されてあるから、文禄元年の書状である。

名護屋に到着した義胤は、秀吉に謁見して帷子・羽織などを拝領するとともに、遠路からの着陣を理由に「御扶持方一両月分」が支給されたことなどを書き送っている。また、朝鮮出兵はそれ程手間がかからず、来年には決着がつくと予測し、帰国することを念願しているが、「利胤朝臣御年譜」によれば、義胤の渡海はなかった。

珍阿弥について、「路地之御供仕度よし侘中候」の間、お供をさせたが、残された母については珍阿弥を不敏と思い、いろいろと御意をかけて欲しいと懇請している。閑巷院については不明。「殊ニ上洛時□、中途へ一種一荷被懸御意候」とあり、義胤が上洛する途中、「一種一荷」を送り届けたというから、行方ないし宇多郡内の寺院・修験か

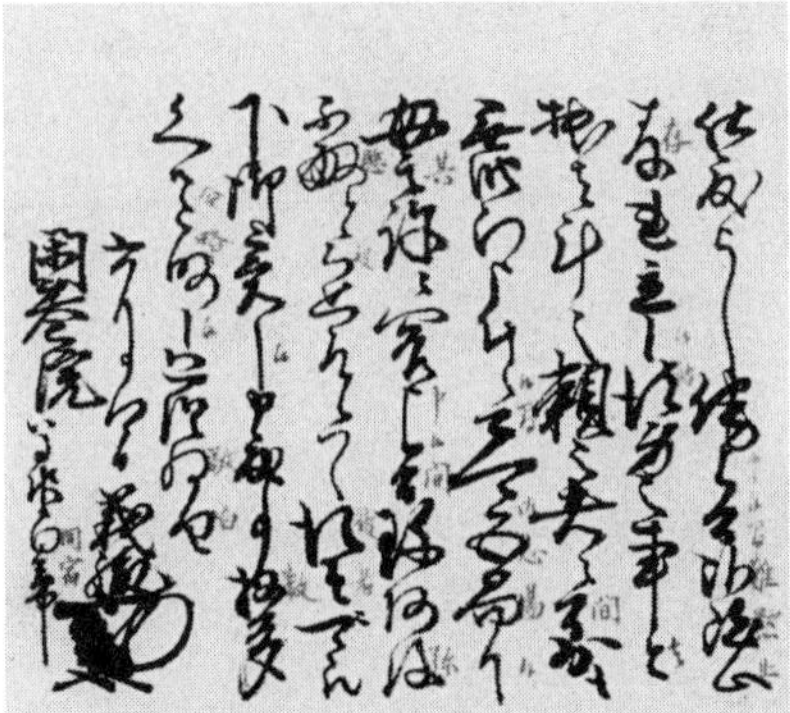

とも思われるが、確証はない。

ところで、佐竹家家臣の平塚滝俊書状[57]には、

三月十七日ニ京都を御立被成候、かゝるふしきなる御世上に生合、能時分御供仕、爰元迄見物申事、安之外ニ御座候、路次中無何事、卯月廿二日ニ当国へ御着被成候、

（中略）

はや〱屋形様も御宿つかせられ候、其上御宿ふたをも先にうち候由被申候、其もんとうはな〱にて候、其内御本陣へハおの〱詰被申候、誠ニすゝましきてい大方ならぬ様子に候、御座中ニハ相馬殿・江戸崎殿・東殿・北殿にハちとおそく御出候、

とあり、佐竹義宣の名護屋着陣を卯月廿二日とする。義胤の着陣時期を示してはいないが、相馬殿（義胤）が義宣勢に同行して名護屋に至ったことは、同書状に「相馬殿」＝義胤が頻出していることから容易に推測できる。また、名護屋在陣中の義胤については、「大和田重清日記[58]」に詳しい。なお、花押はⅢ型である。

19 俵口橘左衛門宛書状　（折紙カ）

南相馬市博物館所蔵田原口史貞氏旧蔵文書

（袖追而書・行間書）

八郎四郎両人之ふミ、

三胤帰国已来無音、

辛労之由可申候、

途中無何事、下

無油断候義第一ニ候、

向候哉、床敷迄候、此表

少も油断候而ハ、

別而無替存候、可心易候、
其かひあるましく候由、
扨々金山之事、ほりこ
申きかせ候へく候、
数多候而、公役可相
澄候哉、如何様ニも相計、
罷出候節ニ可申候、於京
中、金之祢悉相さかり候、
此表ハ金本走之人
廿五人ニ相究、余人ニ者
本走事禁制ニ候間、
申懸次第ニ成候而、
遠国之者不及申、京
町衆迄迷惑、無是非候、
右ニも如申越候、佐忠へ
相談、金祢あひさけ候て
可然候歟、但其元見合
尤候、将亦蒲生飛弾殿
御息御身上相違ニ付而、

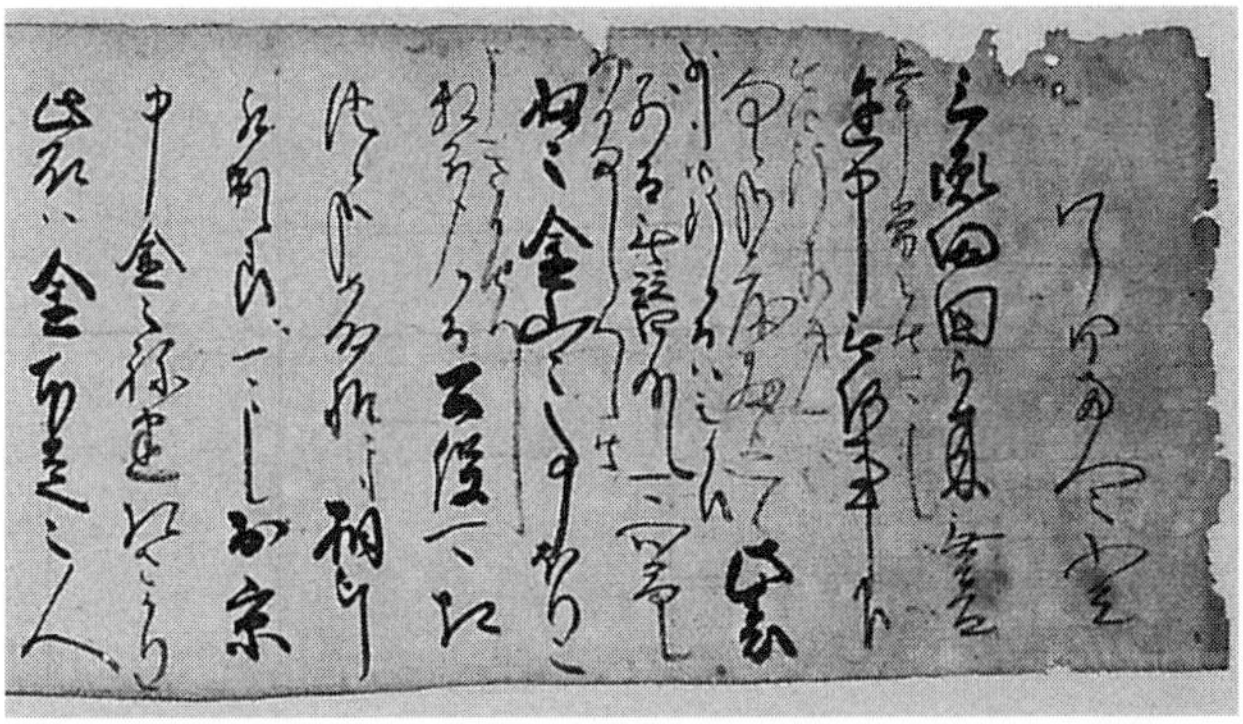

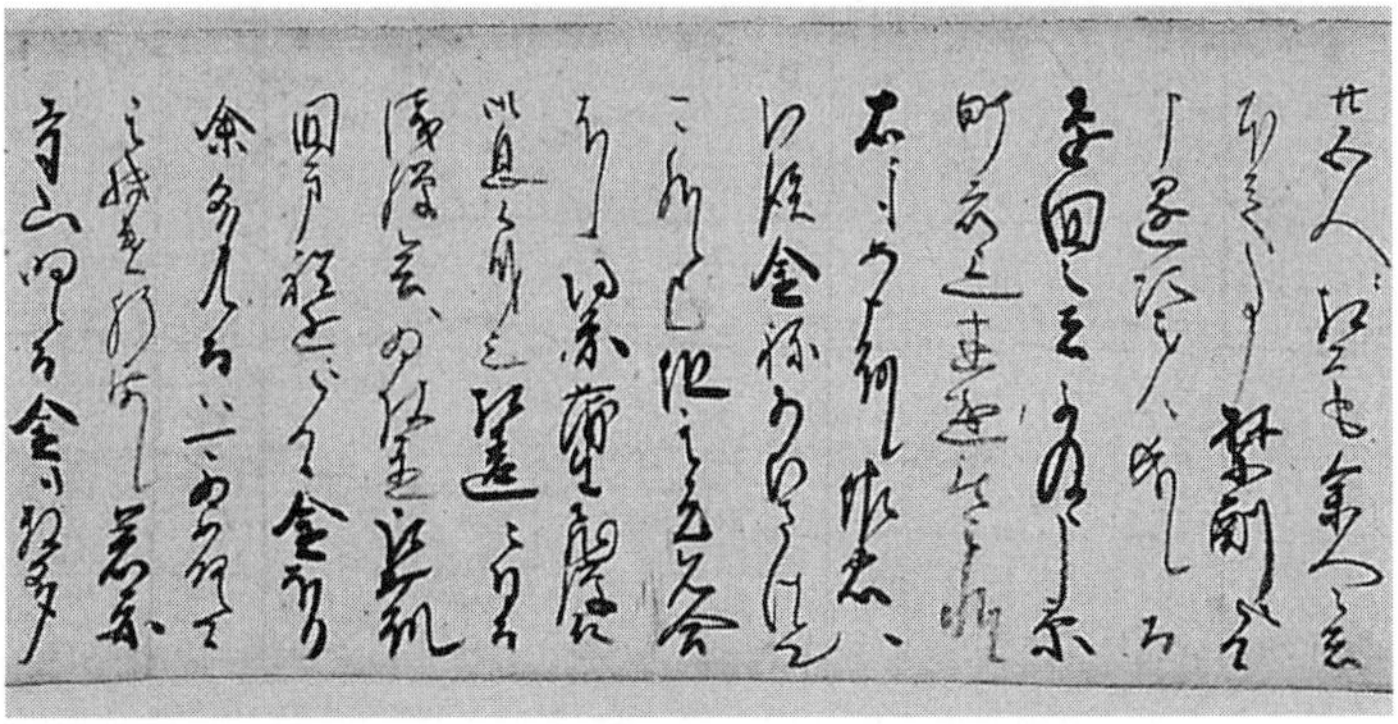

浅弾、会へ為仕置被打越候、国方程近ニ候間、金ほり余多候而ハ、可為如何候間、其機遣肝要候、若亦金山明候而、金も数多出候ハヽ、役ヲ過分ニ申付、人少ニ而公役相すミ候様之計尤候、金役義ニ付而、治少様直段御尋候間、一々申謁候へハ、尤国本ニをゐて之計可然与御挨拶候、浅弾代官去年罷越、人数書出相渡候通、当年之事ハ如何様ニ而も被相澄、愈無之候ハヽ、来年ハ又有様被上、可然与御理候間、先以可心易候、

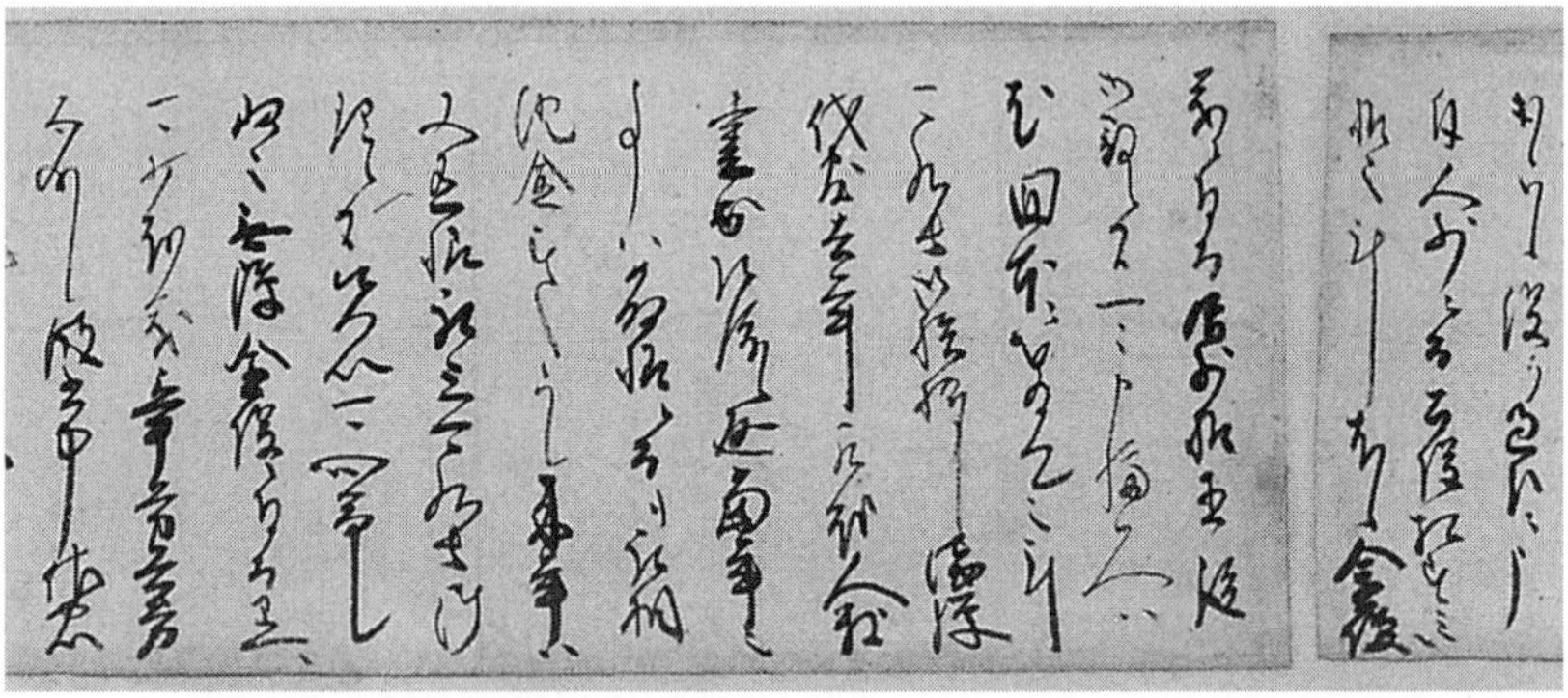

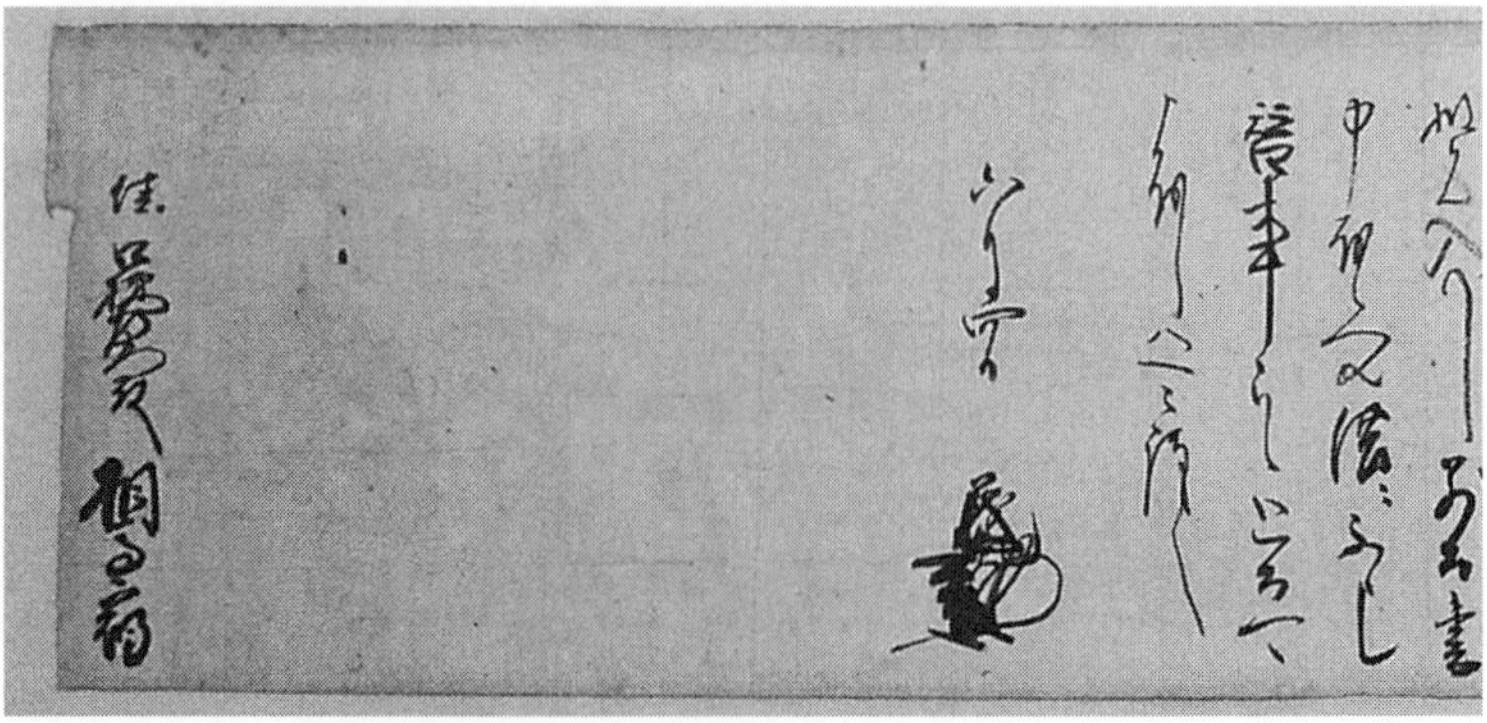

扨々無隙金役ニ付而、黒へ
可打越義　辛労苦労
太義候、彼書中佐忠
被見入へく候、別而書
中越候へハ、濃ニ不申候、
替事候ハヽ、追而可
申越候、恐々謹言、
六月四日　義胤（花押）〈Ⅲ型〉
俵口橘左衛門殿　相馬宿

京都参勤中、国元の重臣俵口橘左右衛門に宛てた書状である。三胤とは義胤の嫡子、後の利胤のこと。「利胤朝臣御年譜」慶長元年（一五九六）条に「此年、御元服、御実名三胤ト称之」とあり、また、同七年六月二日条に「義胤君大倉江御退去、蜜胤君武州江戸江御発立白川通御旅行、御実名三ノ字蜜ニ御改」とあるので、三郡所領没収を出訴するため江戸に赴く時、蜜胤に改めたようである。その後、一二月には土井利勝の一字を受けて利胤と名乗ることになる。したがって、「利胤朝臣御年譜」に基づけば、三胤とある本書状は慶長元～七年六月のあいだに発給されたことになる。

ところで、本文書については、旧所蔵者である田原口保貞氏が「利胤朝臣御年譜」を根拠に、当初は慶長二～三年の発給としたが(59)、小林清治氏は、「蒲生飛弾殿御息御身上相違ニ付而、浅弾、会へ為仕置被打越候」を、文禄四年六月三日付豊臣秀吉朱印状等(60)を根拠に、蒲生氏郷の名跡を継いだ子息秀行の没後に発生した蒲生家内紛に対し、文禄四年五月に浅野弾正長吉を会津に派遣したことと指摘した(61)。後世の編纂史料よりも同時代史料を首肯すべきであって、『市史4』の指摘を肯定して慶長元～七年と考えた旧稿（A・B）を文禄四年に訂正する。なお。花押はⅢ型である。

20 佐竹義宣宛書状

千秋文庫所蔵・佐竹文書2（東京大学史料編纂所所蔵写真）

（端裏捻封ウハ書）
「義宣様　貴報」
八日ニ御出可被成之由、先日貴報候間、
過分之由申上候処ニ、為御礼御状被
下候、御慇懃之至、却而迷惑仕候、
尚拝面之節可得貴意候、恐惶謹言、
三月三日　　義胤（花押）〈Ⅲ型〉

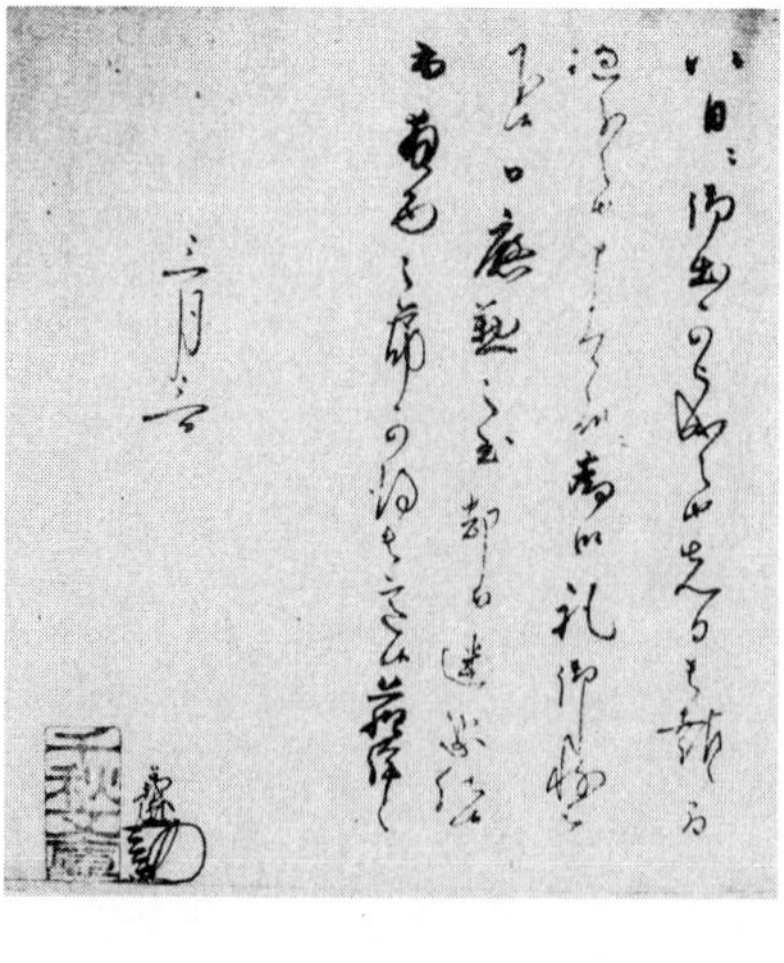

本書状は、宛所がないものの、「端裏捻封ウハ書」に「義宣様　貴報」とあるので、佐竹義宣宛の書状であろう。来る八日に義宣が御出するとの貴報（義宣からの書状）が届けられたが、過分のことと申し上げたところ、再び義宣からの御状（書状）が下されたことに対し、かえってどうしてよいか困惑している（迷惑）。拝面の節には貴意を得たいと思うという内容で、義宣との対面の約束をめぐるやりとりである。

ところで、義胤と義宣が対面することを考えた時、義宣が常陸領にあり、義胤が小高にあっては書状の往来ばかりか、対面することも容易とは思われない。したがって、両者が比較的近くにいた時が考えられるが、最初に考えられるのは、秀吉の朝鮮出兵時である。すなわち、「利胤朝臣御年譜」文禄元年（一五九二）条から、前年、上洛した義胤は京都から名護屋に向かったものと思われる。

これに対して義宣は、『寛政重修諸家譜』に「文禄元年四月二十一日、三千の兵を率ゐて肥前国名護屋にいたる」とある。ただし、天正一八年一二月に上洛して、その後も在洛していたか確証はない。しかし、一旦帰国して常陸より名護屋に向かったにしても、京都を経由したであろうから四月以前に京都にいたことは間違いない。文禄元年三月、義胤・義宣ともに在洛中であった可能性は高い。ただし、両者の接点はこの前後にもあったろうから、即断できない。なお、花押はⅢ型である。

21 志賀門右衛門（富清）宛書状（折紙）　南相馬市博物館所蔵文書

（追而書）
返々、むき之かり
め時分ニ候間、
一筆申遣候、当年
者何方ニも鶏之
うつら有之も計かたく候間、
伝兵衛中村纏鷹居、
巣無之候て、
其地へ越候得と申遣候、
上様へ進上不申候事
越候ハヽ、伝兵衛ニ可申候、
無心元候、六郎左衛門も
へさなととき候て、
何方にても不見立と

あハせ候事無用之由
　推量候、万一何方
可申候、鷹之き分ニは
　にても壱つなと首
寄事ニ候得共、一へん
　尾候ハ、、領分ニ巣なく
まい候得ハ曲ニなり
　候て上不申候間、其郷
可申候由来候ハ、、可申
　抔へ来候ハ、、いかにも
付候、又泉田之なんどの内
　おんみつニ太郎左衛門なとニ
よきからかみいらぬ
　申候て、かわせ候へく候、
ものニ候、白塀之土本走
候へと七左衛門・清左衛門所へ申遣候、
　最早時分おそく候間、
ほんそう候や、さ候ハ、、
　なきものとハ推量候
　へとも、自然之ため申
白塀ニ可申候、次に室原ニも
　遣候、手前ニ有之巣
(折紙見返し・行間書)
白塀有之事ニ候間、
　をかくし候やうニ候へハ何之
万々申遣候、
　はづニも悪敷事に候

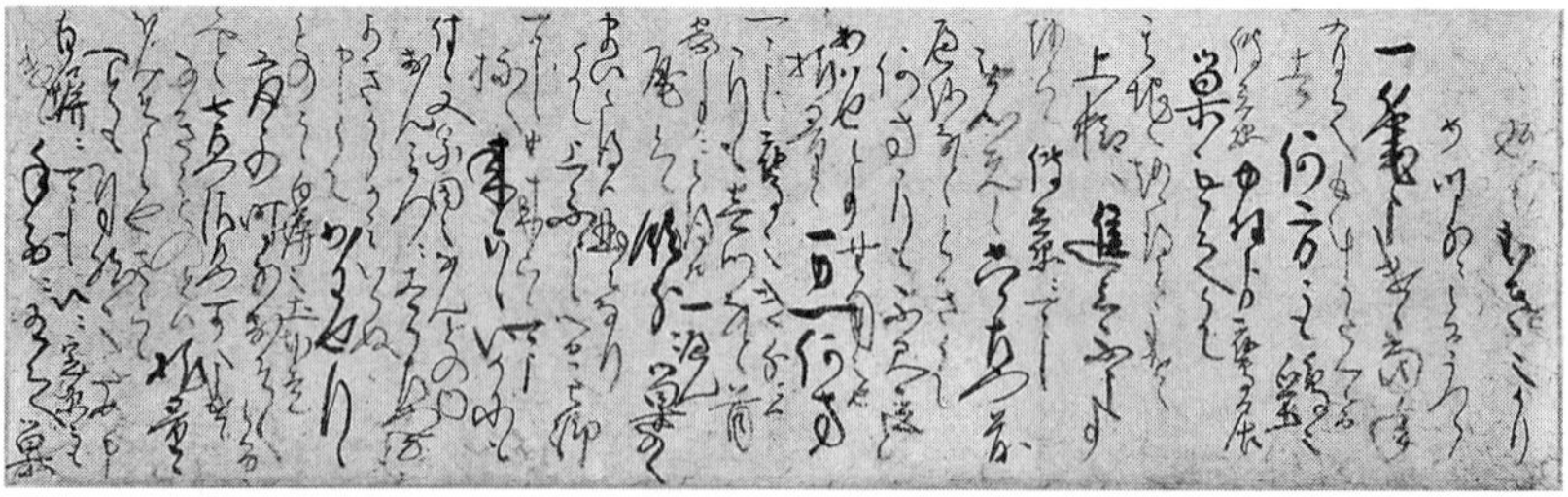

其分心得尤候、次ニ我等
帰之義幾度もいか、
無心元之由申遣候、弾正殿
内々御年寄衆へ御理
候て、御返候ハんとの被仰事ニ
候へ共、其以来山々之御意見
御扱之分不合之義に
而、御奉行被遣御覧
候て之上ハ、いかやうにも
御意次第ニ可仕候間、
左様ニ御侘言候て被下
候得と御年寄衆へ申候、
此御返事いつとも計
かたき事ニ候間、我等帰之
儀者、早々者難計事候、
気遣有ましく候へく候、かしく、
　五月十七日（花押）〈Ⅳ型〉
　　志門衛門とのへ

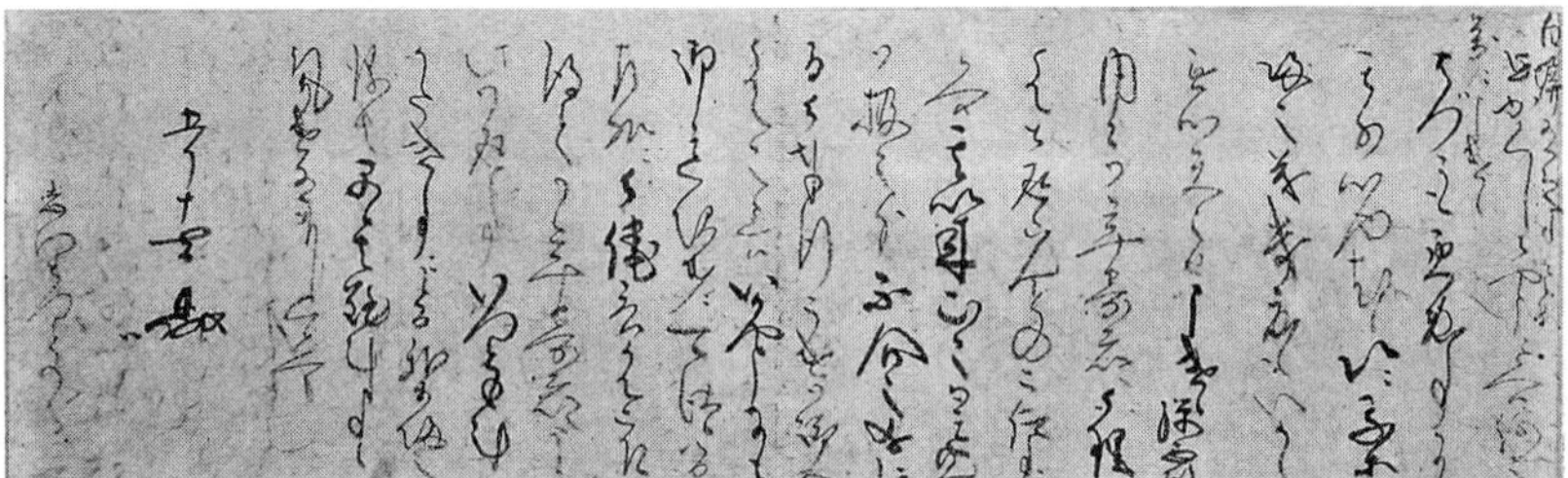

年未詳の「志門衛門」宛の書状である。『鹿島町史3』（一九九九）は、宛所の「志門衛門」を「泉田城御台所役志賀門右衛門富清」に比定し、義胤が大坂の陣で京都滞在中に書いたものと推定している。おそらく「我等帰之儀者、早々者難計事候」が前提になっていると思われる。また、上様（家康）に献上する鷹の羽根を探すように命じるとともに、泉田の「白塀之土」について指示し、帰国時期が明らかにできないものの気遣いないようと伝えている。

義胤が上洛していたことは、「利胤朝臣御年譜」元和元年三月条に「於二条城、御父子四人、両君ヲ謁シ帰国」とあるが、帰国の時期は特定できない。また、「又泉田之なんど《納戸》の内よきからかみ《唐紙》いらぬものニ候」、「白塀之土本走候へと七左衛門・清左衛門所へ申遣候」、「室原ニも白塀有之事ニ候間、万々申遣候」という文言からは、「泉田」との関係が読み取れるが、義胤と泉田との関連は、慶長一七年（一六一二）四月の「隠居」以後のことであろう[62]。まずは『鹿島町史3』の比定に拠り、本書状は慶長一七年四月～元和元年と考えておきたい。花押はこれまでの書状のものとは一致せず、僅かに本書状で確認されるだけであるので、Ⅳ型として区別した。

22相馬伊豆守（清胤）宛知行宛行状

渡辺正幸氏所蔵相馬将監家文書

高　仁百弐拾七石九斗五升六合四夕　室原村
高　百五拾六石壱斗九合七夕　高瀬村
高　三百拾仁石四斗仁升三合□□五夕　棚塩村
高　三百三石五斗二升三合八夕　新田《宇田》村
合千石之所、酉之物成ゟ被
下候間、納所可申者也、

（異筆カ）
「寛永十年酉」
極月十八日　長門守（黒印）

相馬伊豆守殿

本史料は、長門守義胤が一族の相馬伊豆守に対し、室原村を始めとする四か村内の知行を宛行ったものである。「義胤朝臣御年譜一」によれば、藩主利胤は寛永二年（一六二五）九月一〇日に病没、その嫡子虎之助が襲封した。しかし、虎之助は僅か六歳であったため、「可被守養之旨」が将軍家光の上意として義胤に伝えられた。そのため、「隠居」地の泉田から中村城に移り、虎之助を後見したのである。

寛永六年五月、義胤はその実名を虎之助に譲ったため、後に大膳亮に叙任された虎之亮義胤と区別して、年譜には「長州君」と記載され、また、その法号「蒼霄院殿外天雲公大居士」から外天公と称された。したがって、本宛行状は虎之亮義胤の後見として長州義胤が藩政を担当したことを示すものでもある。なお、花押は据えられず黒印が捺されたが、印文は不明である。

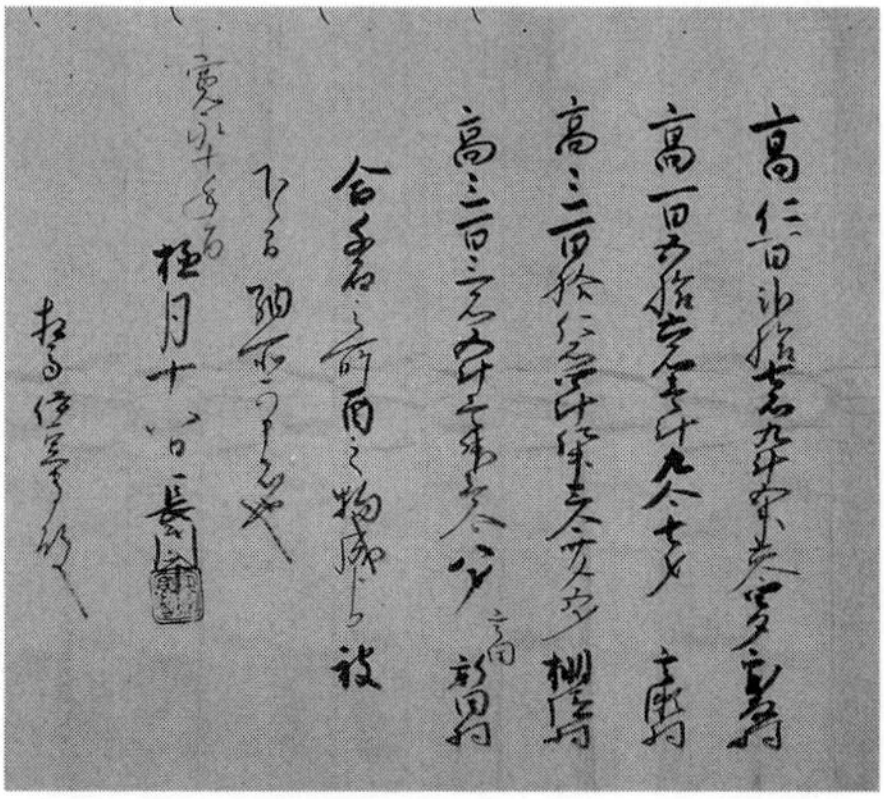

伊豆守については、「義胤朝臣御年譜」寛永一一年四月八日条に「相馬伊豆、江戸江初而上府、相馬左近及胤嫡子、後名ヲ主計ト改」とあり、また、歓喜寺所蔵「相馬之系図」に及胤の子「清胤　相馬主計、後改安ー」とあるから、義胤の次男及胤の嫡子清胤であることがわかる。後に加増されて、中村藩では破格の千三百石を与えられたが、年譜の翌寛永一二年四月一八日条には「相馬主計」とあるから、伊豆守を名のるのは極めて短期間であったようである。その子孫が将監を名のったため、「相馬将監家」と通称される。なお、同年一〇月一六日、長門守義胤が逝去した。

以上、二二点の相馬義胤発給文書の発給時期を考えたが、それらをまとめると表一のように整理できる。なお、出典の数字は、『原町市史4』の史料番号である。

表一　相馬義胤の発給文書と花押型（5は父盛胤との連署状）

	発給年月日			宛所	花押	所蔵者・出典
1	「永禄一三年」	卯月二七日	一五七〇	寛徳寺	Ⅰ	岩崎家文書（449）
2	（天正二年）	八月一九日	一五七四	（宛所欠）	Ⅰ	芹沢文書・茨城県立歴史館
3	（天正二～五年）	拾月一六日	一五七六	蘆名西殿（盛隆カ）	Ⅰ	東京大学史料編纂所所蔵文書（472）
4	（天正四年）	四月一六日	一五七六	田村月斎（顕頼）	Ⅰ	田村月斎家文書・福聚寺
5	（天正四年）	七月二六日	一五七六	青木助六	Ⅰ＊	天童家文書・多賀城市教育委員会所蔵
6	（天正九年）	卯月二六日	一五八一	蘆名殿（盛隆）	Ⅰカ	新編会津風土記（464）
7	（天正一二年）	卯月二六日	一五八四	岩城殿（常隆）	／	星敏彦氏所蔵文書（475）
8	（天正一二年）	八月　朔日	一五八四	（宛所欠）	Ⅱ	新編会津風土記（478）
9	（天正一二年）	一〇月一四日	一五八四	長江左衛門大夫殿	ⅡA	三分一所家文書（479）
10	（天正一二年）	霜月　七日	一五八四	浜田大膳亮殿（景隆）	／	貞山公治家記録（480）
11	（天正一四年）	六月　八日	一五八六	白川南殿（義親）	ⅡA	東京大学文学部・結城白川文書（484）
12	（天正一五年）	臘月二六日	一五八八	法蔵寺御坊中	ⅡA	個人蔵・南相馬市博物館寄託
13	（天正一八年）	五月二九日	一五九〇	田村右馬頭殿（清通）	ⅡB	蓬田市郎氏所蔵文書（604）
14	（天正一八年）	七月二四日	一五九〇	高森殿（留守政景）	／	留守家文書（609）
15	（天正一九年）	七月二八日	一五九一	山形殿（最上義光）	／	旧山形県史所収文書（619）

16	（天正一九年以降）五月一一日	一五九一	片岡志麻守殿（政胤）	Ⅲ	秋田藩家蔵文書（644）
17	（天正一九年以降）六月　八日	一五九一	不明	Ⅲ	猪狩隆家文書
18	（文禄元年）　六月　四日	一五九二	閑巷院尊報御同宿中	Ⅲ	相馬家文書（621）
19	（文禄四年）　六月　四日	一五九五	俵口橘左衛門殿	Ⅲ	南相馬市博物館所蔵文書（623）
20	三月　三日		（宛所欠・佐竹義宣カ）	Ⅲ	佐竹家文書（643）
21	（慶長一七～元和元年）五月一七日	一六一二	志門衛門とのへ（富清）	Ⅳ	南相馬市博物館所蔵文書（645）
22	（寛永一〇年）　極月一八日	一六三三	相馬伊豆守殿（清胤）	黒印	渡辺正幸氏収集文書

第二節　花押の変遷とその背景

以上、確認できた義胤発給文書22通について、発給年を推論した。1の寄進状および22の知行宛行状を除いて、他は全て書状である。1～5、9、11～13、16～22の一六通が正文で、7・14は案文（写）、残りは近世に編纂された史書、たとえば『新編会津風土記』や『貞山公治家記録』、そして『旧山形県史』に収録されたものであった。したがって、1・22を除く他の文書は書状であるが故に年号が記されておらず、その発給年は内容などから類推しなければならなかった。

その結果、表一からわかるように、義胤発給の文書に記載される花押は、発給年にしたがいほぼⅠ～Ⅳ型に分類することができた。その対象となる文書は、正文一六通中一五通、さらに『新編会津風土記』は義胤の「花押影」を記載しているので、6・8を加えた一七通が対象となる。したがって、発給年の推定に齟齬をきたすことがあったとし

図一　義胤花押の変遷

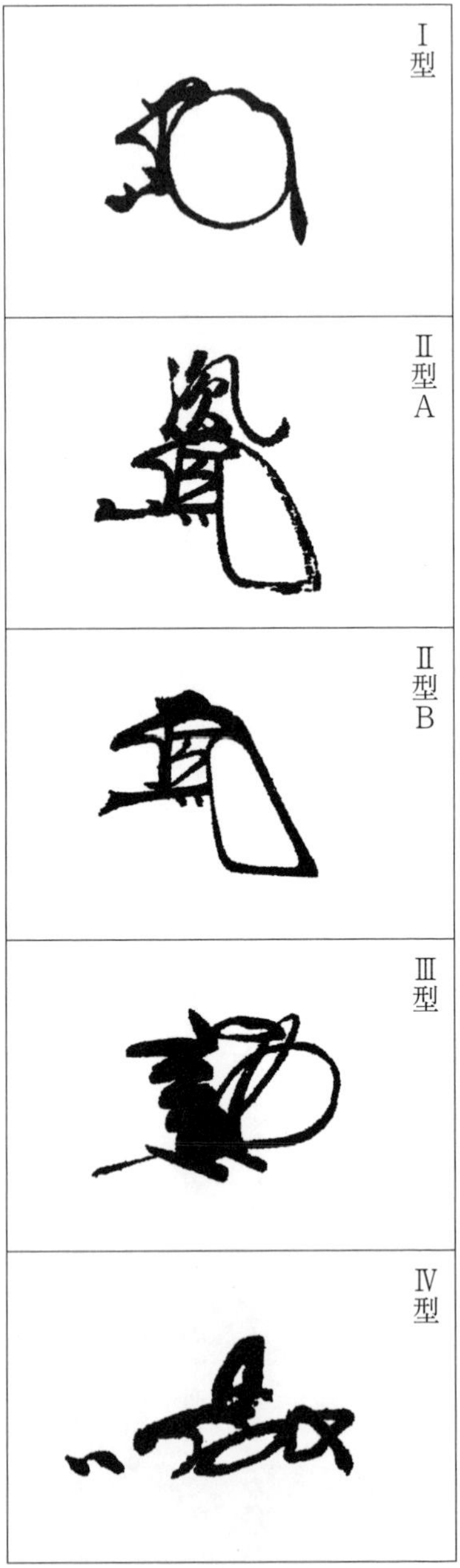

ても、ある程度の期間内に想定できるものと思われる。

　中世の花押について、佐藤進一氏は自著であるにもかかわらず、他の人物との類似性・類型性が認められ、時に変遷も確認されることから、その背景には何らかの作為があり、押著者の意志が存在することを指摘している。[63]したがって、義胤の花押がどのようなものであり、あるいは花押にどのような変遷が認められるかを精査することは、義胤の何らかの意志・意識を確認することにもなる。こうした前提にたって、正文と花押影の確認された一七通の花押の使用年代を整理すると、図一以下のようになる。

　Ⅰ型………永禄一三年四月～（天正九年）四月（一五七〇～一五八一）

　Ⅱ型A……天正一二年八月～（天正一六年以前）一二月（一五八四～一五八八）

Ⅱ型B……天正一八年五月（一五九〇）
Ⅲ型………天正一九年五月～文禄四年六月（一五九一～一五九五）
Ⅳ型………慶長一七年五月～元和元年五月（一六一二～一六一五）

花押の変化は、自著者の意志、あるいは意識の変化が前提となる。義胤もまた同様であることからすれば、義胤が花押を変える要因、背景にはどのような環境・意識の変化があったのだろうか。以下、花押が変化した時期について素描しておきたい。

Ⅰ型花押が使用された時期は、少なくとも天正一〇年以前である。義胤の家督相続を天正六年（一五七八）とするならば、相続前後を通じて同じ花押を用いていたことになり、家督相続が花押に影響を与えてはいない。しかし、それは天正六年以前から、少なくとも家督と同程度の権能を有していたということになる。なお、この点については、第七章で詳述したい。

では、天正一〇ないし一一年の可能性があるにしても、少なくとも一二年（一五八四）以降、花押型がⅠ型からⅡ型に変化したことは確実であり、当該時期の状況を考えてみたい。

書状3～5に見られるように、天正四年当時、相馬氏と伊達氏の抗争は激しく、伊具郡丸森や金山で熾烈な戦いが展開していた。田村清顕が両氏の和睦を斡旋したものの、金山・小斎の領有をめぐって対立し、成就しなかった。そうしたなかで、義胤は亘理氏の本拠小堤城や坂本を攻撃、これに対して亘理重宗は苅田・柴田・伊具、その外の加勢を得て、これに対処したのである。さらに盛胤が川股を攻撃、その間、隣接する地域の領主青木氏の去就が相馬・伊達両氏にとって重大な関心事となった。翌天正五年、田村氏の媒介が奏功し、相馬・伊達両氏の和議が調ったものの、輝宗の疑念は払いがたく、亘理元宗・重宗父子に対し、「相馬御戦」への対応を命じている。(64)

両氏の抗争は、天正九年四月、伊達方が小斎城主佐藤宮内を調略したことを契機として再燃した[65]。角田城主田手宗時や原田大蔵が戦死するなど、激闘が続いたものと思われる。

こうした状況のなかで、両氏と姻戚関係にあった田村清顕が和睦の媒介に奔走したが、ことは容易に進まなかった。そのため、清顕は相馬方の拠点の一つである宇多郡中村の長徳寺まで出向いて相馬方を説得、さらに清顕は佐竹義重や岩城常隆をも介入させ、ようやく和睦を成就させたのである。その時期は、遅くとも天正一二年五月下旬のことと考えられるが、その直後の八月からⅡ型花押が使用されている。したがって、伊達氏との和睦成就が、義胤にⅡ型花押への変更をもたらした可能性が考えられるのである。

ところで、Ⅱ型花押は「義」を形象化した左半部と、右下段に大きく張り出した右半部からなる、いわゆる二合体の花押であり[66]、その構図はいわゆる足利様の花押に近似する。しかも、右下段に大きく張り出した右半部は奇しくも佐竹義重の花押ばかりか、当然のことながらその子義宣や義広（図二）とも共通する。花押型が、時の権力者のものを模倣する例は多く、それが同族であれば尚更であるが、足利氏・佐竹氏ともに清和源氏の一族であり、関東公方足利氏（図三）と同族であることは、両者の花押の型が近似することは当然であった[67]。

そこで、義胤のⅡ型花押と佐竹義重の花押を比較すると、左半部が簡潔ではあるものの、構成が極めて近い。伊達氏との和睦に、佐竹義重が清顕ほどに関わった形跡は確認できないものの、一般に花押を作成する時、本人にとって何らかの意味で権威と認められる人物の花押を模倣する風潮が強かったという[68]。常陸北半を支配し、南奥に進出する機会を窺っていた佐竹義重の存在は、義胤にある種の威圧感を与えるほどであった可能性が高く、伊達氏との対抗上、そうした人物の花押を模倣した可能性はある。

しかも、「義胤朝臣御年譜一」寛永六年（一六二九）五月条に、

長州君御実名義胤ヲ虎之助君江御譲リ、相馬虎之助義胤と号、十歳御時ノ、此節御居判モ被定、
義ノ字、佐竹常陸介義重ヨリ長州御受用、依之、右京太夫義宣江御通達ノ上御譲与、

とあり、「義」の一字は、佐竹義重よりの「受用」であったというのである。義胤と義重の接点がいつから始まるのか、さらに義重からの「受用」は事実かなど検討すべき点も多い。しかも、生年天文一七年の義胤に対して、義重の生年は天文一六年と僅か一歳違いであり、義重の影響を義胤がどの程度受けたか、不安も多い。

しかし、義重の花押の変遷をまとめた菅野郁雄氏の成果[69]を見ると、事実としては逆であるが、永禄一〇年頃から義胤のII型花押に類似したものに変化しているようである。しかも、伊達氏との和睦に義重もまた関与していることからすれば、その時の接点が義胤の花押に影響を与えたとも考えられ、年譜の記述は肯定的に受け止められるようであ

図二　佐竹義重・義宣・葦名義広の花押

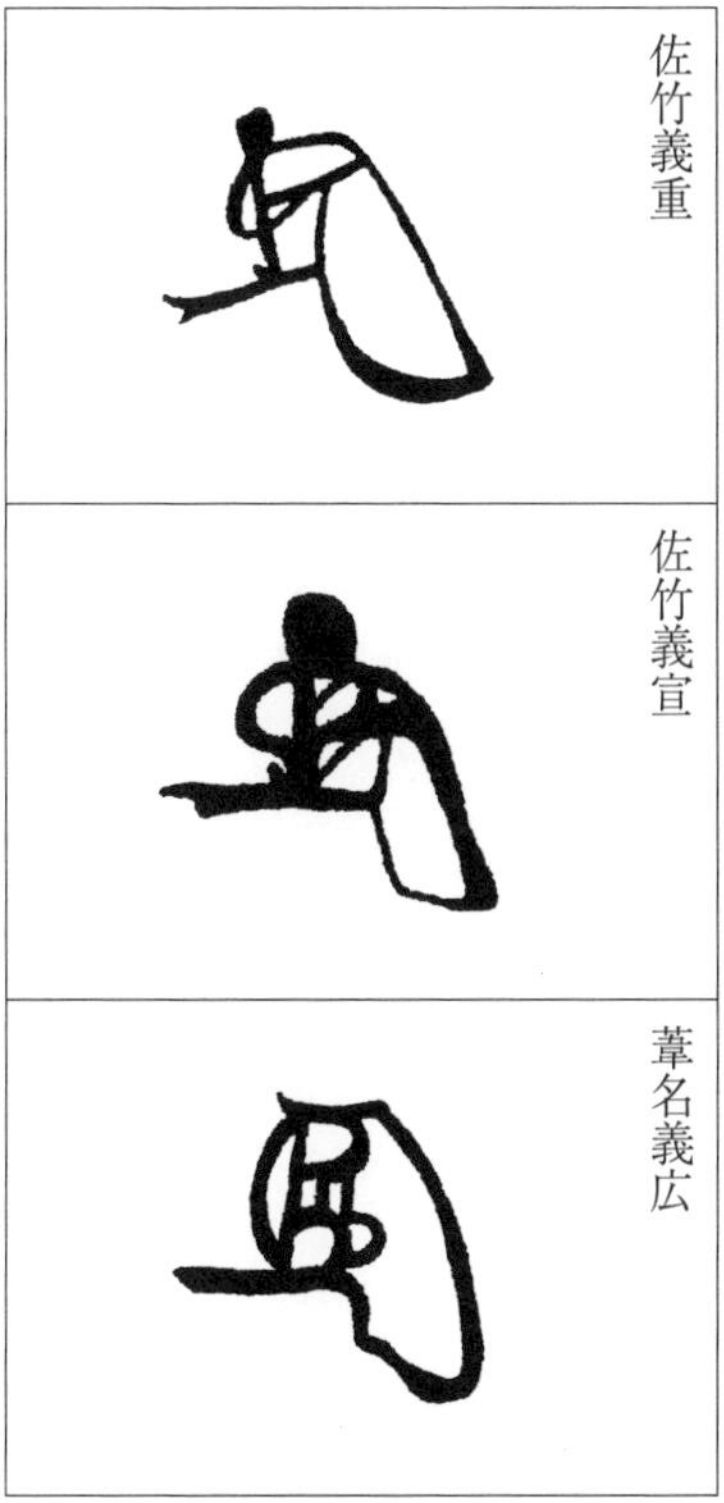

図三　足利義氏

る。

ところで、Ⅱ期花押のもっとも特徴とすべきは、それがいわゆる「花押型」を含む点にある。佐藤進一氏は、花押が順次印章化することを指摘し、

①花押を版刻にして墨を塗って押すもの

②花押を双鉤式に刻して、これを押した上で塡墨するもの

③花押を印文の如く見なして印章に取り入れたもの

の存在をあげている(70)。明確に確認される書状9および11・12の花押はまったく同型で、地線左端や右半部の迫り出した一部に「かすれ」が同じように確認され、②の籠字の花押型である。なお、13の花押型は、右半部の迫り出した一部がやや鋭角であり、書状9および11・12のそれとは異なるため、A・Bと区別した。Ⅱ型Bが確認される書状は13の一点のみである。

ところで、佐藤博信氏は「病気などの事故」によって版刻花押（籠字の花押型）を使用したことを足利高基の花押から指摘された(71)。ただし、義胤にあってはその使用期間が長く、同一の事情から籠字の花押型を使用したとは考えられない。極論めいた指摘・推論になるが、常陸北半から南奥に大きな影響力を有していた義重の存在は大きく、そうした存在に対する「遠慮」のようなものが背景にあったのかも知れない。

花押Ⅲ型の初見は、天正一九年以降と考えた書状16である。書状14は案文であり、書状15は編纂書のため、それぞれ花押は確認できない。また、天正一八年（一五九〇）に比定される書状13はⅡB型の花押であるから、同年五月以降、天正一九年五月以前にⅢ型に変更したことになる。もっとも、書状16・17は可能性を指摘したものであって、必ずしも同年発給と断定できるものではない。その意味で、確実に発給年を断定できるのは、書状18の文禄元年で、そ

の最末は、文禄四年に比定される文書19である。

この間、義胤は天正一八年一〇月の検地を経て、一二月には四万八千石余を安堵されたが、翌年には妻子とともに上洛、長門守に補任されて豊臣体制下に組み込まれていった。この時期の花押Ⅲ型は、左半部に「義」字の草書体を配して右半部に円窓を描くかのようであり、花押Ⅱ型のように迫り出して自己主張しようとする右半部から大きく変化している。

花押Ⅲ型は、関ヶ原の戦いに関連して受けた所領没収（慶長七年）と徳川家康による幕府の創設（慶長八年）によっても変更されなかった可能性が高く、豊臣秀吉という巨大権力者の存在が、義胤に与えた影響のいかに大きかったかを読みとることができる。

花押Ⅳ型は一点で、慶長一七年（一六一二）～元和元年（一六一五）に比定できるが、義胤の泉田隠居が慶長一七年であることを考えると、第一線から退いた時期に花押を変化させたものと理解できよう。その形は、「義」字をさらに草書化したものであり、草名に近い。ただし、家臣宛であることを考えれば、外部に自身を主張する意味を後退させたものであろうか。

なお、義胤発給の文書としては寛永一〇年（一六三三）に比定できる一二月一八日付の相馬伊豆守（清胤）宛の知行宛行状22があるが、これは黒印を用いて花押ではない。一族でありながら、あくまで「家臣」への知行宛行いという藩主としての権力行使を表現したものと考えることもできよう。

おわりに

以上、義胤書状を整理して発給年代を推論した。推論を重ねすぎたきらいがあるものの、豊臣政権の存在がいかに巨大なものであったか、いかに義胤に大きな影響を与えたかが理解できよう。それは花押の変化にとどまらない。慶長元年（一五九六）、義胤は鎌倉期以来の本拠小高城から村上館に移ろうとするが、その背景には文禄元年の朝鮮出兵に伴う肥前名護屋での体験があった。すなわち、名護屋から朝鮮半島への大軍の渡海状況を実見した義胤にとって、海上交通路の掌握がいかに重要であるかを体験させたのである[72]。

同時に豊臣秀吉の巨大権力を見せつけられた時、義胤自身の領内統治の未成熟さを思い知らされたことであろう。牛越城への移転に伴う泉胤政の改易処分とその後の帰参は、中世以来、在地との結び付きを根拠に盤踞する一族・郎従の家臣団編入を意識したものであり、中村城移転後、在地に居住する一族・郎従を城下中村に移転させることによって在地性を弱め、近世的な家臣団形成を意図したものであったことはいうまでもない[73]。Ⅰ・Ⅱ型の中世的な花押は、豊臣政権に組み込まれることによって、近世的なⅢ型花押に転化するのであるが、それは近世大名へと胎動する義胤にとって最初の一歩にすぎなかったことはいうまでもない[74]。

以下、第五～八章では、義胤を中心とした移行期の相馬氏・相馬中村藩の動向を詳述していきたいと思う。

註

（1）　原町市教育委員会編『原町市史4　資料編Ⅱ』（二〇〇五）および南相馬市教育委員会編『原町市史3　考古』（二〇一

一）、『原町市史1　通史編Ⅰ』二〇一七）、七海雅人氏「鎌倉御家人の入部と在地住人」（安達宏昭・河西晃祐編『講座東北の歴史　第一巻　争いと人の移動』清文堂、二〇一二）および『躍動する東北「海道」の武士団』（蕃山房、二〇一五）、拙著『相馬氏の成立と発展』（戎光祥出版、二〇一五）等を参照。

（2）拙著『中世東国の地域社会と歴史資料』（名著出版、二〇〇九）および註（1）前掲『原町市史1　通史編Ⅰ』。

（3）石井進氏『日本の歴史12　中世武士団』（小学館、一九七四）。

（4）『相馬叢書』第一輯（相馬郷土研究会、一九九三）。

（5）『相馬叢書』第二輯（相馬郷土研究会、一九九九）。

（6）近世相馬中村藩の年譜で、原本は相馬家所蔵。故佐藤高俊氏・故岩崎敏夫氏による筆耕本一四四冊が相馬市図書館に架蔵されている。天正九年（一五八一）～延享二年（一七四五）までが『相馬藩世紀』第一・第二として続群書類従完成会（現在は八木書店）より刊行されている。

（7）『相馬市史1　通史編』（一九八三）。

（8）野馬追の里原町市立博物館特別展図録『戦国時代の相馬』所収（二〇〇五）。

（9）『南相馬市博物館研究紀要』第一二号（二〇一〇）。

（10）『花押を読む』（平凡社、一九八八）。

（11）相馬家文書（註（1）前掲『原町市史4　資料編Ⅱ』一八四）。なお、同書所収の相馬一族関連文書については、〈『原町』一八四〉のように略述する。

（12）註（7）前掲書に「天正六年（一五七八）盛胤の嫡子義胤（長門守）が三十一歳で家督をついだ」とあるが、その根拠の一つに『奥相秘鑑』（『相馬市史5　資料編2』一九七一）巻第二「（盛胤）天正六年正月ヨリ長門守義胤へ家督ヲ譲リ」や、「利胤朝臣御年譜」（『相馬藩世紀』第一）慶長六年一〇月一六日条「弾正大弼盛胤君御遠去、天文十八年二月ヨリ御家督、天正六年御隠居」が考えられる。

（13）本文書の所在については、水久保克英氏（元南相馬市博物館）からご教示を得た。

(14)　伊達家文書（『福島県史7　資料編2』〈一九六六〉99一一八）。
(15)　伊達家文書（註(14)前掲書99一二一）。
(16)　「伊達輝宗日記」に「廿七日（中略）同清顕より杉へ状参候、あかたて今廿二日ニのけ候、又義重・清顕たいめんあるへきとの事」とある。
(17)　『性山公治家記録』天正二年七月四日条に引用する伊達晴宗宛田村清顕書状に「抑御当・二和談之儀、不打置雖覃裁許候」とあり、この後に地の文ながら「此後御和睦調ヒ、向後二本松ヨリ五十騎ノ軍役ヲ出スヘキ由約束有テ、当家ノ麾下ニ属セラル」とある。
(18)　『性山公治家記録』天正二年九月一〇日条に「義光ト御和睦ニ就テ、互ニ御名代ヲ以テ御対面ノ儀アリ」とある。
(19)　菅野郁雄氏「『十月五日付山内殿宛佐竹義重書状』考」（福島県史学会『福島史学研究』第七〇号、二〇〇〇）。菅野説に基づいて小林清治氏「戦国末期の長沼」（『長沼町史　第一巻』、一九九五。後に同氏『戦国大名伊達氏の研究』〈高志書院、二〇〇八〉も天正九年とする。
(20)　伊達家文書（(註(14)前掲書99・一六〇）。
(21)　小林清治氏「政宗家督相続の前提」（同氏『伊達政宗の研究』Ⅰの第三章、吉川弘文館、二〇〇八）。
(22)　宮城県図書館所蔵（千葉氏関係資料調査報告書Ⅱ『東北千葉氏と九州千葉氏の動向（亘理氏及び仙台千葉氏）』、千葉市立郷土博物館、一九九七）および『性山公治家記録』天正四年八月二日条。
(23)　本書状は三春町歴史民俗資料館・平成二四年秋季企画展「田村月斎と子孫たち～江戸時代に生きた戦国武将～」に展示されたものであり、閲覧・資料の提供等について平田禎久氏のご配慮を得た。
(24)　宮城県文化財調査報告書第一四四集抜粋『舘南囲遺跡』（亘理町教育委員会、一九九一）。
(25)　「『七月十五日付芦名盛隆覚書』考」（福島県史学会『福島史学研究』第七三号、二〇〇一）。
(26)　秋田藩家蔵文書参拾・奥州文書二（註(14)前掲書34一六～一七）。
(27)　伊達家文書（註(14)前掲書99一二五～一二六）。

(28)『性山公治家記録』天正九年五月五日条を天正四年とする菅野氏の指摘に基づいた記述に、小林氏註(19)前掲書および高橋充氏「戦国時代後期の争乱と相双地域」(『原町市史1　通史編Ⅰ』、二〇一七)があり、垣内和孝氏も「清顕長沼ニ向テ働カル」を天正四年とする(「南奥の国衆と佐竹氏」遠藤ゆり子編『伊達氏と戦国争乱』〈吉川弘文館、二〇一六〉所収。後に同氏『伊達政宗と南奥の戦国時代』に収録、吉川弘文館、二〇一七)。
(29)白石市教育委員会編『伊達氏重臣　遠藤家文書・中島家文書～戦国編～』(白石市歴史文化を活用した地域活性化実行委員会、二〇一一)。
(30)伊佐早文書(註(14)前掲書125・二〇)。
(31)上杉家文書(『新潟県史　資料編3　中世一』〈一九八二〉七二八)。
(32)真田家文書(『群馬県史　資料篇七』〈一九八六〉三〇六五)。
(33)菅野氏註(19)前掲書。
(34)高橋充氏註(28)前掲書。
(35)『新編会津風土記』巻六、家士古文書　松本与大夫所蔵文書(『原町』四七三)。
(36)註(1)前掲『原町市史4　資料編Ⅱ』。
(37)小林氏註(21)前掲書。
(38)「松藩捜古」所収文書(註(14)前掲書六一九頁・二六)。
(39)合編白川石川文書(『原町』四八八)。
(40)平田禎文氏「三春城下の歴史景観」(東北中世考古学会編『遺跡と景観』高志書院、二〇〇三)は、三春城下の歴史景観を遡及的に復元して「三春最古刹」法蔵寺が田村氏時代に存在していたことを指摘している。なお、三春町歴史民俗資料館・特別展図録『三春法蔵寺』(一九九四)も参照。
(41)桑折文書(『仙台市史・伊達政宗文書Ⅰ』〈一九九四〉七〇〇)。
(42)拙稿「留守家文書」(『仙台市史　資料編1　古代中世』〈一九九五〉所収、後に「留守家文書の伝来」と改題・補訂して拙著『中世東国の地域社会と歴史資料』〈名著出版、二〇〇九〉に収録）。
(43) 三春町歴史民俗資料館寄託個人所蔵（『原町』六一〇）。
(44) 「宇都宮で逢った秋田実季と相馬義胤」（『日本歴史』六二〇号）、「相馬義胤と伊達政宗」（『野馬追の里歴史民俗資料館講演集』2、一九九六、後に同氏『戦国大名伊達氏の研究』高志書院、二〇〇八に収録）および「奥羽仕置の令達」（『奥羽仕置と豊臣政権』吉川弘文館、二〇〇三）。
(45) 相馬家文書天正一八年一〇月日付「奥州相馬検地帳」（『原町』六一四）。
(46) 相馬家文書（『原町』六一五）。
(47) 小林清治氏『奥羽仕置と豊臣政権』（吉川弘文館、二〇〇三）。
(48) 伊達家文書（『大日本古文書　家わけ第三』五九七）。
(49) 相馬家文書〈『原町』五八五〉。
(50) 相馬家文書〈『原町』六一四〉。
(51) 渡辺英夫氏『戦国大名　佐竹義重の生涯―常陸時代の佐竹氏―』（六郷史談会、二〇一三）。
(52) 「資料紹介　仙台藩士猪狩家伝来の戦国・江戸初期文書」（『仙台市博物館調査研究報告』第三七号、二〇一七）。
(53) 史料纂集古文書編『歴代古案　第四』一一七三（続群書類従完成会、二〇〇〇）。
(54) 天正一三年に比定される一〇月六日付本宮頼重宛伊達政宗書状（註（41）前掲書二八）に「今度当口へ令出馬、大備（大内備前定綱）悉加退治候、随而二本松江之事も近日可及手切覚悟」とあり、さらに天正一四年に比定される七月七日付錦織即休斎宛て伊達政宗書状（『仙台市史　伊達政宗文書1』四二二）に次のようにある。

其後音絶無心元存候、仍而爰元一和之儀、従相馬御取扱ニ候、種々存分も候条、乍御催促、頻而申払候得共、重々御侘言ニ候間、相江之御志と存候而、及返答候、相澄題目之事、一今月十六ニ二（二本松）城可被明渡候事、一新城・新庵両人之進退、本領計相立、二之内ニ者、何方ニも被踞候事、一二城実城計放火、其外家共、其儘可指置之事、一今十四日ニ先彼地へ相馬衆可打入之事、事々重而、謹言、

追啓、松本弾正忠、以之外煩之由御座候、会之きこへニも候間、ちと〳〵やうしやうも給へく可被仰候、以上、

七月七日　政宗御判

即休斎

(55) 天正十四年九月五日付新館左衛門宛伊達政宗書状（註（41）前掲書七二）および『貞山公治家記録』同年九月五日条。

(56) 亘理家文書（註（41）前掲書六〇五）。

(57) 佐賀県文化財調査報告書第八一集『特別史跡名護屋城並びに陣跡3　文禄・慶長の役城跡図集』（佐賀県教育委員会、一九八五）。

(58) 高根沢町史編さん委員会『高根沢町史　史料編Ⅰ　原始古代・中世』（一九九五）。

(59) 「外天義胤公よりの一通の書状」（私家版・一九九四）では慶長二〜三年ころ、「『俵口橘左衛門宛義胤書状』を読む」（相馬郷土研究会『相馬郷第十』一〇号、一九九五）では慶長二年としたが、小林説に基づき、「藩侯からの一通の書状—義胤書状にみる豊臣政権の金山支配の側面—」（私家版、二〇〇四）で文禄四年とした。

(60) 『大日本古文書　家わけ十六　島津家文書』九五八。

(61) 「文禄三年伊達領金山一揆について—東北と末期豊臣政権—」（『東北学院大学東北文化研究所紀要』第二九号、一九九七、後に『奥羽仕置の構造』〈吉川弘文館、二〇〇三〉に収録）。

(62) 義胤と泉田の関係については、本書第七章を参照。

(63) 註（10）前掲書。

(64) 伊達家文書（天正五年）臘月三日付岩城隆宗書状（『原町』四六一）。

(65) 高橋允氏「戦国時代後期の争乱と相双地域」（註（1）前掲『原町市史1　通史編Ⅰ』第三章第四節二）。

(66) 佐藤進一氏『古文書学入門』（法政大学出版局、一九七一）。

(67) 註（14）前掲書「附録　花押一覧」。なお、葦名義広（佐竹盛重）の花押の変遷については、今泉徹氏「豊臣政権期の東町域」（茨城県『東町史　通史編』二〇〇三）を参照。

（68）註（10）前掲書。
（69）『戦国期の奥州白川氏』（岩田書院、二〇一一）。
（70）註（10）前掲書。
（71）「中世東国における版刻花押について―古河公方足利高基・常陸佐竹氏を中心に―」（『千葉県史研究』第一五号、二〇〇七）。
（72）拙稿「中世南奥の海運拠点」（入間田宣夫編『東北中世史の研究』上巻・高志書院、二〇〇五）および「相馬氏の牛越城移転と泉氏」（『戦国史研究』第五三号、吉川弘文館、二〇〇七）、本書第五章等を参照。
（73）本書第六章を参照。
（74）本書第七章および拙稿「近世大名への萌芽と家格の形成」（註（1）前掲『原町市史1　通史編Ⅰ』第三章第四節四）等を参照。
（補注1）再校終了後、藤田達生氏『藩とは何か　「江戸の泰平」はいかに誕生したか』（中公新書、二〇一九）が刊行された。「戦国大名領国制から藩誕生までを連続的に展望」する前提として「織豊大名領国から藩誕生のメカニズム」に関する研究が「まったくといってよいほど」無いとの指摘は大きく、本書との関わりも少なくない。今後の課題としたい。

第五章　中世南奥の海運拠点と地域権力

はじめに

中世東国の水運・海運の研究は、新城常三氏の研究(1)を前提に、綿貫友子氏の一連の研究(2)によって格段に発展してきたといっても過言ではない。ただし、綿貫氏によって検証された西国・東海地方から品川湊に至る太平洋海運も、いわゆる太日川水系と常総水系が関宿付近で直接結ばれていたことを前提に、危険な房総沖太平洋海運は必要なかったとの認識が暗黙のうちに存在していた。

しかしながら、利根川水運や東廻海運の成立に関する近世史からの検討(3)が進むとともに、中世史からも滝川恒昭氏による房総半島における海城や湊の検出を含む研究(4)、さらに現利根川の河口部、茨城県神栖市で確認された碇石の存在など(5)から、房総沖の海運の存在は明らかになりつつある。また、柳之御所遺跡を中心とする平泉町内の諸遺跡から出土する東海地方産の大量な陶器、あるいは中国製陶磁器の存在は、日本海側のみならず太平洋側の海運を推測するに充分な物質的根拠であった(6)。

したがって、綿貫氏や滝川氏によって明らかにされた西国・東海から房総沖までの海運と、平泉で出土した陶磁器から諒解されてきた西国との交易を結びつけるためには、南奥における太平洋岸の流通に関する実態的究明が求められる。

こうした水運・海運の研究が高まるなかで、水運・海運はそれのみでは完結せず、したがって陸上交通との関連を検討する必要性が、さらには両者の結節点としての湊・都市（港湾都市）研究が求められてきた。それはさらに、湊・都市と地域権力との関わりを考えることによって、動態的に、豊かな交通史研究に深化させようとしている。(7)

一方、中世水運・海運に関する史料はきわめて少なく、そのため、考古学的知見、地名・伝承といった民俗学的知見、さらには地形などを踏まえた考察(8)とともに、従来の史料を再検討する方法が採られてきた。その結果、強引な史料操作・状況証拠に依拠して過大評価する傾向があったことも、すでに指摘されている。(9)

本章で考察対象とする南奥の海運については、荒木隆氏が、考古学的所見を踏まえ、「郡衙の配置される場所は、陸上および水上交通路の拠点となる場所で、郡衙はこれらの水陸交通路を掌握する機能を持っていた(10)」と指摘され、綿貫氏もおもに相馬氏や岩城氏、そして佐竹氏関連史料を駆使して、行方郡や宇多郡、岩城領の実態を追究された。(11)しかし、綿貫氏も指摘するように、浜の支配が直接的に海運の存在を意味するものではない。既に述べたように、この地域の湊や海運と領主権力がどのように関わり合っていたかを考えることが研究を深化させる手段の一つであろう。

本章では、こうした研究動向を前提に、戦国期～近世の関連資料、さらには近代の地図および地名を活用し、相馬氏の本拠移転を考察する前提として、当該地域の海上交通の存在と地域権力との関わりを考えてみたい。

第一節　近世資料に見る相馬領内の「御蔵」と港

中世南奥の海運に関する史料が極端に少ない現状では、後世に編纂された関連資料、とくに絵図・地図もを含めて利用することも必要になってくる。その一つに、相馬中村藩領（以下、相馬領と略述する）の海岸線を意識して描かれた「相馬領域沿岸図(12)」（図1）がある。相馬領原釜（福島県相馬市）から岩城領境（福島県浪江町）にかけての沿

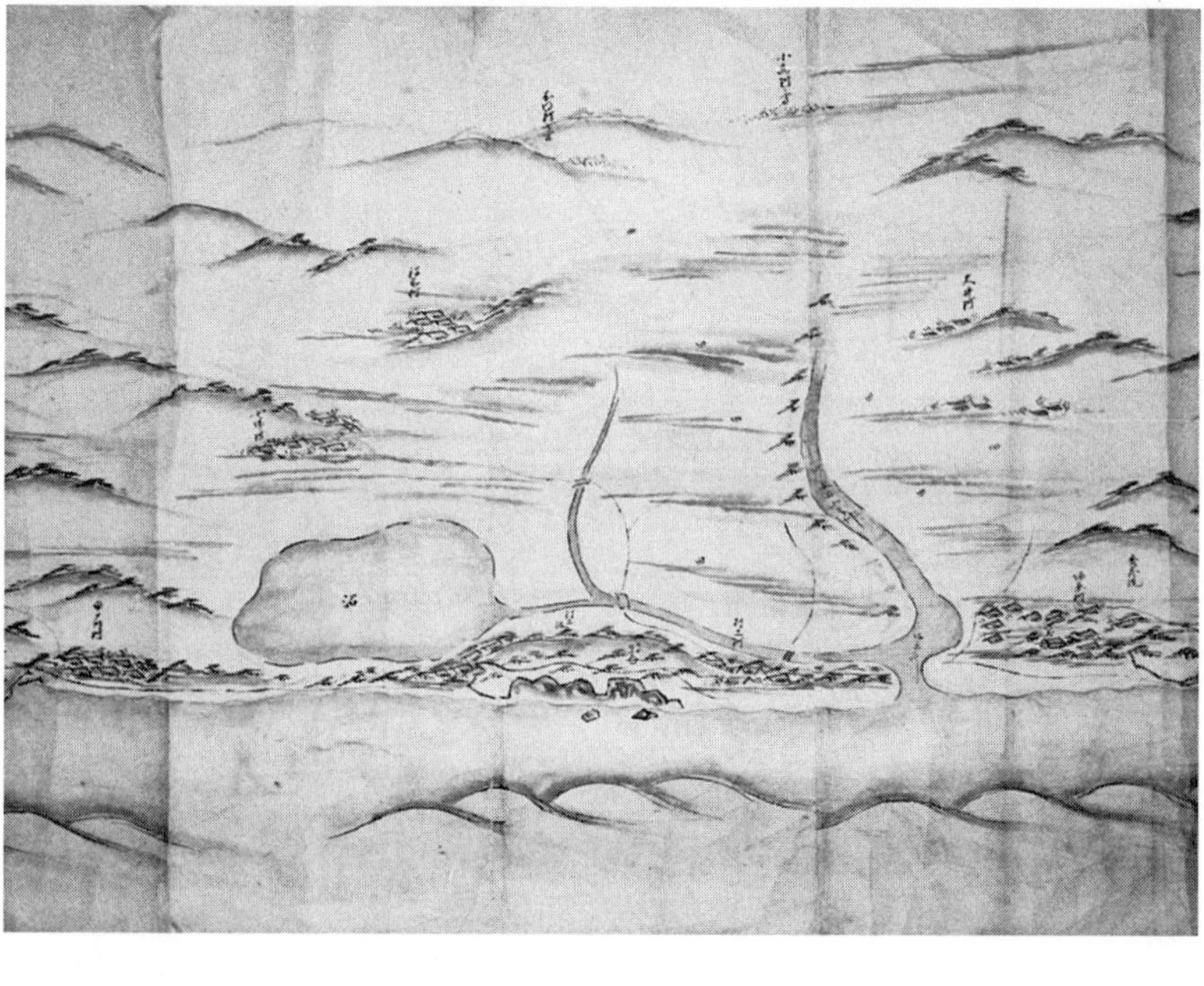

図1　相馬領域沿岸図

岸を描いたもので、おそらく近世後期の状況と思われる。

この絵図には、多くの入江と河川、村名、寺名、そして民家が描かれているが、とくに留意すべきは「御蔵」と記述された施設が記載されている点である。この「御蔵」は、北から順に、原釜村（相馬市）・南蛯村・烏崎村（以上は南相馬市鹿島区）・大磯・小浜村（以上は南相馬市原町区）・塚原村（南相馬市小高区）・受戸（請戸）村（双葉郡浪江町）の七か所に記載されている。その名称から、相馬中村藩関連の施設と考えることは妥当であろう。

ところで、相馬領は海岸線に沿って北から宇多（相馬市）・北（南相馬市鹿島区）・中（南相馬市原町区）・小高（南相馬市小高区）・北標葉（浪江町）・南標葉（双葉郡双葉町・大熊町）の六郷に分かれ、内陸部の山中郷（相馬郡飯舘村）と併せて七か郷から構成されていたから、「御蔵」は山中郷と南標葉郷を除いた五か郷に所在していたことになる。

では、この「御蔵」に納入されたものはどのようなものであり、さらにはこの「御蔵」が原釜以下七か所に置かれたのは何故なのであろうか。その際、「御蔵」が沿岸部に位置していること、「沿岸図」という絵図の作成意図から、海との関係、強いていえば海運との関連が想定できるのである。

相馬領の地誌としてもっとも利用される資料に『奥相志』[13]がある。この『奥相志』に「御蔵」に関する記述と思われるものが散見する。たとえば、宇多郷原釜村に、

鬼越　官稟あり。その第竪六十間横五十間余、宇多の郷の租税を此稟に収め之を巨船に積みて江府に運送せり

とあり、さらに北郷下海老村に「倉稟　海岸にあり、闔郷の税米を納め江戸に運船す」、中郷泉村に「泉崎といひ又は大磯といふ。山上に公稟あり」、小高郷塚原村に「蔵院（中略）旧釜ノ上にあり。（中略）郷中の年貢を大船に積み、当海より東都に運送せり」、北標葉郷受戸村に「倉庫　三つ海浜に在り。一は北標葉郷の租を納め、二は南標葉郷の

税を納む」とそれぞれある。

この下海老村は南蛯村に、泉村は大磯に該当するから、これに原釜村・塚原村・受戸村を加えた五か所が、「沿岸図」に描かれた「御蔵」七か所中の五か所と一致する。さらに、『奥相志』に記載されるように、この「官廩」や「御蔵」は徴収した「税米」「郷中の年貢」あるいは「租」「税」を「大船」に載せ、「江府に運送」するまでの保管施設であったから、当然のことながら、その近辺には港湊施設・機能が存在したはずである。

そこで、同様に『奥相志』から港（湊）の存在を記述する個所を検出しておこう。まず、原釜村に「北は新沼邑に接し並松界、港を以て当領の封彊となす北港と名づく。港は相馬の地なり」とあり、「原釜前、海深五六尋、西南風には則ち巨船停泊すべし。巨船数艘あり、所謂大天丸穀三百石を積む、（下略）」ともある。また、蒲庭村には、「南に浦あり、八沢浦といふ柚木浦に接す。其海口を八沢港といふ」とある。八沢港は、宇多郷と北郷の境界の地にあった八沢浦が海と結ぶ地域にあったのであるが、その南に南蛯村の「御蔵」があった。おそらく、南蛯村の「御蔵」は北郷北半の年貢集積地であり、その積出港が八沢港であったのであろう。後述する『吉田屋源兵衛覚日記』には「北郷蝦浜」とあるから、八沢浦南岸に八沢港があった可能性が高い。

続いて、烏崎村に「北は真野川下流を以て南右田邑の界をなす。川下に港口あり」とある。北郷南半の年貢集積地として烏崎村の「御蔵」があり、真野川の河口港が積出港であったろう。泉村には、

泉港　此地を泉崎といふ　広さ十間、深さ四尺、時によりて浅深あり。空船出入せり。在昔佐藤某、港に馬頭《はとば》をつくり、長者第の礎石を港に運ぶ。その土工成らずして多くの石、海底に沈みたりという

とある。ここは、泉川の河口港であり、大磯「御蔵」の積出港と思われる。

小浜村に「川は邑中を東流して海に達す。港あり。海浜平沙三町余」、さらに「港　滑川の海口なり。邑南大三賀

邑境にあり」とある。滑川の河口港は小浜村「御蔵」からの積出港として利用されたものと考えられる。さらに、塚原村に「川　水上は小高川なり。大井邑界より湊口に至る六百間余」、さらに「湊　幅十間、深さ四尺。時により浅深あり。空船出入す」とある。「湊口」とは小高川の河口港の意味であろうが、その小高川（「沿岸図」には塚原川とある）の北に塚原村「御蔵」があった。

受戸村に「受戸湊　棚塩界、川の落口なり。幅六十間、深さ四尺」とある。泉湊や塚原村の湊が「広さ十間」「幅十間」と記述されているのに対し、幅六〇間を有する受戸湊は、巨船が数艘停泊した原釜湊に匹敵する規模をもっていたのであり、相馬領内屈指の港であったことがわかる。

このように確認していくと、「御蔵」と湊・港との関係が明らかになる。もちろん、これ以外にも湊は存在したものと思われ、たとえば、尾浜村に「南浦は乃ち岩子及び新田浦に連続す。渺々たる海浦の間に南北の洲あり。是れ磯辺邑に属し、水茎山下の海口飛鳥湊と名づくを以て邑境となす」とあり、下海老村に「当邑の者、塩を焼き或は海浦に漁する者多く、漁船大小十三艘あり、魚塩を産物となす」とあって、大小十三艘の漁船を有する港が下海老村（南蛯村）にあった。

では、こうした湊・港が利用されたのはいつ頃まで遡ることが可能であろうか。これに関する史料もきわめて限られているが、まずは安政三年（一八五六）から明治一一年（一八七八）まで書き継がれた『吉田屋源兵衛覚日記』を利用することにしたい。

本史料は、相馬中村の商人吉田屋・鈴木庄右衛門の手代源兵衛の記録である。吉田屋は、中村藩の「要路と結んで藩の事業をつぎつぎと企画して藩財政を助ける一面、独占的な利権を得」た御用商人であった(14)。したがって、『吉田屋源兵衛覚日記』は鈴木家の事業に参画した源兵衛による覚書であるため、藩の内情にも詳しく、さらに当時の社会

情勢をも知ることのできる好史料である。その安政四年五月十七日条に、

北郷蝦浜へ御上り米御積立之船下帆ニ付、右御届ニ参り武次右エ門殿参ル、夕七ツ半頃、相生丸源蔵、原釜無事着岸、明日荷役之筈ニ而申遣候、南郷浜々江永栄丸・八幡丸、其外数艘下帆ノ由、塚原へ永栄丸、小浜へ大神丸、大磯へ正栄丸、蛯へ小八幡丸、原釜へ相生丸入津之由、

とある。

すなわち、「御上り米」を積み立てる船が北郷蝦浜に下帆したこと、七ツ半ころには源蔵が船頭である相生丸が原釜に着岸したこと、南郷の浜に永栄丸や八幡丸を始めとする数艘が下帆したことが記載される。そして、具体的に入港地と入港船の関係を列挙するが、それらは塚原へ永栄丸、小浜へ大神丸、大磯へ正栄丸、蛯へ小八幡丸、原釜へ相生丸がそれぞれ入津するというものであった。

また、同書安政三年七月一九日条には、北郷蝦浜の廻船長光丸が「無類難場、大浪ニ付」き、蝦浜に着くことが容易でなく、そのため、「請戸成り大磯・小浜・塚原成り共勝手之場所」へ回漕して積み立てることができるよう藩に願いあげるようにしたい旨が述べられている。既述の五港のほか、請戸湊も機能していたことがわかる。この六港に、既述の「御蔵」の位置が隣接していることは、「御蔵」が江戸方面に送り出す「御上り米」の保管場所であったことが同時代史料からも確認できるのである。

さらに、安政四年一〇月一八日条には、

昨日四ツ半頃より、原釜沖大船かけ場所へ唐船ト相見へ申候船一艘、北より走来りかけ置候ニ付、原釜唐船奉行阿辺新平様ヲ始メ役人惣体並給人村長迄も打寄、何れ公辺御船ニ候ハヽ、日ノ丸之御船印之相図も可有之ニ、其義も一円相見不申候、依之、当浜より一艘乗寄、何船ニ有之哉聞届不申ニ者相成間敷ト御評議之上（以下略）、

とある。原釜港の沖合に「大船かけ場所」があり、そこに唐船らしき船が「かけ置」いたというのである。この記述は、「大船」は原釜湊には直接入湊せずに沖合に停泊し、港岸とは恐らく艀のような小型船舶で往来していたことが想像できる。

いずれにしても、当時、相馬領内では少なくとも原釜以下六湊港が江戸を含む関東や南部との往来に利用されていたのであり、そのほかにも小型船舶が利用する湊津施設があったのである。

また、「沿岸図」には、松川浦や日下石浦、金沢浦・蛯沢浦など多くの入江が描かれているが、それらが湊として使用された痕跡はきわめて少ない。わずかに、江戸時代中期の成立と考えられる「大日本国細見全図[15]」では、「原釜湊」の南に「松谷《（川カ）》湊小舟出入アリ」とあって、松川浦も湊としての機能を持っていたとも考えられるが、原釜には特別の記載もせず、松川浦に敢えて「小舟出入アリ」と記述しているのは、大船が利用できる原釜に対し、小船しか利用できない松川浦の状況を反映したものと思われる。なお、この「松川湊」は既述の飛鳥湊のことであろう。

さらに、港が機能していた時期を遡ってみよう。寛文一二年（一六七二）一〇月、相馬領内棚塩村の舟乗七名が磐城領四倉沖で大風に遭って漂流し、高砂（台湾）に着船するという事件が起こった。彼らは、一〇月四日、「棚塩御米」を積み出し、一七日には中湊（那珂湊：茨城県ひたちなか市）に「上納」、二五日、帰船の際に遭難したのであった[16]。棚塩村は受戸村の北、請戸川の対岸に位置する。したがって、彼らは受戸村「御蔵」の年貢米を受戸で積み出し出港したものと思われる。このことは、受戸港の利用が少なくとも一七世紀に遡ることを意味する。

また、「利胤朝臣御年譜[17]」元和六年（一六二〇）条に「一、同年、利胤君ヨリ献上ノ材木、御領分ニ而取リ、舟積ニ而運送之」とあり、幕府に献上された材木が海上輸送されたことがわかる。具体的な港名を確認することはできないが、これが領内の港から輸送されたことは誤りなかろう。

第二節　磯部の「古館」と佐藤氏

「沿岸図」には、戦国期～近世初頭の館跡に関連する記述が見られる。すなわち、磯部村の「古館」周辺（図2）と、村上村の「村上館」（図3）である。なぜ、「沿岸図」に二つの館名が記述されたか明らかではないが、本図が「御蔵」を記載するなど海上輸送を意識したものであることを考えると、「古館」や「村上館」もまたその意識の延長上に位置づけられるように推測される。

　すなわち、『奥相志』の磯部村には、

　沼又古磯部浦といふ古磯部に在り。東西百六間、南北百六十間満水には二百間、沼の下に当り、小湊あり。橋あり、小湊橋といふ。此地港なく航海甚だ不便なり。有司古磯部の小湊を大にせんと議し、役夫数人をして之を穿たしむ。大波至る毎に之を埋め、遂に其功を成す能はずして廃す。時に文化某年なり。

とあり、古磯部浦に「小湊」があったことを記している。この「小湊」は「古湊」の転訛とも思われ、いつの時代か、古磯部に湊が存在したが、その利用価値が減少した時、「湊」は「古湊」に、さらに「小湊」に変わり、単なる地名として残ることになったものと思われる。それは、最終的に文化年間（一八〇四～一八）のことであったろう。

　しかし、磯部村の湊は、古磯部浦の「小湊」だけではなかった。同じく『奥相志』には、磯部村長洲について、

　此地沙洲にして大浜人家より北、松川海口に至る。南北一里八丁、東西四町余、東は蒼海にして波濤平沙を洗ふ。西は浦にして釣艇蘆辺に浮ぶ、実に明媚の勝地なり。（中略）又此地を古湊と云ふ。往昔港口ありと云ふ。今其の形を存す。

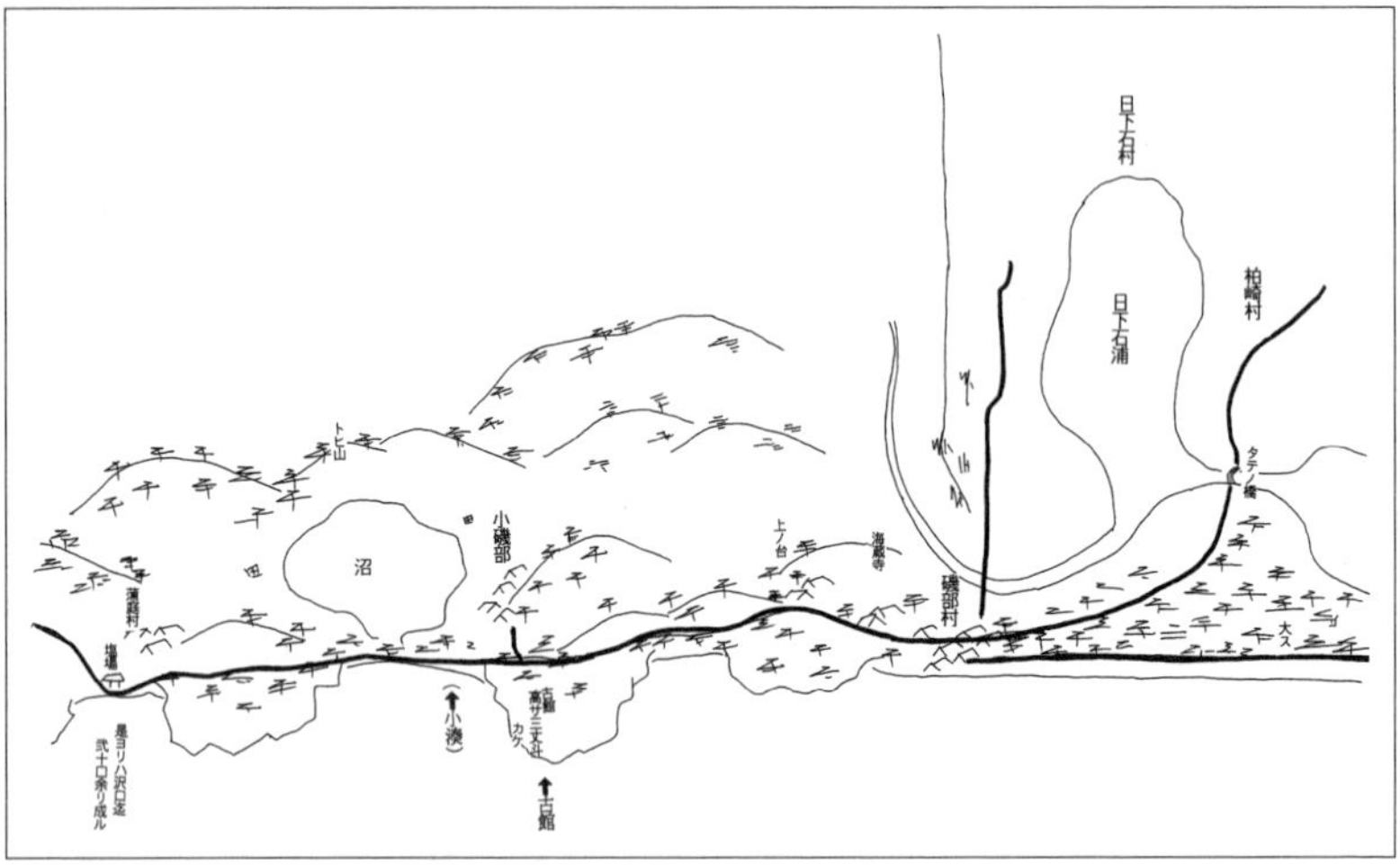

図2　磯部村「古館」周辺（「相馬領域沿岸図」）

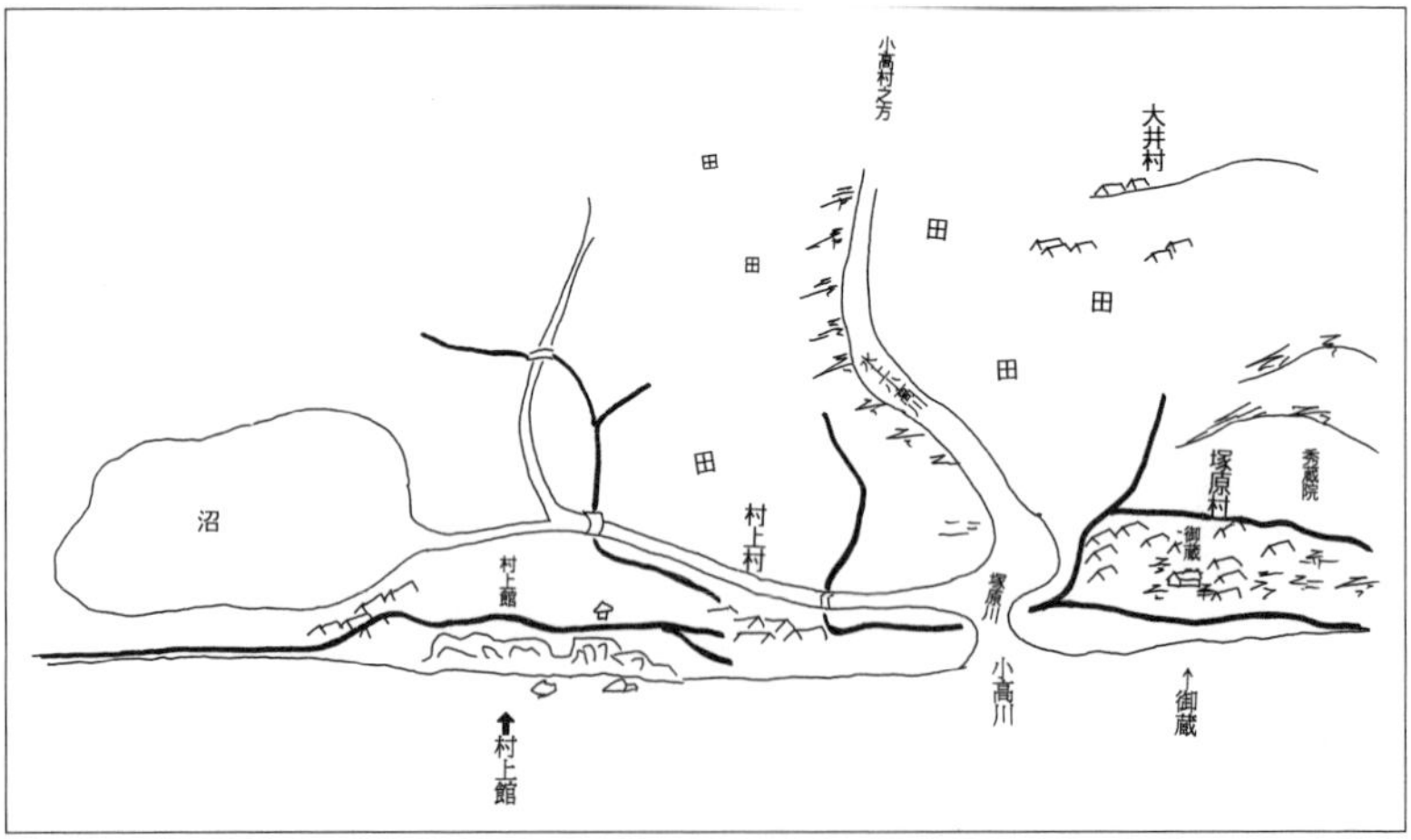

図3　「村上館」と塚原村（「相馬領域沿岸図」）

とあり、「古湊」の存在を記載する。もっとも、この「古湊」もいつ頃使用されていたか明らかにはできない。

この古磯部浦の「小湊」と長洲の「古湊」を見下ろす高台に「古舘」が存在した。同じく『奥相志』に、

古磯部旧舘

天文中、佐藤伊勢好信なる者岩城より来りて居舘す。（中略）其の地形卓然として峻峙犖爾腓平にして東西五町余今東方欠くること百間余、南北二町余北方欠くること四十間余。西方に二重の空壍ありて要害堅固、塁下の南中坦に調馬場の地東西長しあり。又乾の中坦に鐘楼の址あり、此の地を名づけて鐘撞場といふ。堡内南方に井の蹟あり、卉艸之を覆ふ、東方に昔は茶亭あり、此の地を名づけて茶屋崎といふ。その余多く古蹟を存す。此の塁に躋りて四顧すれば則ち、南は広々たる海浜民屋連り、古磯部浦池沼の如く、目下に在り。西は白田にして耕土、神林に系附し弥陀如来、寄木明神鎮座す信成ノ祠、山に隣る。北、鵜尾崎を望み、海際に卓立す、大浜の漁村、長洲の磧。東は大海万里一望、百船帆棹す。海水湛藻塘腰を洗ふ。其形勢恰も膳所江州・桑名城勢州に彷彿たり。実にこれ絶景の勝地なり。

とあり、佐藤氏の拠ったところと伝えられている。

佐藤氏と湊との関係を示す史料は確認されないが、長洲の南、中ノ台について『奥相志』は、「昔佐藤伊勢の老臣、佐藤土佐、此地に住む。其旧址を舘内といひ、その東を御崎といふ」とあり、さらに「其の南を中ノ台といふ。此地より船の出入りを為す」ともあって、「中ノ台」にも港機能をもった地区があったことを示している。佐藤氏の家臣によって、「古舘」以北に位置した港が支配されていたことを考えさせる。

佐藤氏に関しては、天正一七年（一五八九）一一月、伊達政宗が佐藤紀伊守に与えた知行宛行判物[18]に、

相馬弓箭本意之上、其身本領之事、

一、礒辺・富沢、　一、たちや・ゆのき　一、につけいし、

一、ほと田、　　一、かし八崎

右、をの〱於于明地者、無相違可下置者也、仍証文如件、

天正十七己丑年霜月廿六日　　政宗御書判

佐藤紀伊守殿

とあり、佐藤紀伊守（為信）が政宗から「其身本領」たる礒辺（磯部）以下を宛て行われていることが確認できる。

佐藤氏と磯部村との関係については、『伊達世臣家譜』巻之四(19)に、

（上略）隆信子左衛門、初称㆓平八郎重信㆒、重信子摂津、初称㆓伊勢盛信㆒、盛信子伊勢好信、好信子紀伊為信、紀伊初称㆓左衛門又宮内㆒為信為㆑祖、祖先以来、相続属㆓岩城家㆒、為信父好信、数有㆓戦功㆒焉、天文中有㆑故去㆓岩城家㆒、遊㆓事相馬家㆒讃岐守顕胤為㆓軍奉行㆒有㆑功焉、

相馬家賞之、漸加賜宇多郡磯部・蒲庭・柚木・日下石・立谷・富沢六邑、移居于磯部塁、

とあり、岩城氏の家臣であったが、天文中、相馬氏に属して磯部以下を宛て行われ、「磯部塁」に移ったことを記している。その後、『貞山公治家記録』天正一四年（一五八六）四月上旬条に、

亘理兵庫頭殿元宗ヨリ相馬家臣伊具郡小斎城主佐藤宮内諱不知、当城加勢郡左馬助・金沢備中ヲ害シ、足軽等ヲ殺シ、城ヲ以テ当家ニ属シ奉ルノ由申遣シ、嫡子右衛門勝信ヲ人質トシテ亘理へ差出スノ由、委曲注進セラル。

とあり、天正一四年に至って相馬氏のもとを去り、伊達氏に属するようになったのである。おそらく、磯部が佐藤氏にとって「其身本領」となったのは、天文年間以後のことであったと理解できよう。

佐藤氏が岩城氏のもとを去った理由を知ることはできない。しかし、天文三年（一五三四）に起こった相馬氏による岩城領北端の富岡・四倉攻略という事件は、数少ない両氏間の戦いであることから、その理由を考える際の可能性

を指摘しておきたい。

では、佐藤氏が磯部に入ったのは、単なる偶然であろうか。既述のように、磯部館（古舘）の北には長洲の「古湊」、南には古磯部浦の「小湊」＝古湊が位置していたのであり、「古湊」「小湊」＝港湊機能を視野に入れて「古舘」・佐藤氏との関係に留意すると、この「古舘」こそ、いわゆる「海城」の一つと理解できるのである。

たとえば、滝川恒昭氏は「海城」の定義として、

①海上勢力（領主）の拠点であること、

②港湾や海に突き出た岬あるいは山上などに築かれていること、

③海に対する見張り所・指揮所・通信施設という機能を有すること、

④海関の機能を有すること、

⑤海上警固の際、設置された警固所の機能と重なること、

などをあげている[20]。

こうした定義の全てを、磯部館と佐藤氏から導き出すことはできない。しかし、佐藤氏と海上交通とを関連づける史料はきわめて少ないそのなかで、天正四年（一五七六）一二月、伊達輝宗が佐藤大隅守に与えた判物[21]は貴重である。すなわち、

岩城之船一艘、伊達領中津々添々不可有諸役、其外見合相伝方質堅令停止候也、仍如件、

天正四年丙子拾二月廿三日　　輝宗（花押）

佐藤大隅守殿

とあり、伊達領内の「津々添々」における諸役の免除を「岩城之船一艘」に認めたものであるが、それが佐藤氏に宛

てて下されたのである。「伊達領中津々添々」が具体的にどこか不明な点もあるが、海上を往来する「岩城之船」に佐藤氏が関与していたことは確かであろう。

また、同一五年一二月、岩城常隆は佐藤大隅守に対し、「舟壱艘・竈壱具」を大隅守の弟「勘解由左衛門幷かつさ」に譲渡すべきことを命じている。[22] さらに、慶長元年（一五九六）と推測される岩城氏年寄連署状[23]によれば、佐藤貞信および三坂隆長が連署して四倉に関連する四倉下野守に対し、「舟方之事」について下知を加えている。

既述のように、佐藤氏（の一族）が岩城氏を去った背景に、相馬氏による岩城領北端の攻略を推測した。この地域に多くの湊があったことはすでに綿貫氏が究明しているが[24]、岩城領の船は猟船・大船・小船・丸木船に区分され、大船・小船こそ廻船に相当すること、「天正期以降には岩城領にも複数の廻船をもち、領内に限定されない運航を行い得る廻船人が存在」したことを指摘している。

綿貫氏も活用した文禄四年（一五九五）の佐竹義憲岩城領小物成目録[25]は、当該期の太平洋海運を知るうえで貴重であるが、相馬氏が攻略した岩城領の北端地域に関しては、

一、大舟弐艘　　四倉村
一、猟船拾弐艘　　同村

とある。周辺に「猟船」を持つ村名が記載されるが、いずれも数艘の範囲で廻船を前提とした海上交通を考える時の決め手とはならない。そうしたなかで、四倉村の大船二艘は留意すべきであり、この地域を攻略しようとした相馬氏の意図も自ずと理解できよう。

結果的に、四倉は岩城領に属することになるが、そうした状況下での佐藤氏の動向を理解すべきであり、わずかな事例しか検出できないものの、佐藤氏と船（海上交通）との関係は想定できるように思われる。

岩城氏麾下の志賀氏も、海上交通に関係していた。すなわち、天正一〇年（一五八二）三月、岩城親隆が志賀弾正に与えた印判状には、「こなたへあかり候ふな役、としに三そう分の事、わひ言に任せ候、為後日一筆を遺候」とあって志賀弾正が年間三艘の「ふな役」を免除されており、同一四年二月、岩城常隆は志賀弾正忠に対し、以前から所有してきた船については、定めに従って「公役」を勤め、新しく建造された船については、命令が下された場合はどこへでも出帆すべきことを条件に「諸役」を免除している(27)。

したがって、岩城氏のもとでは、少なくとも佐藤氏や志賀氏が船を所有し、何らかの海上交通に関連してことがわかる。こうした流れのなかで、次の史料を位置づけることも可能であろう。すなわち、次の岩城常隆判物(28)である。

佐藤伊勢守、就生涯申付候処ニ、仕合共神妙候、万一以此題目、向後横合に候者、涯分可申付候間、可心安者也、仍如件、

天正十六戊子季
　卯月晦日　　常隆（花押）
　　志賀弾正忠殿

この史料について若松富士雄氏は、同年四月二七日付志賀親吉契状(29)と関連づけて、佐藤伊勢守殺害を常隆から命じられた志賀弾正忠が、志賀親吉・富岡治部・親助とも謀って伊勢守を殺害したことを明らかにしている(30)。確証はないものの、何らかの海上交通に関連した志賀氏と佐藤氏の対立を読みとることもできよう。

推測に基づく展開となったが、海上交通に関連する佐藤氏の存在、それは岩城氏を去って相馬氏のもとに属して後も、その特性を考慮して「小湊」のある磯部に配置され、海城としての磯部館の館主として一時期を過ごしたのである。

第三節　「村上館」と相馬義胤

村上村は塚原村の南岸に位置し、両者の境界は小高川であった。「沿岸図」に見られる村上村（図3）と、明治二一年の字限図（図4）を比較しておきたい。

図4は現在の地形に類似し、小高城の直下南を東流した小高川は村上に接するとそのまま北上し、塚原の南で太平洋に流れ出している。また、村上の西を北上する小高川に沿うかたちで、その東側を村上を迂回するかたちで前谷地の沼地に入る別の小河川が、明治四一年の迅速地図（図5）から確認できる。

しかし、図3の小高川は異なる。河口部に塚原川と記された小高川は、南下することなく塚原に沿って西に遡行し、小高川の河口部から分かれた小河川は南下して前谷地の沼地に遡行し、あるいはその途中で分かれて西へ遡行する。すなわち、小高川の河口部は、西から東流する本流と南から北上する小河川の合流地点であった。

したがって、塚原の南を東流する小高川は、中流域から南を迂回するかたちで北上する小河川の西側に取り付き、北上して海上に流れ出るように改修されたことがわかる。図4に見られる塚原村の字名「川寄」「塩堀」「北谷地」「東谷地」「南谷地」「中谷地」などは、本来の小高川の流域（の一部）、あるいは後背湿地であった可能性がある。

では、塚原の湊はどこに位置していたのであろうか。まず、『奥相志』には、

地勢平夷、邑域東西十一町ばかり。北の方に山あり。南北十七町ばかり。東は沿海平沙五町許り、西は大井邑に境す。南界村上邑、北は堤谷邑の山に界し、松林あり。川は村上邑界を東流して海に入る。

とあり、さらに「地名」を記載するが、そのなかに「日向人家三戸、沼ノ上人家二戸、（中略）諏方前人家一三戸、釜ノ上人家二十三戸、衙

宇一戸」とあり、「衙宇一戸」（村役所か）のあった釜ノ上が戸数からも村の中心であったことがわかる。「釜ノ上」地区に「蔵院」があったことは既述した。また、「神祠」の一つに、

荷渡権現　宮方四尺、右同処（諏訪前）にあり。（中略）二十四邑の運糧船をこの浜より出す。故にこの神をま

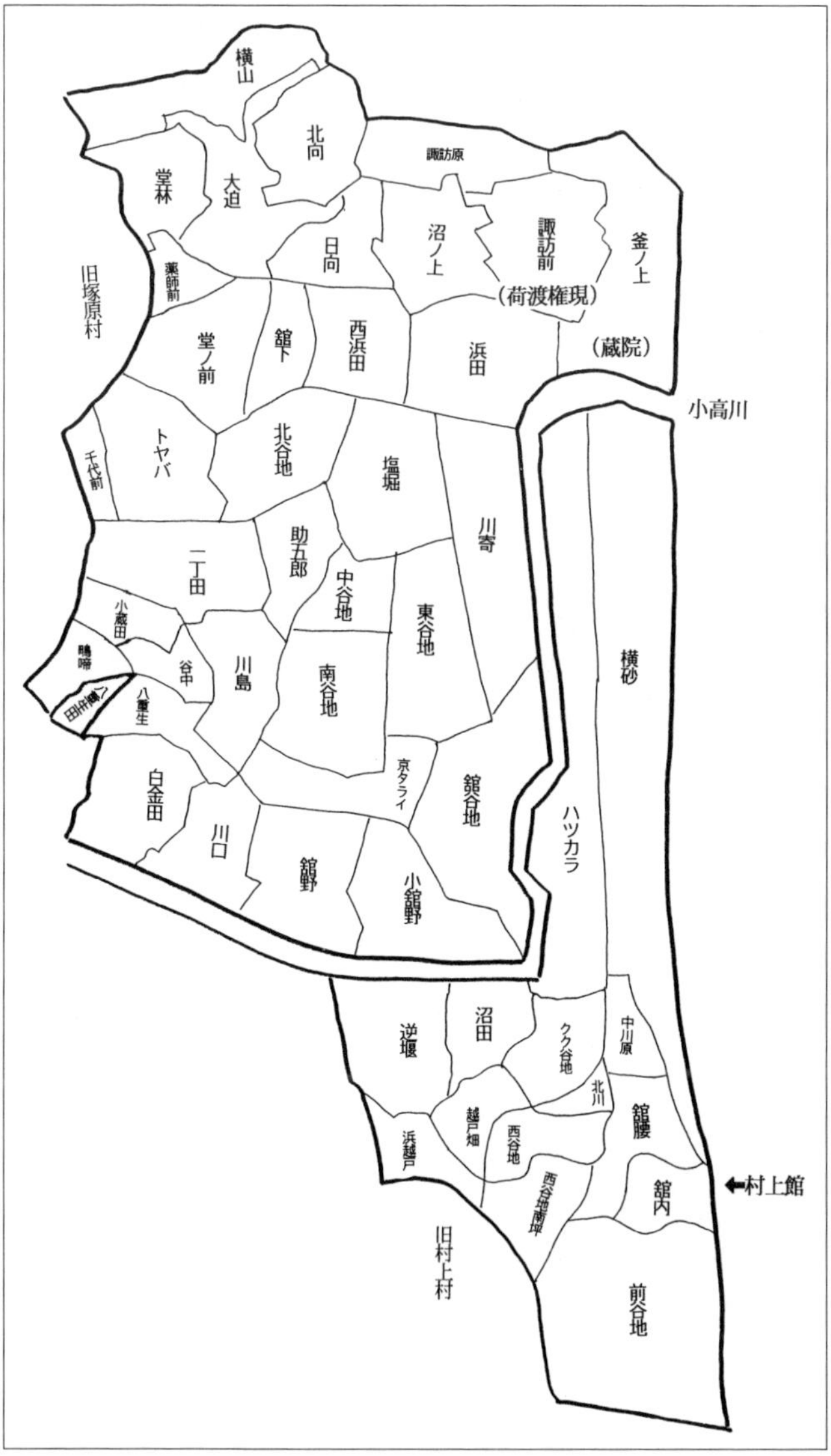

図4　村上村と塚原村（明治二一年字限図）

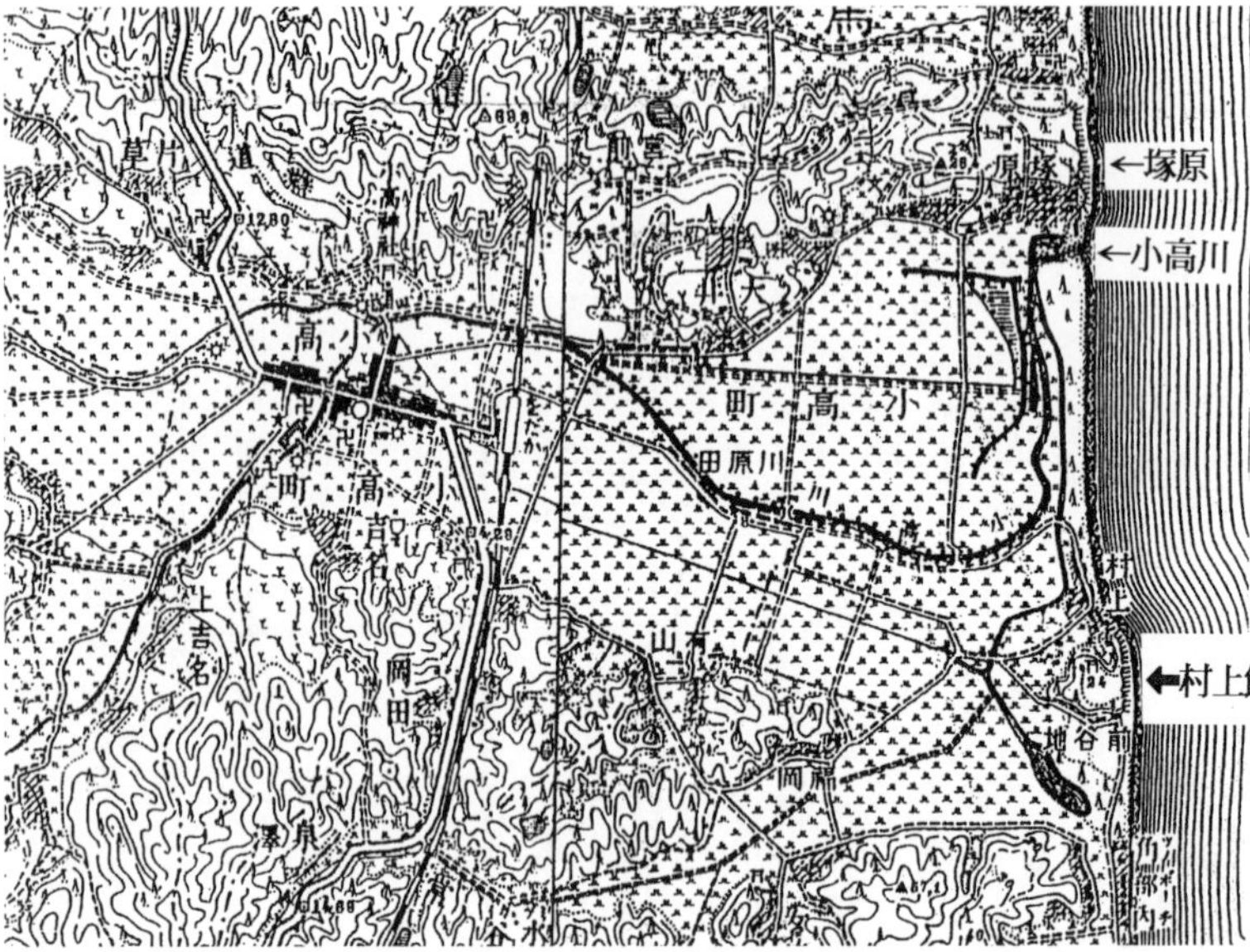

図5　小高川の流路（明治四一年迅速地図）

つる。蓋し水神か。

があり、「諏方前」地区に「運糧船」を出帆させる浜（湊）があったことがわかる。ただし、図4からは「諏方前」は浜に接しておらず、「この浜」が「諏方前」ではなく、たとえば、南を東流する小高川の浜のようにほかの浜が考えられる。

この塚原港を見下ろす高台に「村上館」があった。村上館に関する記録はほとんど確認されないが、『奥相志』の、

古館　（上略）古塁高く蒼海に臨み潮沼西に回り北に川流ありて最も要害の地なり。故に先君義胤公、将に小高城より転じてこの地を相す。慶長元丙申年経営土工已に成りて、良辰をえらび明日将に殿柱を建てんとす。忽ち火災ありて材木尽く灰燼となる。以て不祥となしすはち之を廃し、遂に牛越城に築けり。

という記述は、きわめて示唆に富む。

中世相馬氏の本拠は小高城であったが、慶長二年（一五九七）、行方郡牛越城（南相馬市原町区）に本拠を移した。しかし、関ヶ原の戦いに徳川方に加わらなかったため所領

を没収されたが、後に赦され、ふたたび小高城を本拠に戻した。その後、慶長一六年に本拠を宇多郡中村に移し、以後、相馬中村藩の城下として整備されるのである。その経緯については、藩の年譜「利胤朝臣御年譜」（『相馬藩世紀』第二）に詳しいが、村上館に関する記述は一切見られない。

したがって、当時の当主相馬義胤（利胤の父）が要害の地という理由でもって本拠を小高城から「村上館」に移そうとしたことの確証はない。しかし、図4にも見られるように、「館内」や「館腰」といった城館跡に関連する地名も残され、「舘谷地」「小舘野」「舘野」が対岸の塚原村にみられる。これは、小高川がその北部を東流していた時期の状況を示すものであり、村上館との関連を示唆する。

近世のことではあるが、北に見下ろす位置に湊港が存在しており、塚原の湊を視界に入れた海城としての性格を「村上館」に設定することが可能であろう。それは、古磯部浦の「小湊」に対応する小磯部の「古舘」との関係に極似する。

村上村は、正応二年（一二八九）二月、相馬師胤と思われる平某から松鶴丸（師胤の子重胤か）に譲与された所領のひとつである「村上浜」に該当し、以後、いわゆる相馬惣領家（近世の中村藩主家）に伝領された根本所領の一つであった。(31)もちろん、綿貫氏も指摘するように、(32)浜の相伝が直接的に海運に結びつくわけではない。しかし、その対岸に存在した湊を視野に入れるならば、中世後期、義胤が小高川河口部に本拠を移そうとした背景に、湊という流通拠点を把握しようとする意図を読みとることもできよう。

もっとも、村上館は火災によって移転できず、そのため、行方郡北部に位置する牛越城（南相馬市原町区）に移ることになったのである。牛越城は、新田川（仁井田川）の上流に位置し、近世になると、その河口部には「御蔵」が設置され、大磯の湊があったことは既述した。もっとも、牛越在城時、相馬氏は改易処分を受けて義胤自身は蟄居せざるをえず、また、牛越城も幕府によって接収されることになった。慶長七年五月のことである。その後、行方・標葉・宇多三郡支配を安堵された相馬氏がふたたび牛越城に戻ることはなく、中村城に本拠を移したのは慶長一六年であることは既述した。

第四節　「村上館」から中村城へ

中村城の位置する宇多郡は、建武二年（一三三五）六月、その検断権が武石胤顕とともに相馬重胤に与えられたが、同時に結城宗広が知行を認められてもいた。後に、後醍醐天皇に与した宗広と足利方に就いた相馬氏が対立する原因がここにあった。結城氏は、宇多郡を支配するため、熊野堂（相馬市）に楯を築き、さらに宇多庄には「黒木入道一党・福嶋一党・美豆五郎入道」らが立て籠もり、相馬氏に対峙したのである。

ところで、『奥相志』は中村六郎（広重）を結城氏の一族とし、苗字の地を下総国「結城中邑」に求めるが、宇多郡に「仲村」郷が存在したことは『和名類聚抄』からも確認できる。また、北畠親房が派遣した五辻顕尚が結城親朝に宛てた書状[33]には、「其境御発向、雖被相延、其間モ先於近辺、可致戮力之由、中村入道・黒木等ニ可有御下知候哉」とあって、親朝が下知すべき対象として黒木氏の他に「中村入道」がいた。中村入道が、宇多郡中村に由来する可能性は高い。したがって、結城宗広は黒木・中村という宇多郡内の地域領主を介してその支配をおこなったと考えるべきであろう。

では、中村氏や黒木氏の拠点はどこであろうか。黒木氏の本拠は、相馬市黒木に現存する中世城跡がそのまま南北朝期の遺構とは考えられないものの、この城跡の東側を南北に通じる現国道一一三号線は、古代からの道であって、その後も中世の道として利用された[34]。さらに、南北朝期には「霊山搦手」とも位置づけられた黒木城が、きわめて交通の要衝を抑えていたことは確かであろう。

それでは、中村氏の本拠はどこにあったのだろうか。建武四年正月、相馬胤頼が氏家道誠に提出した着到状[35]には、「松鶴、雖幼少付着到之処、□族等相催之、宇多庄打越、結城上野入道代中村六郎数万騎楯籠当庄熊野堂之処、猶寄打散畢」とあって、中村氏の拠点として熊野堂が考えられる。しかし、建武三年三月、相馬光胤が氏家道誠に提出した軍忠状[36]には「白川上野入道家人、宇多庄熊野堂楯築間」とあり、相馬氏の小高築城に対抗して、結城氏が独立丘を利用して熊野堂城を築いたと考えられる。したがって、熊野堂城は平時の館とは考えられず、必ずしも中村氏の本拠であったとは考えられない。

そこで考えられるのは、『奥相志』の「道忠乃ち要害を成田邑に築き、一族中村六郎広重をして居らしむ此所を今、館の腰といふ」という記述である。この「舘の腰」は、相馬市成田の字名で熊野堂の南に位置する。「舘腰」は昭和六三年に発掘され、一辺一二〇メートルの方形を囲む幅約一三メートル前後の堀状遺構が三方に確認され、方形館跡の存在が明らかにされている。その際、南側は霍乱して堀状遺構は確認されず、しかもその周辺区域は礫岩が堆積していたから、現在は熊野堂北側を流れる宇多川が舘腰の南側を東流していた可能性が高いという[37]。宇多川に接して「舘腰」遺構は立地していたのであり、水運との関連を意識させる。

ところで、明治二一年に作成された「舘腰」が含まれる成田村および大曲村・馬場野村の字限図（図6）を見ると、舘腰の東に「瓦宿」が位置していることに気づく。「瓦宿」は川原宿の当て字であろうが、川原宿には宿や市場が混在し、地域権力の政治拠点と結びついていることはすでに指摘されている[38]。しかも、その周囲を見ると、天王前・八幡下・若王子前・阿弥陀堂・不動前・鹿嶋前・天神前といった字名から諸社寺のあった痕跡が、加えて船橋・五郎右

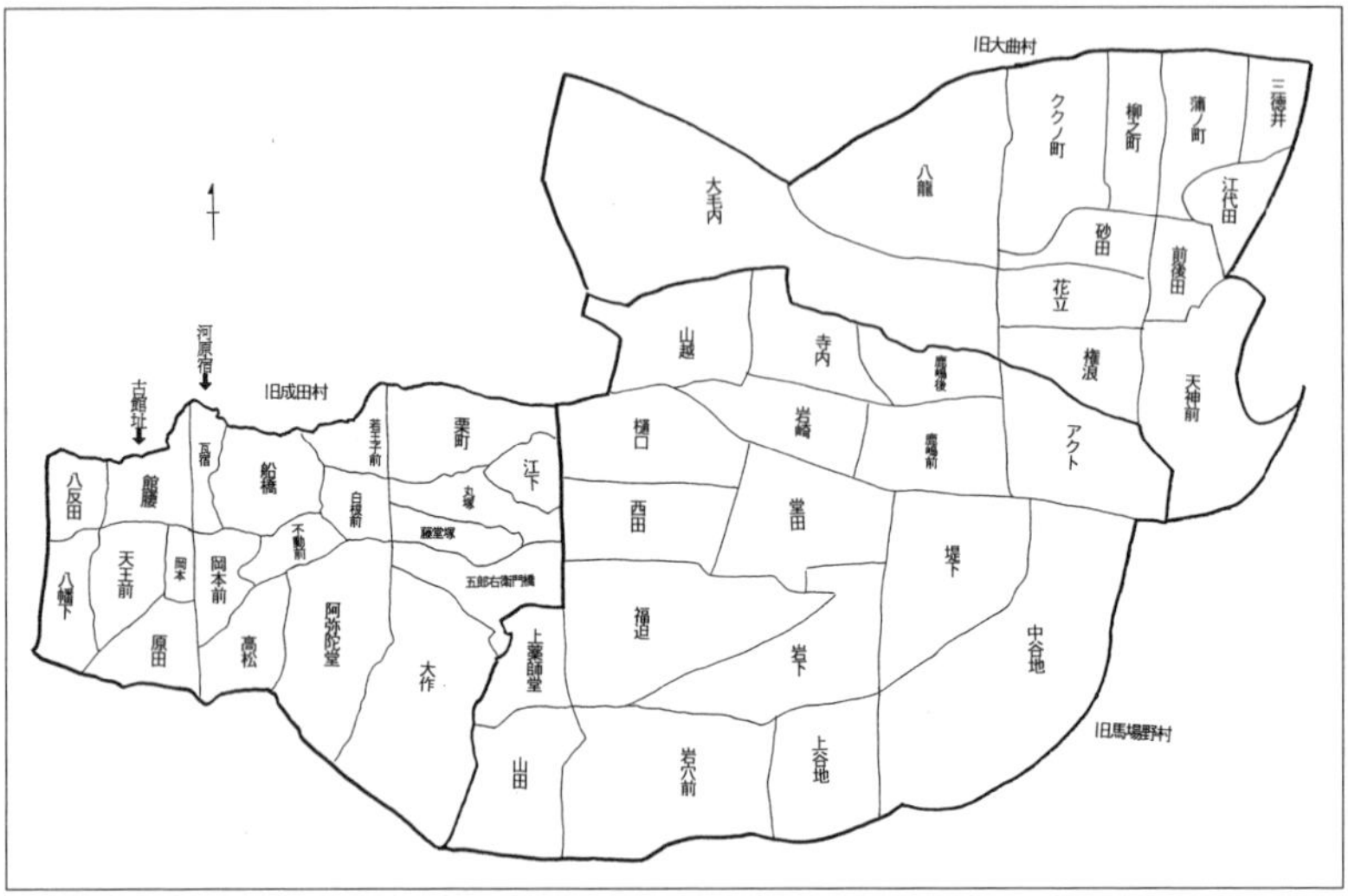

図6　館腰と瓦（川原）宿周辺字限図（明治二一年）

衛門橋から河川に架かる橋の存在がそれぞれ推測されるなど、この地域が人びとの集う都市的場であったことを思わせる。なお、中世の宇多川は「館腰」遺構の南側を流れ、その北側が中村の中心であったとの指摘もある。[39]「上谷地」「中谷地」「アクト」と続く字地は、その北側に「堤下」があることによって、旧河川の跡とも考えられる。

また、館腰の東北には宇多郡衙と推測される黒木田遺跡[40]が、館腰の北には熊野堂城を経て黒木城がそれぞれ位置し、館腰と「瓦宿」とのあいだを南北に通じる街道がこれらを結びつけていた。こうした陸上交通路と宇多川の交差する地点に「館腰」遺構が位置づけられ、この地が中村氏の本拠であった可能性は否定できない。あるいは、「宇多」[41]の湊とは、南朝方の拠点とする熊野堂城や「館腰」遺構に結びつく宇多川河口部（現松川浦）であったろうか。

しかも、「館腰」遺構に隣接する街道が、さらに東側に位置する新道に付け替えられ、いわゆる近世の「浜街道」が成立するのは義胤・利胤父子が中村城に移った慶長一六年以降であるから、それまでは「館腰」遺構に隣接する街道が機能していたのである。また、宇多川の付け替えも慶長一六年以降の城下整備に関連してであり、その際、中村城の堀に通水するための取水口が上流部に設けられたという[42]。

したがって、「館腰」遺構周辺地域にみられる交通の要衝という性格は、中世後期に遡るも基本的には変わらなかったとみるべきであろう。もちろん、松川浦の汀線がまったく変わらなかったとは思われず、小船の出入りする松川湊に対し、大船が利用する原釜港のように、時代によって多用される港の位置は変化したかもしれない。

中村城の築城期は不明だが、『奥相志』によれば、

> 昔大永年間、樵夫常にこの山に入り、枯木を折り落葉を拾ふ。仰いで山勢を視、伏して地の理を察して曰く、奇なる哉この山自ら地形を成す。之を築けば則ち名城たらんと。時に中村某中村広重の後孫、建武以来世々中野の塁に居る樵夫の言を伝聞して大いに悦び、館をここに築き、樵夫の故を以て名づけて夫館と云ふ。

とあるように、大永年間（一五二一～二八）との記録もある。

戦国期、「館腰」遺構がどの程度に機能していたかはわからない。しかし、この地域の持つ交通の要衝という性格は、「館腰」が廃されて中村城が機能するようになっても変わらなかったのである。この機能の掌握こそ、小高城から本拠を中村城に移した義胤の意図だったのではなかろうか。

むすびにかえて

近世資料から、南奥の海運状況の一部を描写してきた。その湊港施設のある地域には、中世に遡って「海城」が存在したところもあった。すなわち、相馬氏が小高城から村上館に本拠を移した背景を、村上館の海城的性格を介して

理解し、類似した事例として磯部の「古館」を指摘した。牛越城を廃した相馬氏が、最後に本拠を移したのが中村城であったが、この地もまた古代以来、陸上交通と水上（海上）交通の交差する地域であり、それは近世初頭にいたるまで変わらなかったことを類推した。相馬氏という地域権力が、拠点を移すという行為を交通拠点を視野に入れて考えてみたのである。

結果的に関連資料の希少性は埋めがたく、類推に類推を重ねる結果になったことは隠せず、滝川氏の指摘する「強引な史料操作・状況証拠に依拠して過大評価」の誹りは免れまい。しかしながら、史料の希少性を克服する方法の一つと考えており、さらに深化させる方法を模索すべきとも考えている。なお、相馬氏の本拠移転の背景に、交通上の要衝掌握を指摘したが、そのような方向性がどのような背景のもとに形作られていったのか、あるいは経済上の課題克服だけが目的だったのかについては、以下の第六～八章で詳述したい。

註

（1）『社寺参詣の社会経済史的研究』（一九六四、後に増訂されて『新稿社寺参詣の社会経済史的研究』一九八二、および『中世水運史の研究』（一九九四）。
（2）「武蔵国品川湊船帳をめぐって—中世関東における隔地間取引の一側面—」（『史艸』第三〇号、一九八九）、「中世東国と太平洋海運」（『六浦文化研究』第二号、一九九〇）、後に『中世東国の太平洋海運』（東京大学出版会、一九九九）に収録。
（3）渡辺英夫氏『近世利根川水運史の研究』（二〇〇二）および『東廻海運史の研究』（二〇〇二）。
（4）「房総里見氏と江戸湾の水上交通」（『千葉史学』第二四号、一九九四）、「上総天神山湊と野中氏」（『千葉県の文書館』第四号、一九九九）、「戦国期江戸湾における小林氏の動向」（『六浦文化研究』第一一号、二〇〇二）。
（5）拙稿「海の道・川の道」（『仙台市史　通史編2』二〇〇〇）および飛田英世氏・桃崎祐輔氏「茨城県波崎町の碇石」（『六浦文化研究』第一〇号、二〇〇一）。なお、石原渉氏『碇の文化史』（思文閣出版、二〇一五）を参照。

（6）永原慶二編『常滑焼と中世社会』（一九九五）、（財）岩手県埋蔵文化財センター報告書第二四七集『柳之御所跡発掘調査報告書』（一九九五）。

（7）市村高男氏「中世東国における内海水運と品川湊」（『品川歴史館紀要』第一〇号、一九九五）、「中世港湾都市那珂湊と権力の動向」（『茨城県史研究』第八七号、二〇〇三）および「中世後期の津・湊と地域社会」（『津・泊・宿—中世都市研究3』所収、一九九六）、峰岸純夫・村井章介編『中世東国の物流と都市』（山川出版社、一九九五）、藤原良章・村井章介編『中世のみちと物流』（山川出版社、一九九九）。

（8）遠山成一氏「中世房総水運史に関する一考察—舟戸・船津地名をめぐって—」（『千葉城郭研究』第四号、一九九六）、滝川恒昭氏「戦国期の房総太平洋岸における湊・都市の研究」（『千葉史学』第三二号、一九九七）。

（9）滝川恒昭氏「中世東国海上交通の限界・制約とその対策」（浅野晴樹・斎藤慎一編『中世東国の世界2　南関東』〈高志書院、二〇〇四〉所収）。

（10）「陸奥南部の郡衙立地条件と水運」（『福島県立博物館紀要』第一五号、二〇〇〇）。

（11）「中世陸奥国南域の海運拠点について」（『国史談話会雑誌』第四三号、二〇〇二）。なお、「中世陸奥国の海上交通と陸上交通」（柳原敏昭・飯村均編『鎌倉・室町時代の奥州』高志書院、二〇〇二）も併せて参照。

（12）岩崎真幸氏所蔵、相馬市教育委員会寄託。以下、「沿岸図」と略述する。なお、同資料については水久保克久氏（元南相馬市立博物館）からご教示を得るとともに、相馬市教育委員会・所蔵者岩崎氏のご厚意により原本を確認できた。また、海野修氏（当時・相馬市図書館）には資料の提供を受けた。記して謝意を表するものである。

（13）『相馬市史4　資料編1』（一九六九）。

（14）岩崎敏夫氏「『吉田屋日記』刊行の意義」（『吉田屋源兵衛覚日記』第一冊、一九八四）。

（15）神戸市立博物館所蔵。仙台市博物館で行われた「伊能忠敬」展（二〇〇四）に展示されていたものを視認した。

（16）相馬家所蔵「忠胤朝臣御年譜三」（『相馬藩世紀』第二、続群書類従完成会、二〇〇二）延宝元年九月二三日条。

（17）『相馬藩世紀』第一（続群書類従完成会、一九九九）。

(18)『原町市史4　資料編Ⅱ』（二〇〇三）所収。
(19)『仙臺叢書・伊達世臣家譜　第二』（仙臺叢書刊行会、一九三七、後に宝文堂出版株式会社から復刻、一九七五、本書は復刻版を使用）。
(20)「戦国期江戸湾岸における『海城』の存在形態」（『千葉城郭研究』第三号、一九九四）。
(21)秋田藩家蔵文書二四（『いわき市史八　原始・古代・中世資料』41の八、一九七六）。
(22)秋田藩家蔵文書二四（註（21）前掲書41の四）。
(23)秋田藩家蔵文書五〇（註（21）前掲書56の一三）。
(24)註（11）前掲書。
(25)註（21）前掲書122。
(26)志賀文書（註（21）前掲書23の一）。
(27)志賀文書（註（21）前掲書23の二）。
(28)志賀文書（註（21）前掲書23の三）。
(29)志賀文書（註（21）前掲書23の四）。
(30)「戦国の大詰めと左京大夫常隆」（『いわき市史一　原始・古代・中世』第三章第二節、一九八六）。
(31)以下、中世の相馬氏については、拙著『相馬氏の成立と発展』（戎光祥出版、二〇一五）および『新地町史　歴史編』（一九九九）、『原町市史1　通史編Ⅰ』（二〇一七）等を参照。
(32)註（11）前掲書。
(33)有造館本結城古文書写（註（18）前掲書二二四）。
(34)福島県教育委員会『浜街道　勿来関―新地』（一九八五）。
(35)相馬家文書（註（18）前掲書一六七）。
(36)相馬家文書（註（18）前掲書一五四）。

(37) 橋本博幸氏（元相馬市教育委員会）のご教示による。なお、福島県教育委員会『福島県の中世城館跡』（一九八八）および註（31）前掲『新地町史　歴史編』を参照。
(38) 斉藤利男氏「中世東国の地方都市」（『中世の東国―夏・秋』三・四号、一九八二）、「境界都市平泉と北奥世界」（高橋富雄編『東北古代史の研究』所収、一九八六）。
(39) 岩本由輝氏「近世中村城の造営と城下町中村の形成―奥州浜街道と宇多川の経路の推移―」（『国立歴史民俗博物館研究報告』第六七集・一九九六。後に『歴史としての相馬』刀水書房・二〇〇〇に収録）。
(40) 相馬市教育委員会『黒木田遺跡』（一九七七）。
(41) 松平結城文書（註（18）前掲書一九八）。
(42) 註（39）前掲書。

第六章　戦国武将相馬義胤の転換点

はじめに

慶長一六年（一六一一）一二月、相馬氏は、南奥浜通り（太平洋側）の小高城（福島県南相馬市小高区）から、その本拠を中村城（相馬市中村）に移した。相馬中村藩の年譜「利胤朝臣御年譜」同月二日条には、「小高城ヨリ宇多郡中村ノ城江御移、此年七月ヨリ中村ノ城新成、同冬御普請成就、御在城ヲ被移」とある。

中村藩主相馬氏は、下総国相馬郡を本貫地とする鎌倉御家人で、鎌倉時代末期の元亨二年（一三二二）七月以前、行方郡小高村に移住した相馬重胤に始まる。[1]下総国に残ったいわゆる下総相馬氏に対し、奥州相馬氏とも俗称される。爾来約二九〇年間、一時、牛越城を本拠としたこともあったが、基本的には小高城に拠って浜通り北半を中心とする領域を支配した。その奥州相馬氏が小高から移り、以後、中村城が明治維新に至る約二六〇年間、相馬中村藩の本拠となるのである。この間、徳川家康に所領を没収されたものの、中世以来、明治維新まで一度の国替えもなかった全国的にも希有の存在であることを標榜している。

この中村城移転について、『相馬市史1　通史編』（一九八三）には、「(小高城は)対伊達防備に不利であるなどの理由から、十一代利胤のとき、宇多郡中村に大規模な築城工事を起こした」とあり、あるいは「半世紀以上にわたる北方の雄、伊達氏との抗争を十分意識しての築城」などと、仙台藩、とくに伊達政宗との緊張関係のなかでの移転であったことが強調されている。さらに、「六二万石に対する六万石の抵抗は、とうてい武力だけかなう筈もなく、……いわゆる武士道精神が要求され……野馬追の隆盛もその一つの現れ」というかたちで、いわゆる「野馬追い」が盛んに行われた背景にもなっている。

それは、移転時の藩主利胤の父義胤（外天）が没した時、その遺体は甲冑を帯び、北方に向かって埋葬されたとの「義胤朝臣御年譜二」寛永一二年（一六三五）一一月一六日条とも関連して、仙台藩・伊達政宗を意識するなかで、中村城移転も評価されてきた。しかし、義胤の評価、あるいは中村城移転は、仙台藩や政宗を意識しただけの評価であり、行動であったことには疑問も多い。

近年、義胤の発給文書を整理・検討するなかで、(2) 義胤の評価も変わりつつあるが、それは中村城移転に対する評価に再検討を求めることにもなるはずである。こうした視点から筆者は、太平洋の海上交通を前提とした中村城移転を指摘することがあった。(3) しかし、そこでは近世資料と近代の迅速地図に見られる地名などからの考察が中心となり、当該期の政治・経済状況からの検討については紙幅の関係から割愛せざるをえなかった。そこで本章では、前章との若干の重複を認めたうえで、当該期の政治・経済状況のなかから、中村城移転が、相馬氏・相馬中村藩にとっていかなる意義・目的をもつものであったかを考えていきたい。

第一節　本拠移転の経過

一　村上館への移拠計画

相馬氏の本拠移転は、慶長一六年の中村城移転が初めてではない。後代に編纂された史料ではあるが、『奥相志』に、

村上館・古舘

古塁高く蒼海に臨み、潮沼西に回り北に川流ありて最も要害の地なり。故に先君義胤公、将に小高城より転じてこの地を相す。慶長元丙申年経営土工已に成りて、良辰をえらび、明日将に殿柱を建てんとす。忽ち火災ありて材木尽く灰燼となる。以て不祥となしすはち之を廃し、遂に牛越城に築けり。

とある。

この村上（南相馬市小高区）への移転については、江戸期のことではあるが、その北に位置する小高郷塚原村に「郷中の年貢を大船に積み、当海より東都に運送」するための「蔵院」が置かれ、そのあいだを流れる小高川の河口は、「湊　幅十間、深さ四尺。（中略）空船出入す」が存在したこと、村上は、対岸塚原に「蔵院」＝年貢米の収納庫が置かれ、小高川の河口に位置する年貢米を江戸まで搬送する積出港を一望できる、まさに「要害の地」であり、近年指摘されてきたところの「海城」としての性格を想定したものであること、こうした海上交通の拠点としての地域性が、本拠移転の背景にはあったことを前章で指摘した。

二　牛越城移転と泉氏

しかるに、村上への移拠は結果的に実現せず、「利胤朝臣御年譜」慶長二年（一五九七）条に、

一、同年、小高城ヲ転ジ、行方郡牛越ノ城江被移、

牛越ノ城、以前ハ小屋掛ニ而城番拾人被置、本城ハ長野一露斎、南舘ハ相良肥前、番人小幡四郎兵衛・伊賀杢助・長野右馬允・宮下宗八郎・渡部近右衛門、外ニ三人名元不知、牛越御在城ノ節、例年野馬追ノ時、野馬掛共ニ牛越ノ城下ニ而相済、

とあるように、牛越城（南相馬市原町区）への移拠が行われたのである。

牛越城は、新田川の上流水無川に面した標高七〇メートルの山上に築かれた城館であるが、直線距離にして六・五キロメートルの新田川河口には、小高川と同様に「大磯の湊」が機能していた。この湊が、いつまで遡るのか断言できないが、その下流に位置する泉廃寺遺跡は行方郡衙に比定され、古代以来、行方郡の中心的地域であった。また、明治一九年の字限図「行方郡泉村全図」から確認される宮前・町・町下・町池などの小字からは、この地域が都市的場であったことを推測させる。もちろん、この字名が近世初頭まで遡る確証はないものの、相馬氏が本拠を牛越に移転させる背景に新田川河口の「湊」掌握を想定することができるのである。

ところが、新田川河口の北側には、相馬氏の重臣泉氏が代々本拠としたと伝えられる「泉山館」があり、その周辺は泉氏の支配下にあった。天正一三年（一五八五）七月、最上義光が政宗に対抗すべき相馬方の軍備が不充分であることを義胤へ諫言するよう申し入れた「伊泉大膳亮」は当時の当主泉大膳胤秋であった(4)。さらに同一六年、田村清顕の没後、相馬・伊達双方に田村家中が分かれるなかで、その内紛に介入した義胤は「泉方之衆五十騎計」をその近くの築山（二本松市）に派遣し、その直後の三春城（三春町）乗っ取りにも「いつミ殿」「相馬いつミ衆」が中心的役割を果したことは伊達政宗の書状等(5)から確認され、泉氏が相馬方にあって中核的存在であったことがわかる。

ところが、移拠に伴う牛越城普請の過程で、泉氏の当主泉藤右衛門胤政が追放されたのである。すなわち、「利胤朝臣御年譜」同年条に、

一、同年、牛越ノ城新成、経営ノ時、泉藤右衛門胤政改易、胤政罪ハ、中ノ郷泉ノ舘ニ居住、人夫ヲ差出、本奉行ト自分ノ奉行及口論、胤政私曲有之、本奉行ヲ非分ニ訟伐之、此依越度、胤政為御誅伐、義胤君御出馬、新詳寺奉訴訟、胤政泉ノ舘屋ニ火ヲ掛、会津柳津虚空蔵別当桜本坊江立退、上杉景勝江属仕、扶持米七百人分給之、

とある。にもかかわらず、慶長七年（一六〇二）六月、胤政は相馬氏の所領没収の報に接すると、上杉景勝より暇を請い帰参しているのである。

胤政追放が、相馬氏の牛越移城の直後であること、所領没収によって牛越城が接収された直後に胤政が帰参していることなどは、新田川河口の「湊」掌握を前提として牛越城移拠を進める義胤・利胤にとって、泉氏の存在が障害であったことを推測させる。[6]

三　中村城への移転

慶長五年（一六〇〇）七月の関ヶ原の戦いに、相馬義胤が参陣することはなかった。これ以前、義胤は明らかに石田三成と交誼を結んでいたこと、また、佐竹氏の与力大名として行動していたことは確かである。それは、義胤の嫡子虎王の初名三胤（後の利胤）が三成の偏諱に由来するであろうことからも首肯できるし、『寛政重修諸家譜』ではあるが、佐竹義宣の条文に、

（文禄）四年、浅野幸長、黒田長政及び朝鮮在陣の諸将、石田三成と不和にして、前田利長にその旧悪を訴ふるのところ、利長父の喪にあるが故に沙汰に及ばず。よりて諸将憤りにたへず、兵を催し三成を討んと議す。義宣伏見にありてこの事をきゝ、まず中務大輔義久・相馬義胤を大坂につかはし、義宣も相ついで彼地にいたり、三成を乗輿せしめ、みずから騎馬にてこれをまもり伏見に帰る、

とあることも参考になる。

しかし、この対応は相馬氏に大きな影響を与えた。慶長七年五月、徳川家康は相馬氏の領地である行方・標葉・宇多（南半）三郡の没収を決定した。同時に、恭順の意を表すため上洛していた佐竹義宣も所領を没収され、新たに出羽国秋田・仙北二郡を中心とする領地を与えられたが、本国水戸に立ち寄ることも許されず、そのまま秋田に移った

という。

その際、五月一二日、義宣に随順して秋田に下り、義宣の領地から一万石を義胤に分与するとの書状が届けられたという(7)。これに対し義胤・利胤は、三春の城代蒲生郷成との関係から「三春ノ大倉」に退去したが、徳川氏に訴える旨を返書に認め、翌月には三胤改め蜜胤（後の利胤）が江戸に出立、本多正信に訴状を提出、一〇月には三郡があらためて安堵されたのである。その直後、義胤の夫人は人質として大倉から江戸に出府している。どのような旧領回復の運動が展開されたのか明らかにはできないが、この状況に政宗は、鬼庭綱元に宛てた書状に(8)、

扨々相馬之事、是一《の》きとく○《なる》仕合にて、もとのよしたね《義胤》ニ返し被下候、さいかく《才覚》も何もなく、たゞすへ〳〵《末々》の御つもり計にて候よし、各申ならハし候、さやうに候ても、かくこ《覚悟》のほかなる事とて、おの〳〵《各々》しる《知》もしらぬも、此とりさた《取沙汰》迄候、

と多くの人びとが取り沙汰していることを書き送っている。

この結果、義胤・利胤は牛越城を回復したが、「牛越城ヨリ御改易凶瑞ノ城」との理由から、ふたたび小高城に本拠を転じたのである。しかし、慶長一六年（一六一一）一二月、本拠を小高城から中村城に移している。「利胤朝臣御年譜」同年一二月二日条には、「此年七月ヨリ中村ノ城新成、同冬御普請成就、御在城ヲ被移」とあるが、さらに、

慶長六年迄十弐年ノ間、盛胤（義胤の父）君中村御支配、盛胤御隠居、西館御住居、御逝去以後十六年迄、城番無之、中村御本城御広間・御台所共ニ、慶長十六年ノ御造作也、小高城ヨリ中村江ハ大将ノ御思慮ヲ以御移、

とあり、「大将ノ御思慮」により遂行されたものであったとの記述が確認される。「利胤朝臣御年譜」は、利胤を「大将」と記述することはなく、したがってこの「大将」は、利胤ではなく義胤を指すものと思われる。とすれば、中村城移転は義胤によって主導されたことになり、移転の背景を考える時、あらためて義胤の検討が必要になる。

第四章で詳述したように、義胤は、伊達氏との確執のなかで、岩城・葦名・佐竹諸氏との合従連衡を繰り返しつつ、天正一八年（一五九〇）には豊臣政権下に組み込まれるものの、その領国を維持してきた戦国武将として、政宗との対決姿勢を強調した評価が中心であった。しかも、この政宗との対決姿勢が、中村城移転の原因とも理解されてきたことは既に述べた。

そうしたなかで、第四章では義胤の発給文書を検出し、その花押型を比較検討したが、それらはおおよそ四期（Ⅰ型～Ⅳ型）に分類できた。まず、Ⅰ型からⅡ型に変化した天正一〇年（一五八二）四月～天正一二年（一五八四）八月に、義胤の周囲に起きた大きなできごととして、伊達政宗との和睦がある。政宗との和睦には田村清顕が強く介在し、最終的には岩城常隆や佐竹義重も関わった。義胤と義重との明確な接点を確認できないが、「義胤朝臣御年譜一」寛永六年（一六二九）条に、

一、五月、長州君御実名義胤ヲ虎之助君え御譲リ、相馬虎之助義胤と号十歳ノ御時、此節御居判モ被定、義ノ御字、佐竹常陸介義重ヨリ長州御受用、依之、右京太夫義宣え御通達ノ上、御譲与、（傍点筆者）

とあり、義胤の「義」は義重から受用したものであったと伝えられる。常陸国北半を支配し、南奥に進出して岩城氏や葦名氏、白河結城氏に大きな影響力を有していた義重の存在は、伊達氏との対抗上、義胤にとっても大きかったはずであり、花押の模倣もその延長上に位置づけられよう。

Ⅱ型からⅢ型へ変化する時期は、天正一八年（一五九〇）五月から文禄元年（一五九二）六月のあいだである。このⅢ型が使用され始めるのは、豊臣秀吉の奥羽仕置が行われたときであり、豊臣政権に組み込まれた時期と一致する。しかも、関ヶ原の戦い後、所領没収という処分を受けた慶長七年（一六〇二）や家康が征夷大将軍に任ぜられた翌慶長八年にも変更されなかったのであり、秀吉とその統一権力が、義胤に対していかに大きな影響を与えたかを読み取

ることができる。なお、Ⅳ型の花押を使用した例は一点であり、義胤が隠居した慶長一七年（一六一二）以降が考えられる。

こうした義胤の花押の変化を追求すると、Ⅲ型が使用された時期、すなわち、豊臣秀吉の存在の巨大さをあらためて確認できる。では、秀吉とその権力機構が義胤に与えた影響とは、花押の変化だけであったろうか。

第二節　豊臣政権と相馬義胤

一　宇都宮出仕と天正検地

天正一八年（一五九〇）の秀吉による小田原北条氏攻撃から始まる、いわゆる奥羽仕置については小林清治氏の膨大な研究がある。(9) 相馬氏関係についても多くの指摘があるが、秀吉のもとに出仕した奥羽の戦国諸将について考証されたなかで、小田原と考えられてきた義胤の出仕を、宇都宮に是正されている。すなわち、従来は相馬中村藩関連の史料、たとえば、「利胤朝臣御年譜」天正一八年条に「五月下旬、小田原江御着、二月ノ参陣延引之旨、上意石田三成宜ク執用及奏達、依之、秀吉公召義胤ヲ、親懇之被蒙　上意、此節遅参之諸将ハ、追而御征伐」とあるをもって小田原出仕を説いてきた。しかし、同年五月、田村右馬頭に当てた義胤の書状(10)に、

態之芳札本望之至候、然者不慮之仕合、以兵部太輔・黒木上総守越度、無是非次第ニ候、義胤事者、有用所在城ニ候処、如此之凶事、無念至候、扨々其許御静謐之段簡要候、急之間、不具候、恐々謹言、

五月廿九日　　義胤（花押）

田村右馬頭殿

とあり、「兵部太輔（義胤の弟隆胤）・黒木上総守」の「無是非次第」＝討死は天正一八年五月一四日、伊達方の駒ヶ嶺城を攻撃した際の合戦であることから、当時、義胤は「有用所在城」していたこと、敗戦直後の緊張関係のなかでの小田原出仕は不可能であったことなどから否定し、秋田実季の一代記「実季公御一代荒増記」[11]に、

　一、太閤様江始而御目見乃時、宇津宮ニ而、大崎左衛門督宿老也、相馬長門五十計ノ人、

　　此時実季公十五歳、天正十八年也、

とある点から、宇都宮出仕を指摘されたのである。七月二六日に宇都宮に到着した秀吉は、八月四日には会津に向けて出発しているから、義胤の出仕もその間のことであったろう。おそらく、その直後には「足弱」＝義胤夫人が人質として差し出されると[12]、七月には秀吉朱印の禁制が発給され、さらに検地を経て、一二月には「本知分四万八千七百石」が安堵されることになった。

この間、政宗の小田原出仕中における相馬方の駒ヶ嶺城攻撃は、明らかに惣無事違反であって、政宗は秀吉から相馬攻撃を認められたとしてその準備に対応したことは、片倉景綱が岩城氏の重臣志賀甘釣斎・志賀右衛門尉に宛てた書状[13]に、「分而相馬之義、今般留守中ニ当方ヘ慮外ニ付而、無二ニ可打果之由、被　仰出候、尤其刻、無手延御刷、旁々御諷諫、常隆様御為ニ可有之候」とあることから明らかであるが、義胤の宇都宮出仕が認められることによって、政宗の相馬攻撃の名分は失われることになった。

惣無事違反にもかかわらず、出仕が認められた背景に、石田三成の存在と相馬氏の運動があったであろうことは、既に小林氏が指摘するところではあるが、「検地のみならず、破城・刀狩等々の仕置も徹底して実施された」との推察はどうであろうか。

ところで、この時の検地については、いわゆる「検地目録帳」が残されている。その全文は『原町市史4　資料編

Ⅱ』（二〇〇三）に収録されているが、時間的に指出検地であったろうこと、完全な石高制による記載であることなども小林氏の指摘するところである。

「検地目録帳」の検討は別に考えるべきであるが、その特徴は小林氏の指摘するように、指出検地に基づき石高制によって記載されている点である。もっとも、上方にみられるような四等級制（上田・中・下・下々）ではなく、下々田を除いた三等級制であり、その石盛も上田一段につき一石五斗（以下二斗下り）ではなく、上田は一石、中田は九斗、下田は七斗五升であり、上畠も五斗、中畠は四斗、下畠は二斗五升と低い。

その掲載は、おおむね南から北への順であるが、必ずしも村単位ではない。たとえば、冒頭の「夫沢・宮作村・細谷入組」は、現在の福島県双葉郡大熊町夫沢、双葉町水沢・細谷に、末尾の「黒木郷」は相馬市黒木にそれぞれ比定される。しかも夫沢は、その後、夫沢村として、「たこ橋村・畠沢村・前田村・新山入組・仲善寺・酒井村・谷津田村」とともに一括して記載される。このように、基本的には村を単位として記載されるが、例外的に「熊川分・熊紀伊守分・文間式部分」のように相馬氏の家臣名で掲載される場合もある。また、「野上村・山田村入組」と「目作村・山田村入組」のように、山田村が二か所に分かれて記載されており、おそらく、近世的表現ではあるが、山田村が相給的支配の対象であったことを推測させる。こうした記載方法は、この検地がいわゆる検地奉行を派遣して行われたものではなく、小林氏も指摘するように指出検地であったことを意味する。

この天正検地は、奥羽両国内の各地で実施された。南部氏の事例等を検討された小林氏は、南部氏の蔵入地を確保・集中したうえで、南部信直の参勤を求め、その在京中の諸費用確保を目的としたこと、さらに被官の諸城を破却し、信直の家臣支配を強化したと指摘している(14)。また、岩城氏の事例から、被官の所領を検地するとともに、指出を超えた出米は岩城貞隆の蔵入にしたことも指摘している。

しかし、相馬領にあっては指出検地にとどまり、相馬義胤・利胤の蔵入地強化や家臣支配の強化という痕跡は確認できない。さらに、文禄二年（一五九三）九月にも「御領分三郡惣検地」[15]が実施されたが、たとえば、この検地に関連すると思われる「長門守義胤公御代、文禄二年巳九月十六日支配帳写」[16]を見ると、一族・家臣の在地性が弱められてはおらず、豊臣政権がどの程度介入したか不明な点も多い。いずれにしても、相馬氏の家臣に対する支配強化が容易でなかったことを意味しており、何らかの対応を迫られたことは確かであろう。

二　義胤と名護屋参陣

豊臣秀吉の計画した朝鮮出兵の知らせが、南奥の諸大名にもたらされたのは、天正一九年（一五九一）一〇月ころであろうか。翌年、南奥・関東の諸大名が陸続と肥前名護屋に向けて出発した。義胤についても、閑巷院に宛てた六月四日付の書状[17]に「名護屋へハ卯月廿二日着陣仕候」とあるから、名護屋に参陣したことがわかる。

ところで、佐竹義宣の家臣平塚滝俊が名護屋から国元の小田野備前守に宛てた書状[18]には、

> 三月十七日ニ京都を御立被成候、かゝるふしきなる御世上に生合、能時分御供仕、爰元迄見物申事、安之外ニ御座候、路次中無何事、卯月廿二日ニ当国へ御着被成候、我等なとも無事に御供申候而参候、召つれられ候衆、壱人も無相違参候、

とあり、三月一七日に京都を出立した義宣もまた四月二二日に名護屋に着陣したことがわかるが、さらにその書面には義胤が同道したことも記述されている。ただし、『奥相秘鑑』には、

> 義胤小高ノ城ニ於テ軍兵ヲ催促シ制賦《セイフ》ヲ定ラル内、文禄元年ノ春、義胤所労ニテ遅滞シ給フ、此旨五奉行ヘ演達、（中略）義胤ハ三月始、漸快復、元老岡田右衛門太夫清胤ヲ一手ノ奉行トシテ小高ヲ発シ、京都ノ半途ニ至テ太閤御進発ヲ聞カレ、四月京着、（中略）義胤同月上旬京都ヲ出立、同廿二日名護屋ニ到着、

とあるから、義胤は四月上旬に京都を発ち、その後、追いついて佐竹義宣に同行、同日に名護屋に着いたことになる。もっとも、義胤は渡海することなく、名護屋城北西に陣屋を構えている(19)。名護屋をいつ離れ、大坂に帰ったかは不明であるが、翌年八月、秀吉の帰洛に併せて佐竹義宣も名護屋を出立しているから、それに合わせたものと思われる。この間の、名護屋滞在中の義胤については、佐竹家臣の大和田重清の日記(20)に詳しいが、佐竹氏との交流が記述され、与力大名としての姿が描写されている。

ところで、前掲平塚滝俊の書状には、名護屋に至る道中での出来事や見聞した地域の状況が詳細に記録されているが、それはまた義胤の見聞したものでもあった。なかでも、各地の城郭や城下の状況・特徴は、義胤に大きな影響を与えたことが想像できる。たとえば、天正一七年（一五八九）、毛利輝元によって普請が開始され、翌年末にほぼ完成した広島城であるが、文禄元年四月、秀吉が名護屋に向かう途次、立ち寄っている。ほぼ同時期に佐竹義宣の軍勢も通過しているが、これを見た平塚は、

> ひろ嶋と申所にも城御座候、森殿《（毛利輝元）》の御在城にて候、是も五、三年の新地ニ候由申候得共、更に〳〵見事成地ニて候、城中のふしん《（普請）》なとハしゆらく《（聚楽）》にもおとら《（劣）》さるよし申候、石かき、天しゆなと見事成事不及申候、町中ハいまたはんと《（半途）》にて候、

と、天守・石垣の「見事成事」、城下の「はんと」を記録している。ほかにも、門司城・小倉城について、

> もじ《（門司）》のしろとて山城ニ候、是九州の名地にて候、三方ハ海ニて候、たゝ一方つゝきたるよし山ニて候、今ハ人も居不申候、それより海涯ニ付て五里ほと行て、こくら《（小倉）》と申城にて候、一たん見事成所にて候、

と感嘆し、さらに筑前名島城について、

> なぢまと《（名島）》いふ城あり、是も小はや《（早）》川在城にて候、海中へ出たる嶋ニて候、西の方計つゝき候へとも、それハ舟を

うか《浮》むる程ニ成候、いしかき《石垣》・てんしゆ《天守》なと一段見事ニ候、大舟ともをハしろ《城》汀きしに引付〳〵かれ候、

などと記し、いわゆる織豊期の城郭に代表される高石垣や壮麗な天守などを見聞しているのである。さらに、名島城が「舟をうかむる」ことを前提に「海中へ出たる嶋」に築かれたこと、広島城についても、「石かき、天しゆなと」の構築だけでなく、「町中ハいまたはんと」と、城下の造成にも視点が注がれている。

名護屋城と城下についても、

御城の石垣なとも、京都にもまし《増》申候由、石をみなわり《割》てつき《築》あけ申候、てんしゆ《天守》なともしゆらく《聚楽》のにもまし申候、（中略）町中、京・大坂・さかい《堺》のものとも、こと〳〵く参つとい候間、何にても、のそみ《望》のもの候、就中、米こく《穀》・馬のはみ《銜》なとは、山のことくにて候、草木ハ上道三、四十里四方に無之候間、何も馬の草にハめいわく《迷惑》被申候、金銀さへ候ハヽ、人馬共つゝかなく帰国可致候、

と、聚楽第にも勝る「石をみなわりてつきあけ」た高石垣と天守を見、さらに京都・大坂・堺の商人が集い、米穀ばかりか馬の銜などが「山のことくに」備わり、望むものは何でも入手できる状況もまた見聞している。

そこには、単に高石垣と天守を中心とした城郭建築ばかりでなく、「町中、京・大坂・さかいのものとも、こと〳〵く参」り集うという賑わう城下の現実、[21] その背景に「舟をうかむる」ことを前提に築かれた城、それは船を利用した物資の搬送という実態を見抜く視点が示されている。このような視点は、一人平塚だけではなく、同行した多くの武将にも共有されたものと思われ、義胤に与えた影響が少なくなかったことを思わせる。

第三節　中村城移転の背景

本書第五章では、中村城移転の背景に、当該期の太平洋をめぐる海運の存在を指摘した。すなわち、「宇多」の湊に比定される松川浦の南端に位置する磯部館（相馬市）を支配した佐藤好信は岩城氏の旧臣であったが、佐藤一族は「岩城之船」に関わる氏族であり、志賀氏とともに、海運に従事する一族でもあった[22]。その佐藤一族の一人が相馬氏に組み込まれ、磯部館を支配したのは偶然ではなく、ここに「湊」が位置したからであった。すなわち、磯部館こそ、磯部湊を支配する「海城」であったのである。

同様に、中村城も松川浦（宇多の湊）に面した城館であり、さらに南北朝期には相馬・結城両氏が戦った熊野堂城や館腰遺跡が隣接する地域には「瓦宿」＝川原宿という地名も残り、都市的場が存在したことを指摘した。それはおそらく、中世以来の古道（近世の浜街道）に沿った地であり、松川浦という中世以来の海上交通の要衝との交差する場所でもあった。

ところで、近世初頭の東廻海運の実態を追求した渡辺英夫氏は、慶長一四年（一六〇九）の銚子築港を問題視する[23]。すなわち、近世初頭、南下する廻船は常陸沖を経て銚子に至る航路は技術的に難しく、那珂湊に廻着すると、その後は涸沼川から涸沼に至る水運と、さらに北浦・霞ヶ浦までの駄送によって、ようやく利根川水系に連絡できたという従来の考えを批判する。その際、慶長一四年、幕府は奥羽諸藩を動員して現在の利根川の河口（銚子口）に土木工事を展開している事実を重視するのである。

確かに、「利胤朝臣御年譜」慶長一四年条にも、「同年、海上御普請千石夫、当被指出、うなかミハ関東釣子口ノ辺」とあって、相馬中村藩もこれに荷担している。なお、津軽藩に対して発給された「江戸幕府年寄衆・普請奉行連署奉書」[24]にも、「下総国うなかミに船入候御普請、千石夫ニ被仰付候条」とある。ここに「うなかミ」とあったため、内陸部の海上郡と誤解されることもあったが、米沢藩の『上杉年譜』には、「夏四月上旬、諸国ノ人夫ヲ以テ、常州海上船入ノ普請有ヘキ由御触アリ、米府ヨリモ役夫出サル」[25]とあり、秋田藩の重臣梅津政景の日記[26]にも元和三年（一六一七）三月一七日条に、「慶長拾四年海上御ふしん之時、小判壱歩請取申候、山方能登・根本佐次右衛門御算用澄」などとあり、渡辺氏の指摘するように、海上普請＝銚子築港と考えられるのである。

こうした幕府の海上交通網の整備事業に相馬中村藩も加わっていたのであり、名護屋出陣と中途における織豊系城郭・城下町の見聞を土台にして、義胤に海上交通の重要性を認識させていたことは容易に考えられる。

ところで、中村城への移転理由は、こうした経済的環境への対応だけであったろうか。既に牛越城移転の際、重臣泉胤政が改易されたこと、その背景に、胤政の本貫地である泉村が位置する新田川河口部（湊）掌握の意図が相馬氏にあったこと、その後、相馬氏の所領没収を知った胤政は、上杉景勝に暇乞いして帰参していることなどを述べた。

しかし、帰参した胤政がふたたび「泉郷」を支配することはなかった。すなわち、前掲『奥相秘鑑』（顕胤・盛胤両代三郡館持並出騎之事）には、

小高郷	岡田館	岡田兵衛太夫直胤	
標葉郷	泉田館	泉田右衛門太夫顕清	慶長七年ヨリ泉藤右衛門胤政
	両竹館	城代不分明	慶長八年ヨリ泉田掃部胤隆
中之郷	泉館	泉藤右衛門胤政	慶長二年ヨリ岡田八兵衛宣胤岡田館ヨリ移胤政改易

とあり、胤政の新たな所領は相馬領南域に位置する標葉郷泉田館（双葉郡浪江町）であるばかりか、胤政に替わって

泉館を支配したのは、小高郷岡田館を支配していた一族の岡田直胤の子宣胤であった。岡田氏にとって岡田村は重代相伝の所領であったが、かわって泉村を中心とする地域を支配することになる。

しかも、これまで泉田館を支配していた泉田氏は、翌年、泉田胤隆が標葉郷内両竹館（双葉町）を支配することになった。泉田氏は、標葉郡の旧主標葉氏の一族にして、明応元年（一四九二）、相馬大膳大夫盛胤が標葉清隆を滅ぼした際、離反して相馬方に味方し、以後、「相馬一家」として泉田（浪江町）を支配したのである。いずれも後代の編纂資料という限界はあるにしても、鎌倉期以来の支配文書を相続してきた標葉旧臣家も確認されており[27]、否定し去ることもできない。

いずれにしても、牛越城移拠とその後の所領没収を通じて、岡田・泉・泉田という重臣が、中世以来支配し続けてきた本領から離され、新しい所領への移転を余儀なくされているのである。おそらく、自立性の強い中世以来の重臣を本領から切り離し、その関係を弱めるという、胤政追放の政治的意図を看過すべきではなかろう。

一般に、戦国大名は豊臣政権に臣従して分国内の惣検地を行い、兵農分離を推進することで、家臣の在地性と独立性を弱め、大名権力を強めたと指摘されている。さらに、その後の転封が、大名・家臣双方が保持してきた相伝の所領とのきずなを断ち切り、戦国大名を一挙に近世大名に変貌させるきっかけになったともいわれる[28]。

しかし、相馬領内にあっては、天正一八年（一五九〇）の「奥州相馬検地帳」からは兵農分離を推し進めた形跡を検証することは難しい。そのようななかで、相馬氏の権力を強化するために家臣の在地性を弱める手段は、領国内での移動でしかなかった。牛越城への移転にともなう泉胤政の追放は、泉氏の本拠が持つ経済的特殊性を奪い取ることだけではなく、その在地性を弱めるための手段でもあったと理解できよう。

しかも、その後の相馬氏自体の所領没収と安堵という混乱のなかで、有力家臣の領国内転封ともいうべき状況を作り出し、相馬氏権力の強化が図られたのである。そうした権力強化の一環としても中村城移転が考えられよう。

豊臣政権や徳川政権によって行われる転封は、一種の外圧として作用したが、それがなかった相馬氏の家臣の場合、転封に替わる外圧的政策が中村城移転だったのである。当該期、相馬氏にかかわる同時代史料が極端に少ない状況では、近世に編纂された史料を用いざるをえないが、たとえば、寛政一〇年（一七九八）、藩の在郷給人の系図取調を命じられた渡辺美綱によってまとめられた『御家給人根元記』(29)によれば、慶長一六年（一六一一）までは、「御家之給人、大身小身皆都而在郷之知行所に住宅、五百石・七百石より上の給人は村々之小館在館也」という状況であったが、中村城移転後は、

中村御移り之時より、三郡中在之給人を二つに分、泉田御隠居と中村に被召仕、将軍之御在城江戸を御真似被成候而、在郷所在之給人、大身より始、其外小身も相応に中村御麓へ屋敷を被下、段々に引移申候、

という状況をもたらした。

このような理解が許されるならば、村上館に始まり、牛越城、そして中村城への本拠移転は、経済的優位性を考えただけでなく、天正検地によっても家臣の在地性を弱められなかった相馬氏権力が、その間の所領没収と安堵という状況をも利用し、大名権力の強化を指向した過程上に位置づけられるのである。

おわりにかえて

以上、相馬氏の小高城から中村城に本拠を移した状況とその背景、意義等について考察を加えた。従来、ほとんど検討されなかった義胤発給文書と花押の変遷からの指摘を前提に、豊臣政権下において実施された天正検地や文禄検

地、さらには朝鮮出兵に伴う名護屋滞在とそれまでの旅程における見聞などが、義胤に与えた影響等を指摘した。

従来、伊達氏（特に政宗）・仙台藩との関係のなかで記述されてきた、あるいは伊達氏・仙台藩への備えとして、江戸幕府の仙台藩対策の一環として、中村への移転が強調されることもあった。これとて、戦国期、伊達氏に単独で抵抗できた唯一の戦国大名との発想からの結果であろう。

天正末年、伊達氏によって宇多郡北部の駒ヶ嶺城・新地蓑首城を奪われた相馬家中は、以後、伊達氏に対して和戦両派に分かれ、主戦派による奪還行動は義胤の弟隆胤らの敗死を招き、さらには秀吉の惣無事違反と認識されているのであり、豊臣政権の巨大さに気づくことはなかった。結果的に、石田三成らの仲介によって宇都宮出仕が許され、からくもその存在を認められたが、秀吉の存在の大きさに気づいたのはその後であって、義胤の花押がⅡ型からⅢ型に変化するのもこの時点であった。

以後、豊臣政権下での見聞が義胤を大きく変貌させたのであり、そのような意味で、義胤、そして中村城移転を矮小化された評価ではなく、相馬氏が戦国領主から近世大名へ変貌・変質する過程のなかに位置づけるべきなのである。

註

（1）　一般に相馬氏の奥州移住は相馬重胤を中心に記述され、その主たる関心は移住地が太田か小高（いずれも南相馬市小高区）かという点にあった。ただし、太田村は下総相馬氏に連なる左衛門尉胤氏の所領であったし、重胤は幕府発給文書に小高孫五郎と記述されるなど、その移住地が小高であったことは間違い無く、これが問題視される背景に、相馬中村藩によって編纂された史書をそのまま利用するという、研究法上の誤りがあった。近年、七海雅人氏は「鎌倉御家人の入部と在地住人」（安達宏昭・河西晃祐編『争いと人の移動』〈講座東北の歴史〉清文堂、二〇一二）で重胤移住とされる時期よりも早い時期に建立された板碑の存在から、有胤系相馬氏の移住を指摘した。拙著『相馬氏の成立と発展』（戎光祥出版、二〇一五）

もまた同様の視点とともに、多くの相馬諸氏のなかで、当初から惣領家として発展してきたという近世相馬家の自負と家格形成という方向性のなかで編纂された近世史書が無造作に利用されてきたことを指摘している。

（2）本書第四章を参照。
（3）本書第五章を参照。
（4）「利胤朝臣御年譜」文禄二年九月条および遠藤（水久保）克英・森田鉄平「史料紹介『奥州中村藩泉家文書』」（『福島県立博物館紀要』第十七号、二〇〇三）を参照。
（5）伊達家文書五月一一日付伊達政宗書状および伊達天正日記（『原町市史4　資料編Ⅱ』〈二〇〇三〉五一〇・五二一）。
（6）拙稿「相馬氏の牛越城移転と泉氏」（『戦国史研究』第五三号、二〇〇七）。
（7）「利胤朝臣御年譜」慶長七年条。
（8）戸村正昭氏所蔵文書一〇月二六日付伊達政宗消息（『仙台市史　政宗文書2』〈一九九四〉一一九四）。
（9）直接に関わるものとしてA『奥羽仕置と豊臣政権』（吉川弘文館、二〇〇三）およびB『奥羽仕置の構造―破城・刀狩・検地―』（吉川弘文館、二〇〇三）をあげておきたい。
（10）蓬田守家文書五月二九日付相馬義胤書状（註（5）前掲書六〇四）。
（11）三春町歴史民俗資料館寄託（註（5）前掲書六一〇）。
（12）浅野家文書九月一一日付豊臣秀吉朱印状（註（5）前掲書六一二）。
（13）松浦孝氏所蔵文書六月一四日付片倉景綱書状（註（5）前掲書六〇六）。
（14）小林清治氏註（9）前掲書B。
（15）「利胤朝臣御年譜」文禄二年条。
（16）「相馬義胤分限帳」（註（5）前掲書所収）。
（17）相馬家文書六月四日付相馬義胤書状（註（5）前掲書六二一）。
（18）佐賀県文化財調査報告書第八一集『特別史跡名護屋城跡並びに陣跡3「文禄・慶長の役城跡図集」』所収（佐賀県教育委

員会、一九八五）。

(19)　義胤の名護屋陣跡については、宮武正登氏「文禄慶長の役（壬辰・丁酉倭乱）における大名陣跡の諸形態（1）」『佐賀県立名護屋城博物館研究紀要』第3集、一九九七）を参照。

(20)　「大和田重清日記」（『高根沢町史　史料編Ⅰ　原始・古代・中世』〈一九九五〉所収）。

(21)　なお、宮武正登氏「肥前名護屋城下町の空間構造とその特異性」（『国立歴史民俗博物館研究報告』第一二七集、二〇〇六）を参照。

(22)　『奥相秘鑑』（顕胤・盛胤両代三郡館持並出騎之事）に「磯部館　佐藤伊勢好信」とあり、『奥相志』磯部村の項に、「古磯部旧舘　天文中、佐藤伊勢好信なる者岩城より来りて居舘す」とある。いずれも江戸期の編纂史料ではあるが、岩城氏の家臣佐藤一族と海船との関わりについては、本書第五章を参照。

(23)　「慶長十四年銚子築港問題」（『日本歴史』五〇三号、一九九〇、後に同氏『東廻海運史の研究』〈山川出版社、二〇〇二〉に収録）。

(24)　『新編弘前市史　資料編2　近世編1』（一九九六）編年史料一二一頁。

(25)　『大日本史料』第一二編之六、二九四頁。

(26)　『大日本古記録・梅津政景日記三』（岩波書店、一九五五）。

(27)　本書第二章および泉田邦彦氏「鎌倉末・南北朝期の標葉室原氏―新出史料　海東家文書の『室原家伝来中世文書』の考察―」（相馬郷土研究会『相馬郷土』第三〇号、二〇一五）および「南北朝・室町期の標葉下浦氏―新出史料　海東家文書の『下浦家伝来中世文書』の考察―」（『相馬郷土』第三一号、二〇一六）を参照されたい。

(28)　山口啓二氏「藩体制の成立」（岩波講座『日本歴史　近世2』所収、一九六七）。

(29)　『相馬市史5　資料編2』（一九七一）所収。

第七章　中・近世移行期における家督の継承と「二屋形」制

はじめに

中近世移行期、南奥の戦国大名・領主に父子連署の発給文書が散見する。たとえば、もっとも早い段階のものとしては、長享三年（一四八九）の岩城親隆・同常隆連署証状(1)がある。

長福寺住持職之事、よね丸ニ無相違、相渡処実也、仍為後　日証文如件、

長享三年己酉九月十二日

親隆（花押）

常隆（花押）

すなわち、親隆・常隆父子が、長福寺住持職を「よね丸」に安堵したものである。長福寺は夏井川中流域に所在する鎌倉時代末期に創建されたと伝えられる古刹である。

親隆・常隆父子間の家督相続に関連して、『いわき市史一　原始・古代・中世』（一九八六）は、「彼（常隆）は文明十五年大館城に移って、父親隆はそのまま白土にいて、父子ともに領主権を行使している」としつつ、明応年間（一四九二〜一五〇一）以前、常隆の大館入城をもって、「一応の領内体制」が整備されたと説く。さらに、明応六年（一四九七）、親隆は飯野氏に八河瀬の祢宜職を安堵し、永正四年（一五〇七）になっても飯野氏の高築の屋敷の替え地を宛行うなど、「親隆・常隆父子は、それぞれ白土と大館にあって共に領主権を行使していた」とも指摘するが、「共に

領主権を行使」するような「領内体制」とは、いわゆる家督の全くの相続を前提にしたものではなかろう。

同書が指摘するように、次に示す小野崎朝道・親道父子連署起請文の宛所(2)「好間殿・岩城殿」は常隆・親隆であり、常隆は明応年間以前に好間＝大館に移っていたのであろうが、小野崎父子が岩城氏の権力行使者を常隆とともに親隆であることを認めていることを示している。こうした権力のあり方が、父子連署、しかも子の常隆が奥上位に書判を加えるという文書形式と無関係とは思われない。常隆の大館入城をもって整備された「一応の領内体制」とは、白土の父親隆と大館の常隆が「共に領主権を行使」する形態であったということになろう。

敬白天罰起請文事

右意趣者、親隆幷常隆御父子江約束申神名事、

一、義舜進退之事者、旧冬竹隠軒江申談候筋目、不可有相違候、

一、対申総州御父子、当方仁有而存余儀者、雖我々於相語候、不可致同心候、其人躰於不可隠申候、

一、他家之人躰仁毎々申承方候共、対申総刕御父子、存余儀方へハ不可申談候、

一、年内申談候縁約事、不可違篇申候、

一、御家風中背御意、罷越、我々於雖被憑候、不可致許容候、

（起請文略）

（朱書）「愚按、明応三年甲寅、巳後ノ江戸氏カ神文モ又同シ」

甲寅八月十六日

小野崎山城入道（朝道）
「血判」
沙弥禅通（花押）

小野崎三郎
藤原親道

好間殿
岩城殿
参
（朱書）「右、熊野牛王二枚ノ裏ニ書之」

同じような事例は、白河氏や葦名氏・伊達氏にも見られるが、菅野正道氏が指摘するように、(3)必ずしも南奥に限られるものではない。(4)たとえば、北条氏の事例としては、永正九年（一五一二）に比定される次の伊勢宗瑞・伊勢氏綱連署判物(5)は、伊東氏に対する合戦に帯する論功行賞であり、内政面ではかなり重要な施策であろう。

八月十二日卯剋、於岡崎台合戦、忠節無比類、於後日可令褒美者也、仍如件、
八月十二日　（伊勢宗瑞）（花押）
（伊勢氏綱）（花押）
伊東とのへ

また、次の北条氏綱・同氏康連署判物(6)は、氏綱・氏康の連署で鶴岡八幡宮に佐々目郷を神領として安堵したものである。

武州足立郡之内佐々目郷之事、任先例早々奉付御神領者也、所願成就、皆令満足之所、仍如件、
天文六年七月廿三日　左京大夫氏綱（花押）
平氏康（花押）
（鶴岡八幡宮）
雪下
院家中

この文書について『小田原市史　通史編』（一九九八）は、「氏康が、氏綱生前からその後継者として認定されていたことを示すもの」と指摘するが、少なくとも天文五年当時、氏綱・氏康父子による二頭政治が展開されていたことになる。

　ところで、「北条幻庵覚書」[7]は、永禄五年（一五六二）、伊勢宗瑞の三男宗哲（幻庵）が、世田谷城主吉良氏朝に嫁ぐ氏康の女子鶴松院に宛て、吉良氏の正室として求められる日常の作法や嗜みなどを二四か条にまとめ、教え授けた作法書である。その一か条に、

　一、おだはら《(小田原)》二御屋かた《(形)》より御れいぎ《(礼儀)》候べく候、御つか《(使)》ゐおとなしゆ《(大人衆)》御あひしらいのごとく《(如)》引わたし《(渡)》にて候べく候、きんじゆ《(近習)》の衆にて候とも、屋かた《(形)》の御つかゐ《(使)》にて候は、御あひしらいはおなじ《(同)》かるべく候、屋かた《(形)》は今くわんれい《(管領)》にて候、その御つかゐ《(使)》は御ほんそう《(奔走)》候はでかなは《(叶)》ぬ事候、

とある点に留意したい。「おだはら二御屋かた」＝小田原二御屋形は氏康・氏政父子に比定される。二御屋形からの使者への対応、近習衆であっても二御屋形の使者であるならば、

図1　小田原陣仕寄陣取図（抄出）

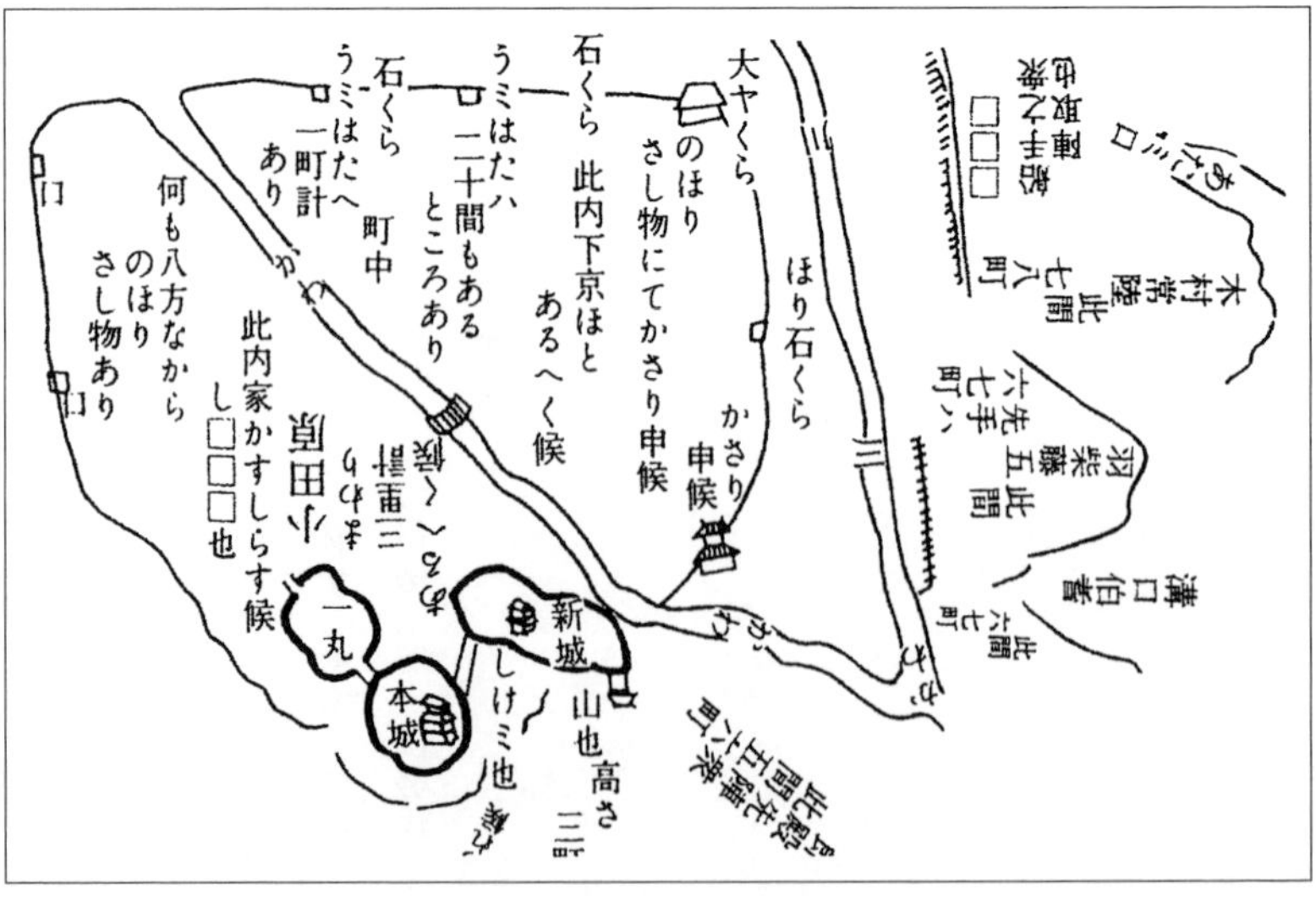

同じように対応すべきこと、屋形＝氏康は現在、関東管領の任に就いているから、使者といえども奔走しなければならないなどと説いている。

これらの点も含めて『小田原市史　通史編』は、永禄二年（一五五九）、氏政が家督を譲られたものの、以後も氏康が「御本城様」として北条氏の権力を主導し、そのため両者は「小田原二屋形」と呼ばれていたと説く。この「御本城様」に対して「御新城様」が存在したことは、天正一八年（一五九〇）の豊臣秀吉による小田原城包囲網を描いた「小田原陣仕寄陣取図」（図1）[8]に描かれた三層の天守を「本城」、さらにもう一つの天守を「新城」とそれぞれ記していることから推測されよう。すなわち、「本城」に拠る「御本城様」に対し、家督を相続した者が「新城」に入って、「御新城様」と称されたということになろう。「小田原陣仕寄陣取図」に描かれた「本城」「新城」は、それぞれ氏政・氏直父子の居所であったろうが、それは氏康・氏政父子の時まで遡るがゆえに、二人は「小田原二御屋形」と呼ばれていたのであろう。

これらの諸事例から、既述の二頭政治体制は少なくとも中近世移行期の特徴と理解すべきであり、政治的な二頭体制＝「二屋形」制に対応すべき文書形式として父子連署状が位置づけられる可能性が指摘できるのである。

本章では、領主権力の二頭体制を「二屋形」制と仮称し、第四章で詳述した「相馬盛胤・義胤父子連署状」から、盛胤・義胤・利胤三代の「家督」相続の実態を考え、中近世移行期の領主権力（いわゆる家督）の継承と「二屋形」制について考察を加えるものである。

第一節　義胤の家督相続と隠居盛胤の実態

領主権力の二頭体制を「二屋形」制と仮称した時、その体制を象徴する発給文書が父子連署状である。その特徴は、父子連署ではあるが、家督継承（予定）者が基本的には奥上位に加判している点にある。本書第四章で確認した青木助六宛相馬盛胤・義胤父子連署状が相馬氏の例であるが、第四章で述べたようにその発給年は天正四年の可能性が高い。

ところで、天正四年当時の相馬氏当主（いわゆる家督）については、「利胤朝臣御年譜」[9]慶長六年（一六〇一）一〇月一六日条に、

一、十月十六日、弾正大弼盛胤君御遠去、
天文十八年二月ヨリ御家督、天正六年御隠居、御法号一通斎明節尊老ト称、初ハ北郷田中、後中村城西館ニ御住居、此日御逝去御行年、七十三

とあり、『奥相秘鑑』[10]巻七「先主代々御家督相続之事」には、盛胤について「享禄二年出生、天文十八年二月家督治家三十年（中略）慶長六年辛丑十月十六日薨、齢数七十三」とあり、その子義胤についても、「天文十七年戊申誕生、天正六年家督治家二十五年奉仕太閤秀吉公、其後仕源家康・秀忠両大君、寛永三年丙寅再勤十年、同十二年乙亥十一月十六日薨、齢数八十八」とある。

いずれも江戸期の編纂史料ではあるが、盛胤の隠居を天正六年としており、これに依拠するならば、天正四年頃と想定した盛胤・義胤父子連署状が発給された当時、家督は盛胤であった。しかし、子の義胤が奥上位に位置している

ことは、少なくとも既に義胤が次期家督相続者として対外的に行動していたことを示すものであろう。

一方、天正六年以降の盛胤の行動を見ると、必ずしも「隠居」しているわけではない。たとえば、「利胤朝臣御年譜」慶長一六年一二月二日条には、

中村城代、弾正大弼盛胤君ノ御二男兵部太輔隆胤也、隆胤天正十八年五月御討死。以後、慶長六年迄十弐年ノ間、盛胤君中村御支配盛胤御隠居、西館御住居、御逝去以後十六年　迄城番無之、

とあり、さらに『相馬氏家譜』[11]にも

盛胤ノ家督ヲ義胤相続、退隠ノ後、一通斎明節ト号シ、北郷田中ノ塁ニ住居、三男忠次郎郷胤ヲ城代後見、其後、中村ノ城代兵部太輔隆胤ニ副、城内西曲輪ニ住。

とある。すなわち、「隠居」後、盛胤は「北郷田中の塁」（南相馬市鹿島区）に入って三男郷胤を後見し、さらに次男隆胤の戦死後、中村城西館（相馬市）に入って「中村」を支配したというのである。盛胤の中村入城が、隆胤の生存していた時か、その死後か判断しにくいが、『奥相秘鑑』巻三「松平陸奥守殿江御不通起之事」には、

同（天正）十一年マデ伊達相馬闘争止事ナシ、田村大膳大夫清顕・佐竹常陸介義重・岩城左京大夫常隆ヨリ使者ヲ以テ両家ノ和融ヲ執持給フ。盛胤領掌シ玉ハズ。清顕、中村へ来臨、暫長徳寺ニ逗留、其比、盛胤ハ西館ニ御隠居ナリ。

ともあり、田村清顕が相馬・伊達両氏の和睦を媒介した時、盛胤が同意せず、そのため、清顕は中村・長徳寺に逗留することがあった。それは、西館に「隠居」していた盛胤を納得させるための逗留であったことはいうまでもない。

いずれも江戸期に編纂された史書であるが、相馬氏と伊達氏の和睦を田村清顕や岩城常隆が仲介したことは、『貞山公治家記録』[12]に引用された天正一二年と推定される霜月七日付相馬義胤書状に「先般清顕就取合、御当江為徹書中合候」とある。さらに宛所欠ながら相馬義胤書状[13]に「常隆媒介以惣和成就之上、早々入馬来候」とあり、七月一三日

付葦名盛隆書状(14)にも「相馬表如御存分、一和成就、其上彼境仕置等被相調、御帰陣之由、目出令満足候」とあるから、同年七月末までには相馬と伊達の和睦は成立したことがわかる(15)。

また、『性山公治家記録』天正一二年五月二七日条にも「今度相馬殿御和睦ノ義仰進セラル、其趣、当口御備へノ事、以前仰理ラル如ク、去春以来清顕宇多荘へ打越ラレ」とあるから、盛胤の中村在城が少なくとも隆胤存命中のことであったことがほぼ確認され、『奥相秘鑑』等の近世編纂の史書もあらまし実態を伝えていると考えられる。

しかも、後世の編纂史料が、田中塁・中村城西館の盛胤を「御隠居」「退隠」後の動向として伝えるが、伊達氏との和睦に「領掌」せず、そのため清顕がわざわざ中村まで赴いたことなど、文字通りの「隠居」でなかったことを意味する。さらに、「伊達天正日記」天正一六年六月一九日条(16)には、

相馬衆、金山へはたらき申候ヲおいかけ、おもてのさふらい《侍》十五人うち《討》申、くひ《首》上被申候、もりたね《盛胤》めし《召》馬まてのり《乗》すて《捨》られ候、

とあり、中嶋宗求が拠る金山城を、「相馬衆」を率いる盛胤自身が攻撃したことが確認できる。

したがって、家督を義胤に譲った後、田中塁から中村城に移り、伊達氏との和睦交渉に関与するとともに、時には合戦に出陣するなど、必ずしも「御隠居」「退隠」という状況ではなく、相馬方の一方の中心として行動していることがわかる。「利胤朝臣御年譜」は盛胤の隠居を天正六年とするが、少なくとも子息義胤とともに対外的にも行動していたのであり、文字通りの「隠居」ではなかったことは確実である。

既述のように、義胤の家督相続時期は、江戸時代に編纂された諸史料から天正六年と理解されている。しかし、再考すべき史料がないわけではない。たとえば、第四章で検討した天正四年に推定できる四月十六日付の相馬義胤書状(17)は、田村月斎に宛てたものであるが、亘理元安斎が伊達輝宗と相継がれ（結託して）「当方（相馬）退治之所行」を

申し廻っているので、それに対処したことを伝えたものである。すなわち、去る十三日、「小堤」に進撃して在々所々を放火、さらに北郷まで進んで敵を打ち散らし、「中途へ打出候衆」と一戦し、二〇余人を打ち捕ったこと、翌日は「坂本之地」に向かい、坂本城の小口を攻撃したところ、元安斎の子重宗が「苅田・柴田・伊具、其外之衆」とともに加勢したため、さらに一戦を遂げ、一〇余人を討ち捕ったことを述べている。

さらに、年未詳ではあるが一〇月一六日付の葦名西殿宛の相馬義胤書状[18]からは、義胤が蘆名氏の家督継承者である盛隆とのあいだで書状を往来させて情報交換を行っており、その時期は義胤の家督相続＝天正六年を遡る可能性がある。天正四年と比定した前掲の青木助六宛相馬義胤・盛胤父子連署状[19]は、義胤の書判が左奥に位置しており、左上位という点からすれば、あるいは家督として、あるいは少なくとも家督相続予定者として発給したことは確実である。盛胤・義胤による二頭政治、すなわち相馬氏もまた「二屋形」制を展開していたことを推測させるのである。

第二節　相馬家中の和戦二派

義胤が家督を相続し、盛胤が隠居したからといって、盛胤が政治的立場から隠遁したわけではなく、伊達氏との「無事」に必ずしも積極的でなかった一面も確認された。とすれば、天正一七年五月に政宗に占拠された駒ヶ嶺城を奪還しようと、天正一八年五月に出陣して敗死した隆胤らの背後に盛胤を想定することも可能である。

しかも、相馬氏側には、伊達氏との抗争を穏便に解決しようと考える和平派も存在した。すなわち、天正一八年正月、政宗が中嶋宗求に宛てた書状[20]には、

来札、殊自相《（相馬）》之内書披見候、無事頻望与相見へ候、於当方ニ不通千万ニ候、雖然与采所《（遠藤采女）》へ懇切ニ返札候而、相之《（相馬）》

内意聞届度候、成実(伊達)引添之儀、先々無用ニ候、相(相馬)之上下、如何様之以題目、可詫言存分ニ候哉、其方以塩味、相(相馬)之内存共、始終共ニ聞届、追而住(注)進待入候、遠采所(遠藤采女)へ之返答之安(案)文、自是可相越候得共、彼文中ニ、別而無相替義候条、不及是非候、余事主膳(中嶋信貞)可申越候、恐々謹言

とあり、「無事」を頻りに望む相馬よりの「内書」を披見したものの、相馬の「上下」（家中）がどのような「題目」を準備して詫び言しようとしているのか、相馬方の内存を探って報告するよう求めている。

相馬方からの内書が、どのような筋目から送られてきたか判然としないが、返書の相手が遠藤采女であることからすれば、彼こそが相馬方の窓口として、伊達氏との無事を図ったものであろう。また、同じ頃、伊達成実に宛てた政宗の書状[21]には、

千秋万歳、仍相馬如雪ヨリ書翰再三披見候、如承南口弓矢無二存之上者、一方者不足尤候、併年来相(相馬)之手抜ハ、迚々無念千万ニ候、如雪斎一人之存分ニ而は、争如此可有之哉、相(相馬)上下之談合之上、彼一札被越候由、令識察候、

ともあり、成実に届けられた相馬如雪の書状が、政宗に披露されている。政宗は、「相上下之談合」によって届けられた書状と考えているものの、なお懐疑的であった。さらに後欠のため、発給年・送付先など不明であるが、天正一八年正月中旬頃、鬼庭石見守綱元に宛てたと推測される政宗書状[22]には、

先達の返札、ことに新山(新舘山城守胤治)よりの返事、いつれも再三披見候、一近日此方江中伊(中嶋伊勢宗求)しのひニうちこし、相(相馬)よりの口上とも、こまやかニ物かたり候ける、たゝ〳〵りやうけん(了簡)なきとハあひミへ候へとも、相馬たゝ今のかゝへニ、ふかくてをいれぬやうニ候て、無事相すましたきやうたひ(様態)にて候、たゝ〳〵とう方のよりたひもく(題目)をいださせ、そのしなニより候て、わひ○《こと》あるへきやうたいと、たしかニてまへにてハ、きゝとゝけ候間、りやうじ(聊爾)ニあひさ

　つ無用にて候、

とある。「新山」＝新舘山城守胤治は、『利胤朝臣御年譜』文禄二年九月条に、「老臣」として「高五百八拾弐石　新舘山城胤治」とある相馬方の重臣であるが、その返書を政宗が披見したのである。その内容は不明だが、相馬方の「無事相すましたきやうたひ」に対して、「とう方のよりたひもく」を提案し、それへの対応次第で聞き届けるべきで、「りやうじニあひさつ」を否定している。

一方、相馬義胤の弟隆胤もまた、伊達氏との交渉を意図していたことは、政宗が中嶋宗求に宛てた書状に、[23]

　南口弓矢之手成ニ付而、春夏之間ニも相口へ打まハし候事、あまりにたやすく候、然間、出合先々延引可然候、併相之存分聞届度以存念ヲ、伊達東根へ近日手明之内一人指越候、其始末者、中村ニ不断在堪候右馬助与申人、従隆胤中途へも、又内郷訖も被相越、一和之模様可被相理由、浜伊所へ内意候条、先一両人、浜伊(浜田伊豆守景隆)使ニ取成、相越候キ、六七日之内ニ可相帰候、

とあり、相馬の存分を聞き届ける意思を政宗がもっていたこと、中村に「不断在堪」する右馬助を、隆胤が中途、あるいは内郷（不明）まで派遣し、「一和之模様」を浜田景隆に伝えようとしていることなどが確認できる。

こうした相馬方からの「無事」要請は、相馬如雪や新舘胤治だけでなく、別の人物も介在していたようで、伊達方の成実や中嶋宗求ら複数のルートを駆使していた。

しかし、伊達方との「無事」が進展しないなかで、隆胤らの出陣・敗死という事態になったが、「不慮之仕合」「兵部太輔・黒木上総守越度」という文言に、義胤の対応の限界を知ることができる。同時に、「有用所在城」と主張する義胤の姿勢は、隆胤らの行動と一線を画す立場を示している。すなわち、この時期の合戦は、明らかに豊臣秀吉の惣無事違犯であった。秀吉の惣無事は、極月三日付の富田知信書状[24]によって伝えられていた。その時期は、天正一四

年あるいは同一五年と考えられているが、[25]さらに天正一七年一一月には、石田三成が義胤に対し、秀吉の小田原攻めと「仲春上旬、至臼井、箱根発向之御廻文」が送られるであろうが、「路次にて相滞候てはと」案じて、早めに伝えたこと、そのうえで「御忠節」＝小田原参陣を求めている。[26]

秀吉の体制が確立することを知ったうえで、あるいは奥羽への影響が深刻化するなかでの伊達との和平交渉、その破談による隆胤らの出陣であったとすれば、義胤の対応は伊達との和平を、秀吉体制のなかで成就しようとするものとも考えられるのである。いずれにしても、家督を相続した義胤であったが、田中塁や中村城を後見する盛胤の行動は、単なる隠居のそれではない。結果的に、全ての領主権力が義胤に移譲されたのではなく、盛胤もその一部を保持して伊達氏と対峙したのである。

第三節　利胤の家督相続と義胤の泉田「隠居」

一　利胤の家督相続

全面的な権力の移譲をともなわない家督の相続は、義胤から利胤への場合も該当する。もっとも、利胤の家督相続時期については『奥相秘鑑』第七「先主代々御家督相続之事」に、

大膳大夫利胤

天正九年誕生月日不知、慶長七年壬寅十月以来父義胤御名代、同十二月十八日叙二従四位下一家督年月不知、奉二仕家康・秀忠両大君一治家二十四年、寛永二年乙丑九月十日薨、法諱二照院殿日燦杲公大居士、廟処同慶寺、

とあり、慶長七年一〇月以降、父義胤の名代として幕府に仕えたとあるが、家督を相続した年月は「不知」としている。それは、利胤の正式な年譜ともいうべき「利胤朝臣御年譜」も、家督の相続時期を明記していない。さらに、慶長一七年四月、義胤が小高城から標葉郡泉田に移った時の「利胤朝臣御年譜」同月条に、

　一、四月、義胤君、小高城ヨリ標葉郡泉田江御隠居、
　　　御隠居領三千石御隠居ノ年月ハ不知、慶長七年ヨリ公儀御勤ハ大膳亮利胤君ナリ
　　　　泉田村、高瀬村、棚鹽村、室原村、

と、義胤の「御隠居ノ年月ハ不知」と記すが、それは利胤の家督相続もまた「不知」ということになる。

　また、「利胤朝臣御年譜」慶長一六年一二月二日条は、相馬中村藩の居城を小高から中村に移したことを記述した条文であるが、そこには、

　一、十二月二日、小高城ヨリ宇多郡中村ノ城江御移、
　　此年七月ヨリ中村ノ城新成、同冬御普請成就、御在城ヲ被移、（中略）小高城ヨリ中村江ハ、大将ノ御思慮
　　ヲ以御移、

とあって、小高から中村への移城の主体を「大将ノ御思慮」と記すのみで、明確に利胤の名を挙げていない。同書は、利胤については「利胤君」と記述しており、その点からもこの「大将」を利胤に比定することは難しい。

　これ以前、慶長一〇年四月、上洛した家康が征夷大将軍を辞すると、その一〇日後には、秀忠に将軍が宣下された。さらに六月、秀忠が江戸城に入ると、家康は駿府に移って大御所と称するようになる。その翌年、義胤の妻室が、さらに同一三年には利胤の妻室がそれぞれ出府し、同一三年は二人の妻室が在府する状況となった。その背景は理解し難いが、注目すべきは、江戸における義胤・利胤の動向である。

すなわち、『台徳院殿御実紀』（『徳川実紀』）慶長一三年五月朔日条には、

（上略）佐竹右京大夫義宣（中略）は帷子五づゝ。（中略）相馬長門守義胤・相馬大膳亮利胤・真田伊豆守信之（中略）織田上野介信包帷子三づゝ。（案ずるに諸大名一統に時服を献ずること。ものに見えたるは此時をはじめとす。これ三季の賀儀に時服献ずるの権与にや）

とあり、さらに一二月一六日条にも、

（上略）佐竹右京大夫義宣（中略）小袖三づゝ。（中略）相馬長門守義胤（中略）相馬大膳亮利胤（中略）青木民部少輔一重。

とあって、義胤・利胤父子がそろって家康・秀忠にお目見えし、小袖等を献上しているのである。家督が利胤に相続されているのであれば、義胤がともに秀忠に奉仕する必要はないのであって、この時点で利胤の相続は確定できない。翌年五月、利胤は駿河に向かい、家康にお目見えを許されている。

ただし、同年以降、義胤・利胤そろってのお目見えは確認されず、専ら利胤が担当している。その意味で、「利胤朝臣御年譜」慶長一七年四月条の「慶長七年ヨリ公儀御勤ハ大膳亮利胤君ナリ」との記述は、慶長一三年以降ということであれば誤りではない(27)。

二　義胤の泉田堡隠居

慶長一七年（一六一二）四月、義胤は小高城から標葉郡泉田に移るとともに、隠居領三千石として泉田・高瀬・棚塩・室原四か村を支配することになった。いずれも現在の福島県双葉郡浪江町に属し、至近の距離にある。

ところで、「隠居」した義胤は、小高城から泉田に移ったのであるが、相馬家・中村藩は前年一二月、中村に本拠を移していた。したがって、わずか五か月ではあったが、中村城の利胤に対し、小高城に義胤が在城する体制を維持

していたのであり、「二屋形」体制を継続していたことになる。しかも、「二屋形」はその後も維持された。すなわち、『御家給人根元記』(28)には、

中村御移りの時より、三郡中在の給人を二つに分け、泉田御隠居と中村に召仕えらる。将軍の御在城江戸を御真似成され候て、在郷所在の給人、大身より始め、その外小身も相応に中村御麓へ屋敷を被され、段々に引移申し候。

とあり、さらに『奥相志』の北幾世橋村の項にも、

古館址　満海に在り。里人古城と称す。又万界城と号す。

蒼脊公致仕して後、この塁にあり。是より先、泉田氏累世の居館なり。（中略）蒼脊公長州義胤致仕の後、慶長十七壬子年四月、小高城より泉田堡に移館す辛亥年十二月二照公利胤、小高城より宇多郡中村城に移る。泉田・高瀬・棚塩・室原四邑三千石を料す。諸邑の住士分れて泉田、中村両所に移り、両君に仕ふ。

とあって、在郷諸邑の領主・住士を利胤の中村と義胤の泉田に二分して両君に仕えさせたが、それは将軍秀忠の江戸と大御所家康の駿府という二元体制を真似たというのである（以下、義胤の移った居館を「泉田堡」と記述する）。

近世の編纂史料ではあるが、この記述に基づけば、泉田堡地区にも義胤に仕える家臣が移り住んだことになる。それは少なくとも、利胤が病没し、孫の虎之助（後の大膳亮義胤）が跡目を継承した時、幼年を理由に「可被守養之旨」の将軍家光の上意に基づき、中村城に移った寛永三年（一六二六）六月までは続いたことであろう(29)。

もっとも、義胤・利胤父子が藩権力と家政を分担した事例は確認できない。元和元年（一六一五）三月のいわゆる大坂冬の陣に、上洛途次の利胤が駿河国で不快となったため、代わって義胤が「出陣ノ被蒙　鈞命」れたため「左近及胤・三男越中相倶シ、泉田ヲ発立」した。これは、利胤の罹病という突発事故に対応するものであったが、こうし

た緊急事態に、義胤・利胤が互いに補完できる状態にあったこと、しかも幕府もまたその補完体制を認識していたのである。

したがって通常は、元和八年八月、最上義俊が改易された時、その支城亀ヶ崎城（東禅寺城＝鶴岡市）を接収したのは利胤であったし、翌年七月の秀忠・家光上洛に供奉したのも利胤であったから、義胤が「公儀御勤」を行うことは原則的になかった。

ただし、義胤の泉田隠居は、「二屋形」体制の継続という意図ばかりではなかった。義胤の移り住んだ標葉郡は、もともと標葉一族が蟠踞する地域で、この地域が相馬氏の支配に組み込まれたのは、長享元年（一四八七）ないし明応元年（一四九二）のことであったが、それは先代の盛胤が標葉一族の泉田隆直や標葉隆豊を調略しての結果であった。(30)

その際、盛胤は、

忠賞ニ泉田隆直、永代当家一族ニ准シ繋駒ノ幕ノ紋を許サル、標葉一郡ノ旗頭トナシ泉田ニ居館、其子右近太夫胤清ヨリ代々胤ノ一字ヲ給ル、小四郎隆豊、忠義ヲ褒賞シテ、同郡藤崎村ヲ賜テ彼館ニ住居、藤崎出羽守胤平ト号、

と、標葉一族を厚遇し、従来の在地支配を認めたのである。(31)しかし、それは相馬氏にとって桎梏となった。すなわち、相馬氏支配の領域には、鎌倉時代以降、相馬一族が各地に蟠踞し、重胤系相馬氏（後の藩主家）の権力強化を困難にしていた。

そうしたなかで、重胤系相馬氏は各地に蟠踞する一族の在地への支配関係を弱体化させていった。慶長二年（一五九七）、義胤は本拠を小高城から牛越城に移した際、泉郷を支配する重臣泉胤政を追放し、泉川（新田川）河口の湊

機能を掌握するとともに、隣接地の泉平館[32]に岡田宣胤を岡田館から移したことは既述した[33]。その後、中村城に本拠を移した時、宣胤を「中村長徳寺跡」、後の北三の丸の一角いわゆる岡田塁に再移転させている。

さらに、慶長七年の領地没収という大きな事件のなかで、追放した泉胤政を帰還させて標葉郡泉田館（浪江町）を支配させるとともに、泉田胤隆をさらに南域に位置する両竹館（双葉町）に移しているし、その時期は不明ながらも、泉田甲斐を宇多郷杉目館（新地町杉目）に移している[34]。泉田甲斐の系譜が明らかにできないものの、その本拠標葉郡以外に移封されている一端を見ることができる。こうした重臣級の所領移転は、所領との譜代性を解消し、後の藩主権力の強化を意識したものであることはいうまでもない。

しかし、泉田堡の実態については、「利胤朝臣御年譜」を含めて、これを詳細に知る資料がきわめて少ない。しかも、泉田に隠居したのは義胤だけでなく、元禄期の藩主昌胤もまた移り住んでいる[35]。以下、次節では義胤時代の泉田を「泉田堡」、さらに昌胤期の泉田を「幾世橋御殿」と区別し、それぞれの城下集落の景観を復原しつつ、その実態を確認していきたい。

第四節　泉田堡・幾世橋御殿の景観復原

一　泉田堡とその周辺

泉田地域の地名（字名）を確認するため、明治二十一年二月に調整された「福島縣磐城国標葉郡北幾世橋村全図[36]」から、その中心区域を図示しておこう（図２）。泉田村は寛文六年（一六六六）に南北に分かれたが[37]、正徳元年（一七一一）、藩主昌胤によって幾世橋村と改められた[38]。なお、「年譜」は南北に分かれたことを記していない。

図2　北幾世橋村字限図（抄出）

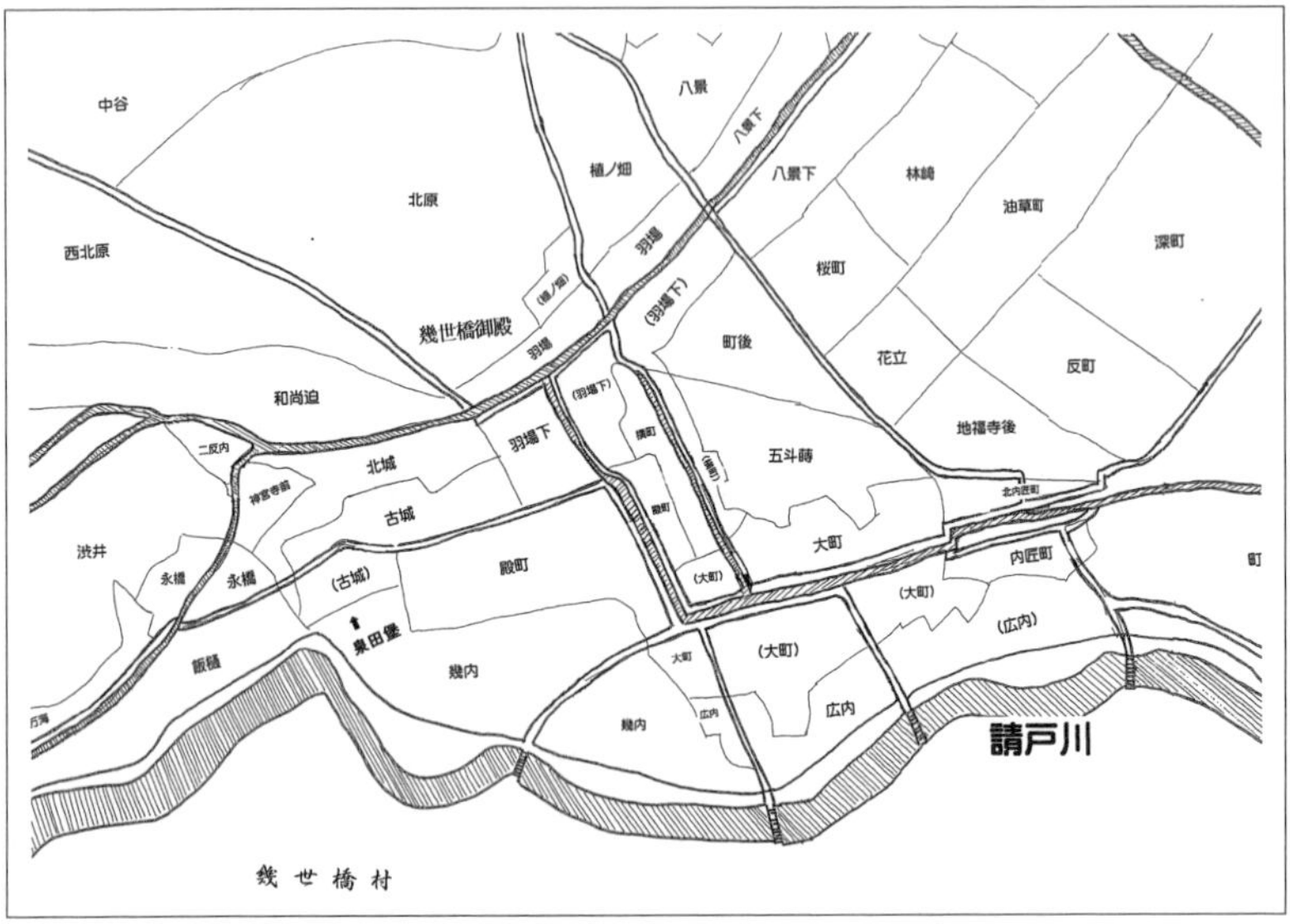

図2に見られる「字古城」が、義胤の移った泉田堡を含む地区である。『奥相志』に記す「満海」ではないが、里人が称した「古城」が新たな字名として「字満海（万海）」から分離されたのであろう。

義胤の泉田「隠居」に前後して、龍蔵院が中村から泉田に移転した。「利胤朝臣御年譜」慶長一七年条には、

> 同年、中村ヨリ泉田江龍蔵院ヲ被レ移、住職長哲、長州君御帰依ノ僧ナリ、中村長橋龍蔵院トテ、其比、溜池江長橋カヽル、今安養寺此寺跡、龍蔵院ノ後、宝月山東泉院ヲ移、其以後赤城山長明寺ヲ従小高被移、

とあって、住職長哲が、義胤の帰依する僧侶であったためとする。また、『奥相志』北幾世橋村には、

> 金田山龍蔵院　満海に在り。（中略）当寺もと中村城下西山に在り。長慶寺と号す。蒼霄公の時に当り長哲和尚住持す。寺前より長橋を溜池に架け以て城に通ふ。故に長橋龍蔵院と称す。蒼霄公泉田堡に移る。長哲は公の帰依僧なり。故に龍蔵院を泉田邑東泉院に移し、

東泉院を西山龍蔵院に徙す。旧号に依り長橋の龍蔵院と称す。

とあり、中村城下西山にあって長慶寺と号したという。さらに宝月山東泉院についても、

同（慶長）十六年辛亥、（中略）蒼霄公小高より標葉郡泉田塁に移る。翌十七年壬子、中村火沢より龍蔵院を東泉院に移し、東泉院を火沢後水沢と改むに移し、互に寺地を易る火沢龍蔵院の時より長橋を溜池に架し、曲城より寺前に通ず、故に長橋龍蔵院又は長橋東泉院と称す。

とあるから、中村城下の龍蔵院と泉田の東泉院が寺地を入れ替える形で移転したこと、そのため両寺ともに「長橋」を冠して称されたことなどがわかる。なお、中村城下西山の位置については確証はないものの、中村城の内堀ともいえる溜池の北側、岡田氏の氏神と伝えられる初発神社の南西側に残る墓域が、安養寺の墓地と伝えられていたというから、この近辺の可能性が高いという[39]。

一方、同書「宇多郷・中村三」には「天正中、三春城主田村清顕来りて龍蔵院に宿る」とあるが、『奥相秘鑑』巻第二「松平陸奥守殿江御不通起之事」には、

同（天正）十一年マデ伊達相馬闘争止事ナシ、田村大膳大夫清顕・佐竹常陸介義重・岩城左京大夫常隆ヨリ使者ヲ以テ両家ノ和融ヲ執持給フ、盛胤領掌シ給ハズ、清顕中村へ来臨暫長徳寺ニ逗留、其比盛胤ハ西館ニ御隠居ナリ、

とあって、清顕の逗留先が龍蔵院あるいは長徳寺と一定ではない。

また、泉田に移転した龍蔵院の所在地は、『奥相志』に「満海に在り」とあるが、義胤が移った古城に隣接して永橋（長橋）があるから、山号「長橋」が字地名として満海から分離したと考えれば、ここが移転先と理解することもできる。

ところで、『奥相志』には、泉田堡に隣接して、殿町、横町、大町、内匠町、町尻、深町、反町、柳町、油草町、町後などの都市的場を示す字地名ばかりか、大熊野、小熊野、薬師前、薬師欠、経塚、堂田、堂の迫、地福寺後、神

宮寺前、和尚迫、権現下などの宗教施設関連地名が散見する。

しかし、これらの地名の全てが義胤段階のものとは断言できない。そこで、義胤が移徙した泉田堡の所在する古城とその周辺、北城・幾内・殿町・飯樋の地籍図を集成した図3から、当時の状況を考えてみたい。なお、図3は後掲図4も含めて、字単位の特徴を考えたいので、さらに縮尺がわずかに異なるため接合していない。これらの地籍図の製図者志賀清春は、字限図の調整者でもあるから、地籍図もまた明治二十一年の成立と考えられる。

古城の西方に描かれた台形状の地割が泉田堡の中心部で、比高五メートルほどの急峻な崖によって区画された台地であることが、現地踏査から確認できた。この台地は、地籍図では二筆から成っており、少なくとも複郭の「堡」であったことが推測できる。ただし、帰還困難区域にあったためか、その周囲は整備されておらず、台地上に入ることができなかった。したがって、現時点で台地上を確認していない。一方、その東の「山林」区域も堡の一部と思われるが、現在は畠地である（帰還困難区域が解除され、現在は整地されている）。

次に、堡の北側、東西道路北側の短冊状地割に注目したい。「畑地」と記されているが、ほぼ一定間隔の狭い間口、長い奥行きという特徴から、典型的な宅地であったと考えられる。しかし、最大九筆で、東西方向に展開しておらず、集落という状態は考えにくい。ただし、堡の東側の東西道路に面して確認される不揃いな方形地割（南端は殿町の西方）に対し、堡の東側、南北道路の両側および東に折れた東西道路南側に短冊状地割が確認される。この区域は、東西道路北側に短冊状地割は確認されないから、片側町を想定することもでき[40]、不揃いな方形地割とは異なる一帯と思われる。それに対して、必ずしも等間隔ではないこの不揃いな方形地割は、家臣の家格差を表した武家屋敷地と考えることもできる。

ところで、その東側に位置する殿町について、『奥相志』には、「蒼脊公在館の時、従士の居址か。古より殿町と唱

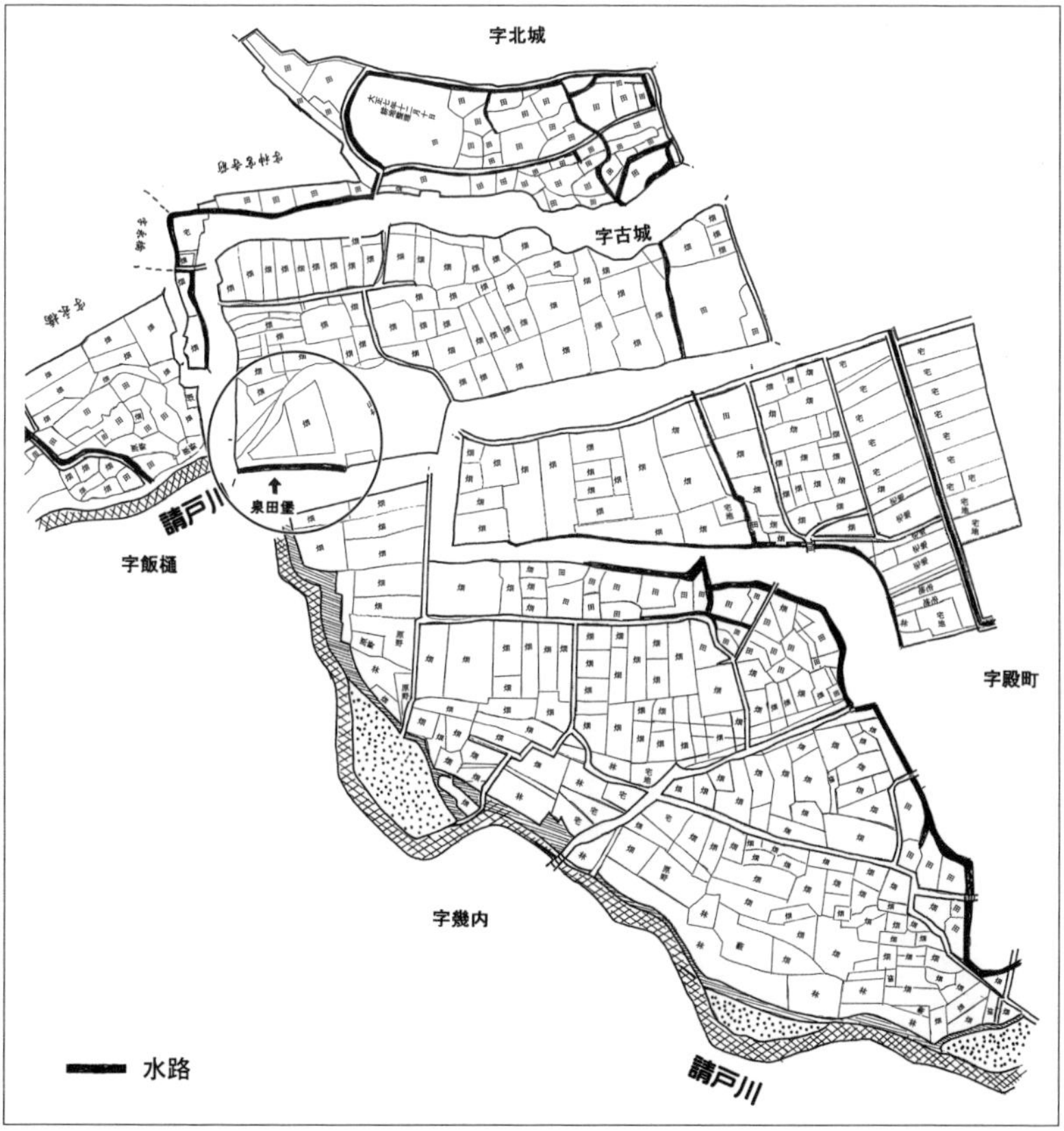

図3　泉田堡とその周辺地域の地籍図

ふと云ふ」とある。その名称から、義胤の在城時、家臣の住んだ住居址と考えたのであろう。しかし、その地割を見ると、古城に隣接する地域に、宅地を想定できるような明確な地割は確認できない。それに対して、その東部域には中央を水路が流れる南北方向の街路が確認され、その両側に短冊状地割が確認できる。中央に水路が流れる街路は、泉田堡の近辺には確認できないが、すでに『一遍上人絵伝』の鎌倉市中にも道の中央に溝が描かれており(41)、さらに上杉本「洛中洛外図屏風」に描かれる中央水路など(42)、近代に至るまで都市的集落に確認される一般的な特徴である。

もちろん、地籍図の状態が義胤段階まで遡る確証はない。しかし、後述するように、この南北街路の北に位置する羽場下にも、殿町に接続する短冊状地割が確認される。この街路は、北原、現在の大聖寺の正面に通じており、幾世橋御殿の城下集落という様相を示している。

二　昌胤の幾世橋御殿居住とその復原

元禄一四年（一七〇一）二月、昌胤は隠居し、養子叙胤（秋田藩主佐竹義処二男）が家督を嗣いだ。四月一一日に江戸を発った昌胤は、同十五日、幾世橋御殿に到着した。「昌胤朝臣御年譜」によれば、義胤の「古館」は指し置かれ、大聖寺の敷地を「殿内」としたが、既に昨元禄一三年から進めていた「御普請・御営作」が終了したため、日柄も良いので、即座に移徙したという。その際、同所の安楽寺を雑家町に移し、その跡地に大聖寺を移すとともに、泉田村を幾世橋と改めたという。

なお、年譜には「御隠居附幾世橋江被召連候面々」として、御用人門馬藤右衛門、幾世橋専馬を始め小姓般若深右衛門、御台所頭四本松平左衛門、さらには医師、料理人、御部屋御台所、鷹匠頭、馬方等々、総勢五三名を列挙し、さらに百石以下の面々を中村から召し呼び、あるいは新たに召しかかえ、「住居引移多シ」という状態であったとある。

翌年、昌胤は中村城下小泉高池の観音堂を御殿内に移し、その後、常念仏堂を建立、知命寺（浪江町）の跡に崇徳山興仁寺を創建して寺領百石を寄進するなど、幾世橋御殿の城下集落は大きく変容を遂げていったことが推測される。しかも、宝永六年（一七〇九）六月、昌胤の子清胤（後の尊胤）が叙胤の養子として家督を相続、さらに正徳元年（一七一一）四月、前藩主叙胤の病没後も、享保一三年（一七二八）一〇月逝去までの約二七年間、幾世橋御殿に居住し続けたのである。

既述のように、大聖寺の所在した台地に昌胤が入部すると、大聖寺は安楽寺跡地に移り、この台地上が昌胤の幾世橋御殿となる。そこで、幾世橋御殿の所在した北原とその南部域の地籍図を集成して図示しよう（図4）。

北原の台地南端に記載される「寺院」は、大聖寺の敷地であろうが、その西側に「御城」（抹消されて「山林」と上書される）とある。また、それら北側の「墓地」の南端に昌胤・尊胤らの墓域が方形区画として現在も残るが、現大聖寺との境界に確認される土塁と堀跡は、さらに東側に連続する可能性があるから、「寺院」を含めた台地南端が「殿内」であった可能性が高い。

この台地南端下の平場「字羽場」には不揃いな方形地割が確認され、ここにもまた武家屋敷地を想定することもできる。羽場の南側には、道路・水路を隔てて羽場下、さらに殿町と隣接して横町が位置する。この殿町の短冊状地割の延長線上に、既述した羽場下の短冊状地割が接続する。

『奥相志』には、「横町元禄中廿六戸、嘉永中四戸」と記すのみであるが、街路中央部を水路が流れる状況は、殿町東部や羽場下と同様である。一部で分筆が進んだためか、二分された短冊状地割は殿町ほど明瞭ではない。また、東北部にほぼ三筆分の区画が確認されるが、寺院あるいは何らかの広い区画を必要とする施設の存在を窺わせる。

『奥相志』には、

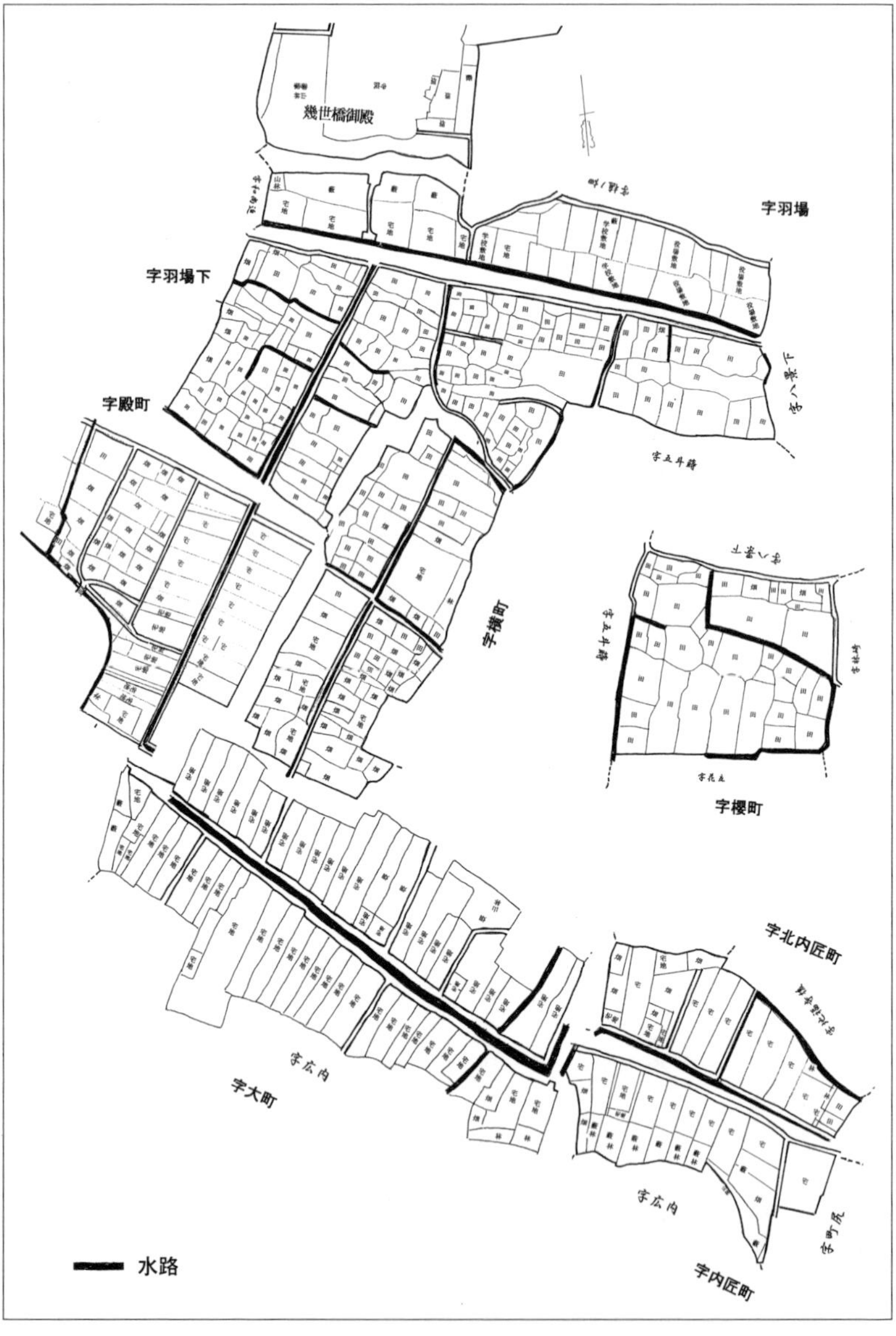

図4　幾世橋御殿とその周辺地域の地籍図

富永町　もと大町といふ。東西の巷陌にして市中堀あり。西より東に流。昔元禄中六十五戸、嘉永中五十戸。蒼脊公在館以後、大町と唱ふ。元禄中建徳公（昌胤）改めて雑賀町と名づけ、更に富永町と称す。六斎市を立て、町格神路町に同じ。（以下略）

と記すが、「東西の巷陌にして市中堀」が流れ、その両側に短冊状地割が、それに接続する北内匠町でも確認される。大町の元禄年間の戸数は六五戸、さらに内匠町・北内匠町で二二戸とあり、最大の人家集中地区となっている。また、これに町尻が接続して、町域が終わる。なお、『奥相志』には内匠町のみが記載されているから、後に北内匠町が分離したものであることは、古城・長橋と同様である。

こうした街路は、昌胤の移住によって、家臣の第宅が「城垣の外を環繞し、牆を連ね門を対」したばかりか、「六斎市を立て」るなどの政策によって、後に「時に閭閻地を撲ち、市店稠密にして、百物皐通し、遐邇の商売常に輻輳し、旅寓・酒肆・茶寮、一として備らざる無く」（『奥相志』北原御殿の項）と形容されるほどに整備されていったものと思われる。

このように見てくると、羽場下から殿町・横町・大町・内匠町・北内匠町に至る地域が、幾世橋御殿の城下集落として、おそらく昌胤によって整備されていったのであり、大町や殿町を義胤時代と結び付けるのは、後代の付会であろう。

なお、他に深町、反町、柳町、油草町など、集落に関連する字名が残るが、たとえば街路とそれに対応した短冊状地割は確認されなかった。地名の由来についてはわからないが、『奥相志』編纂時、すでに「以下の地、人戸なく田圃」という状況であった。

むすびにかえて―「二屋形」制とその終焉―

以上、相馬義胤・盛胤父子連署状の背景を考えるため、戦国期南奥・東国の事例も含めて、家督と隠居による二頭政治の実態を追究した。その結果、二頭政治は普遍的な家督の移譲形態であることを指摘し、それに対応して父子連署形式の文書が発給された可能性を考えた。

さらに、隠居して移り住んだ事例として泉田堡の景観復原を行うとともに、その後、藩主昌胤が隠居した幾世橋御殿の復原した景観とを比較検討した。その結果、昌胤段階で整備・発展した幾世橋御殿の城下集落が、現在の北幾世橋の原風景であったこと、それに対して、義胤段階の泉田堡には、城下集落と断定できるような明確な痕跡は少なく、未熟な集落の存在しか推定できなかった。

しかし、幾世橋御殿に比して泉田堡は、独立丘に立地し、その南端を泉田川（請戸川）が東流する要害の地であった。既述したように、泉田地区（浪江町幾世橋）は中世を通じて、標葉一族泉田氏の本貫の地として支配されてきた。その後、相馬氏の支配に組み込まれたのは、長享元年（一四八七）ないし明応元年（一四九二）のことであり、しかも大膳大夫盛胤が標葉一族の泉田隆直や標葉隆豊を調略しての攻略であった[43]。そのため、泉田一族と在地との強固な支配関係は維持され、相馬氏の領域支配を困難にしていた。

そうしたなかで、慶長期以降、泉胤政の追放とその旧領泉平館への岡田宣胤移転、さらに胤政の帰還と泉田館支配、泉田胤隆の両竹館移転、泉田甲斐の宇多郷杉目館移転などが確認されるが、それらによって中世以来の領主と所領との譜代性を解消し、後の藩主権力の強化が計られたのである[44]。

そのような泉田一族の譜代性解消の象徴的な行為が、「隠居」したと記述される前当主の入部なのであり、旧主標葉一族（泉田氏）の支配という過去の清算にあったことは充分に考えられる。

さらに、泉田地区の要衝性も考えられよう。中・近世移行期の海運に関する史料はほとんど確認されていないが、『奥相志』棚塩村の条には、「大川　高瀬河・幾世橋河は幾世橋・升倉の邑境に於て二川合して一流の大河と為り海に入る。湊は受戸界なり」とあって、大川（現請戸川）の河口に「湊は受戸界」があった。この受戸（請戸）湊についても同書に、「受戸湊　棚塩界、川の落口なり。幅六十間、深さ四尺、時に浅深あり」とあり、さらに「三つ海浜に在り。一は北標葉郷の租を納め、二は南標葉郷の税を納む」という倉庫が隣接していた。受戸村についても、同書には、

邑人海浜に拠り居を為す。古より魚塩の利有り。（中略）大船四艘船主熊川平助（二艘の内一は文久元年之を造る）、市十郎二艘（内一は万延元年破る）。漁舟廿艘余時に増減あり、諸魚を網す、中夏より季秋に至る鰹魚を漁すること夥し。

とあり、請戸湊の状況を記している。少なくとも、近世後半期には、中村城下に隣接する原釜湊に対するように、泉田・幾世橋に隣接する請戸湊が重要な意味を持っていたのである。

そのような状況が近世初頭まで遡るか史料的に確認できない。しかし、たとえば文禄四年（一五九五）の「佐竹義憲岩城領小物成目録(45)」には、相馬領に近い岩城領の北端地域について、

一、大舟弐艘　四倉村
一、猟船拾弐艘　同村

とあり、「大舟弐艘」を有する四倉村（いわき市）の存在が確認できる。こうした交通の要衝地掌握は、藩主権力の強化策に基づいた施策と理解すべきであろう(46)。

ところで、利胤＝中村城、義胤＝泉田堡に類似した事例は、伊達氏・仙台藩にも存在する。すなわち、仙台城を築いた政宗は、広瀬川の対岸に屋敷（花壇屋敷）を設け、家臣に対する饗応の場として、あるいは連歌の会の場として使用した。しかも、時には家臣の知行割が行われ、あるいは花壇屋敷から出府するなど、本丸の殿舎を補完する屋敷として、藩庁の一部としての性格を併せもっていたという(47)。

その後、寛永五年一一月、政宗は仙台城の東南に位置する地に、いわゆる若林城を建設、江戸から帰国すると同城に移り住み、以後、国元の生活のほとんどをこの若林城で過ごした。しかも若林城の周辺には、家臣の屋敷ばかりか町屋敷も設けられ、その城下は仙台城下からなかば独立した様相を呈したという。さらに、外様大名としては破格の権中納言に、嫡子忠宗が右近衛権少将にそれぞれ補任されると、忠宗はほかの大名と同格に待遇されるようになるが、政宗自身も藩主の立場は保持するものの、「藩内では隠居（大御所）的地位となり、代わって忠宗が事実上仙台城の主となったとも考えられる」と『仙台市史　通史編3』は指摘する。しかも、政宗の江戸参勤はほとんど若林城から出発しており、若林城はいわば大御所政宗の城として機能していたというのである。

もちろん、藩政と公儀奉公が二人に分担されていたわけではないし、忠宗の藩政に政宗が指示するという具体的な事例が確認できているわけではない。しかし、少なくとも忠宗が政宗の役割の一部を分担し、家督として機能できるよう徐々にその権能が移されたのであって、仙台城と若林城という二つの城と城主によって伊達氏・仙台藩の権力が行使・補完されていたとみるべきであろう。

伊達氏の事例は、江戸期になっても「二屋形」制が形を変えて残ったことを示すが、その最大の事例が家康・秀忠の大御所体制であった。大御所体制については、大嶌聖子氏が「駿府の家康と江戸の将軍秀忠との関係は、家康が公儀権力の主催者であったのに対し、秀忠はいわば徳川家の家政を担当し、家康の権力に内包されていた」と指摘する(48)。

相馬氏・中村藩にあっては、公儀権力と家政の分担が明瞭に確認されないものの、「将軍の御在城江戸を御真似成され候て」という『御家給人根元記』の認識は必ずしも間違っていない。しかし、徳川家の権力機構が全国化され、いわゆる幕府として確立するなかで、家督の相続は幕府・将軍家によって公認されるようになると「二屋形」制は終えるのであって、それはまさに戦国時代の終焉を意味したのである。

註

（1）長福寺縁起所収文書（『いわき市史　第八巻　原始・古代・中世資料』12―一八、一九七六）。
（2）秋田藩家蔵文書一〇岡本又太郎元朝家蔵文書（註（1）前掲書35―九六）。
（3）「伊達氏、戦国大名へ」（遠藤ゆり子編『伊達氏と戦国争乱』吉川弘文館、二〇一六）。なお、西日本でも長宗我部氏の事例を説いた中脇聖氏は、安芸毛利氏・豊後大友氏・肥前竜造寺氏・薩摩島津氏に確認されるとし、その先例として足利尊氏と直義の「両将軍」に求めている（「長宗我部信親の『権限』について」日本史史料研究会編『日本史のまめまめしい知識』第一巻、岩田書院・二〇一六）。
（4）白河氏の場合、永禄三年（一五六〇）三月、隆綱が家督を相続した後も、翌年九月、父晴綱とともに連署の知行宛行状を発給するばかりか、さらに晴綱が北条氏との外交文書の発受を行っている。『白河市史一　通史編1』（二〇〇四）は、「隠居が外交権を掌握する二頭政治が行われた」（五八〇頁）と指摘する。なお、白河氏については、佐川庄司氏「白川義親の家督継承をめぐって」（小林清治編『中世南奥の地域権力と社会』岩田書院、二〇〇一）、菅野郁雄氏『戦国期の奥州白川氏』岩田書院・二〇一一、初出は二〇〇八）、伊達氏については、菅野氏註（3）前掲書のほか、黒嶋敏氏「はるかなる伊達晴宗―同時代史料と近世家譜の懸隔」（『青山史学』第二〇号、二〇〇二）、『仙台市史　通史編　近世一』（二〇〇一）、相馬中村藩については、三宅正治氏「近世中村藩の成立と展開」（『原町市史1　通史編Ⅰ』二〇一七）を参照。
（5）伊東文書（『小田原市史史料編　中世Ⅱ　小田原北条1』二〇、一九九一）。
（6）鶴岡八幡宮文書（註（5）前掲書一一五）。

（7）『続々群書類従　第十　教育部』（続群書類従完成会、一九六九）。同史料および註（8）史料については、鍛代敏雄氏（東北福祉大学）からご教示を得た。
（8）山口県文書館所蔵（『静岡県史資料編8・中世四』〈一九九六〉二四九一）。
（9）『相馬藩世紀・第二』（続群書類従完成会、一九九九）。
（10）中村藩主相馬尊胤の命によって、藩士富田高詮が元文元年（一七三六）に完成させた史書。本書では『相馬市史5　資料編2』（一九七一）所収本を利用した。
（11）相馬尊胤の命によって、富田高詮が享保二〇年（一七三五）に完成させた編年形式の史書。本書では註（10）前掲書所収本を利用した。
（12）同書天正一二年一一月条。仙台藩主伊達綱村の命により、田辺希賢、遊佐木斎らによって元禄一六年（一七〇三）までに編纂された藩史。輝宗（性山）・政宗（貞山）・忠宗（義山）・綱宗（雄山）四代の『御四代伊達治家記録』中、政宗の年譜をいい、本書では平重通編『伊達治家記録一』（宝文堂出版販売株式会社、一九七二）を利用した。なお、『原町市史4　資料編Ⅱ』に480号として掲載（以下、『原町』四八〇と記す）。
（13）『新編会津風土記』巻六所収松本与大夫所蔵文書（『原町』四七八）。
（14）伊達家文書（『原町』四七七）。
（15）『原町市史1　通史Ⅰ』（二〇一七）。
（16）小林清治氏校注『伊達史料集（下）』（人物往来社、一九六七）、『原町』五二九。
（17）福聚寺所蔵田村月斎家文書。なお、本書第四章4号文書を参照されたい。本文書については、平田禎文氏（福島県三春町歴史民俗資料館）のご配慮を得て実見する機会を得た。
（18）『新編会津風土記』巻七所収会津郡古町村修験円城院所蔵文書（『原町』四六四）。
（19）多賀城市文化財調査報告書第一一三集『天童家文書Ⅰ』（多賀城市教育委員会、二〇一三）。なお、本書第四章の5号文書を参照されたい。本文書については、柳原敏昭氏（東北大学）のご教示を得、多賀城市教育委員会のご配慮のもと実見する機会を得た。

(20)　伊達家文書（『原町』五八八）。
(21)　『政宗君記録引証記』（『原町』五八九）。
(22)　亘理家文書（『原町』五九四）。
(23)　伊達家文書（『原町』五九三）。
(24)　相馬家文書（『原町』四九三）。
(25)　おもなものに藤木久志氏『豊臣平和令と戦国社会』（東京大学出版会、一九八五）や小林清治氏『奥羽仕置と豊臣政権』（吉川弘文館、二〇〇三）があり、惣無事令を否定する竹井英文氏『織豊政権と東国社会』（吉川弘文館、二〇一二、初出は二〇〇九）がある。
(26)　相馬家文書（『原町』五八五）。
(27)　三宅正治氏は「慶長七年に相馬義胤から利胤への当主代替わりがあったとは考えにくい。（中略）義胤と利胤が役割を分担しつつ二頭政治を行ったと理解するのが実態に近い」（「近世中村藩の成立と展開」『原町市史1　通史編Ⅰ』二〇一七）と指摘する。
(28)　寛政一〇年（一七九八）の奥書によれば、在郷給人の系図取調を命じられた渡辺源兵衛美綱によって編纂された藩主歴代の事跡と給人の動向をまとめたもの。本書では註（10）前掲書所収本を利用した。
(29)　「義胤朝臣御年譜二」寛永三年六月二四日条（『相馬藩世紀・第一』続群書類従完成会、一九九九）。
(30)　註（15）前掲書。
(31)　註（11）前掲書（『原町』三八六）。
(32)　泉平館については『原町市史3　考古』（二〇一一）を参照。
(33)　本書第六章および拙稿「相馬氏の牛越城移転と泉氏」（『戦国史研究』第五三号、二〇〇七）。
(34)　『奥相秘鑑』第二「顕胤・盛胤両代三郡館持並出騎之事」（『原町』四三六）。

(35)「昌胤朝臣御年譜五」元禄一四年四月一五日条（『相馬藩世紀・第二』続群書類従完成会、二〇〇二）。以下、昌胤に関する記述は同書に拠る。
(36) 福島地方法務局富岡出張所備付。以下、「字限図」と記し、字単位の地割を記したものを「地籍図」と記して区別したい。「地籍図」も富岡出張所備付である。なお、「製図者」として志賀清春の名がいずれにも記述してあるが、現時点でその詳細を確認していない。
(37)『奥相志』北幾世橋村の項。
(38)「昌胤朝臣御年譜」元禄一四年四月一五日条に「（昌胤）幾世橋御殿江御着」とあるが、同書元禄一三年一〇月二七日条に「門馬専馬、幾世橋与苗字ヲ被下」とあり、幾世橋の名称は既定の事実であったと思われる。なお、『奥相志』は、「元禄十四辛巳年、建徳公（昌胤）致仕し当邑に在り、幾世橋と名づく。宝永七庚寅年、幾世橋村と改む」とあるが、宝永の村名改変を年譜からは確認できない。
(39) 猪狩正志氏（相馬郷土研究会）のご教示に拠る。
(40) 宮武正登氏（佐賀大学）のご教示に拠る。
(41) 中央公論社『日本の絵巻20』（一九八八）および渋沢敬三・神奈川大学日本常民文化研究所編『新版絵巻物による日本常民生活絵引』第二巻（平凡社、一九八七、新版第七刷）。
(42) 宮武正登氏（佐賀大学）のご教示に拠る。
(43) 本書第六章および註（15）前掲書。
(44) 本書第六章。
(45) 秋田藩家蔵文書二四（註（1）前掲書122）および本書第五章を参照。
(46) 本書第四章および近世請戸港の重要性については、岩本由輝氏「南部野田鉄買入に関する仕切および目録」（『相馬郷土研究会資料叢書』二・一九六九）、同「受戸宿志賀七重郎と大南部・小南部との鉏鉄取引」、関根達人氏「相馬焼VS瀬戸焼―奥州市場をめぐる戦い―」（東北学院大学アジア流域文化研究所・公開シンポジウム記録「東回り航路における請戸港の位置付け—内陸をつなぐ物流拠点として—」（『アジア流域文化研究』Ⅵ、二〇一〇）を参照。また、近年刊行された『大字請戸志』（二〇一八）も併せて参照。

（47）『仙台市史　通史編3　近世1』（二〇〇一）。以下の記述は同書に拠る。

（48）大嶌聖子氏「徳川家康の隠居—最晩年の政権移譲構想—」（『日本歴史』第七〇二号、二〇〇六）、同「家康最晩年の『政権移譲構想』と隠居問題とは」（平野明夫編『家康研究の最前線』洋泉社歴史新書、二〇一六）。

第八章　慶長奥州地震と相馬中村藩領の復興

はじめに

平成二三年三月一一日に発生した東北地方太平洋沖地震は、巨大津波を発生させ、沿岸各地に未曾有の大被害をもたらした。「千年に一度の大津波」と冠して被害の大きさが強調されたが、震災後、歴史上の地震に関する研究が進むかで、慶長一六年一〇月二八日〈グレゴリオ暦一六一一年一二月二日、以下、〈　〉内はグレゴリオ暦の日付である〉に発生した、いわゆる「慶長奥州地震」(1)が再確認されつつある。

その大概については、本書「はじめに」で触れたが、相馬中村藩領でも「利胤朝臣御年譜」慶長一六年一〇月二八日条に「海辺、生波ニ而相馬領ノ者七百人溺死」(2)とあり、多くの人命が失われたことがわかる。しかもその直後の一二月、中村藩はその本拠を小高城（南相馬市小高区）から中村城（相馬市）に移したのである。おそらく、城内の普請もままならなかったと思われるが、それにもまして被災した領内の復興は大きな課題(3)であったろう。

この時に普請なった中村城(4)も、平成二三年の大地震によって本丸の石垣一部二か所および大手門の石垣が崩落した。中村城は、昭和三〇年二月、福島県史跡に指定されたものの、『保存管理計画書』が作成されたのは昭和五六年であった。その後も有用な調査等は行われず、平成七年二月、小林清治氏を委員長とする史跡中村城保存管理計画策定委員会が設置され、再度『史跡中村城跡保存管理計画書』が作成された。このとき、筆者も委員の一人として策定に関わったが、計画的な、そして充分な調査が行われなかったことに忸怩たる思いが残った。

そうしたなかで、大地震による石垣崩落等が発生したのである。この被災箇所のなかで、大手門周辺が回復されたものの、本丸石垣は手つかずの状態が続いた。平成二六年一二月、史跡中村城跡保存管理計画書見直し検討委員会が設置され、同二八年三月、被災箇所の復旧を含めた『史跡　中村城跡保存管理計画書』が作成されると、同書の附帯条項「短期（H28～H32）における整備計画」に盛り込まれた「整備指導会議の設置」に基づき、平成二八年一二月、史跡中村城跡調査・保存・整備指導委員会が設置され、ようやく本格的な調査が進められようとしている。今後、多くの知見が得られるものと思われるが、それと並行して、関連史料の博捜と研究を進める必要がある。

本章では、慶長奥州地震の実態を整理するとともに、その後の復興の実態を相馬中村藩領を対象として考察するものである。しかし、相馬中村藩領でも資料の稀少性という問題があり、叙上の困難さを解決しきれていない。また、既述のように、地震直後であるにもかかわらず、相馬中村藩は本拠を小高城から中村城に移転している点を重視し、移転の背景も併せて考えたい。ただし、この点については、政治・経済史的視点からすでに本書第五～七章で指摘しており、本章はそれを補完するものでもある。

第一節　慶長奥州地震と津波被災

では、この地震はどの程度の規模で、どのような災害を地域社会にもたらしたのであろうか。天正末年～慶長年間は日本各地で地震の多発した時でもあったが、東北地方に限っても、天正一四年には津軽で、同一九年には陸奥白沢（福島県中通り）で発生し、さらに慶長一六年八月二一日〈一六一一年九月二七日〉には、会津地方で推定マグニチュードおよそ六・九の地震が発生、若松城の石垣が崩落するばかりか、近隣地域に大きな被害をもたらしたことは、

『慶長日件録[5]』同年一一月二日条に、「新庄宮内法印相談云、八月九日、会津郡大地震、城・町屋等悉顚倒、柳津虚（空脱カ）蔵堂破滅云々、堂後山崩、堂倒落渓川、本尊等悉不見云々」とあり、『言緒卿記[6]』一一月二日条にも「八月九日ニ会津ノ柳津大地振、堂舎仏閣、尽破滅之由、於御城、新庄宮内法印雑談有之了」とあって、同時代史料から確認される。

さらに、『台徳院殿御実紀[7]』同年八月二五日条にも、

この日、会津より注進ありしは、この十三日かの地、大地震あり。蒲生飛驒守秀行が城郭を始め、その辺の山崩れ、四万石の地陥り、湖水湧出。男女死亡二千七百余人に至りしとぞ（駿府政事録、当代記）。

とあるが、『駿府政事録』や『当代記』に「男女死亡二千七百余人」の記述はなく、根拠を確認できない。なお、『慶長日件録』は八月二一日の地震を八月九日と、さらに『台徳院殿御実紀』は八月一三日と発生日を誤って記述しているが、前二者についてはこれを伝えた新庄宮内法印（直頼）が誤ったのか明らかでなく、後者の典拠ともなった『当代記[8]』は二一日条に記載しているから、編纂過程で生じた誤りとも考えられる。

いずれにしても、会津を震源とする地震が発生したことは事実であり、さらにこの地震を前兆とするかのように、昭和八年（一九三四）の三陸地震津波とほぼ同じ海底を波源とする大地震が発生し[9]、東北地方太平洋岸から北海道にかけて津波被害をもたらしたのは、慶長一六年一〇月二八日〈一六一一年一二月二日〉のことであった。すなわち、既述のように相馬中村藩領域については「利胤朝臣御年譜」一〇月二八日条に「十月廿八日、海辺、生波ニ而相馬領ノ者七百人溺死」とあり、七〇〇人の犠牲者数を載せている。

また、仙台藩領については、『貞山公治家記録[10]』同年一〇月二八日条に、

十月己亥小廿八日甲午、巳刻過キ、御領内大地震、津波入ル、御領内ニ於テ千七百八十三人溺死シ、牛馬八十五

匹溺死ス、

とその被害状況を記しているが、『駿府記』[11]には、

十一月晦日、松平陸奥守政宗、献初鱈、就之、政宗領所海涯人屋、波濤大張来、悉流出、溺死者五千人、世曰津波云々、本多上野介言上之、

とあって、被害状況に大きな差違がある。なお、この記述が「波濤大張来」を「津波」と称した最初でもあったという。

ところで、この「溺死者五千人」の根拠は不明だが、『譜牒余録』巻第十五「高祖父輝宗曾祖父政宗祖父忠宗記録抜書之五」[12]に「一、同年十月廿八日、巳刻過、政宗領内大地震、津波入千七百八拾三人相果申候」とあることが参考となる。周知の如く、『譜牒余録』は、天和三年（一六八三）、江戸幕府が『武徳大成記』編纂のため大名・旗本のみならず浪人・御用達ら諸家に命じ、翌貞享元年に提出させた系譜、いわゆる「貞享書上」とその後も諸家から提出された書付を転写したものである。「貞享書上」が散逸した今、一七世紀中葉までの状態・認識が確認される貴重な史料である。したがって、仙台藩では慶長一六年の被害を少なくとも「千七百八拾三人」と認識していたことがわかる。

もっとも、津波の被害は中村藩領や仙台藩領に止まらなかった。すなわち、『駿府記』同日条には「此日、南部・津軽海辺人屋溺失、而人馬三千余死云々」ともあり、さらに『松前家譜』[13]にも、「慶長十六年十月、東部海嘯、民夷多ク死ス」とあるから、北海道あるいは松前藩領の東部域で、和人ばかりか「夷」すなわちアイヌの人びとも多く被災したようである。

この地震が江戸でも体感されたことは、『言緒卿記』一〇月二八日条に、「二十八日甲午、天晴、一、辰刻大地振」、「二十九日乙未、天晴、風、一、至夜地動」とあり、さらに『慶長日件録』にも「廿八日、（略）午刻、地震」、「廿九

日、（略）丑刻、地動」ともあって判る。[14]

当時、山科言緒は父言経とともに天皇や上皇の装束調進を家業としていたが、慶長一六年二月、言経が没すると、その職務を高倉永慶と争い、その非を徳川家康・秀忠に訴えるため、[15]九月二四日、舟橋秀賢（『慶長日件録』の記主）・冷泉為頼らとともに京を発足して駿府に向かったのである。その後、駿府で家康に対面して系図・屏風を進上して事の由を報告、ほぼ満足のいく返答を得たのち、江戸に向かった。一〇月一八日、秀忠と対面、「大内裏絵図・屏風」を進上している。その直後に遭遇したのが、二八日とおそらく余震と思われる二九日の地震であった。

この地震とそれにともなって発生した津波は、中村藩領や仙台藩領ばかりか、遠く北海道松前藩領にも大きな被害をもたらしたが、蝦名氏は、その中間地帯にあたる宮古地域でも、津波は閉伊川を遡上し、その「なみ先」は内陸部の小山田や千徳（岩手県宮古市小山田・千徳町）まで到達し、あるいは山田村の海蔵寺（下閉伊郡山田町船越）の伽藍が流失したことなど幾つかの事例を報告し、平成二三年時の東北地方太平洋沖地震に伴う大津波に匹敵あるいは上まわるものであったことを指摘している。[16]また、千葉県銚子市でも津波が観測されたというから、[17]蝦名氏の指摘に沿うものであろう。

ところで、福島県いわき市の海岸には、「道山林」と呼称される松並が残る。「道山」は、元和八年（一六二二）、上総国佐貫から磐城平藩主として入部した内藤政長の法名「道山悟真院」に由来するという。政長は、寛永一一年（一六三四）一〇月に没したが、その子忠興は、慶安二年（一六四九）三月、

一、海道左右ニ松植えさせ申儀、村組、組切ニ申付、其松枯候時ハ其請取の組をして植直させ可申候、若誰によらず引抜代捨枝をおろし申者有之ハ、とらへ為過怠廿日籠舎、可申付候、其上被松植直させ可申候、

と取り決め、松の保護を図ったというのである。[18]

この松の植林がいつから始まったのか、あるいはその背景など明らかにできない。しかし、忠興が街道に植えられた松並を保護しようとしたこと、あるいは少なくとも父政長が磐城平藩主として行っていたことは間違いない。それが、政長以前、慶長七年に入部した鳥居忠政の時代にまで遡るか明らかにできないが、当時、仙台藩や中村藩でも盛んに植林事業が展開されていたことを考えると、慶長一六年の地震と津波に対応するものであった可能性も捨てきれない。

これらの事例は、地震・津波に関する史料が少ない、あるいは未刊行という現状を示しているが、そうしたなかで、岩本由輝氏は津波に関する伝承を読み解き、その実態を明らかにしようとしている[19]。たとえば、『相馬伝説集』[20]にまとめられた「諏訪の銀杏と杉」には、

相馬郡大野村黒木街道から少し西に入ったところに諏訪神社があります。その神社の入口に大きな銀杏の木があり、その根が二間四方に拡って、毎年紅葉の頃になると葉が真中から枯れ始め、そしてその頃から次第にしたの方に移って来ると云います。そうなれば麦蒔きをいそがねばならないと里の人は云い伝えています。

同じ境内に杉の大木がありますが、これは大昔大津浪のあった時、そのいただきに舟をつないだということで大層有名であります。

とある。同書は、岩崎敏夫氏が生徒を指導して収集・編集したものであり、当時、こうした伝承が伝えられていたことを示している。しかし、たとえば中村藩領の地誌『奥相志』に類似の記述は確認されず、こうした伝承がいつ頃まで遡るのか文献的には確証はない。岩本氏が、相馬市周辺の口碑・伝承や後述する仙台藩領の千貫森に関する記述を例示するばかりか、文献史料を微細に検討するなかで口碑・伝説の重要性を指摘する点に異論はないが、なお、検討の余地がある。

また、同じような伝承が仙台藩領に残されていたことは、『駿府政事録』（国文学資料館蔵）に、

晦日、松平陸奥守政宗献二ス初鱈一、就レ之、政宗領所海涯人屋波濤大張《ウミギワノジンオクハトウヲ、ヒニミナキリ》来リ悉ク流失《リウシツス》、溺死者《デキシノモノ》五千人、世ニ曰フ二ト津波一ト云々、上野介言二上之一、此日政宗為レ求レン肴侍二人遣ス、則チ此者馳《ハセテ》漁人将《ヒキイ》レ出二サント釣船一ヲ之由申レス之ヲ、一人者応二此儀一ト、止レム之ヲ一人ハ者請二テ主命一ヲ、不二ルハ行カ誣レ君ヲ者也、非レ可レキニ止ル、而シテ終ニ漁人五六人強テ相二具之一ヲ、出レスコト舟ヲ数十町、時ニ海面滔レシタ、リ天ニ、大浪如レク山ノ来ル、消レシ肝ヲ失レ魂ヲ之所ニ、此船彼ノ波ノ上ニ浮ミ不レス沈マ而《シテ》後到二ル波平カナル所一ニ、此時静《シヅメ》レ心ヲ開レキ眼ヲ見レルニ之ヲ、彼漁人所住之里也、山上ノ松信《シルシ》也是所謂千貫松也、則繋船ヲ於彼松一ニ波ミ清《スミ》退キ去ッテ後舟ハ在レリ梢ニ、其後彼ノ者漁人《ギヨシ》相共ニ下レリ山ヲ到二ルニ麓ノ里一ニ、一宇モ不レ残流シ失セテ而所レロ止《トトマルココニ》レ之、陸奥守カ従者一人漁人《アマヒト》残ル外ニ無二者一、没二シテ波ニ死ス、政宗聞二此事一ヲ、彼者ニ与二フ俸禄一ヲ、政宗使者語レ之ヲ段、後藤庄三郎於二御前一ニ申レ之ヲ、仰ニ曰、彼者依レテ重二ンスルニ其ノ主命一ヲ而免《マヌカレ》二災難ヲ退一キ得レル福《サイハヒ》ヲ者也ト云々、此日、隣邦津軽海辺ノ人屋溺失《テキシツ》シテ而人馬三千余死ト云々、

とあり、これをもとに『貞山公治家記録』一一月晦日条が編纂されたことは、同日条に「此一段政事録ヲ以テ記ス」とあるから明らかである。しかも、それに続いて『貞山公治家記録』は、

千貫松ト云ハ一株ノ松ノ名ニ非ス、麓ヨリ峯上数千株一列ニ並立テリ、終ニ山ノ名トナル、名取郡ニアリ、逢隈河ノ水涯近ケレハ、海潮ノ余波、此河水ニ入テ泛濫シ、麓ノ松ニ舟ヲ繋ク事モ有ルヘキ歟、伝テ云フ、往古此山上ノ杉ニ舟ヲ繋タリト、今其老杉アリ、

と記載したため、これを名取郡内のできごととし、宮城県岩沼市内の千貫山の尾根にある通称千貫松に比定する見解が多い。しかし、『駿府政事録』には名取郡内とは明記されておらず、しかも千貫山の標高は約一九〇メートルであるから、事実として疑問が残ることはいうまでもなく、各地に「千貫〜」という地名がのこっていることから、必ず

しも名取郡内では無いとの指摘も存在する[21]。

既述のように伝承ばかりか、文献史料でも被災内容が伝聞に基づく場合が多く、そのためか大きな差違が生じている。伝承を鵜呑みにすることには慎重であらねばならず、そうした伝承の成立する過程を文献史料で再確認する必要があろう。

ところで、平成二五年に発掘・調査された岩沼市下之郷の高大瀬遺跡から、三層の津波堆積層が確認された。最下部の堆積層と中位の堆積層のあいだからは延喜一五年（九一五）に発生した十和田火山の噴火による火山灰層の可能性があってか、最下部の堆積層が貞観一一年（八六九）のいわゆる貞観地震によって発生した津波堆積層との指摘もある[22]。この指摘が首肯されれば、もっとも上位の津波堆積層が平成二三年時のものであることから、中位の堆積層は慶長一六年の津波によるものとも考えられる[23]。ただし、これに対する疑問もあり[24]、また、松前藩領にも被害が大きかったことを考えると、北海道方面でも同じような痕跡が想定されるが、現時点で慶長一六年の津波堆積層を推測させる考古学的な成果は確認できていない[25]。

第二節　中村および中村城の被災状況

一　ビスカイノの見た中村城・小高城

慶長奥州地震によって被災した各地の状況が理解できる資料として、近年、注目を集めているのが、『ビスカイノ金銀島探検報告書[26]』である。すなわち、一六一一年にヌエバ・エスパーニャ（メキシコ）の副王ルイス・デ・ベラスコが日本に派遣したセバスチャン・ビスカイノが、帰国後にまとめた報告書である。副王から日本沿岸の測量図作成と金銀島探検を命じられたビスカイノは、慶長一六年四月二九日〈六月一〇日〉、江戸内海の浦賀に到着すると、五月二二日〈六月二二日〉には将軍徳川秀忠に、さらに同月二四日〈七月四日〉には駿府城にて家康にそれぞれ謁見すると、日本の東海岸の測量等を認める朱印状の交付を求めた。九月一七日〈一〇月二二日〉に朱印状が下されると、同日には江戸を出立、白河・会津若松・米沢を経て、一〇月六日〈一一月一〇日〉には仙台に到着して政宗を訪れている。そこでビスカイノは、政宗から航海に必要な物資と奉行二人と護衛の武士をつけてもらうと、同月二二日〈一一月二六日〉には塩竈を出港、測量しつつ沿岸を北上したのである。[27]ところが、気仙郡越喜来村（岩手県大船渡市三陸町）の沖合を航行している一〇月二八日〈一二月二日〉に被災、その状況をビスカイノは、

此地に於て一時間継続せし大地震の為め、海水は一ピカ（三・八九メートル）余の高さをなして、其堺を超え、異常なる力を以て流出し、村を浸し、家及び藁の山は水上を流れ、甚しき混乱を生じたり。海水は此間に三回進退し、土人は其財産を救ふ能はず、又多数の人命を失ひたり。此海岸の水難に依り多数の人溺死し、財産を失ひたることは後に之を述ぶべし。此事は午後五時に起りしが、我等は其時海上に在りて激動を感じ、又波濤会流して我等は海中に呑まるべしと考へたり。我等に追随せし舟二艘は沖にて海波に襲はれ、沈没せり、

と記録している。

越喜来村に上陸したビスカイノは、翌日には「根白 Cenbazu」（大船渡市三陸町）まで北上して反転、「今泉」（陸前高田市気仙町）から陸路を経て一一月五日〈一二月八日〉には仙台に到着した。江戸に向かっていた政宗は留守であったが、伊達家中と「造船およびスペインとの通交、宣教師派遣の件」について協議し終えると、一一月一三日〈一二月一七日〉、ビスカイノは江戸に向かった。かれは、浜通りを南下し、一一月一五日〈一二月一八日〉には「中村 Camura の市に於て夜を過し」たのである。その中村におけるできごとを、

其領主は大膳殿 Daygendono なり。到着前、皇太子（徳川秀忠）の書翰を届け、同市に入るの許可を求めしが、喜んで之を与へ、旅館・食物、其他、必要なる物を給したり。

と記し、さらに翌日のことを、

月曜日十九日、司令官は羅紗及び布類の進物を携へて彼を訪問せり。之を携へざれば面会することを得ざるが故にして、又海岸に近き領主なるが故に、彼と相識りて交誼を結び、船の沿岸に避難したる場合に備へ、又我等との交易および基督教に心を傾くるに至らしめんが為、之をなしたり。

彼は、其城内に於て快く司令官を迎へ、城は破損し、再築中なるを以て城内に迎へざるを謝し、同市も海水の漲溢に依り、海岸の村落に及ぼしたる被害の影響を受けたりと言ひ、其通行の際並にイスパニヤの船又は国民同所に来る時は、全領内に於て喜んで十分なる給与をなすべしと述べたり。而して翌月曜日同日の誤なり。我等が行きて海岸及び余り用をなさざる二つの入江新沼浦及び松川浦ならん。を測量する為め、同市に滞在せし時に其約を果したり。

と記している。

中村に一泊したビスカイノに対し、「領主・大膳殿 Daygendono」は「馬匹一切を給」し、さらに「途中の入費」として「ゼニス genis」＝銭一荷を贈るとともに、「奉行三人及び兵士を同行」させた。その夜、「殿の領する他の市」＝小高に着いたが、そこもまた「大なる城を有する甚だ好き市」であった。翌日、かれらは熊川（双葉郡大熊町）に一泊、さらに富岡を経て、「城を有する甚だ大なる」「平 Taira の市」に到着している。

中村では、本拠移転に関連して普請が進められていたが、「（中村）城は破損し」、「同市も海水の漲溢に」よって、海岸部が大きな被害を被ったことを記している。小高については、被災の状況を記載しておらず、その被災状況は確認できない。

この村上訳「彼は、其城内に於て快く司令官を迎へ」以下を、高橋裕史氏は、

大膳殿は城塞の入り口で、城塞の中に入るには及ばない。あまり処理が進んでおらず、城内では建築工事が行われているからだ［と述べた］。浜辺にあるいくつもの村落での高潮によって、この町に荒廃と損害がもたらされたからである。

と訳し、ビスカイノが城内に入っていないこと、海岸の村落の被害が高潮に因ることを指摘している。さらに、この「中村における津波被害」について、中村が海岸線から約六・五キロメートルほど内陸にあり、平成二三年の東日本大震災でも直接津波は到達していないことなどから、「中村に直接的な被害があったとは考えにくい」と結論づけている。加えて、城内の「建築工事」も「地震の震害に対する修復」と理解する。(28)

確かに、中村城下は内陸部に位置しており、東日本大震災でも津波による大きな被害を直接蒙ることはなかった。しかし、城下を東流する宇多川河口のいわゆる松川浦には、江戸期に「飛鳥湊」と旧松川集落があって太平洋と直接結ばれていた。この水路が閉ざされて砂洲（大洲海岸）を形成するのは、明治四一年、水茎山から鵜尾崎半島の中ほど、迫川地区が開削されてからのことであった(29)ろう。

したがって、慶長時の津波は、太平洋から松川浦内に直接押し寄せたものであり、平成二三年当時のように整備された大洲海岸（それでも海岸の砂州を破壊して内海に押し寄せたのであるが）は存在しなかったから、津波が宇多川を逆流した可能性を否定し去ることはできない。もちろん、このことが中村への「直接的な被害」がなかったことを否定できる根拠にはなりえないが、距離と東日本大震災時の状況だけでは、「なかった」ことを想定する根拠にはなり得ないのである。

また、中村城内の「建築工事」も「地震の震害に対する修復」とするが、「利胤朝臣御年譜」慶長一六年十二月二日条の「此年七月ヨリ中村ノ城新成、同冬御普請成就、御在城ヲ被移」に基づけば、七月に始まった普請の最中であり、「地震の震害に対する修復」だけではなかったのではないだろうか。

二　小高城から中村城へ

相馬中村藩が、その本拠を小高から中村に移した時、ビスカイノが見たのは再築中の破損した城であって、「水の漲溢」により被災した城下や「海岸の村落」であった。そのような時、敢えて本拠移転を断行した背景には、当主相馬義胤が見聞した肥前名護屋城や途次の三原城や広島城、さらに小倉城や名島城の情景があった。すなわち、高石垣や天守とともに、山のように積まれた「米こく・馬のはみ」など、「何にても、のそみのもの」が入手できる環境、それをもたらす「大舟ともをハ、しろ汀きしに引付〳〵か」れるという流通機能と結びついた城郭の存在は、かれに海上交通を含む流通網の重要性を気づかせたであろう。[30]しかも、慶長一四年（一六〇九）、江戸幕府が中村藩を含む奥羽の諸大名に担当させた銚子口の「海上普請」（航路・港湾施設の整備）は、松川浦という天然の良港と陸上交通路の接点に位置する拠点としての中村城への移転を急がせたのである。

さらに、慶長二年から同八年にかけて、家康による所領没収、本拠移転という手段で、泉・岡田・泉田ら重臣が、中世以来支配し続けてきた本領から新しい所領への移転を推し進め、かれらの在地性と自立性を弱めて城下集住を進めたのであり、藩主家の権力強化を図り、戦国領主から近世大名への転換が進められたことは既に指摘した。[31]

この中村城への本拠移転は、慶長一六年七月、木幡長清を築城奉行として中村城の「修城監検」を命じ、一一月には「隍塹垣壁大廈高楼尽く成る」という状態となったため、一二月二日には小高より移徙している。わずか五か月の「修城」であったが、『奥相志』には中城（いわゆる本丸）の坤隅に殿主（天守）、乾隅に櫓、さらに竈廈等を造立するとともに大書院を小高城より移築したこと、長徳寺を蒲庭に移し、中郷泉平館の岡田宣胤をその跡地に配して岩崎塁としたこと、木幡長清を中郷より移して長友邸に住まわせたこと、「子城」にあった「諏訪神祠・円蔵祠」を円蔵郭に移したことなどが「利胤朝臣御年譜」や『奥相志』からわかる。

また、ビスカイノが中村を訪れた時、対応した「其領主」「彼」を、「其領主は大膳殿 Daygendono」から利胤と理解することが多い。だが、ビスカイノは江戸で政宗と対面し、報告書にも「Mucamume」と記載しているのに対し、利胤については「Daygendono」＝大膳殿と記すのみで、かれを知らない。幕府から測量等の許可を得た段階で、測量対象地域の領主名は把握していたであろうし、官途名「Daygendono」＝大膳を知っていた可能性はある。しかし、ビスカイノは利胤という実名を記すことはなかったし、政宗とは異なり、利胤の顔を知っていたわけではなかったろう。中村城移転の推進者として、利胤を位置づけることは難しいのである。

第三節　中村城下の整備と藩領の復興

一　中村城下の整備

江戸時代初期の、藩政に関する史料はほとんどない。藩の年譜いわゆる『相馬藩世紀』があるものの、城下の整備や慶長奥州地震による被災後の復興について直接触れることはほとんどない。そうしたなかで、年代設定に困難・不安が生ずるものの、藩によって編纂された地誌『奥相志』がある。同書は、安政四年（一八五七）、藩命を受けた斎藤完高が編纂に従事し、明治四年（一八七一）に完成させたものであるが、後に岩崎敏夫氏によって読み下され、昭和四四年（一九六九）、『相馬市史4　資料編1』に収録された。なお、以下の叙述で、特に断らない限り、典拠資料は

『奥相志』である。

慶長一六年八月の津波が、中村城をも被災させたことは、既述「ビスカイノ」の報告書からも容易に知ることができる。それ以前、天正一八年五月までは相馬隆胤（義胤の弟）が、隆胤の死後は慶長六年まで盛胤（義胤・隆胤の父）がそれぞれ在城していたが、慶長一二年に盛胤が逝去すると、同一六年まで「城番無之」という状態となった。[32]したがって、慶長一二年までは中村城も機能していたから、一定規模の城下集落が存在したことは想像される。

岩本氏は、『和名類聚抄』に載る宇多郡仲村郷の仲村は「仲ノ村」であって、北に位置する小泉村と南の成田村のあいだにあったが故に仲村あるいは仲ノ村であったと指摘する。[33]「中村」が誕生した時、すでに小泉・成田の両村があったか判断できないため、その当否はしばらく措くとしても、中村城下の「市廛」について「往古、中村に一街あり。これ、鹿島・黒木両駅間の村駅なり」とあって「一街」の存在が記載される。

もっとも、城下の造営には、まず家臣の集住が進められた。すなわち、岡田又左衛門、木幡藤左衛門によって「衆士の第を分配」され、「門馬甚右衛門、新舘彦左衛門、水谷式部、岡田左門等」ら重臣が「采邑より移りてこゝに居る」ようになった。しかし、一方では「二照公（利胤）、中村城に徙り、衆士各々移りて城下に居る。又蒼脊公（義胤）に属して泉田の塁下に移り、或は故の如く郊村に在る者多し」という状態でもあったから、容易に進まなかったのかも知れない。

また、「堀河巷陌　長さ百七十間、堀を巷陌中に通じ、三の石橋を架す。慶長年中、今の会所小街に至る五橋を架し五ッ橋小路と名づく」とか、「慶長以前、愛宕山下より天水の山下まで、外郭の壕は河脈なり、開府の時、河を南に決して、鷹巣、天水山の下、西山泉氏邸の辺に至る」などとあり、城郭を防衛する堀も整備されたようである。さらに、東三之丸は東側の南北の堀が南でほぼ直角に西に曲折しており、人工の手が加えられている。南二之丸についても「古昔中村氏なる者居りしこと」とあり、城郭の一部との認識が示されているが、その低地性からして後代の増設地域であり、慶長一六年の「修城」によって造営された可能性もある。

なお、城下南端を東流する宇多川について、「往昔、愛宕山下より新馬場・西山今外郭の壕を過る。開府の時に当たり、これを南に決すと云う」とあり、その東南に位置する成田村に関連して「慶長中、中村開府の時に当り、街道を東に転ず。今、旧道を以て中路といふ」とあるように、宇多川や街道の付け替えが行われたことがわかる。

こうして都市の基本的な機能が整備されるなかで、「鷹局町　慶長以来の小街なり」というように、「慶長以来」と記される「小街」が、「中小街」、「御壇小街」、「西小街」などにもあり、さらに「宇多河町もと南町と云へり（中略）昔は橋東を熊野堂町と云へり。古中野熊野山下に市屋あり、慶長中、此地に移す。故に熊野堂町と名づく」とあることからすれば、おそらく近在のムラ集落を移転させるなどして、城下の整備が進められたことが想像できる。また、岩迫山阿弥陀院歓喜寺、久保山地蔵院安養寺、天満山阿弥陀院万徳寺を始めとする多くの社寺が中村に移転している。

こうした城下町の再編・整備が、被災直後にもかかわらず断行されたと思われるが、誤解を怖れずに考えるならば、既述のように中村城の直線的な水堀が掘削される時、掘り出された土石が浸水地域の嵩上げ等に利活用されたとの推測も可能である。すなわち、北原糸子氏が「外堀普請が単に、堀筋を通す工事だけでなく、寺院の移転、町屋の開設、武家屋敷の開発を兼ねた計画性と組織性を帯びたもの」と指摘した江戸城の事例もある(34)。もとより、中村城とくに城下に関する本格的な発掘調査は皆無であるから(35)、この類推は荒唐無稽との誹りを受けざるを得ないが、なお今後の発掘調査を待ちたいと思う。

二　中村藩領の潮除堤・海岸林

被災したのは、中村城と城下だけではなかった。明確に、慶長一六年の被災に対する復興策と断言できないものの、たとえば、岩子村（相馬市）の「潮除堤」について「浦際に築く。南北の堤長七百間余、旧堤波に頽れ、享和の頃、新たにこれを築く」とある。すなわち、享和年間（一八〇一～〇四）に築かれた堤は、それ以前の「旧堤」が頽れたことが原因であった。

また、下渋佐村（南相馬市鹿島区）の「潮除堤」も「天保の初年（一八三〇～）、南萱浜邑より北前屋内に至る百四十五間築く。嘉永三庚戌年（一八五〇）萱浜界より湊前に至る百七八十間、再びこれを築き、並松を植う」とあり、いつから始まったものか明らかにできないが、連綿として築堤・補修が行われていたのである。このような「潮防堤」とも記述される「潮除堤」には、海岸林として松が「連綿数町」にわたって植林され、「繁茂」して「景色勝麗」、「皆名木、絶勝の地」と称されるようになる。このような「潮防堤」や「松林」は、海岸部の長老内村や柏崎村・磯部邑（相馬市）にも確認されている。

「旧堤」の築造年代、「並松を植う」時期などわからないものの、海岸林の植林事業は列島各地で江戸時代を通して行われていた[36]。近年、仙台藩領の黒松海岸林の造成について、各地の事例を文献・絵図・伝承を含めて追究する菊池慶子氏は、一七世紀半ばと指摘する。いずれも慶長の地震・津波との直接的関係を示すものではないが、地震後に荒地となったであろう宮城郡中野・蒲生・岡田等の村高の変遷を「正保郷帳」や安永三年（一七七四）の『風土記御用書出』、「天保郷帳」から比較して、開発の特徴・進展を指摘している[37]。

もちろん、地域の開発は海岸林の造成だけでなく、営農を促進する直接的な対応も求められよう。『奥相志』には、「堤」「池塘」「陂」＝溜池の記述がきわめて多い。その全てが、造成時期がわからず、慶長期まで遡ると断言できるものではないが、「堤」が開発に寄与したことは間違いない。そこで、『奥相志』が中心となるが、相馬中村藩領の復興の一端を考えてみたい。

後の相馬中村藩領域が確定したのは、天正一八年（一五九〇）一〇月の検地に基づく豊臣秀吉の「本知行分四万八千七百石」の安堵まで遡る。その後、文禄二年（一五九三）にも「御領分三郡惣検地」が行われ「高六万四百弐拾八石余」が確定した。[38] 慶長時と比較すると約二四パーセント増加しているが、領域に変化は確認されないから、いわゆる太閤検地による一段＝三六〇歩から三〇〇歩への増積が原因との可能性を指摘するに留めたい。

復興に向けて

慶長一六年当時、中村藩は藩領である宇多・行方・標葉三郡を、宇多（相馬市）・北（南相馬市鹿島区）・中（南相馬市原町区）・小高（南相馬市小高区）・標葉（他に隠居附支配・浪江町）五か郷に分けていた。その後、元禄一〇年（一六九七）の三郡検地（『奥相志』）によって標葉郷を南北二か郷に分けるとともに、山中郷（相馬郡飯舘村）を新たに設けて三郡七か郷体制を確立させた。もっとも、『奥相志』の南標葉・山中両郷分は完成しなかった。[39]

『奥相志』は、各郷に関する記述の冒頭に、たとえば宇多郷について「当領三十六邑、文禄二癸巳年、諸士食田秩千二百二貫百七十五文（中略）清丈冊に各姓名あり」とか、「元和三丁巳年の禄秩簿に曰く、宇多の郷士四十八家、寺三個、采地凡そ八百三十六石五斗五升」、あるいは「寛永十六己卯年の三郡丈勘、宇多三十六邑、秩二万千三百八十六石五斗六合」と石高の推移を載せている。それらの石高は、文禄二年（一五九三）の「清丈冊」や元和二年（一六一六）の「名簿」、寛永一六年（一六三九）の「田圃丈勘」が用いられたようであるが、現在、それらの原本は確認されていない。

そこで、中村藩領の復興・開発を考える手段として、『奥相志』に記載される各郷の石高をまとめたものが表1で

表１　中村藩領５か郷の石高　（単位：％）

郷　名	文禄２年（1593）	元和２年（1616）		寛永16年（1639）		
宇多郷	1万2,021石余	836石余＊	6.95	2万1,386石余	177.91	255.81
北　郷	4,212石余	2,940石余	69.80	1万7,267石余	409.94	587.31
中　郷	1万4,859石余	2,629石余	17.69	1万9,530石余	131.44	742.87
小高郷	1万6,192石余	4,958石余＊	30.62	1万3,059石余	80.65	263.39
計	4万7,284石余	1万1,363石余	24.03	7万1,242石余	150.69	626.96
北標葉郡	1万　238石余	不明	—	2万2,007石余	214.95	—
総計	5万7,522石余	—	—	9万3,249石余	162.11	—

出典：『奥相志』（『相馬市史4』）　＊は元和３年（1617）

ある。なお、文禄二年は貫高で記載されているため、一貫文を一〇石に換算したが、北標葉郷の元和二年時の石高は、虫損等によってか解読不能であったようである。そのため、合計高は北標葉郷を除いて計算した。また、文禄二年を基準に元和二年および寛永一六年の石高の増減比を、さらに寛永一六年については、元和二年比を右欄に、文禄二年比を左欄にそれぞれパーセントで記述した。その結果、各郷の被災状況、その後の開発の状況が垣間見える。

すなわち、北標葉郷を除いた文禄二年の四万七二八四石余に対して、元和二年の石高はわずかに一万一三六三石余で二四・〇三パーセントにすぎない。この大幅な減少の原因として、慶長一六年の地震と津波による被災が考えられる。しかし、二八年後の寛永一六年には七万一二四二石余と六二六・九六パーセント、すなわち元和二年の約六倍、文禄二年の約一・五倍の石高に増加している。さらに、北標葉郷・南標葉郷の状況が確認できないものの、南標葉郷を除いた海岸部では、文禄二年と比較して寛永一六年は一六二・一一パーセント、すなわち一・六倍の石高に増しているのである。

しかし、詳細に見ていくと、各郷の相異点が見えてくる。たとえば、文禄二年と元和二年を比較すると、宇多郷はわずか六・九五パーセントに減少しており、四か郷平均の二四・〇三パーセントの三分の一にすぎない。この地区の被災が、とくに甚だしかったことを推測させる。しかも、中村城下の所在地であることを考えると、早急な復興が求められたに違いないが、寛永一六年には文禄二年時のレベル以上に回復したことは、一七七・九一、すなわち約一・八倍、文禄二年と比較すれば二五五・八一、すなわち約二・六倍にまで石高を復興させたことからも推測できる。

宇多郷に次いで被害の大きかったのは、中郷であろう。文禄二年時の一七・六九パーセントまで落ち込んだものの、寛永一六年には一三一・四四パーセント、すなわち文禄二年の約一・三倍まで回復したが、それは元和二年時の七倍を占める石高をもたらしたのである。北郷は、比較的被災が少なかったようである。そのためもあってか、復興は早く、寛永一六年には約四倍の石高を得ているが、それは元和二年の六倍弱に達するものであった。

それに対して、小高郷の復興は遅れ、寛永一六年段階で元和二年時の約二・六倍の石高を復興させていたが、それでも八〇パーセントを占めるにすぎず、本拠を中村に移した後、地政学的にもその地位を低下させていたと考えられよう。なお、いわゆる寛永の飢饉が発生しているが、その時期は寛永一七年から二〇年にかけてであるから、寛永一六年の数値に影響を与えるものではない。

いずれにしても、慶長一六年の地震・津波の被災からの復興は、藩主相馬家にとっても最優先課題であったに違いない。大きな被害を被ったにもかかわらず、その本拠を小高から宇多郷中村に移した時、家臣の在地性を弱め、藩主権力を強化しようとする政治的意図とともに、幕府が推し進める経済・流通機構の整備への対応があったことはいうまでもない。

しかし、被災した中村の復興がなければ、政治的・経済的意図が達成されることはなかった。確たる資料がないなかでの推論になるが、城下町の整備と海岸部の築堤・海岸林の整備、あるいは「堤」＝溜池の整備などが行われたことを推測することは可能であり、二八年後の石高増がそれをものがたっているのではないだろうか。

註

（1）蝦名裕一氏『慶長奥州地震津波と復興—四〇〇年前にも大地震と大津波があった—』（蕃山房、二〇一四）および「1611年慶長奥州地震津波の歴史的評価について」（『歴史地震』第三二号、二〇一七）。

（2）蝦名裕一氏は『小高山同慶寺記録』の「一、同年十月廿八日　奥州筋生波、相馬領海辺ノ者七百人、仙台領二千八百人溺死」を紹介し、さらに『小高山古記録』の他、仙台・盛岡両藩領で新たに確認された史料を指摘している（「1611年慶長奥州地震津波に関する新出史料とその分析」歴史地震研究会『歴史地震』第三〇号、二〇一五）。ただし、それらの書誌学的な検討はなされておらず、蝦名氏も指摘するように「それぞれの史料の成立背景を含めた検討」が求められる。

（3）歴史地震後の復興に関係する研究として、菊池慶子氏「仙台藩領における黒松海岸林の成立」（『東北学院大学経済学論集』第一七七号、二〇一一）、同「失われた黒松林の歴史復元—仙台藩宮城郡の御舟入土手黒松・須賀黒松—」（岩本由輝編『歴史としての東日本大震災—口碑伝承をおろそかにするなかれ—』所収、刀水書房、二〇一三）、同『仙台藩の海岸林と村の暮らし—クロマツを植えて災害に備える—』（蕃山房、二〇一六）、蝦名裕一氏「慶長大津波と震災復興」（『季刊東北学』第二九号、二〇一一）を指摘したい。

（4）中村城の歴史的推移については、拙稿「中村城の歴史」および鈴木啓氏「中村城の遺構と規模」（共に相馬市教育委員会『史跡中村城跡保存管理計画書』一九九六）を参照。

（5）史料纂集（続群書類従完成会、一九九六）。

（6）大日本古記録（岩波書店、一九九五）。

（7）新訂増補国史大系『徳川実紀』第一編（吉川弘文館、一九六四）。

（8）史籍雑纂『当代記　駿府記』（続群書類従完成会、第二刷、二〇〇六）。

（9）『日本被害地震総覧 599-2012』（東京大学出版会、二〇一三）。

（10）『伊達治家記録 二』（宝文堂出版販売株式会社、一九七二）。

(11) 史籍雑纂『当代記　駿府記』（続群書類従完成会・第二刷、二〇〇六）。
(12)『内閣文庫影印叢刊　譜牒餘録　上』（国立公文書館内閣文庫、一九七三）。
(13) 文部省震災豫防評議會編『増訂大日本地震史料』第一巻（鳴鳳社・復刻版、二〇一二）。
(14) 下川雅弘氏「鎌倉期から江戸初期における地震災害情報—畿内で書かれた日記に見る地震の記録—」（『歴史地震』第二三号、二〇〇八）。
(15)「刊行物紹介／大日本古記録『言緒卿記』上」（『東京大学史料編纂所報』第三〇号、一九九五）および下川氏註（14）前掲書。
(16) 註（1）前掲書。
(17) 註（9）前掲書。
(18) 本多徳次氏「規定書に見る海道筋並松保存の文献」（『四倉史学会会報』第七輯、一九六七）、同「浜街道の松並木」（『いわき地方史研究』第一二号、一九七五）、折笠三郎氏「道山林」（いわき地域学會『潮流』第三二報、二〇〇四）。なお、「道山林」については山名隆弘氏（大国魂神社宮司）からご教示をいただき、関連資料は丹野香須美氏（いわき市文化財保護審議会委員）のご配慮を得た。
(19) 岩本由輝氏「四〇〇年目の烈震・大津波と東京電力福島第一原発の事故」（同編『歴史としての東日本大震災—口碑伝承をおろそかにするなかれ—』所収、刀水書房、二〇一三）。
(20) 福島縣立相馬女子高等学校生徒会郷土研究クラブ（一九五〇）。
(21) 菅野正道氏「慶長地震の評価をめぐって」（仙台市『市史せんだい』Vol.23、二〇一三）。
(22) 菅井茜氏・松本秀明氏「岩沼市西土手遺跡および下野郷館跡の土層断面に見いだされる砂質堆積物」（岩沼市文化財調査報告書第14集『東日本大震災復興関連埋蔵文化財調査報告書Ⅲ』二〇一六）および岩沼市文化財調査報告書第16集『高大瀬遺跡・にら塚遺跡』二〇一六）、『岩沼市史1　通史編Ⅰ　原始・古代・中世』（二〇一八）等を参照。
(23) 国立歴史民俗博物館企画展示図録『歴史にみる震災』（二〇一四）。

(24) 斎野裕彦氏「江戸時代慶長16年（1611）の津波災害」（同氏『津波災害痕跡の考古学的研究』第5章、同成社、二〇一七）。
(25) 添田雄二氏「地中に残された先史時代以降の巨大津波痕跡」（『北海道・東北史研究』通巻第八号、二〇一二）。
(26) 村上直次郎訳註『ドン・ロドリゴ日本見聞録・ビスカイノ金銀島探検報告』（奥川書房、一九四一）。
(27) 『仙台市史／特別編8／慶長遣欧使節』（二〇一〇）および岩本氏註（19）前掲書。
(28) 蝦名裕一氏・高橋裕史氏「『ビスカイノ報告』における1611年慶長奥州地震津波の記述について」（『歴史地震』第二九号、二〇一四）には村上直次郎訳文を是正した高橋氏の翻訳文を収録されている。本章でも、一部その新訳を用いた。
(29) 『松川浦ものがたり［上］』（松川浦ものがたり刊行委員会、二〇〇〇）および『ふるさとのあゆみ―浜のくらし』（福島県相馬市原釜・尾浜・松川郷土史研究会、二〇〇一）。
(30) 本書第五章および『原町市史1　通史編Ⅰ』（南相馬市、二〇一七）の「第三章　第四節　四」を参照。
(31) 本書第六章を参照。
(32) 「利胤朝臣御年譜」（『相馬藩世紀』第一）慶長一六年一二月二日条。
(33) 岩本由輝氏「近世中村城の造営と城下町中村の形成―奥州浜街道と宇多川の経路の推移―」（『国立歴史民俗博物館研究報告』第六七集、一九九六。後に『歴史としての相馬』刀水書房、二〇〇〇に収録）。以下、中村城下の形成については同書を参照。
(34) 『江戸の城づくり』（ちくま学芸文庫、二〇一二）。
(35) 平成三〇年九月現在、東日本大震災によって崩落した本丸東側の石垣復旧工事にともなう調査が進められている。石垣の構築方法やおおよその構築時期などの解明が期待される。
(36) 若江則忠編『日本の海岸林』（地球出版、一九六一）。
(37) 菊池氏註（3）前掲書。なお、『岩沼市史6　資料編Ⅲ』（二〇一九）の「第八章　災害への対応」に関連資料が整理されている。

(38)「奥州相馬領検地目録帳」・豊臣秀吉朱印宛行状・「利胤朝臣御年譜」文禄二年九月条（『原町市史4　資料編Ⅱ』六一四～六一五、六二二）。

(39)岩崎敏夫氏「奥相志解題」（『相馬市史4』一九六九）。なお、『奥相志』編纂のために山中郷の村々から提出された「村々調　山中」が残されており、岩本由輝・多田宏・佐藤大介・泉田邦彦・高倉浩樹ら五氏によって東北大学東北アジア研究センター報告二三号『旧陸奥中村藩山中郷基本資料』（二〇一六）として刊行されている。

第三編　南出羽の地域社会

第九章　小田島庄と小田島氏

はじめに

近年の南出羽中世史に関する研究は、多くの視点から進められているが、その内容は、大きく政治史（系譜論を含む）や城館・宗教（板碑を含む）等の分野に収斂されるように思われる[1]。もちろん、それらは互いに関係し合い、豊かな地域像を描いているが、加えて県内各地に林立する多くの研究団体が[2]、研究を深化させている[補注2]。

本章で考察対象とする小田島庄・小田島氏についても、鈴木聖雄氏[3]や鈴木勲氏[4]の研究がある。筆者もまた鎌倉幕政史と関連づけて莇田氏―小田島氏をまとめたが[5]、近年、石井浩幸氏が小野氏系図を活用して中条系莇田氏・和賀氏・小田島氏について概述されている[6]。

こうした個別研究とともに、豊富な自治体史、例えば『天童市史　原始・古代・中世編』（一九八一）や『山形県史　第一巻』（一九八二、以下『山形県史一』と略述）、『村山市史　原始・古代・中世編』（一九九一）、『東根市史　通史篇上巻』（一九九五、以下『東根市史』と略述）などがある。また、これらをもとに啓蒙的地域史として『図説　村山の歴史』（二〇〇三、郷土出版社）がある。

ところで、これらの著作物刊行と前後して、田中稔氏は「史料紹介・野津本『北条系図・大友系図』[7]」を発表され、さらに平成一九年（二〇〇七）には皇學館大学史料編纂所から『福富家文書―野津本「北条系図・大友系図」ほか―』が刊行されているが、なぜかその成果が充分活かされているとは言い難い。

田中氏の後、野津本「北条系図」を用いた研究は、吉川徹氏がその嚆矢であろう。(8) 吉川氏は、従来の苅田式部＝北条朝時説(9)を批判し、「刈田郡地頭職は義季から西妙へ、西妙から為時へ継承された」と指摘したのである。その後、既述の鈴木聖雄氏や鈴木勲氏の研究が示され、その間、吉川説を基に、拙稿「北条系刈田氏と刈田郡(10)」では、刈田郡の支配者が中条系から北条系に移る状況と、当時、調査が進められていた白石古窯群の稼働時期一三世紀後半から一四世紀前半という発掘成果を関連づけたのである。

さらに、森幸夫氏が『北条重時』（吉川弘文館、二〇〇九）で、為時（時継）を重時の嫡男とし、病気と精神的疾患によって嫡男の地位を弟長時に譲ったと理解し、幕政史上に野津本「北条系図」を位置づけて理解されている。また、熊谷隆之氏が「ふたりの為時―得宗専制の陰翳―(11)」のなかで、北条時頼の弟為時とともに野津本「北条系図」に記載される北条重時の長男為時（当初は時継か）を考察対象としている。もっとも、熊谷氏の研究は専ら幕政史との関わりのなかで論述され、その在地性に関する検討はなされていない。

このような研究史を見る時、鈴木聖雄氏や鈴木勲氏の考証は、地域史の考察という視点から、幕政史上の位置づけが不明瞭であり、森・熊谷両氏の叙述は幕政史との関係のなかで描かれ、小田島庄や苅田郡との関係が十分とは言い難い。したがって本章では、屋上屋を架する記述が多くなるものの、野津本「北条系図」を含めた基本的資料を再確認するなかで、小田島庄の成立時期を再考するとともに、鎌倉幕府体制下の小田島氏、鎌倉北条氏との関係、さらには南北朝期の小田島庄・小田島氏について考察するものである。

第一節　小田島庄の成立と小田島氏

一　小田島庄の成立

小田島庄が属する村山郡は、仁和二年（八八六）に成立した。すなわち、『日本三代実録』同年一一月一一日条の「勅、分出羽国最上郡為二郡」および『延喜民部式』の、

　出羽国　上　管　最上　村山　置賜　雄勝　平鹿　山本　飽海　河辺　田川　出羽　秋田
　（頭注）「仁和二年十一月十一日分最上郡置村山郡」

を根拠とする。おそらく事実と思われ、さらに『和名類聚抄』からは郡内に「大山・長岡・村山・大倉・梁田・徳有」の六か郷を有すること、それらの位置なども指摘されているが、郡衙が東根市郡山にあったとの比定は首肯できるにしても、そのほかについては諸説あり、本章では『東根市史』に委ねたい。

一一世紀以降、この村山郡から小田島庄・寒河江庄が分立することは、たとえば、『後二条師通記』寛治六年（一〇九二）年一二月四日条に、

　知綱朝臣来、伝殿仰事云、出羽小但嶋庄事免判事、可被仰国司許、已以指無文書、如何、雖然殿下此間、可随国領有其聞歟、公検（験）并文書等申請、任其趣可仰国司、
　答云、一条院御時、於記録（所脱カ）不被仰、何況二条殿（教通）時免判、不可召国司許、其時、至于今日為・領者、無故任国司申請可候之事者、何様候歟、無先例、能々可被沙汰之者歟、

とあり、さらに『殿暦』天仁二年（一一〇九）九月六日条の、

　天晴、今日、上皇御幸高陽院亭、御覧競馬、
　　（中略）
左　左府生下毛野敦言　余府生随身　寒河江黒栗毛余馬

右　右府生中臣兼重　勝、候院人也、　陸奥鴾毛余馬、

さらに、同書天仁三年三月二七日条「今朝従内参院也、出羽守光国、予庄寒河江庄に乱入、仍可遣家使之由、有院御気色」などから確実である。

もっとも、『後二条師通記』の記述「於記録不被仰」については、「記録所」の誤りであり、したがって、「一条院御時」も後三条院（後三条天皇）の誤記と理解されている。その結果、小田島庄の成立は一条院の在位期間九八六～一〇一一年ではなく、後三条院の在位期間一〇六八～一〇七二年のことであり、著名な延久の荘園整理令（一〇六九）に関連づけて一一世紀中葉の成立と結論づけられている(12)。

しかしながら、その記述に続く「何況二条殿時免判、不可召国司許」と関連づけた理解は諸書には見られない。二条殿とは、藤原道長の子にして頼通の弟教通のことで、永承二年（一〇四七）八月以降、右大臣として朝政に関わり、康平三年（一〇六〇）七月には頼通を嗣いで左大臣に就いた。「一条院御時、於記録不被仰、何況二条殿時免判、不可召国司許」とは、一条院の治世下でも（小田島庄立庄時の公験の）提出を仰せられなかったのに、どうして二条殿教通の時の免判（立庄認可時の公験）を提出しなければならないのか、という意味であろう。少なくとも、教通時代に小田島庄の「免判」は存在したのであり、その立庄時期は一一世紀前半まで遡る可能性が指摘できよう。

なお、「為・領者」の「・領」を、従来は「国領」と読むが、以下の「無故任国司申請可候之事者、何様候歟、無先例」を「理由も無く、（公験を提出されたいという）国司の申請に任せることはどういうことか、先例が無い」と読解すれば、国領＝国衙領であれば当然のことであり、庄領＝摂関家領であるが故に、国司の申請を拒否しようとする姿勢と理解できる。「庄領」と読むべきであろう。

いずれにしても、村山郡は一一世紀前半には現在の東根市や村山市を中心とした小田島庄を、ついで寒河江市・河

北町を中心とした寒河江庄を分出させたのである。なお、尾花沢市以北については史料が無く、あるいは村山郡として存続したものであろうか。寒河江庄から河北町域が北寒河江庄として分かれるのは、鎌倉時代末期以降であることは後述する。

二　小田島庄と小田島氏

小田島庄の成立が一一世紀前半にまで遡ること、摂関家領であることなどを指摘したが、その後の小田島庄あるいは現地で庄域を支配した存在についてはまったくわからない。ところが、『吾妻鏡』建長三年（一二五一）八月一五日条には、

十五日癸卯、天陰、風吹。今日、鶴岡八幡宮放生会也。将軍家（宗尊親王）御出。
行列
先陣随兵（中略）
後陣随兵
大曾禰左衛門尉盛経　常陸二郎兵衛尉行雄
田中右衛門尉知継　伊豆太郎左衛門尉実保
小田嶋五郎左衛門尉義春　紀伊五郎左衛門尉為経
武石四郎胤氏　足立左衛門三郎元氏
大須賀新左衛門尉朝氏　足立太郎左衛門尉直元

とあり、鶴岡八幡宮の放生会に御出する将軍宗親親王に小田嶋五郎左衛門尉義春が供奉している（以下の叙述では「小田島」を用いる）。この義春が「小田島」を名のる事実は、彼と小田島庄との深い関連を示していることはいうま

でもない。

ただし、『吾妻鏡』に記載される義春の存在は同日条のみであって、それ以上のことはわからない。そうしたなかで、すでに諸書が指摘するところではあるが、『続群書類従』系図部巻第一六六（第七輯上）に収録される「小野氏系図」はその系譜を知るうえで極めて貴重である。関係箇所を抄出したものが、図1である。

なお、義春の通称として記述される「小田治五郎左衛門尉」が、小田島五郎左衛門尉の誤りであることはいうまでもなく、かれは苅田義季の子にして義勝法橋成尋の孫であることがわかる。成尋は、武蔵国の豪族小野氏の一族であ

図1　小野氏系図

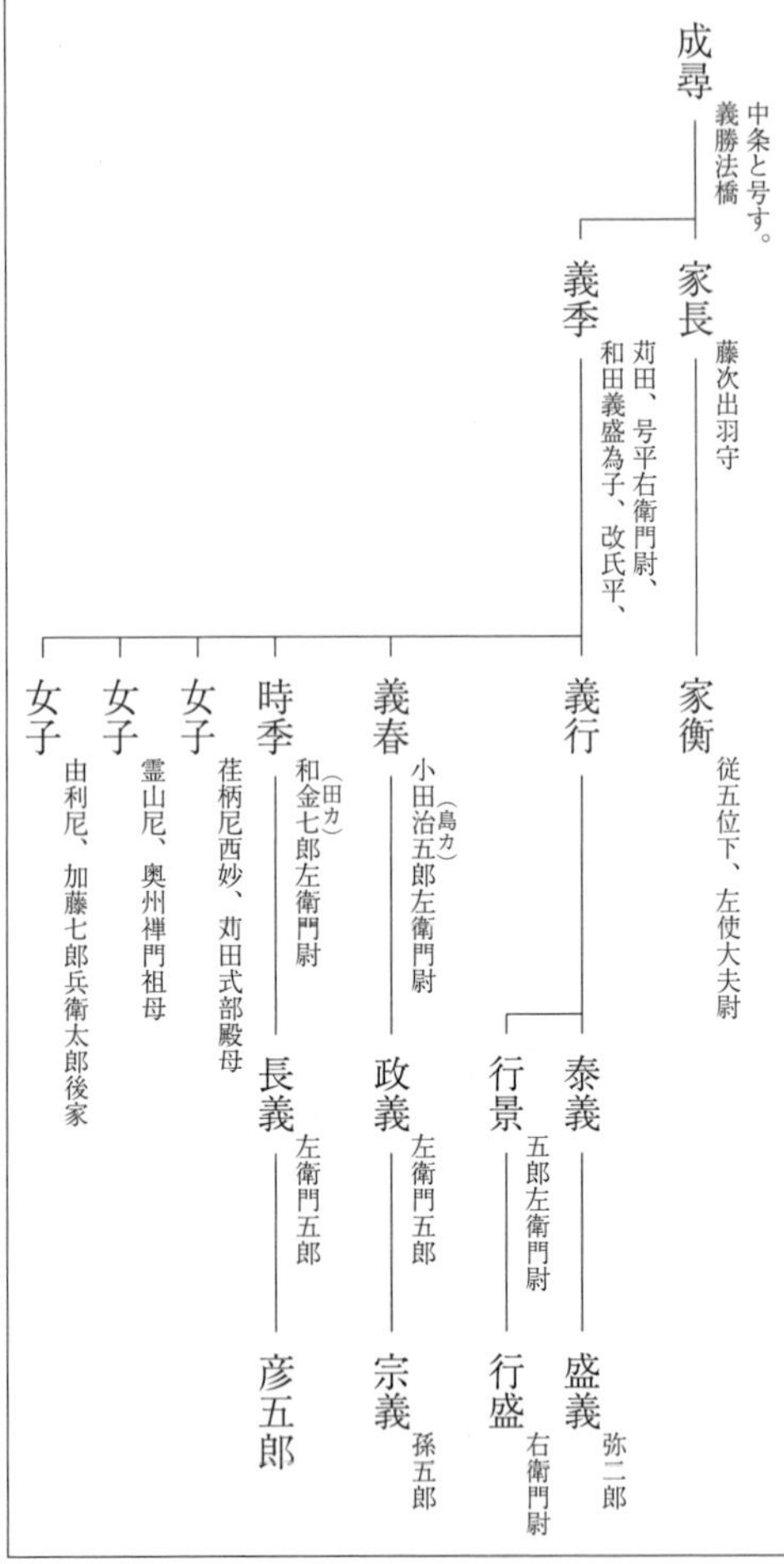

るが、その子孫が苅田を名のり、小田島を名のっていることは、苅田郡（宮城県南域）や小田島庄がその一族によって支配されていたことをものがたる。

また、東北大学日本史研究室が所蔵する鬼柳文書に含まれる二種の「鬼柳系図」(13)には、

①
中条法橋 盛尋 ―― 俗名□□ □□□衛門入道 西念 ―― 谷（俗カ）名義行 和賀左衛門入道 行蓮 仁治四年二月廿九日死去 ―― 和賀次郎左衛門尉 泰義 所帯和賀郡惣領

②
義季 苅田平右衛門尉 ―― 義行 和賀三郎左衛門尉 ┬ 泰義 同二郎左衛門尉
　　　　　　　　　　　　　　　　　　　　　　　　└ 岡田女子 夫葛西城八郎清基

とあり、盛尋＝成尋の孫義行は「和賀三郎左衛門尉」を名のり、さらにその子泰義は「和賀郡惣領」を所帯としていた。しかも、その父義季は「苅田」を名のっていることから、義季は苅田郡を支配するのみならず和賀郡（岩手県）を支配していたこと、その後、嫡子義行が和賀を名のり、義春が小田島を名のることからすれば、義季は小田島庄をも支配し、その後は義行が和賀郡を、義春が小田島庄をそれぞれ譲与されたと理解できよう。

こうした関東御家人が奥羽の所領を支配する契機としては、文治五年（一一八九）の奥羽合戦を想定できることはいうまでもなく、当該中条氏についても、『吾妻鏡』文治五年七月一七日条に、

可有御下向于奥州事、終日被経沙汰。（中略）次御留守事、所仰大夫属入道也。隼人佐・藤判官代・佐々木次郎・大庭平太・義勝房已下輩、可候云々。

とあり、さらに同書同年七月一九日条の「鎌倉出御勢御供輩」にも中条藤次家長が記載されている。加えて、同書建

久元年（一一九〇）二月一二日条に、

発遣軍士幷在国御家人等。為征兼任、此間、群集于奥州。各昨日、馳過平泉、於泉田尋問凶徒在所之処、兼任率一万騎、已出平泉之由云々。仍打立泉田行向之輩、足利上総前司・小山五郎・同七郎・葛西三郎・関四郎・小野寺太郎・中条義勝法橋（成尋）・同子息藤次（家長）以下、如雲霞。

とあることからすれば、文治五年の奥羽侵攻に成尋は従軍しなかったものの、その嫡子家長が従い、翌年の大河兼任の蜂起に際しては、成尋・家長父子が奥州に進発したことからすれば、少なくともこの事件の後、苅田郡や和賀郡、そして小田島庄などを頼朝から給与されたと考えることができよう。

その後の関連史料を概述しておこう。次いで、『吾妻鏡』元久二年（一二〇五）六月二二日条は、北条義時が畠山重忠を攻撃した時のものであるが、そこには、

快晴。寅尅、鎌倉中驚遽。軍兵競走于由比浜之辺、可被誅謀叛之輩云々。（中略）次軍兵等進発。大手大将軍相州《北条義時》也。先陣葛西兵衛尉清重。後陣は堺平次兵衛尉常秀（中略）也。其外、足利三郎義氏（中略）中条藤右衛門尉家長・同苅田平右衛門尉義季・（中略）幷大井・品川・春日部・潮田・鹿嶋・小栗・行方之輩（下略）

とあり、家長・義季兄弟に中条・苅田をそれぞれ冠して記述しており、義季が苅田郡を支配していた可能性が高い。

ところで、既述「小野氏系図」によれば、義季について「和田義盛為子、改氏平」とあり、義盛の養子となって平姓に改めたという。確証はないものの、挙兵の段階から頼朝に従い、その後、侍所の別当に就任するなど、幕政内の重鎮でもあった義盛の養子（あるいは猶子か）となってその立場の強化に腐心したものと思われる。「小野氏系図」には、義行・義春の弟時季に「和金七郎左衛門」とあるが、これは「和田」の誤りであり、義盛の養子となった「和田」義季の子の一人が和田姓を継承したのである。その後、義盛は建保元年（一二一三）五月のいわゆる和田合戦に

北条義時と対立して敗れるのであるが、義季が積極的に義盛方に関わった痕跡は認められず、義盛敗死の影響はほとんど無かったようである。

すなわち、『吾妻鏡』元仁元年（一二二四）正月一日条には、

天晴、風静。前奥州《（北条義時）》被献垸飯。若君《（藤原頼経）》出御南面。御劔駿河守重時持参。御調度三浦駿河前司義村。御行騰出羽守《（中条）》家長。

一御馬　三浦駿河次郎泰村　同四郎家村
二御馬　佐々木右衛門二郎信高　同三郎泰綱
三御馬　中条出羽二郎家平　苅田右衛門尉三郎義行
四御馬　加藤六郎兵衛尉景長　同左衛門三郎景俊
五御馬　三浦三郎光村　同又太郎氏村

と、義季の子義行が「苅田」姓を名のっており、義行が引き続いて苅田郡を支配していたことが推測できる。

第二節　中条系苅田氏から北条系苅田氏へ

『吾妻鏡』によれば、元仁元年（一二二四）当時、「苅田右衛門尉三郎」を名のっていた義行は、既述「鬼柳系図」②には「和賀三郎左衛門尉」とあり、さらに①の行蓮に「谷名義行、和賀左衛門入道」とある。「谷名」は「俗名」の誤りであろうが、「和賀左衛門入道」を名のる義行は、「仁治四年（一二四三）二月廿九日死去」したという。仁治四年は二月二六日に改元しており、二月二九日であれば寛元元年になるが、改元の情報が届いていなかったためであ

ろうか、仁治四年のままであったことは、この系図が和賀郡内で作成されたことを示すものかもしれない。

　ところで苅田を名のった義行が、その後、和賀を名のるのは、義行が和賀郡を支配することを前提に理解するならば、苅田郡との関係はどうなったのであろうか。これを推測させる史料が既述「小野氏系図」にある。すなわち、義季の子、義行の姉妹の一人にある「荏柄尼西妙、苅田式部殿母」との注記である。この「苅田式部殿母」について、『東根市史』所載の「中条家系図」（一九八頁）は図2のようにある。

図2　中条家系図

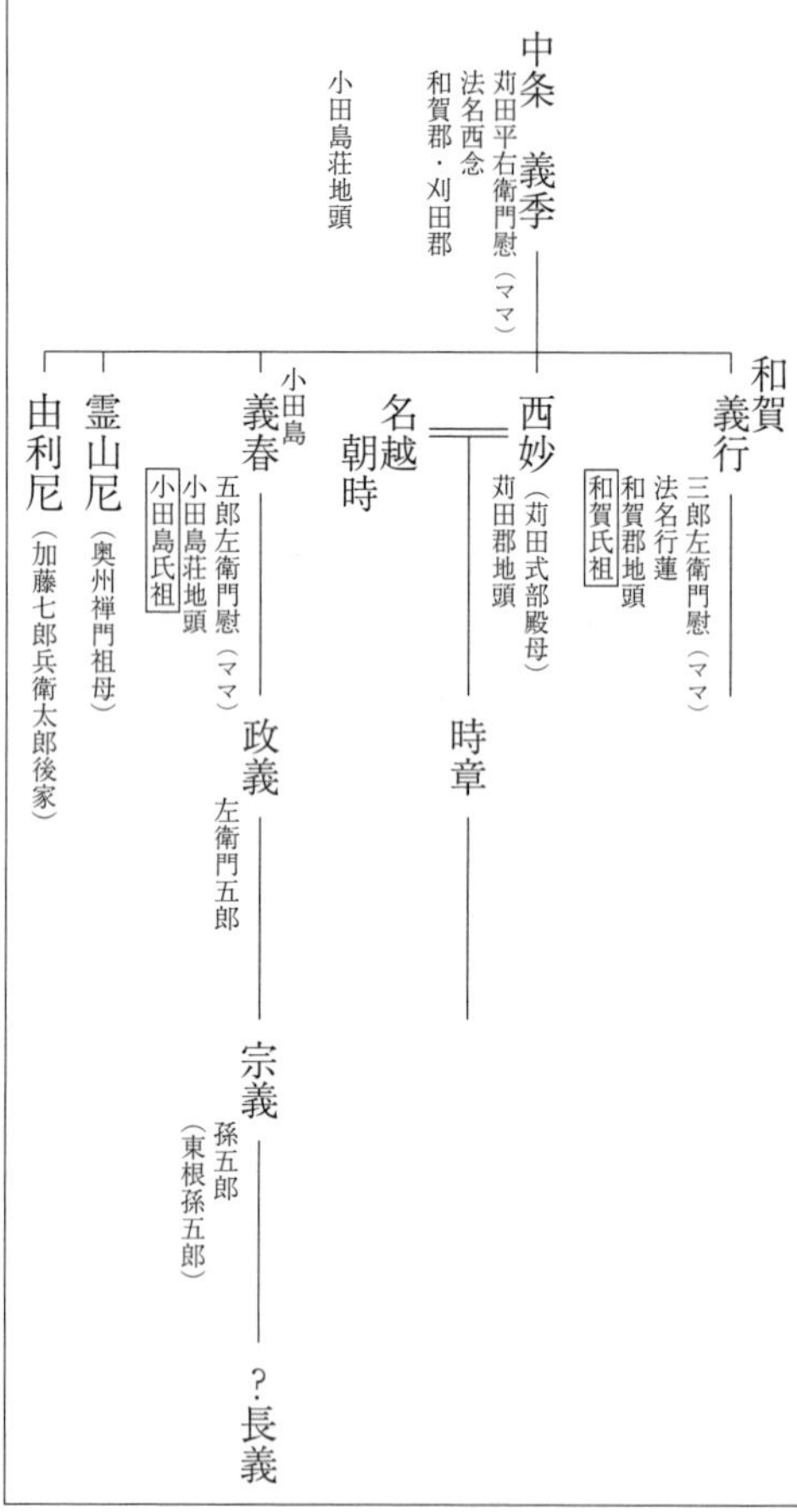

　すなわち、北条一族名越時章を「苅田式部殿」に比定しているのであるが、同書二〇五頁では「苅田式部というの

は、執権北条義時の子の式部大夫朝時である。とすると、荏柄尼西妙は北条義時の妻ということになる」として、朝時自身を「苅田式部殿」に比定しており、混乱がみられる。

続けて同書は、西妙の姉妹の一人「霊山尼」について、

> 霊山尼は奥州禅門の祖母（乳母）となっている。奥州禅門というのは、北条義時の三男の極楽寺重時のことである。こうしてみると、荏柄尼西妙、霊山尼の父である義季は、北条義時の舅にあたり、北条氏との関係が緊密であったことがわかる。

と指摘する。そこで、この記述をもとに略譜を作成すると、一部、本文にそぐわないが、ほぼ以下のようになる。

しかし、義季が『吾妻鏡』に表れるのは元久二年（一二〇五）六月から貞応二年（一二二三）一〇月のこと、その子義行は元仁元年（一二二五）正月だけで、しかも「鬼柳系図」①によれば、仁治四年（一二四三）二月に死去している。これに対して、義時は元仁元年六月一三日に六二歳で没している（『吾妻鏡』同日条）。世代を設定・限定することは容易ではないが、義時は義季とほぼ同世代であり、義行や西妙とは一世代異なると考えるべきであろう。しかも「小野氏系図」が記す霊山尼＝「奥州禅門祖母」の奥州禅門を重時とするならば、霊山尼は義時に嫁したのではなく北条時政に嫁したことになり、義時の母でなければならない。しかし、義時の母について確証はなく、わずかに前田育徳会所蔵「平氏系図」に「伊東入道（祐親）女」と確認される程度である[14]。

なお『東根市史』は、義行の姉妹のもう一人由利尼について、「由利尼は、中八維平の妻であったが、若くして夫に先立たれ」とするが、中八維平は藤原泰衡の郎従「由利八郎」にかわって由利郡の支配を任された頼朝の家人で[15]、建久元年（一一九〇）正月、蜂起した大河兼任を迎撃しようとして敗死している。当時は、義季の父成尋や兄の家長が兼任迎撃に派遣されている状況のなかで、その女子が建久元年以前に維平に嫁すことは不可能であろう。

では、「苅田式部殿」が名越朝時ないしその子時章でなければ、誰が想定できようか。既述の吉川氏の指摘などに基づいて再述すれば、野津本「北条系図」には北条重時の子為時について、

重時（陸奥守）――為時（式部大夫、物狂、苅田時継改　母苅田平衛門入道女、義法々祐孫）――長重（苅田八郎）

とある。重時の子為時は、その官途「式部大夫」であって、当初は苅田時継と名のったものの、「物狂」のためか、為時と改めたらしい。また、その母について、「母苅田平右衛門入道」の女子で、「義法々祐」の孫であったという。「義法々祐」が「義勝法橋」の誤りとすれば、すなわち義勝房法橋成尋のことであり、「苅田平右衛門入道」とは成尋の子義季に比定できる。重時は、弘長元年（一二六一）一一月に六四歳で没し、西妙の兄弟義行の没年が仁治四年（一二四三）であることからすれば、重時と西妙の婚姻時期は一三世紀半ば以前が考えられる[16]。

以上の確認事項をまとめれば、図3のような系譜が作成できるが、中条苅田氏が、幕政内の勢力関係を考慮して和田氏や北条氏と猶子関係や婚姻関係を結び、自家の保全を考えたことが理解できる。

また、為時の子長重が「苅田八郎」を称していることからすれば、義季の所領苅田郡は、当初義行に譲与されたものの、その後、あるいは尼西妙を通じてか北条為時に相続され、さらに長重が支配したことを示していよう。おそら

くその時期は、一三世紀半ばのことであろうか。その苅田郡が鎌倉時代末期まで北条氏に継承されたことは、長重が「苅田八郎」を名のっていることばかりでなく、鎌倉幕府が滅亡した時、六波羅探題が足利尊氏に攻撃され、逃れた北条一族が近江国番場宿の蓮華寺で自害した人びとのなかにも「桜田治部大輔入道浄心四十歳、同刈田彦三郎師時三十四歳」がいたこと(17)、さらに鎌倉東勝寺で自害した北条一族に「苅田式部大夫篤時」がいたことなどから確実であろう(18)。

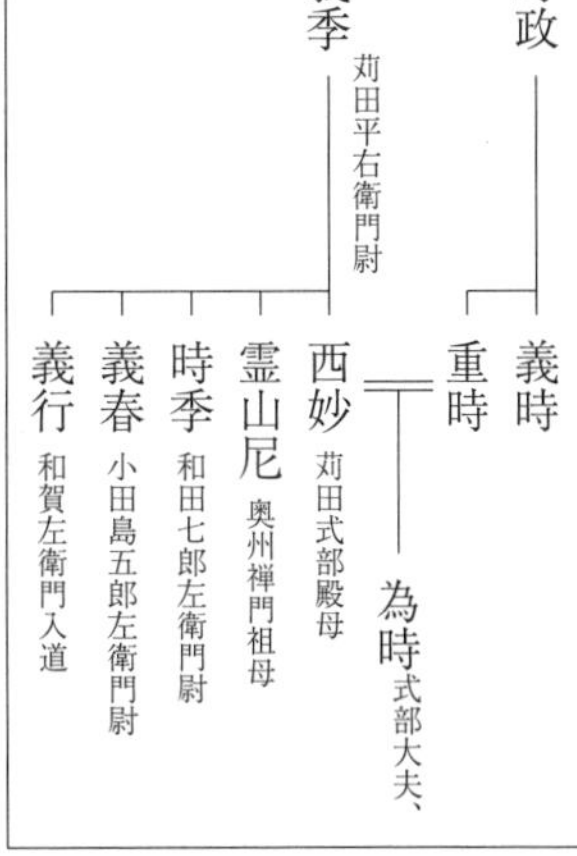

図3　北条氏と苅田氏

ところで、苅田郡、現在の宮城県白石市犬卒塔婆字一本杉で大規模な古窯群（一本杉窯跡群）が発掘調査されたのは、平成四〜五年のことである。この窯跡群は、近接する東北窯跡群、市ノ沢窯跡群、黒森馬跡群とともに「白石古窯跡群」を構成するものであるが、標高九八〜一一五メートルの尾根の南斜面に一八基、北斜面に二基の二〇基が確認された。その規模は、もっとも短い窯でも全長一三メートル弱、長大なものでは二二メートル強で、一五〜一七メートルのものが多い。操業時期は一三世紀後半と考えられ、また、ここで生産された製品が確認された四七遺跡は、宮城県中南部から福島県北部の、おおよそ阿武隈川流域と名取川・広瀬川、さらに仙台市内の七北田川流域に位置する(19)。

この操業が始まった一三世紀後半とは、苅田義季から義行に、そして北条為時に、あるいは西妙を介して苅田郡が相続された時期に相当する。しかも、製品の確認される遺跡、たとえば王ノ壇遺跡の所在する仙台市太白区は旧名取郡に属すが、周知の如く、宝治元年（一二四七）のいわゆる三浦合戦によって地頭三浦氏が滅びると、その後は北条氏が支配した地域であった。おそらく、北条氏ないしその関係者によって技術ないし技術者が招来され、この地で生産が開始されると、その製品はおそらく古窯群の近くを流れる高田川やその本流でもある阿武隈川が利用されて各地に搬送されたことが推測できるのである(20)。

第三節　小田島庄と鎌倉北条氏

ところで、既述のように「小野氏系図」には、小田島義春の姉妹の一人に「霊山尼、奥州禅門祖母」とあった。この「奥州禅門」について『東根市史』は、「奥州禅門というのは、北条義時の三男の極楽寺重時のこと」とするが、重時の「祖母」とすれば北条時政の妻ということになり、時代的に整合しないことは既に述べた。

一方で同書は、「小田島氏と安達氏の関わりは古く、小野中条氏系図によれば、小田島義季の子女である霊前（山の誤り・筆者注）尼は、奥州禅門の祖母にあたる」（一九五頁）と指摘し、「小田島氏は、弘安八年（一二八五）十一月霜月騒動のとき、安達泰盛与党として所領を没収された公算が大きい」（一九一頁）とも記述する。明確に「奥州禅門」を特定人物に比定していないが、安達氏との関係を前提にした記述であることは間違いない。さらに同書は「弘安八年の霜月騒動により、……安達泰盛が滅亡し、……これ以後、小田島荘も地頭職が没収され北条氏の所領に成ったと思われるが……」（二〇二頁）ともあるが、「奥州禅門」＝安達氏が前提になっているものと思われる。

そして、その背景に、『山形県史一』が「霜月騒動の余波は出羽国にも及んだ」（六〇五頁）、「そして蒙古襲来のあと、霜月騒動、安達・大曾禰氏の滅亡によって、出羽国秋田郡・大曾禰荘などが北条氏所領となった」（六〇八頁）などの記述があったことを想像できる。もちろん、後述するように小田島庄が北条氏の所領に組み込まれたことは事実であるが、少なくとも「小野氏系図」に記載される「霊山尼、奥州禅門祖母」をそのままにして根拠にすることはできない。

では、「奥州禅門」とは誰だろうか。たとえば『吾妻鏡』は、康元元年（一二五六）六月から弘長元年（一二六一）一一月まで北条重時を「奥州禅門」、同三年一〇月二六日条では「故奥州禅門」と、さらに文永二年（一二六五）八月一三日条では「極楽寺奥州禅門」と記載する。また、叡尊の鎌倉下向および鎌倉滞在時の日記ともいうべき『関東往還記』(21)弘長二年（一二六二）七月一七日条には「陸奥弾正少弼〈業時・故奥州禅門子〉」と、陸奥弾正少弼業時の父、すなわち重時を「奥州禅門」と記す。当然のことながら、陸奥守に就き、その後に出家すれば、陸奥守禅門＝奥州禅門と呼称されるが、その際、陸奥守が極官でなければ記載されないだろう。しかし、それでも「奥州禅門」は少ない。たとえば、重時の子業時も弘安七年（一二八四）八月に陸奥守に任ぜられ、弘安一〇年（一二八七）六月に出家するが、僅か一八日後に卒するので、「禅門」との記録はない(22)。その他、北条宣時・北条宗宣・北条惟貞などの陸奥守就任が確認されるが、いずれも「奥州禅門」との記述は管見の限り確認できない。

陸奥守は、鎌倉時代初期、大江広元や足利義氏らが補任されたものの、建長元年（一二四九）の北条重時以降、北条氏の有力一門が就いたが、姻戚関係にあるとはいえ、唯一、非北条氏で任ぜられたのが安達泰盛であった(23)。『関東評定衆伝』によれば、建長六年（一二五四）一二月、秋田城介に任ぜられた泰盛は、弘安五年（一二八二）七月一四日に陸奥守を兼ねると、一〇月には秋田城介の地位を息男宗景に譲り、弘安七年（一二八四）四月出家、翌年一一月、いわゆる霜月騒動で敗死する。その間、泰盛はどのように呼称されたのであろうか。

たとえば、霜月騒動に関する直接的な史料として知られる「安達泰盛乱自害者注文」二点および「安達泰盛乱聞書」三点(24)には、「前陸奥入道」「城入道」「奥州入道」「陸奥入道」とあり、『鎌倉年代記裏書』(25)弘安八年条は「城陸奥入道覚真一族悉被誅」（覚真は泰盛の法名）と記載されるが、「奥州禅門」の記述は確認できない。

ところが、『尊卑分脈』第四篇から作成した「大江・長井氏略系」（後掲図5）に記載される広元の玄孫泰広に「弘安八十一十七奥州禅門合戦之時討死二十二歳」とあるのである。いわゆる霜月騒動に関する記述であり、奥州禅門が泰盛であることはいうまでもない。同時代史料ではないものの、少なくとも『尊卑分脈』が編纂された一四世紀後半には、(26)泰盛が奥州禅門と呼称されていた原史料が存在していたものと思われる。

しかし、奥州禅門＝泰盛とすれば、霊山尼は安達景盛の妻であり、義景の母でなければならないが、義景の母は武藤頼佐の女子であって義季の女子ではない。したがって、霊山尼を安達泰盛の祖母に比定することはできない。また、彼女が称された、あるいは呼称した「霊山尼」の「霊山」も参考にすべきではあるが、これを確定できていない。(27)

ところで、既述『東根市史』は「奥州禅門の祖母（乳母）」（二〇五頁）ともする。「祖母」を「乳母」とする根拠はわからないが、小野氏系図には明らかな誤記も確認できるから、「祖母」も乳母の誤記と判断したのであろう。しかし、霊山尼が奥州禅門＝重時の乳母とすると、その姉妹にあたる荏柄尼西妙が重時の妻となり、年代的な整合性に疑問を感じざるをえない。それに対して安達泰盛の生年は、寛喜三年（一二三一）であるから、一三世紀前半以前に成立した重時と西妙の婚姻時期と同時期である。もちろん、霊山尼と西妙との年齢差も考慮すべきであろうが、重時の乳母説の不安定さに比して、泰盛の乳母説の蓋然性は高いといえよう。

このように、苅田義季の女子霊山尼＝泰盛の乳母と理解できるならば、弘安八年の霜月騒動は苅田一族に大きな影響を与えたことを想像するに難くない。すなわち、小田島庄が北条氏被官の所領であったことは、諸書が指摘するように、結城氏に宛てたと思われる興国四年（一三四三）に比定される七月一二日付北畠親房御教書写(28)［A］の「実又近日之時分、当手輩等をも、可被勇之条大切候らん、仍被行出羽国小田嶋庄候也」、さらに次の足利尊氏発給文書三点［B・C・D］が根拠となる。

［B］足利尊氏袖判下文(29)

（足利尊氏）
（花押）

下　結城弾正少弼顕朝

可令早領知陸奥国田村庄闕所幷出羽国小田嶋庄事、

右、為陸奥国小野保・安達東根等替所宛行也者、早守先例、可致沙汰状如件、

文和元年十二月十七日

［C］足利尊氏寄進状案(30)

寄進　円頓宝戒寺

上総国武射郡内小松村工藤中務右衛門跡幷出羽国小田嶋庄内東根孫五郎跡事、

右、為当寺造営料、所限永代所寄進之状如件、

観応三年七月四日

正二位源朝臣　御判

［D］足利尊氏御判御教書案(31)

円頓宝戒寺雑掌申、出羽国小田嶋庄内東根孫五郎跡事、早任寄附之旨、沙汰付下地於雑掌、可被執進請之
状如件、

観応三年七月廿二日　御判

長井備前太郎殿

ただし、多くの課題も存在する。たとえば、史料［A・B］では小田島庄が対象となっているのに、［C・D］では、小田島庄内の東根孫五郎跡が寄進の対象であって、それ以外は含まれていない。そして、この東根孫五郎と小田島氏はどのような関係にあるのかなどである。

第四節　小田島庄と「東根」

東根孫五郎について『東根市史』は、「東根孫五郎なる人物は小野中条系図によると孫五郎宗義であり（中略）、北条被官となった」（一九二頁）、あるいは「小田島荘全域の地頭ではなく、おそらく小田島氏一族の郷地頭で小田島義春の孫の宗義」（二一〇頁）と指摘する。確かに小田島氏一族にして、小田島庄内の一部を支配する「郷地頭」層の存在であることは首肯できよう。では、小田島義春の孫の宗義であろうか。既述のように、祖父義春は一三世紀半ばの人で、その子義行は仁治四年（一二四三）に没している。とすれば、宗義もまた一三世紀後半の人物と推定できるのであって、世代的には合わない可能性が大きいように思われる。

また、『山形県史一』は、

> 東根孫五郎は鎌倉中期まで当荘地頭であった平姓小田島氏の一族か。地頭職を北条氏に奪われたのちも平姓小田島氏の人びとは在地を離れることなく北条氏被官となり村々の地頭代官として生きのびた（中略）平備前守長義もまた平姓小田島氏の流れを汲む人であった

とする。しかし、「鎌倉中期」、小田島庄の地頭として「平姓小田島氏」はまったく確認できず、おそらく「平備前守長義」の存在から、「平」姓の地頭を設定せざるをえなくなったものと思われる。

ところで、東根孫五郎が名のった「東根」とは、どの地域なのであろうか。たとえば、『山形県の地名』[32]によれば、「村名は東側に連なる山並の麓に立地することによるという」とあり、「根」＝麓という意味であろうか。この「山並」とは、奥羽脊稜山脈、具体的には面白山や白髭山、さらには御荷越山であろうが、これらの山並の麓ということになれば、それは「山並」の西側ということになり、東側ではない。山並の麓で、山形盆地全体の地理的位置から東ということになるが、それでは盆地の東側の意味であって必ずしも山並とは関係せず、「根」＝麓を含む「東根」の発生とは関連しにくい。

また、戦国期の史料ではあるが、伊達家文書に含まれる「御段銭古帳写」[33]には「伊達西根」「伊達東根」があり、同じく『晴宗公采地下賜録』[34]の「伊具庄西根」「伊具庄東根」や「名取郡北方」「名取郡南方」などが参考になる。これら伊達郡や伊具庄の場合、阿武隈川が境界であった可能性が高く、名取郡の場合も当初は名取川が想定される。

こうした類例から「東根」を考えた時、二つの視点を提示できる。すなわち、第一に、「東根」は小田島庄内の「東根」、あるいは小田島庄の東部に位置することからの地域名称との理解である。それは、「西根」も存在することである。では、その境界はどこに求められようか。以下、図３「小田島庄関係略図」を参照しつつ、具体的に考えてみたい。

まず、小田島庄域を確認しておきたいが、立荘期や鎌倉時代の庄域を考える史料はない。そのようなかで、正平一一年（一三五六）銘の若宮八幡神社鰐口に[35]、

羽州村山郡小田島庄白津郷東根若宮常住
正平十一丙申夷則十七日
大檀那　備前守長義

図３　小田島庄関係略図

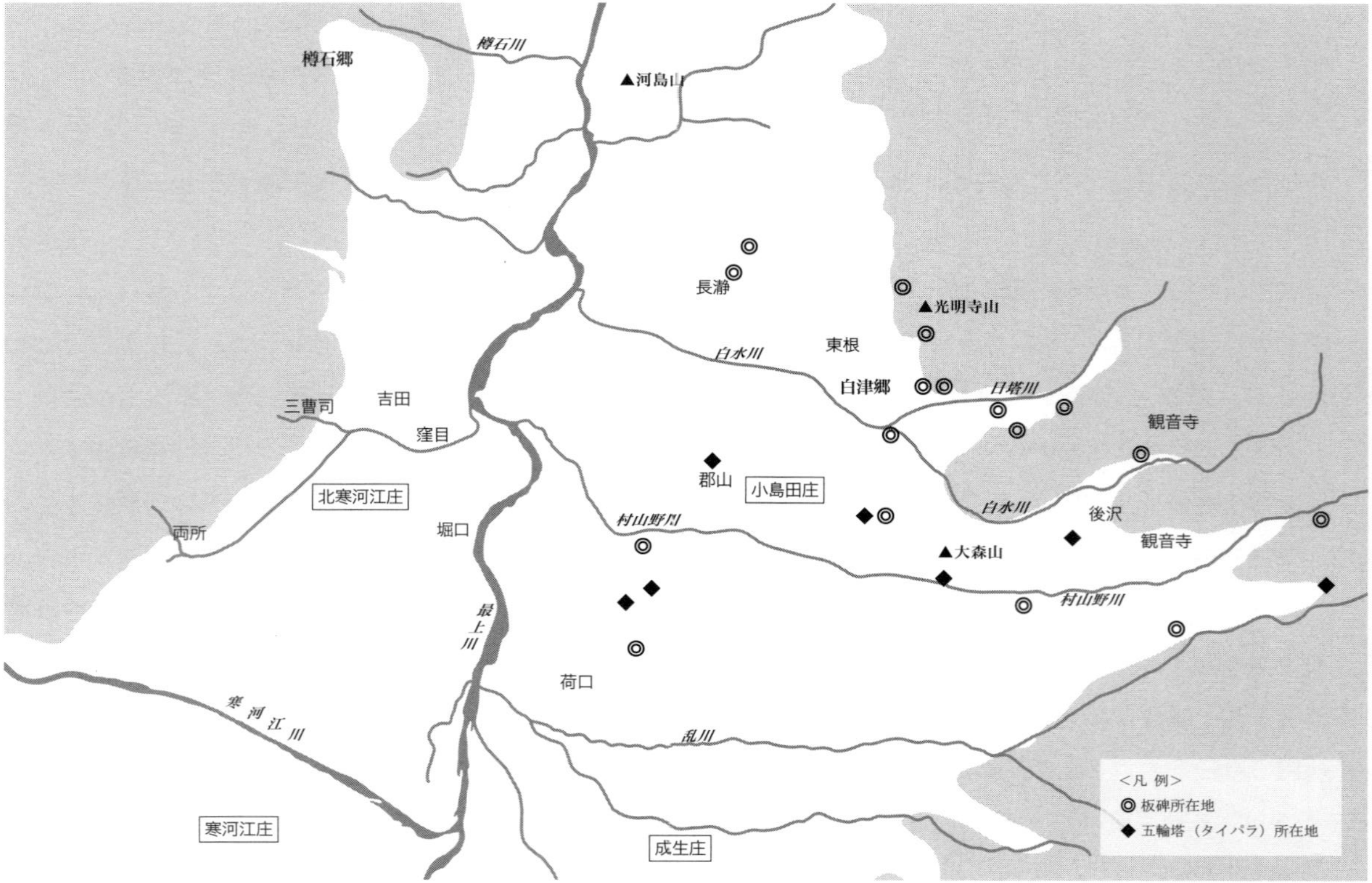
樽石郷
樽石川
▲河島山
長瀞
▲光明寺山
東根
白水川
白津郷
日塔川
観音寺
吉田
三曹司
窪目
郡山
小島田庄
北寒河江庄
両所
堀口
村山野川
白水川
後沢
▲大森山
観音寺
村山野川
最上川
荷口
寒河江川
乱川
寒河江庄
成生庄
<凡 例>
◎ 板碑所在地
◆ 五輪塔（タイパラ）所在地

とある銘文は貴重である。ただし、実見しておらず、『山形県史　資料編15下　古代中世資料2』によれば、「撞座区と思われる」破片を残すのみで、銘文は『北村山郡史』に拠っている。ここに刻記される「白津郷」が、『東根市史』の「現在の東根本町を中心とした一帯で、当時の白津川（白水川）にちなんでつけられた名称」（二〇五頁）という指摘が首肯できるならば、現東根市域の東端になる。

また、村山市富本の羽黒堂に納められていた大般若経は散逸したものの、写経した際の奥書は『山形県史　古代中世史料1』に「羽黒堂文書」として一括して収録されている（三三七頁）。そのなかで、もっとも古い延文五年（一三六〇）仲秋上旬の年紀をもつものを始めとして、その多くに羽黒堂の在所を「羽州村山郡小田嶋庄垂石郷」と記述している。「垂石郷」は、現村山市樽石に比定されるが[36]、最上川の西側も小田島庄域に含まれていたことになる。ただし、たとえば、建武四年（一三三七）七月一〇日付足利直義御判御教書[37]［E］には、

当寺領尾張国篠木庄、冨田庄、国分・溝口両村、越前国山本庄内泉・船津両郷、武蔵国江戸郷内前嶋、上総国畔蒜南庄内亀山郷、下総国大須賀保内毛成・草毛両村、上野国玉村御厨内北玉村郷、出羽国北寒河江庄五ケ郷吉田・堀口・三曹司・両所・窪目地頭職事、任去々年十一月八日官符幷関東安堵等、可令知行給之状如件、

建武四季七月十日　　左馬頭（花押）

謹上　円覚寺長老

とあり、吉田・堀口・三曹司・両所・窪目五か郷は北寒河江庄域であった。吉田郷は河北町吉田、堀口郷は河北町道海、三曹司郷は河北町沢畑、両所郷は河北町西里、窪目郷は吉田～沢畑に比定される[38]。この五か郷は、本来は寒河江庄に含まれ、得宗被官工藤氏によって支配されていたが、永仁三年（一二九五）閏二月、北条貞時によって円覚寺の塔頭仏日庵に寄進されたものであった。鎌倉幕府崩壊後も、足利直義によって北寒河江庄として安堵され[39]、寒河江庄

とは別個の庄園として認識されるようになったのである。

したがって、最上川の西岸に位置する現河北町域は寒河江庄（北寒河江庄）であったから、小田島庄域ではなく、この地域が（小田島庄の）東根に対する西根とは考えにくい。はなはだ稀少な史料からの推論になるが、垂石郷の所在地からは少なくとも最上川によって小田島庄が東西に分けられるとは考えられない。一方で、東根という地域名称は、「西根」に対応したものと考えざるをえず、既述の伊達郡や安達郡の事例から河川が境界の役割を果たしたことからすれば、現時点では白津川（白水川）を設定せざるをえない。その場合、必ずしも正確な東西の区分ではなく、現時点で西部地域を「西根」と呼称した史料は存在しない。

そこで、第二の視点とは、小田島庄域を超えたさらに広範囲な、具体的には村山郡の東西という理解である。すなわち、やはり戦国期の状況であるが、『性山公治家記録』天正二年（一五七四）閏一一月一九日条には、「最上殿義光ヨリ書状ヲ以テ、天童和泉守頼貞ト和睦セラルノ由、仰進セラル。東根・西根ノ輩、義光ヘ和睦ノ義、公《（輝宗）》ヨリ御計ラヒ有シト見ヘタリ」とあり、さらに同月二四日条に、「白鳥十郎長久ヨリ飛脚ヲ以テ、義光、東根・西根ノ輩ト和睦ノ会釈甚タ宜シカラス。再ヒ兵ヲ起スヘキノ旨言上ス」、さらに一二月一〇日条にも、「高楡某・天童和泉守ヨリ飛脚ヲ以テ、某等義光ト和睦ノ義ニ付テ不快ノ事あり、再乱ニ及ヘシト言上ス。此後、義光ト東根・西根筋ノ輩、和睦ノ義終ニ不済、鉾楯年久シト云フ」とある。

ただし、『性山公治家記録』は仙台藩主綱村の命により、田辺希賢らが元禄一六年（一七〇三）に編纂完成したものであるから、編纂時期の理解が含まれている可能性もある。事実、これらの基になったと思われる「伊達輝宗日記」(40)には、

壬霜月

十九日、天きよし、又ふる、あいつのしらとりニつゐて、たんかう候、山形より状参候、天童と無事ニ候由にと、
　晩ニ彦兵へ所へまかり候、羽右参候、四保より大たか参候、
廿四日　天き雪少つゝふる、又よし、むまの時ないつよくゆる、白鳥所より脚力参候、もかミ無事きよくなきと
　て、てきれ申へく候分のとゝけ、夜佐源所へまかり候、よあけかへり候、よる雪ふる。
　　極月
十日　天き上々、たかたま、てんとうより、ひきやく参候、無事の事ニつゐて、よる七郎かたへまかり候、は
　やし候、

とあって、東根・西根の文言はない。

また、寒河江市内には「西根北町」の地名が残るが、これは、明治七年（一八七四）に君田町村と石川村が合併して西根村が成立した名残りという。おそらく、当時すでに存在していた「東根村」に対しての名称とも考えられる。

第二の視点はかなり微妙であり、小田島庄域の一部が「東根」であるならば、西部地域が「西根」と呼称されることが無かったのか、今後の課題となる。あるいは、「郡山」という地名のみならず郡山遺跡の存在から、西部地域は旧村山郡時代の郡衙の所在地であり、その地理的要衝性は中世になっても変わらず、小田島庄の中心＝郡山地区からみた東部＝東根という可能性もまずは指摘しておきたい。

むすびにかえて―その後の小田島氏・東根氏―

小田島庄の中心＝郡山地区からみた東部＝東根との理解に基づけば、東根氏は、『東根市史』が指摘するように、

小田島氏の一族で郷地頭クラスであったとの理解は首肯できる。すなわち、小田島庄という広範囲の名称では無く、庄域の東部、あるいは白津郷を含む「東根」を支配した庶子家という理解である。

ただし、同書は「小田島荘の地頭職は、義春以後、政義（左衛門五郎）—宗義（孫五郎）と相伝されたらしく、政義・宗義とも鎌倉に出仕していた」（二〇四頁）とあるが、この点はいかがであろうか。孫五郎が「東根」を名のるのは、「東根」を支配していたことに由来することは明らかである。おそらく、郷地頭クラスの東根孫五郎が鎌倉に出仕していたのではなく、「東根」の現地を直接支配する立場にいたのではなかろうか。

もっとも、本宗家にあたる小田島氏の動向についてはまったくわからない。この点について同書は、建武政権下で「結城親朝が（小田島庄の）総地頭職に任命されたころ、在地の小田島荘で本主権を主張していたのが小田島長義であった」（二〇二頁）と、鎌倉幕府崩壊後の小田島庄支配者として「小田島長義」を想定している。しかも諸説を紹介するとともに、長義を小田島義春の弟「和田七郎左衛門尉時季」の子「左衛門五郎長義」に比定しているのである。

「長義」に関する史料としては、既述の正平一一年（一三五六）の「若宮八幡神社鰐口銘」にみえる「大檀那備前守長義」と、次に示す同年の「竜興寺鐘銘[41]」であろう。

（第一区陰刻）

羽州中央　小田嶋庄　／　東根境致　白津之郷
山号仏日　寺号普光　／　鋳鐘六月　林鐘時当
借爐炎熱　通冶風涼　／　一樓鯨骨　万斛銅湯
大解脱器　吸空肚腸　／　円満覚口　吐寺外方
天暁告報　地久天長　／　日暮扣発　檀信吉祥

（第二区陰刻）

正平十一年丙申六月廿四日

住持比丘閑雲叟　希孚
大檀那前備前守従五位上平朝臣長義
願主比丘紹欽
大工左衛門大夫景弘

ただし、正平一一年七月の「若宮八幡神社鰐口銘」では「備前守長義」とあるのに対して、それより早い同年六月の「竜興寺鐘銘」では「前備前守従五位上平朝臣長義」とある。早い時期の史料に「前備前守」とあって疑問がないわけではないが、まずは鰐口や鐘の製造依頼時期の差と理解しておきたい。

ところで、長義は、はたして刈田義季の子「和田時季」の子であろうか。これまでも記述したように、諸史料に表れた人物を後世の系図に比定する時、単なる名前の一致に拠っているように思われる。長義についても、その父時季は、義春と同世代ということを考えれば、一三世紀前半の人物であり、その子の世代は遅くとも一三世紀後半ということになる。ところが、備前守長義は一四世紀半ばに位置づけられるのであり、長命の可能性もないわけではないが、一四世紀半ばに備前守（前備前守の可能性もあるが）現任者であることからすれば、同世代とは理解し難いのではなかろうか。

また、奥山譽男氏は東根若宮八幡神社の由緒や、同社の神輿が三浦氏によって「東根に遷祀」されたという『天童市史』上巻の指摘をもとに、三浦氏滅亡後、佐原氏が北条氏の地頭代として小田島庄内白津郷を支配したが、霜月騒動の後、大曾禰宗長の二男長義が佐原氏の養子となったと指摘する[42]。小田島庄地頭が藤姓・刈田義季であることと、長義が「平」姓であることを整合させようとしたのであろうが、そもそも三浦氏や佐原氏と小田島庄との関係を示す確実な資料も無く、首肯することは難しい。

図4　大曾禰氏略系

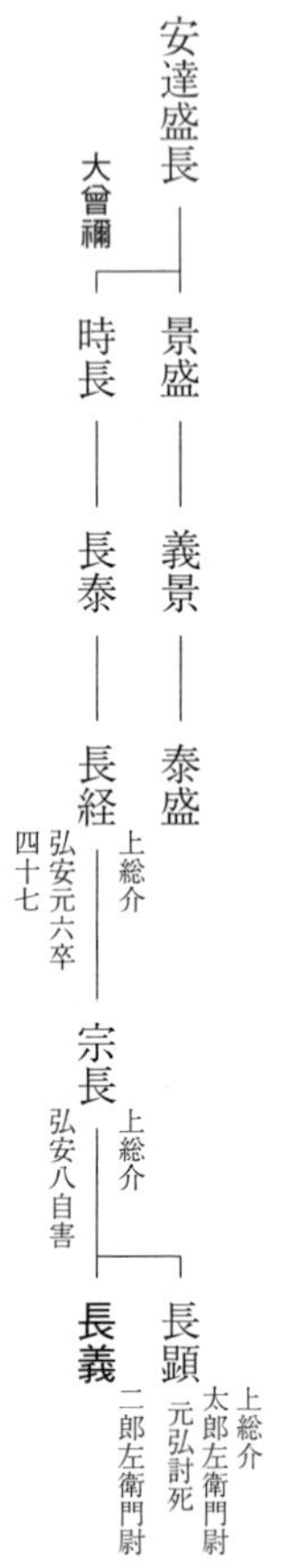

大曾禰氏の呼称は、大曾禰庄（山形市南西部）に由来するが、その系譜を『尊卑分脈』第二篇から抽出してみよう（図4）。すなわち、「奥州禅門」に関連して詳述した安達氏の一族であるが、長義の兄長顕は「元弘」（一三三一～三四）に討ち死しており、可能性までは否定しにくい。ただし、『尊卑分脈』は長義の極官を「二郎左衛門尉」と記して「備前守」ではない。宗長の子長義が、鐘や鰐口を奉納した備前守長義であれば、『尊卑分脈』も極官として二郎左衛門尉よりも上位の受領名を記載したことは他の例からもわかる。同時に、その系譜をみても「備前守」系ではない。

そうしたなかで注目すべきは、前掲宝戒寺文書観応三年七月二二日付足利尊氏御判御教書案に記載された宛所「長井備前太郎」であろう。長井備前太郎について『東根市史』は、「有力な北朝方の武将で、置賜地方で勢力を有していた長井氏の一族」（二一〇頁）とするが、備前守長義との関連についてはまったく触れていない。この長井備前太郎については、同時期の次のような史料も確認される。

［F］足利尊氏御判御教書(43)

円覚寺雑掌乗憲申、出羽国寒河江庄内吉田・堀口・三曹司・窪目等事、寺家帯代々公験知行処、少輔掃部助押領云々、太不可然、早止彼輩妨、不日可沙汰付当寺雑掌状如件、

観応三年九月三日　　　　　（花押）

長井備前太郎殿

足利尊氏から、小田島庄や寒河江庄に関する濫妨停止と使節遵行の任務を行使する「長井備前太郎」こそまさに「有力な長井氏の一族」であったろう。その立場について『山形県史一』は、「一方管領の職務を担った畠山国氏の後釜として抜擢されたのではないか」と指摘する。もっとも、「一方管領」であったとしても、その管轄権限・地域は限定されたものでしかなく、鎌倉幕府崩壊後、建武政権によって郡単位におかれた「検断」奉行、あるいは後に郡単位に軍勢動員さえ命じられる「分郡守護」的な存在ではなかったろうか。

ところで長井氏とは、鎌倉幕府から寒河江庄や長井庄を与えられた鎌倉幕府の重鎮大江広元から始まり、幕府や六波羅探題の評定衆を輩出したまさに「有力な」御家人の筆頭でもあった(44)。『山形県史一』は、この長井備前太郎を「尊氏側近として鎌倉に随従していた長井備前守宗元の子息」と推定している。そこで、『尊卑分脈』第四篇に載るところの大江・長井氏の系譜を抽出しておこう（図5）。

確かに、広元の系統には備前守を名のる人物が多いことに気づく。『山形県史一』は、宗元に記載される苗字「上山」は「上大山庄に移拠したという説もある」と指摘するが、普光寺に鐘を、若宮八幡神社に鰐口をそれぞれ寄進した「前備前守従五位上平朝臣長義」「備前守長義」との関係を明らかにしてはいない。

しかし、受領官途にしても、衛門府・兵衛府の三等官にあたる「尉」官にしても、例外はあるものの、その家系で継承することは良くみられた。ほとんど確認できない大曾禰氏系に「備前守長義」を求めることは難しく、受領官途を名のることの多い大江氏系に「備前守長義」の可能性が高いのではないだろうか。

ただし、鐘銘や鰐口銘は、南朝年号「正平」が用いられ、鐘銘では「平朝臣」であった。「尊氏側近」として「鎌

図5　大江・長井氏略系

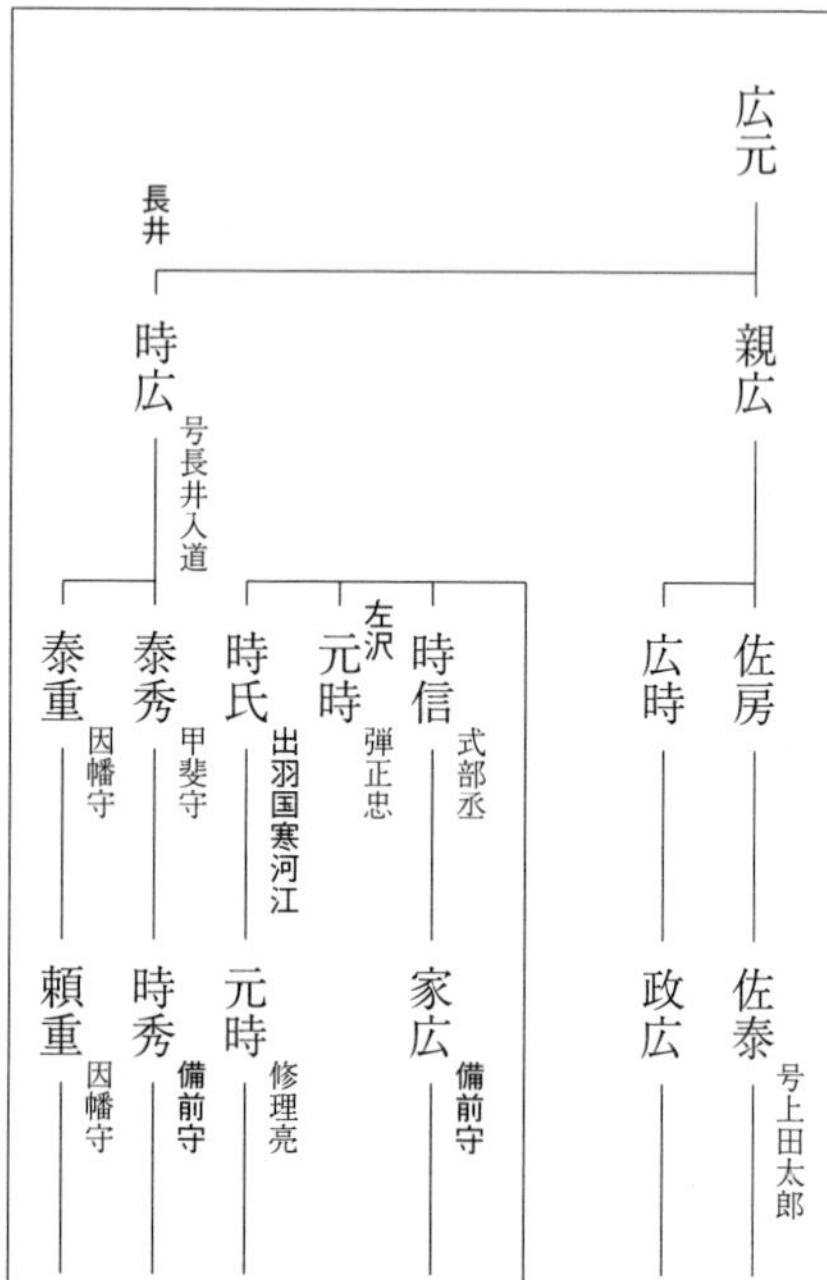

倉に随従していた」宗元であれば「正平」を用いることは考えられず、「大江朝臣」でもある。この点については、足利尊氏・直義兄弟が対立した観応の擾乱期、尊氏・直義ともに相手方を牽制するため、しばしば南朝方に与することもあり、次のような「正平」年号を用いた文書を発給したことはよく知られている。

［G］足利尊氏下文(45)

（花押）（足利尊氏）

下　南遠江守宗継

可令早領知陸奥国伊具庄、下総国印西庄、上総国飯富庄、相模国和田・深見両郷并俣野太郎入道跡事、

右、勲功之賞、所充行也者、早守先例、可致沙汰之状如件、

正平七年正月二日

［H］奥州管領吉良貞家施行状(46)

新国司顕信卿対治事、去一日将軍家御教書如此、早相催一族、不移時刻馳参、可致軍忠之状如件、

正平七年閏二月七日　右京大夫（花押）

伊賀一族中

その際、「平朝臣」と刻記したのはなぜか、今後の課題となる。

以上、中世の東根地域について、小田島庄や小田島氏、東根の由来などについて、『福富家文書―野津本「北条系図・大友系図」ほか―』などを基本に、諸史料から類推を加えた。文献史料の少なさが根本的な理由であるが、解消すべき金石文資料や考古資料、さらには地名なども決して豊富とはいえない。多くの課題が残されたことも事実である。そうしたなかで、『東根市史』を批判的に叙述してきたが、実は同書「第六節　中世の社会と文化」は目配りの利いた、同地域の全体像を鳥瞰するものと考えている。今後、さらに考古学的な発掘調査の成果、近隣自治体の関連資料などから、その具体像をいかに導き出せるかが新たな課題となる。

註

（1）南出羽の中世政治史については、『山形県史』を含む自治体史によって描かれているが、城館研究について主たるものを列挙すれば、

・伊藤清郎氏『中世の城と祈り―出羽南部を中心に―』（岩田書院、一九九八）

・伊藤清郎・山口博之編『中世出羽の領主と城館』（高志書院、二〇〇二）

・保角知里氏『南出羽の城』高志書院（二〇〇六）
・同『南出羽の戦国を読む』（高志書院、二〇一二）
・さあべい同人会『さあべい』第20号〈山形の城館特集〉（二〇〇三）。
・さあべい同人会『さあべい』第27号〈山形の中世城館跡特集〉（二〇一一）。

があり、宗教を意識した研究に、
・竹田賢正氏『中世出羽国における時宗と念仏信仰』（光明山遍照寺、一九九六）
・伊藤清郎氏『霊山と信仰の世界―奥羽の民衆と信仰―』（吉川弘文館、一九九七）
・伊藤清郎・誉田慶信編『中世出羽の宗教と民衆』（高志書院、二〇〇二）
・誉田慶信氏『中世奥羽の仏教』（高志書院、二〇一八）

がある。

（2）歴史系団体に限定しても、山形県文化財保護協会（機関誌『羽陽文化』）、最上地域史研究会（『最上地域史』）、山形県地域史研究協議会（『山形県地域史研究』）、西村山地域史研究会（『西村山地域史の研究』および同会編『西村山の歴史と文化』〈一九八八〉、『西村山の歴史と文化Ⅱ』〈一九九一〉、『西村山の歴史と文化Ⅲ』〈一九九六〉、『西村山の歴史と文化Ⅳ』〈二〇〇六〉）、北村山地域史研究会（『北村山の歴史』）、尾花沢市地域文化振興会（『尾花沢の歴史と文化』）、置賜史談会（『置賜文化』）、さあべい同人会（『さあべい』）の他、大学に拠点を置く組織として山形史学研究会（『山形史学研究』）、米沢史学会（『米沢史学』）等が確認できる。

（3）「武蔵中条氏系譜とその事跡―羽州への入部をめぐって―」（註（2）前掲『西村山の歴史と文化Ⅱ』）。

（4）「寒河江北方円覚寺領五箇郷の動向と中条氏に関する一考察―円覚寺文書と慈眼寺文書を中心に―」（註（2）前掲『西村山の歴史と文化Ⅲ』）。

（5）「出羽国と鎌倉幕府・鎌倉北条氏」（『西村山地域史研究』第一五号、一九九七）。

（6）「中条氏系小田島氏の系譜」（伊藤清郎編『最上氏と出羽の歴史』高志書院、二〇一四）。

(7)『国立歴史民俗博物館研究報告』第五集（一九八五）。
(8)「『苅田式部殿』について」（『ぐんしょ』再刊第一一号、一九九一）。
(9)司東真雄氏「和賀氏のおこり」（『和賀町史』一九七七）。
(10)『蔵王町史　通史編』（一九九四）。
(11)日本史研究会『日本史研究』第六一一号（二〇一三）。
(12)『山形県史二』（一九八二）五〇七頁。
(13)岩手県教育委員会編『岩手県中世文書』上巻（国書刊行会、一九八三）三三三鬼柳系図一・三三五鬼柳系図。
(14)北条氏研究会「北条氏系図考証」（安田元久編『吾妻鏡人名総覧』所収、吉川弘文館、一九九八）および拙著『北条義時』（ミネルヴァ書房、二〇一九）等を参照。
(15)旧稿では由利八郎と中八維平を同一人物として記述したが、野口実氏「出羽国由利郡地頭由利維平をめぐって―源頼朝政権と出羽国―」（京都女子大学宗教・文化研究所『研究紀要』第三二号、二〇一九）の指摘により、別人として本稿のように改める。
(16)既述の森幸夫氏『北条重時』は、重時と義季女との婚姻を安貞元年（一二二七）以前とする。なお、尼西妙が荏柄尼と称されたのは、諸書が指摘するように鎌倉の荏柄天神社付近に居住していたからであろう。
(17)「近江国番場宿蓮華寺過去帳」（『群書類従』巻第五一四・第二九輯）。
(18)日本古典文学大系『太平記一』巻第十「長崎高重最期合戦事」（岩波書店、第七刷、一九六七）。
(19)宮城県文化財調査報告書第一七二集『一本杉窯跡群』（宮城県教育委員会、一九九六）。
(20)拙稿註（10）前掲書。
(21)東洋文庫八〇三（二〇一一）。
(22)『鎌倉年代記』（『増補續史料大成』51、臨川書店、一九七九）および『関東評定衆伝』（『群書類従』巻第四十九・第四輯所収）。

(23) 七海雅人氏「御家人の動向と北条氏勢力の展開」（同編『鎌倉幕府と東北』〈吉川弘文館、二〇一五〉所収）。
(24) 熊谷直之氏所蔵「梵網戒本疏日珠抄浦文書」（『鎌倉遺文』一五七三四～一五七三八）。
(25) 『増補續史料大成』51（臨川書店、一九七八）。
(26) 皆川完一氏「尊卑分脈」（皆川・山本信吉編『国史大系書目解題　下巻』吉川弘文館、二〇〇一）。
(27) 近年、木下龍馬氏が新たに紹介した法観寺文書所収永仁四年一〇月二七日付「八坂寺寄進地注文案」は、幕府が法観寺に寄進した屋地の目録というが、その一つに「一所　城修道房跡　北霊山口東頬南角〈南北拾肆丈肆尺、東西七丈参尺、参間四面壱宇〉」があった。木下氏は『峯相記』に「弘安八年十一月十七日城入道景盛（泰盛の誤カ）法師誅罰セラレ候シ時、彼息親不幸太郎入道修道房、山ノ里ニ住スル間」とある「彼息親不幸太郎入道修道房」と同一人と指摘、「一所　城修道房跡」は「修道房は京の霊山の近くに屋地をもっており、霜月騒動に連座して処刑された際、幕府に没収された」と結論づけられた（同氏「安達泰盛の息子・修道房と霜月騒動に関する一史料」日本史史料研究会『日本史のまめまめしい知識』第2巻、岩田書院、二〇一七）。
(28) 松平結城文書（『白河市史5』二七四）。
(29) 熱海孫十郎氏所蔵白川文書（『山形県史　資料編15上　古代中世史料1』八八五頁／17・一）。
(30) 鎌倉市宝戒寺所蔵宝戒寺文書（註（29）前掲書九三九頁／4・一）。
(31) 鎌倉市宝戒寺所蔵宝戒寺文書（註（29）前掲書九三九頁／4・二）。
(32) 日本歴史地名体系6（平凡社、一九九〇）。
(33) 仙台市博物館所蔵伊達家文書（註（29）前掲書六五四～六七四頁／一一六）。
(34) 仙台市博物館所蔵伊達家文書（註（29）前掲書七一五～七九〇頁／一二〇）。
(35) 東根市・若宮八幡神社蔵（『山形県史　資料編15下　古代中世史料2』〈一九七九〉三四四頁）。
(36) 註（32）前掲書四八二頁。
(37) 円覚寺文書（註（29）前掲書九三五頁／2・一）。

(38)　註(35)前掲書四〇八～四一八頁。
(39)　円覚寺文書建武四年七月一〇日付足利直義御判御教書(註(29)前掲書九三五頁／2・一二)。
(40)　註(29)前掲書八一〇～八一一頁／一二一)。
(41)　東根市・薬師寺蔵(註(35)前掲書三四五頁／一八八)。
(42)　「家紋からみた野辺沢氏」(山形県文化財保護協会『羽陽文化』一一九号、一九八五)。
(43)　鎌倉瑞泉寺文書(註(29)前掲書九三九頁／3・一)。
(44)　小泉宣右氏「御家人長井氏について」(高橋隆三先生喜寿記念論集『古記録の研究』続群書類従完成会、一九七〇)。
(45)　下野清源寺文書(『南北朝遺文／東北編　第二巻』一一一三)。
(46)　磐城飯野文書(『南北朝遺文／東北編　第二巻』一一一二)。
(補注2)　再校終了後、今野章氏「山形県における地域史研究の現状」および竹原万雄氏「次世代の地域史研究のために―東北芸術工科大学歴史遺産学科の資料保存活動―」(いずれも『地方史研究』第六九巻第四号、二〇一九)が刊行された。最新の情況がまとめられており、併せて参照されたい。

第一〇章　戦国期の鮎貝氏と荒砥氏・荒砥城

はじめに

本稿は、戦国期の山形県西置賜郡白鷹町、とくに鮎貝地区と荒砥地区、さらにそれぞれの地区に関連する鮎貝氏と荒砥氏について資料を再確認するとともに、荒砥城の復原を介して、荒砥地区の特徴を整理することにある。

戦国期の白鷹町域については、古く鮎貝郷土史編纂会『鮎貝の歴史（前篇）』（一九五五）が知られるが、『白鷹町史上巻』（一九七七、以下『白鷹町史』と略述）が前書を批判的、発展的に叙述しており、さらに『山形県史　第一巻』（一九八二、以下『山形県史二』と略述）や『長井市史　第一巻　原始・古代・中世』（一九八四）、『米沢市史　原始・古代・中世編』（一九九七、以下『米沢市史』と略述）が、また啓蒙書ではあるものの『図説　置賜の歴史』（郷土出版社、二〇〇一）が詳しい。しかし、いずれも自治体史・啓蒙書ということもあって、史料批判に依拠した記述とはなっていない。そのようななかで、渋谷敏己氏は『晴宗公采地下賜録』に記載される守護不入や惣成敗・諸役免除・諸役直納などの諸役特権から伊達氏と地頭領主との関係を追求し、さらに菊池利雄氏は、歴史地理学的に戦国期の置賜郡を鳥瞰しているが、(1)必ずしも豊富な研究状況下にあるわけではない。

このような現況から、本章では、「荒砥」「鮎貝」に関する関連資料を再検討することによって、新たな歴史像を提示すること、さらに、明治期の「字寄図」に記載される荒砥城とその周辺から当該期の景観を復原し、文献史料とともに城下集落の構造を検討していきたいと思う。

第一節　荒砥氏と鮎貝氏の出自

一　長井氏と長井庄

戦国期、当該地区をそれぞれ支配した鮎貝氏と荒砥氏の出自については不明な点が多い。たとえば、『白鷹町史』は鮎貝氏について、既述『鮎貝の歴史（前篇）』や飯沢家文書、さらには「鮎貝氏の有力な家臣」中川氏の系図等から詳細な記述が見られる。もっとも、鮎貝氏は北家房前流藤原氏の子孫にして、その先祖ともいうべき安親が平泉藤原氏を頼って京都から下向、「下長井庄の白川以北の庄官に任ぜられ横越郷におちつき、ここを居館と定め支配した」こと、安親が当地に土着したのは永久元年（一一一三）～大治元年（一一二六）であることなど、即座に首肯できるものではない。その根拠となる史料の一つは、『伊達世臣家譜』(2)に記載される「鮎貝姓藤原、不知其先、以鮎貝称呼闕定宗為祖、家譜略記云、兵庫盛宗以前家系不伝云定宗世住于羽州置賜郡下長井荘鮎貝城、因氏焉」などであったろう。

一方、荒砥氏について『白鷹町史』は、「伊達氏時代に荒砥城主であったといわれているが、具体的な内容については不明な点が多い。何時からいつまで荒砥城主であったのか、その所領はどの位あったのかなどについては全くわかっていない」とし、資料の欠如から天文年間以前の動向についてはまったく触れていないことは当然であろう。

荒砥氏の関連資料が皆無であり、鮎貝氏についても確実な資料とはいえない。そのようななかで、両氏の出自を考えることは容易ではないものの、伊達氏が置賜郡に進出する以前から、その苗字の地である鮎貝・荒砥との関わりを持っていたことを推測することは許されよう。とすれば、伊達氏の進出以前、置賜郡を支配した長井氏の同郡支配の実態を考えることが求められる。

周知のごとく、置賜郡は鎌倉時代、幕府の重鎮大江広元に与えられ、その子孫長井氏が支配した。広元がいつ置賜郡を支配するようになったか明らかにはできないが、『尊卑分脈』から関係箇所を抄出した図1を見ると、その嫡子親広の系統が寒河江庄を伝領したのに対し、置賜郡は次男時広の系統（長井氏）が伝領したことになる(3)。すなわち、『吾妻鏡』仁治二年（一二四一）五月二八日条に「長井散位従五位上大江朝臣時広法師卒」とあるから、『尊卑分脈』にある時広が「長井入道」と号した記載を裏付ける。

また、時広の曾孫にあたる宗秀が正安二年（一三〇〇）六月、成島庄の成島八幡神社の修造を担当した際の棟札(4)には「当地頭長井掃部守（ママ）大江朝臣宗秀」とある。「掃部守」は掃部頭の誤りであるが、弘安五年（一二八二）四月、備前太郎大江宗秀が引付衆に加えられ、同年一〇月に宮内権大輔に任ぜられた(5)。その後しばらく史料上に確認できないが、小泉宜右氏によれば(6)、『鎌倉年代記(7)』永仁元年（一二九三）条に、

　十月止引付、置執奏、時村、道鑑、師時、恵日、宗宣、蓮瑜、宗秀等也、

　五月廿日、越訴頭宗宣、宗秀、

とあり、当時越訴頭であったから、すでに評定衆に補されていたことが推測できるという。さらに永仁三年五月二七日の評定に「宮大宗秀(8)」が加わり、『鎌倉年代記』同六年条に「二月廿八日評云、越訴被許之、但宗宣、宗秀事切事者、不及沙汰、質券売買利銭出挙、向後被許之」、正安元年（一二九九）条に「四月一日引付頭、一時村、二師時、三宗泰、四宗秀、五行藤」、さらに正安三年条の「八月引付頭、一久時、二宗泰、三時家、四宗方、五宗秀」に続いて「越訴頭宗秀」とあるから、評定衆や引付衆（頭）、越訴頭を歴任したことがわかる。小泉氏は、「越訴頭宗秀」を乾元元年（一三〇二）条とするが、前後関係から正安三年条であろうし、その後、掃部頭に補せられて後に出家して道雄と号したとする。

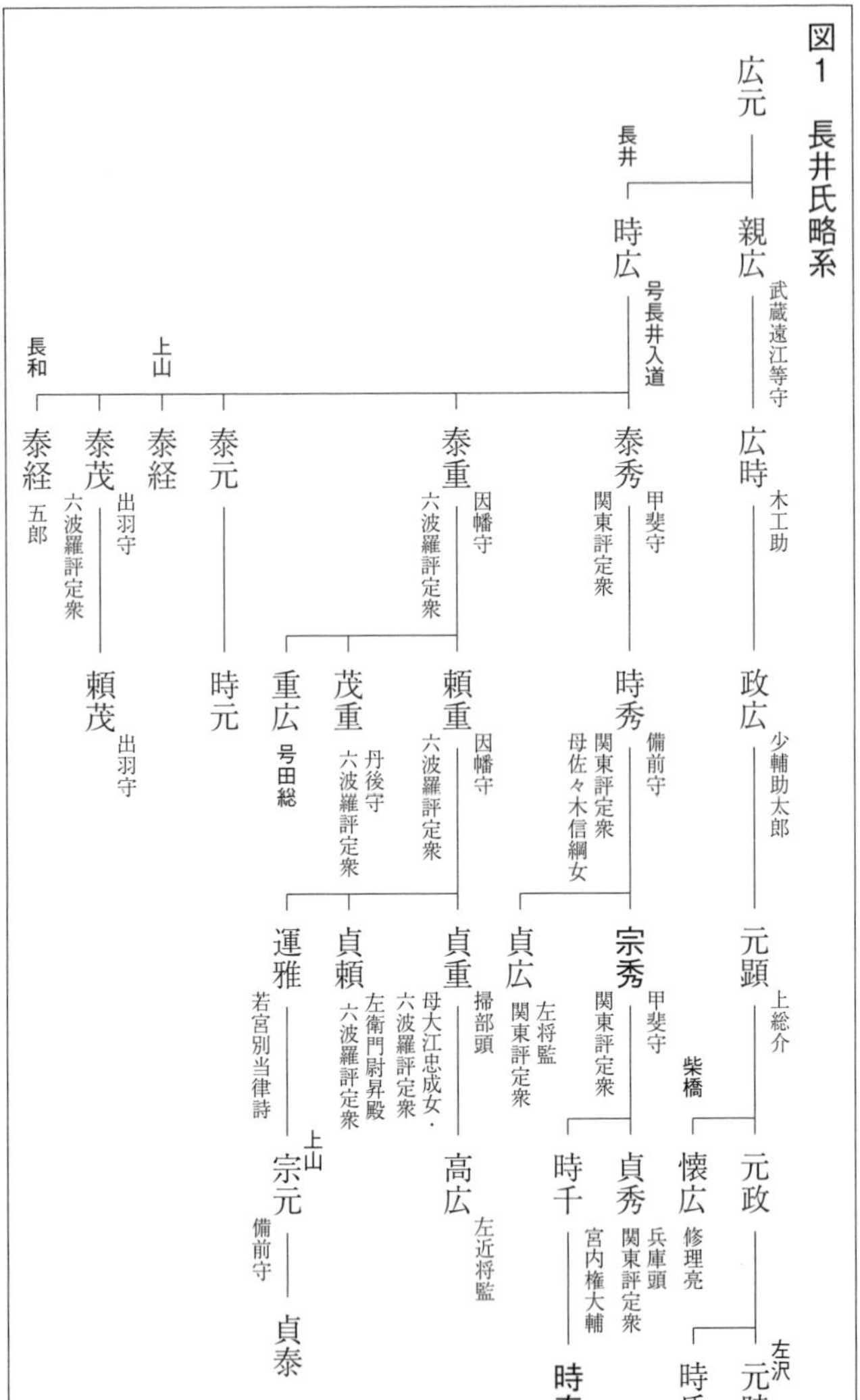

図1　長井氏略系

小泉氏はその時期を不明とするが、『鎌倉年代記』乾元元年（一三〇二）条には「二月十八日引付頭、一宗宣、二久時、三宗泰、四熙時、五道雄」とあるから、出家の時期は正安三年八月～乾元元年二月ということになる。その後、道雄の名は徳治二年（一三〇七）正月まで確認されるが、宗秀による成島八幡宮の修造（一三〇〇）はまさに出家直前に行われたことになる。

その子貞秀については、『鎌倉年代記裏書』[9]徳治元年（一三〇六）条に「四月廿五日、将軍（久明親王）二所御参詣、御代官長井兵庫頭貞秀」とあるのが唯一であるが、将軍の名代として二所（箱根神社と伊豆走湯山神社）に参詣するなど、幕府の重臣であったことがわかる。[10]したがって、鎌倉幕府の治世下にあって、長井氏自身が長井庄に下向してその支配に当たったとは考えられない。しかし、こうした幕府との密接な関係も、幕府終焉後の動向とともに不明な点が多い。

そうしたなかで、成島八幡宮には貞和四年（一三四八）八月、「当庄地頭大江朝臣治部少輔時春」の名を記載した棟札[11]が残り、宗秀の次男時千の子時春が修造したことがわかるから、成島庄やおそらくその周辺地域が、幕府滅亡後は時春の系統によって支配されていたことが推測できる。

二　代官嶋貫氏の存在

では、鎌倉期の長井庄は、長井氏によってどのように支配されたのであろうか。少なくとも下向できない長井氏の支配は、代官を介してのものであったはずである。そうしたなかで、前掲正安二年の棟札に記載される「奉行宮庵備前右エ門入道持規」、「当政所蓮華院右エ門次郎入道□□」らは、成島八幡神社修造のみに関わったのではなく、在地の支配にも関わっていたものと考えられる。すなわち、「奉行」備前右エ門入道持規は現地にあって修造を「奉行」したものと思われるが、持規とともに記載される蓮華院右エ門次郎入道□□は「当政所」であった。この「当」は、修造時の政所を意味するとも考えられるが、修造に深く関わっていた持規とともに列記されており、現地の「政所」であった可能性が考えられる。さらに、前掲貞和四年の棟札に記載される「当村政所源朝臣嶋抜彦七義綱」、「当村給主奉行丹治朝臣左兵衛尉高綱」らも同様であったろう。では、彼らはどのような存在であったろうか。

ところで『白鷹町史』は、長井氏自身の長井庄赴任を推測するとともに、時春の子に「広房」を掲げ、広房の時、伊達宗遠によって置賜郡を攻略されたかのように記載するが、『尊卑分脈』に「広房」の記述は無く、既述のように幕府の引付衆や評定衆を歴任していることからすれば、長井氏の赴任は否定的にならざるをえない。

また、『米沢市史』は、鮎貝氏の遠祖藤原安親が、平安時代末期、横越（白鷹町西高玉）に築館して居住したと伝えられること、山形県内には多くの摂関家領荘園が平安時代末期には成立しており、その荘政所を管理する庄官であった可能性を指摘している。その根拠に、白鷹町深山に所在する観音寺の通称深山観音堂は、その建築様式から平泉藤原氏との関係が予想されること、その近くに残る小字「萬所」付近に方形館址が確認されること、さらに「成島八幡宮の正安の棟札の『当村政所　源朝臣嶋抜彦七義綱』との関連」を指摘している。そのうえで、「嶋抜某」を置賜郡地頭長井氏のもとで現地を支配した代官的存在と考え、伊達氏に帰属した鮎貝氏は（嶋抜某のような・筆者注）「村落領主的な在地領主層をその配下に組織したいわば国人級の在地領主」（四六七頁）と理解している。

しかし、「当村政所　源朝臣嶋抜彦七義綱」は「正安」ではなく貞和四年八月の棟札の記載であることはしばらく措くにしても、この「当村」を白鷹町深山の「萬所」と関連づけることは早計であろう。成島八幡宮造営に関連して残された棟札であることを考えた時、この「村」は八幡宮所在の村と理解すべきであって、遠く離れた深山地区を想定することはできない。

では、「嶋抜」氏とはどのような存在であったろうか。後世の史料ではあるが、天正一二年（一五八四）「下長井段銭帳」(12)には、

下長井
内馬場千五百苅ニ、四百仁十文うけとり申候、来年ハけんミを申候間、田少もおほく候はゝ、御きうめひ候へく

候、

志まぬきひせんとの

とあり、「志まぬき」氏の存在が確認できる。他にも、今泉に関連して「志まぬき二郎衛門殿」が記載されるほか、梨郷の「嶋貫四郎兵へ」、九野本の「志まぬき左馬助殿」、「よしたそしかた（吉田庶子方）」の「おとな嶋貫甚助殿」らが散見する。「嶋貫四郎兵へ」、「嶋貫甚助殿」に見られるように、「志まぬき」は嶋貫に通ずるものであるが、それは「嶋抜」にも通じよう。

したがって、棟札に見られる「奉行宮庵備前右エ門入道持規」や「当政所蓮華院右エ門次郎入道□□」、さらには「当村給主奉行丹治朝臣左兵衛尉高綱」も同様に考えられる。なお、「当村給主奉行丹治朝臣左兵衛尉高綱」と「当村政所源朝臣嶋抜彦七義綱」との関係である。「当村給主」と「当村政所」に着目すれば、当村が具体的名称は不明であるものの、成島八幡宮の所在する村（たとえば成島村）と思われるが、村の支配権を与えられた者（給主）と村に派遣され、村の政所で村を直接支配する者（政所）という関係を設定できよう。おそらく、給主丹治高綱は、複数の所領を給与されており、そうした個々の所領は被官を「当村政所」に派遣して支配したのではなかろうか。あるいは、丹治姓と源姓という違いはあるものの、「綱」の一字を共有しており、擬制的関係を含めて、何らかの血縁関係を想定することも可能であろう。

ところで、一四世紀代の「嶋抜」氏と一六世紀後半の「嶋貫」「志まぬき」氏に連続性が想定されるならば、伊達氏による長井庄侵攻（長井氏の支配消滅）という重大な事件が発生しても、嶋貫氏の支配は否定されることはなかったことを意味する。しかも、「下長井段銭帳」の嶋貫氏は、五例中四例が「殿」付けで記載されており、「おとな嶋貫甚助殿」のように「おとな」として所領支配に深く関与する場合もあったことに留意すべきであろう。前代から地域社会を支配してきた嶋貫氏のような存在は、地域社会と密接に結びついていたが故に、新たな領主伊達氏にとって無視できぬ、あるいは伊達氏の支配にとって不可欠な存在であったのである。

　こうした代官支配の事例を他に確認することはできないが、たとえば、江戸時代に仙台藩の「一族」の家格[13]を有した宮内氏の家譜には、

　次曰二因幡守初称二四郎又修理亮一盛房一、住二于羽州置玉郡長井庄宮内邑一焉、盛房為二羽州南方奉行人一、盛房子肥後守初称二弥四郎一盛兼、永享十年関東大乱之時、属二鎌倉管領足利左馬頭持氏一、持氏敗績、後属二于天海公（伊達持宗）麾一、

とあり、伊達氏の侵攻以前から長井庄宮内を支配していたことを伝えている。

　宮内氏と長井氏の関係、「羽州南方奉行人」など不明な点も少なくないが、長井庄内の地名を名のる伊達家臣のなかに、同様の事例を想定することは可能である。おそらく、鮎貝氏や荒砥氏なども、嶋貫氏と同じように伊達氏以前からの在地（村落）領主の系譜と考えることができるのではなかろうか。

　ところで、『米沢市史』は「伊達氏に帰属したころの鮎貝氏は、すでに村落主的な在地領主層をその配下に組織したいわば国人級の在地領主」と理解している。「国人級」の意味する内容がどの程度の規模なのかわからないが、鎌倉期の地頭層の系譜を引く者あるいは郡単位の領域支配者としての「国人領主」級との理解であるならば、鮎貝氏の支配領域を特定できないこともあって一概に首肯できない。既述の類例からすれば、数か郷を支配する「給主」層と理解することは可能である。

三　伊達氏の長井庄侵攻

　ところで、永徳三年（一三八三）六月、成島八幡神社を「造立」した際の棟札には「大檀越弾正少弼藤原朝臣宗遠」、さらに明徳元年（一三九〇）一〇月の棟札[14]にも「大檀越大膳大夫藤原政宗」とあった。宗遠・政宗とも伊達氏の当主

であり、一四世紀の八〇年代、伊達氏は長井氏を滅ぼし、置賜郡支配を進めたのである。近世の編纂史料ではあるが、『伊達正統世次考』(15) 巻之四には宗遠に関連して、

嘗テ継二テ父君之志一ヲ。致二シ忠ヲ於南朝一ニ。伐二テ近郡及ヒ近国一ヲ。或ハ抜レキ城ヲ取レ地ヲ下レス之ヲ。攻二テ長井掃部ノ頭入道道広一ヲ。取二テ其地出羽ノ国置民ノ郡長井ノ荘一ヲ而入レ之ニ。于レ時鎌倉ノ管領持氏朝臣。奉二シ京都将軍ノ命一ヲ。令二シテ近国ノ諸将一ニ曰ク。道広本領羽州長井ノ荘以下所所。嚮《サキ》已ニ以二テ京都ノ命一ヲ遵行シ。退二テ伊達ノ悪党一ヲ了ル。雖レ然ト聞ニク彼ノ輩重テ可二キヲ違乱一ス。早可下シト合二テ力ヲ道広一ニ。令中ム其ヲシテ全ク知二行之上ヲ云々見二ヘタリ文書一ニ。

とあるのも、これに関連するものであろう。

さらに同書康暦二年（一三八〇）条に

康暦二年庚申。南朝天授六年冬十月八日。賜フ二知行配分之判状ヲ石田左京ノ亮一ニ。其文ニ曰。

出羽ノ国置民郡長井ノ荘。鴾谷ノ郷内一宇。乗願跡一宇。小瀬入道雑給藤九郎跡一所一所。浮免田六反半一所。作人本願跡田五段大三十歩一所。田六段一所。御正作田五段大三十歩一所。田弐段半一所。加倍志幾田二段。一乗散田。右、配分之状如レシ件ノ。康暦二年十月八日。石田左京ノ亮殿。沙弥書レス判ヲ此ノ文書石田氏伝来。

○今按スルニ石田左京ノ亮諱不レ知。石田氏本ト一門也。先祖詳二ニス之于政依公ノ下一ニ。蓋是年遂ニ亡二シテ長井ノ入道道広一ヲ。取二リ其地一ヲ以配二分シ之一ヲ。賞二其功臣一ヲ。

○此書判、前載小沢伊賀守賜誓書判筆形同。

とある。この書判は「小沢伊賀守に賜ふ誓書」と同一であるというが、この誓書は、同書永和二年（一三七六）八月二八日条に載せる弾正少弼宗遠と小沢伊賀守とのあいだに契約された「一揆同心契約の誓書」のことで、この文書自体は「伊達政宗一揆契状」として伊達家文書に残されている(16)。

したがって、康暦二年の知行配分状も伊達宗遠の発給文書であり、さらに「鵜谷郷」が長井市時庭か川西町時田かはしばらく措くとしても、「長井地方の少なくとも一部を伊達氏が掌握したことは確実」であり、永徳三年の成島八幡宮拝殿造立の棟札に宗遠の名が記載されていることから、「これまでに長井氏を滅亡させて、その本拠である米沢地方を押さえた」こと、明徳元年（一三九〇）の成島八幡神門造立の棟札に宗遠の子大膳大夫政宗の名が載っており、政宗の代になって「亘理・黒川属二シ旗下一ニ、宇多・名取・宮城・深谷・松山入二ル手裏一ニ」[17]という勢力拡大のなかで、「伊達氏の米沢さらには長井地方支配が一層深められた」とする『山形県史二』の指摘は妥当なものであろう。

もっとも『米沢市史』は、伊達氏の長井侵攻に関連して、「宗遠の置賜進攻は二井宿峠あるいは豪士峠を越え高畠方面から進められ」たが、「宗遠の段階では屋代・北条・成島（上長井）地方が掌握」され、政宗の時、「白川以西の下長井地方を支配下に入れ」たと指摘する。これに関連して『山形県史一』は、政宗の墓所と伝えられるものが高畠町竹ノ森字手倉にあり、菩提寺東光寺も現在でこそ宮城県七ケ宿町湯原にあるが、もとは高畠地方にあったこと、政宗は応永一二年（一四〇五）高畠城で死去したという『東置賜郡史』の記述、高畠に「政宗館」が描かれている江戸期の米沢領絵図（米沢市立図書館蔵）が存在することから、伊達氏が二井宿峠を越えて置賜郡に「前進した」と指摘する。いずれも首肯すべきと思われるが、嶋貫氏や宮内氏、さらには鮎貝氏や荒砥氏のような長井氏時代の在地（村落）領主を温存させたうえでの支配であったことに留意すべきであろう。

なお、伊達氏の置賜・長井侵攻の時期について『白鷹町史』は、元弘三年（一三三三）八月日付伊達道西《貞綱》申状[18]を根拠の一つにして、「康暦二年」より「約四、五十年も前から伊達氏の手が置賜の地に伸びていた」とする。この伊達道西申状を次に示そう。

「□宣旨状、早可令安堵也、

九月八日
（北畠顕家）
（花押）」

陸奥国伊達孫三郎入道々西謹言上
欲早任傍例、賜安堵　国宣、全所領知行間事、
一所　小塚郷内田在家　　一所　船生郷内田在家
一所　西大枝次郎□郎田在家　　一所　桑折郷内田在家
一所　東大枝内山田村僧学坊田在家　　一所　長井保内下須屋田在家
一所　打水《宇治》村田在家
右、去自三月、馳参御方、致合戦、打死等種々忠節之間、申恩賞之上者、任傍例、下賜安堵□宣、全所領知行、
弥抽軍忠、為備向後亀鏡、粗言上如件、
元弘三年八月　日

すなわち、伊達道西貞綱は元弘三年三月以来の軍忠を根拠に、所領の安堵を陸奥国衙に申請、国守北畠顕家から安堵の外題を得ている。しかし、道西が安堵された所領は遠田郡小塚郷（宮城県）、伊達郡船生郷・西大枝・東大枝内山田村・桑折郷（福島県）に加えて宇治水村と長井保内下須屋に所在する「田在家」であった。この「長井保」を置賜郡内と考えての指摘であるが、長井庄が「保」と記載されたことは史料的に確認されない。仮に両者が同一の地としても、支配したのは「田在家」であって領域的な支配ではなかった。道西がどのようにして「長井保内下須屋田在家」を支配したかわからないが、伊達氏の庶流道西が支配した「田在家」を根拠に、伊達氏が長井庄の一部を支配し、それが置賜・長井庄侵攻の背景となったとするのは飛躍した理解であろう。

また、『白鷹町史』は町内の字十王の仏坂観音が伊達行朝によって再興されたとの伝承、旧赤湯町内の東昌寺北山腹の板碑銘文から「置賜地方は伊達領の延長地で、（中略）長井氏とは全然別領地であった」と想像する『赤湯町史』の記述をも根拠にするが、いずれも史料的確証は無く、首肯できない。

第二節　伊達氏麾下の鮎貝氏と荒砥氏

一　鮎貝氏の支配領域

鮎貝氏の存在については、次のような永正六年（一五〇九）八月一一日付国分胤重軍勢催促廻文写[19]が利用される。

> 今般、越後上杉定実公、長尾為景殿へ為御加勢、大膳大夫（伊達尚宗）殿御出陣在之候間、我等より下長井之御被官衆江、此旨幷越後の様躰、兼而長尾殿より之来簡共に披露せしめ置候様ニと、依御下知申達候、（中略）当国ゟ荻袋殿九拾人、小松殿百人、高畑殿・粟野殿百弐拾人、宮沢大津殿・寒河江殿・大立目殿・宮村殿・鮎貝殿・佐野殿・長井殿・桑山殿・丹色根殿・大塚殿・上郡山殿、各百ケ弐百五拾迄の武頭ニ而、出張可有之旨、御下知ニ候条、各儀も右之考量ニ而出勢可有之候、仍催促之廻文如件、
>
> 永正六年八月十一日辰之刻　国分平五郎
>
> 胤重
>
> 高玉太郎殿
>
> 桑島上野介殿
>
> （下略）

すなわち、伊達尚宗に比定できる大膳大夫の命により、「下長井之御被官衆」に対して越後守護上杉定実・守護代

長尾為景への加勢を催促したものである。具体的には、荻袋殿は九十人、小松殿は百人、高畑殿・粟野殿は百弐拾人、さらに鮎貝殿以下は百～二百五十人のそれぞれ「武頭」を動員して出張するように下知したので、宛所にある高玉太郎以下一四名も、「右之考量」＝荻袋以下に準じて動員し「出勢」するよう「催促之廻文」を下したのである。

しかし、この文書は原文書が確認できず、「武頭」のような近世的文言が含まれるなど、後世に再編ないし要約された可能性が高く、『山形県史一』も内容的に検討を要するものと指摘している。それでも、長井地方の在地領主を伊達氏が麾下に置くようになったことを示すものとすれば、ここに「鮎貝殿」が記載されていることは重要であろう。

ところで、大永元年（一五二一）一二月ころ、陸奥国守護職に補任された伊達稙宗は、領国支配を維持・強化のため、天文元年（一五三二）には本拠を梁川城から桑折西山城に移すとともに、翌年には「蔵方之掟」を制定、同四年には「棟役日記」を、さらに同七年には「段銭帳[20]」を作成、この間、同五年には『塵芥集』を制定した。

この天文七年の「段銭帳」には、本拠の伊達郡や信夫郡、長井・屋代地域ばかりか遠く松山庄（宮城県大崎市）や大松沢（宮城県大郷町）、行方郡草野（福島県飯舘村）までもが含まれていたが、置賜・長井地方は米沢市を中心とする上長井と高畠町を中心とする屋代、さらに長井市を中心とする下長井に三分され、下長井はさらに白川を境に南北に二分されていた。

荒砥や鮎貝は、下長井白川以北に含まれていたが、「段銭帳」には「一　百仁十五〆文　あらと」とはあっても鮎貝は記載されていない。同じような例は、たとえば宇多郡黒木（福島県相馬市黒木）を苗字の地とする黒木氏や、亘理郡（宮城県）を支配する亘理氏など、少なからず確認できる。黒木氏や亘理氏に共通するものは、伊達氏の支配に組み込まれる以前から、当該地域を支配していた、いわば外様ないしは格下の同盟者的存在という点であった。したがって、「段銭帳」に記載されない鮎貝氏も同様の立場の地域領主であって、既述の「国分胤重軍勢催促廻文写」に記載されるのも同じように考えられるかもしれない。

また、いわゆる伊達天文の乱に際して、『伊達正統世次考』巻之九下の天文一七年（一五四八）正月一八日条には、留守安房守景宗から千厩小太郎に送った条書を掲載するが、それには晴宗方の優勢を、

雖レ未ニタ通音一セ呈ニス一書一ヲ、南方之戦諸方追レテ日ヲ晴宗得ニ勝利一ヲ、特ニ田村家中相分レ、常葉・鹿股・御代田其ノ他モ亦過半同ニフス心ヲ晴宗一ニ、且亦塩松一変シ無レク二奉ニ立ス晴宗一ヲ、

一、長井ハ者、北条・鮎貝・青斗之外、皆出ニ仕ス于晴宗一ニ也、

（中略）

一、最上者ハ、義守与ニ晴宗一同レシテ心ヲ相議ル、彼辺之事、見ニレヨ安心一セ、

（中略）

此等ノ趣、雖ニ向キ以レ使ヲ申レスト之ヲ、就ニテ能登帰郷一ニ以ニ書状一ヲ言レフ之ヲ、委曲能登ニ伝ヘ言フ、不レ具、

と記載している。すなわち、この条書一条に「長井ハ者、北条・鮎貝・青斗之外、皆出ニ仕ス于晴宗一ニ」とあって、「北条・鮎貝・青斗」以外は晴宗方として行動しており、鮎貝・青斗は稙宗方であったことを示している。なお、「長井ハ者、北条・鮎貝・青斗之外」とあるが、「青斗」が長井地域の、しかも鮎貝と同等に記載されていることから、「青斗」＝荒砥と推測できる。『伊達正統世次考』という近世の編纂史料であり、留守景宗書状が正確では無いものの、同書に引用されたものであることを考えると、この史料が荒砥（青斗）氏の初見とも理解できよう。

ところが、間もなく鮎貝氏が晴宗方に就いたことを、天文二二年（一五五三）成立の『晴宗公采地下賜録』[21]（以下『下賜録』と略述）は伝えている。すなわち、『下賜録』には、

（1）

下長井成田の内、一若宮分、一ふうきう在家、一佐久間在家、一高林在家、一きん六在家、一志ミんたう在家、一もうき分、一たき志よ分、切田六百刈、
同庄川原沢の内、惣領方、卯花藤兵兵衛分、一いきう在家、一辻在家、同庶子方、一さハはた在家、一白山田、一岡部在家、
同庄草岡、惣領方、桜田兵衛分、一こた田在家、一弦巻在家、一との畠、一うつきた在家、一南あまり在家、一ついつく在家、一奈か田八百刈、一志ゆくせ田八百刈、同庶子方、一なんせん屋敷、一四竈在家、一勘解由屋敷、一ふとう田、一さら屋敷、一そうきう屋敷在家、一ひつき屋敷、一よのきた在家、一切田五百刈、一称名寺屋敷、一にふ在家、一西明寺田、一石田在家、一さやまき在家、一きう川在家一軒、牧野弾正分をハ除き候、一にたいこ在家、一茂木在家の内、切田八百刈、
同庄白兔庄、一山城在家、一戸隠在家、一豊後屋敷、一大夫屋敷、一たう田、一切田千二百刈、一はのき六百刈、一佐野伊勢の屋敷、同手作四百刈、一大橋屋敷、手作五百刈、一かもうつくり七百刈、一宮田二百刈、かのところとも、可為守護不入也、

鮎貝兵庫頭殿

(10)
下長井白兎の内、原田内記分残さず、

鮎貝兵庫頭殿

とあり、鮎貝兵庫頭が成田・川原沢・草岡・白兔を与えられ、さらにその所領に対しては「守護不入」の特権をも附与されたのである。

『下賜録』では、「殿」付けで「守護不入」の待遇を受けたものは六名と少なく、しかも鮎貝氏以外は伊達一族ないし譜代層であったから、鮎貝氏への厚遇さが際立っている。その背景に、天文一七年（一五四八）正月以前、稙宗方

であった鮎貝氏が晴宗方に与するようになった事情を想定することは容易であるし、それ以前は伊達氏の被官以外の立場であったものが、天文の乱を経て被官に組み込まれたと理解できる。

この成田以下については、『下賜録』に、

(205)

鮎貝兵庫頭忠節により、其の方本領、一成田、一白兎、一草岡、かの三ケ所相渡候事、理不尽に候へ共、晴宗ためとして各異見に任せ相進候。その換えの地として、下長井小出不残下置候。当地米沢に相籠もり候処に、其方一筋に奉公候間、本意をひらき候間、公領幷預之所迄も召し放し相まとへ候へ共、大忠の報恩と云、本領の換えの地と云、下置候条、於末代不可有相違候也。(中略)

中野常陸介（宗時）

ともある。すなわち、鮎貝兵庫頭の忠節に対して晴宗は、中野常陸介宗時の「本領」である成田・白兎・草岡を与えたのである。晴宗は、わざわざこの給付は中野宗時にとっては「理不尽」な処遇となったが、晴宗のためにもなるという「異見」に基づいて鮎貝兵庫頭に進めた（与えた）のである。

そのため、それらの替え地として「下長井小出」を中野宗時に与えたのであるが、「召し放」すような事態が発生しても、「下置」くことは末代まで相違無いものにすると、晴宗は宗時に格段の配慮をせざるをえなかったのである。それは同時に、鮎貝氏の忠節に対して、晴宗が行った所領の給付が破格のものであったことを意味する。

ただし、この時点で鮎貝氏に「成田」以下が与えられたことは、それまでは「成田」以下が鮎貝氏の所領では無かったことを意味する。既述のように、「段銭帳」や『下賜録』に鮎貝（郷）がまったく記載されないのは、同地域が鮎貝氏の支配下にあって、伊達氏の支配から自立したものであったことを想定できるが、それは現在の鮎貝の北に位置する地域が中世の鮎貝（郷）に組み込まれていたかどうか判然としないものの、最上川左岸の下長井最北部に限定されていたこと、同時に、成田・白兎・草岡など新給分を含めても、鮎貝氏の所領は最上川左岸、しかもその北域に限定されていたことを示している。

さらに、『白鷹町史』に整理された「第7表：晴宗公采地下賜録による下長井の状況」（二二〇頁）を見れば、その新給分の成田・白兎・草岡も鮎貝氏の一円支配地ではなく、複数の伊達氏被官の権利が錯綜しており、鮎貝氏の支配を牽制していたのである。

また、『白鷹町史』はこの点に関連して、「何故宿老中野常陸介の本領を他地方に替えてまで、これを鮎貝氏に宛て行った」のかと疑問を呈し、「晴宗に抵抗した鮎貝氏を『忠節により』とし、『理不尽に候へ共、晴宗ためとして』各々の意見にまかせこのようにした、というので」あり、続けて「これは明らかに天文の乱についての恩賞ではなく、鮎貝氏に対する政略的なもの」と解している。その文意は、鮎貝氏に対する所領の下付を、理不尽ではあるが、「忠節」との名目で所領を宛て行ったのであるが、それは、「政略的な」意図のもとに行われたというものであろう。

しかし、天文の乱に際して、所領の宛行が政略的なものであることは、鮎貝氏に限らず一般的に行われたものであり、この「理不尽」は所領を替えられた中野氏に対する理不尽であって、鮎貝氏への所領宛行に対するものでないことは文言から理解できる。それ故、中野宗時に対して替え地として与えた下長井小出に対して、「大忠の報恩と云、本領の換えの地と云、下置候条、於末代不可有相違候」と特記しているのである。天文一七年正月以降、鮎貝氏は稙宗方から晴宗方に転じたのであり、そのこと自体が「忠節」であったのである。

二　天正一五年以降の鮎貝氏

忠節によって成田以下を与えられた鮎貝氏であるが、「段銭帳」にも記載されず、黒木氏や亘理氏とともにいわば外様ないしは格下の同盟者的存在という可能性を指摘した。ところが、そうした特別な立場は政宗によって打ち消された。すなわち、天正一五年（一五八七）一〇月、鮎貝宗重入道日傾斎は嫡子宗信の「叛逆」を政宗に報告、政宗は伊達碩斎・富塚近江宗綱・五十嵐蘆舟斎を米沢城の留守居とし、即時に鮎貝城を攻撃、「五十余人討ち取」られた宗信は、「鮎貝城」を棄てて「逃奔」したのである。宗信と最上氏との連携については確証もないが、たとえば、その直後に出された政宗の書状には、「父子間取乱候義」、「鮎貝親子間横合出来」[22]などとあり、政宗と結ぶ父宗重と最上義光と連携しようとする宗信父子間の対立が考えられる。

いずれにしても、宗信は政宗の急襲に対応できずに「逃奔」、翌日には政宗によって「鮎貝仕置」が行われ、さらに鮎貝には布施備後定時、荒砥には安久津新右衛門が派遣され、最上境の警固が強化されたのである。しかし、鮎貝氏はその後もとくに鮎貝宗重入道日傾斎は重用されている。すなわち、『貞山公治家記録』天正一五年一〇月一四日条には、宗信の「叛逆」が落着した後、

此後年月不知、鮎貝日傾斎忠義ノ志ヲ感シ玉ヒ、柴田郡ノ内ニ於テ采地ヲ賜リ、次男長七郎宗益後改兵庫宗定ヲ家督ニ命シ、元ノ如ク一家ノ上座ニ置キ玉フ年月不知。

とある。「一家の上座」という家格が当時存在したかはなお検討を要しようが、日傾斎はその後も、伊達鉄斎や桑折宗長、小簗川泥蟠斎・石川宗光ら一門とともに「談合」に加えられており、藩政期には一門一一家に次ぐ一家一七家の一つとして、気仙沼本郷（宮城県気仙沼市）に一千石を支配することになる。

三　分割支配される荒砥地域

鮎貝氏が、一部に制約されたものであっても、鮎貝地域の支配を維持・強化できたのに対して、荒砥地区はどのような変化をたどったのであろうか。たとえば、大永三年（一五二三）一二月一五日付伊達稙宗安堵状案[23]は、松岡土佐

守に対するものであるが、

一、桑島藤□郎所より買地、下長井之庄寺泉の郷之内、田中在家荒所共ニ一宇不残、同買地荒砥郷之内、畠中在家之内、日光分下田四百苅之内、屋敷志とニ□□□二百苅、三角畠百地、幷年貢八百文之所、漆五盃、らう（蠟）四貫目、

ともあり、荒砥郷内の畠中在家以下が松岡氏に売却されていること、しかもそれ以前は桑島藤□郎が支配していたこともわかり、荒砥郷内の一部が（荒砥氏から）桑島氏に売却され、さらに松岡氏に転売されているのである。

また、大永五年（一五二五）一一月一一日付伊達稙宗安堵状案(24)によると、

一、あらと方よりかい地、きんろく在家、同かいち、なり田ニ千かり、ねんく三貫文、同なり田ひかしむかいニ屋しき、ねんく一貫二百文之所、

が「田手いはミの太方」に安堵されている。「きんろく在家」は、『下賜録』（1）によれば成田郷内の「きん六在家」のことと思われ、「あらと方」＝荒砥氏からの売却であった。それは、荒砥氏の経済基盤が早くから不安定であったことを窺わせる。

さらに、『下賜録』には、

(180)

下長井荒砥に候を除き、其の外天文十一年六月迄知行の寺領相違あるべからす。この本領の中、百姓押領せしめ、浜田伊豆・守屋伊賀両人に売り候う地をも、還し進之候、如前々、寺家門前の棟役・諸公事差し置き候也。

東光寺

とあり、さらに、

(77)
下長井荒砥の内、川辺屋敷廿六貫文の所、同庄時庭の内、在家二間合て十三貫文、かの二箇所本領相除き候条、
その換地として、伊具庄西根の内、一さい四郎右衛門分残さず、（一さい新二郎のあと不残）一堀越九郎右衛門の跡残さず、一富田助二郎
の跡残さず進め置き候。

小泉伊勢守殿

とある。東光寺は、高畠地域にあったともいわれる大膳大夫政宗の菩提寺であるが[25]、荒砥・時庭の三九貫文を除いた所領が安堵されている。

その際、留意すべきは、荒砥・時庭の所領は天文一一年六月以前、すでに東光寺領に組み込まれていたこと、さらにその替え地として伊具庄西根の所領が与えられていることである。こうした東光寺に対する配慮は、東光寺が政宗の菩提寺であったことをふまえれば、荒砥・時庭に所在した所領が伊達氏によって寄進された可能性も否定できない。すなわち、荒砥・時庭に所在した所領は、本来、伊達氏の支配下にあったことを推測させ、荒砥郷が伊達氏やその被官に分割的に支配されていたことを窺わせる。

ところで『下賜録』には、

(165)
天文十一年六月迄知行の通り、買地共不可有相違、この内、遠藤上野よりの買地、たての宮相除き候、
加恩の所、下長井荒砥の内、鮎貝分、中野常陸介分、荒砥三郎分、大立目彦右衛門分、松岡分、湯目式部分、称名寺、はうち寺、関寺、かの九人の分相除き候て、その他荒砥郷残さず進之也。かの郷の惣成敗、棟役・田銭・諸公事差し置き候。

大立目伊勢鶴殿

とあって、大立目伊勢鶴が「鮎貝分・中野常陸介分・荒砥三郎分・大立目彦右衛門分・松岡分・湯目式部分・称名寺・はうち寺・関寺」を除き「荒砥郷残さず」、しかも荒砥郷惣成敗のほか、棟役・段銭・諸公事までもが宛て行われたのである。既述の東光寺領も大立目氏に与えられたのであろうか。

このようにみてくると、荒砥郷内には、桑島氏や「田手いはミの太方」、鮎貝氏や中野常陸介の所領ばかりか「称名寺・はうち寺・関寺」、そして東光寺の寺領までもが混在していたことがわかる。除外された「荒砥三郎分」は、『下賜録』(33)の「天文十一年迄知行の通り、本領不可有相違也、荒砥三郎殿」に対応しており、あるいは「松岡分」は大永三年（一五二三）一二月に稙宗から松岡土佐守が安堵された所領であろう。なお、それらは「加恩」であったことを考えれば、大立目伊勢鶴と荒砥郷の関係はこの時に始まることになる。

ところで、天正一二年（一五八四）霜月二六日と記載された「下長井段銭帳」[26]によれば、荒砥郷に関連して、

・妙阿弥在家七百苅役＝一九六文　　鉗四郎左衛門殿
・大塚殿分一千八百苅役＝五〇四文　　平掃部殿
・蒲目沢年貢一貫二百＝四二〇文　　あその助三郎殿
・安久津新右衛門分一千二百苅＝二七六文　　安久津新右衛門殿
・廻り谷在家一千九百苅役＝五三二文　　新砥美作守殿
・ほうし寺一毛分＝四一〇文　　一毛斎
・関寺仏眼寺分四千苅役＝一貫文　　仏眼寺（関寺）

の段銭が納められたことがわかる。この新（荒）砥美作守と天文時の荒砥三郎の関係は不明であるが、荒砥郷内における荒砥氏の経済基盤が盤石でないことを考えると、伊達氏ないしその被官が荒砥郷を分割支配し、早い段階で荒砥

氏の勢力は削減されていたと考えざるをえない。

すなわち、最上川左岸の鮎貝氏の勢力は維持されたのに対して、対岸の荒砥氏のそれは天文の乱以前から削減されていたことになる。その背景に、最上氏と直接対峙する最上川右岸の地理的重要性を考慮すべきであろう。言い換えれば、左岸の鮎貝地区は最上川によって防衛される要害の地であったため、伊達氏が早急に進出する必要もなく、それゆえに天正一五年まで鮎貝氏は自立した在地（村落）領主として存続できたのである。

第三節　荒砥城の景観復原

一　軍事的要衝性

荒砥郷地区は、上山地区（中山口に楢下口を含む）とともに、最上氏に対峙する軍事的要衝の地であり、最上領に侵攻する際の最前線ともなった。とくに、最上義守がその嫡子義光と対立した時、伊達輝宗は義守を支援、上山まで軍を進めたのは元亀元年（一五七〇）のことであった。この父子相剋は家中を二分し、庄内の武藤氏もこの機に乗じて侵攻の機会を窺っていたらしい。そうしたなかで、宿老氏家定直のはたらきで父子は和睦し、翌年には義光が家督を継承した。しかし、一族の内紛は止むことなく、とくに家督を嘱望された義守の次子義時は、反義光派の一族・被官から擁立されるかたちで蜂起。これに義守も同調して、その女婿伊達輝宗に救援を求めたのである。この時の合戦については、天正二年の「伊達輝宗日記」[27]に詳しく、とくに四月以降、「新《（荒）》砥」が軍事的要衝の地として頻出する。

そこで、「伊達輝宗日記」の条文を抄出するとともに、これらをもとに編纂された『性山公治家記録』[28]の該当箇所を小書して（※）併記しておこう。

四月

・十四日、あらと《（荒砥）》よりのてきれ《（手切）》、

※此月十四日、下長井荘新砥ノ御家人等ヲシテ、最上領村山郡畑谷城ニ向テ戦ヲ挑マシメ、今日遂ニ御陣触仰出サル。

・十五日、あらと《（荒砥）》よりの到来、はたや《（畑谷）》へてきれ《（手切）》、さかい《（境）》のさハ《（沢）》にて一戦候て、てき一人うち候、

五月

・四日、あらと《（荒砥）》へいなは《（因幡）》指越候、はたや《（畑谷）》へてたて《（手立）》候へとて、たくミ《（遠藤内匠基信）》所へまかる、

※四日戊寅、因幡氏不知ニ畑谷口御術ノ義仰ラレ、長井荘新砥ヘ差遣サル。

・廿日、動候、せんこくやけ候、てつほういくさ、又少やり合候、はくもうとる、先陣小中、二兵衛殿、三孫兵
へ、四大くら、五やまと、六たくミ、七はたもと

※廿日、畑谷口ヘ御動アリ。鉄砲迫《セメ》合ヒ畢テ、少々鑓合アリ。御先手小梁川中務盛宗、二番伊達右兵衛殿宗澄、三番
富塚孫兵衛諱不知、四番原田大蔵諱不知、五番浜田大和諱不知、六番遠藤内匠基信、七番御旗本備ナリ。

六月

・三日、あらとへこへ候、

※三日丙午、新砥ヘ御陣ヲ移サル。

・四日、夜はたやニむかつて火手見え候、同ろしつくりのため動地、しゆはちはりうやけ候、

・七日、はたやへ動、その夜ハ中山にとまり候、

※七日庚戌、畑谷口ヘ御動キ、下長井荘萩中山ニ御宿陣。

・八日、やな沢へはたらき、その日、あらとへかへり候、

※八日辛亥、村山郡簗沢へ御動キ、新砥ニ御帰陣。

・九日、米沢へかへり候、

※九日壬子、新砥ヨリ米沢御入馬。

などとあり、伊達・最上境の「畑谷」が合戦の場ともなったため、ときには輝宗自身が出馬するなど、最上領に近接する「あらと」が前線基地としてその要衝性を増すことになったことがわかる。

こうした「新砥」の重要性はその後も変わらず、「伊達天正日記」[29]には天正一六年三月のこととして、

・十八日、原田左馬助《(宗時)》・い藤ひせん《(重信)》・屋代源六郎、荒戸《(砥)》江被指越候、五十嵐豊前守しろうさき《(白兎)》へ被指越候、

・十九日、はん《(晩)》ニ荒砥江御鉄《(砲)》衆被指越候、

・二十日、荒砥へ上長井やり《(鑓)》のふし《(野伏)》をの〳〵とミ沢いつも《(富沢出雲)》守・いつミ《(泉)》沢左近衛さし《(指)》そへ《(添)》られさし《(指)》こ《(越)》され候、

とあり、さらに四月二〇条には、「鮎貝へ普請被仰付候、御代官衆守屋四郎衛門尉・桑嶋せう監・片平加賀、荒砥へも鹿俣主殿助・大窪美濃・大石源兵へ被仰付候」ともあって、鮎貝とともに政宗の直接的な指令によって普請が遂行されている。『貞山公治家記録』は、これを「両地、最上境ノ要鎮ナリ。因テ普請シ給フ」と形容する。

これ以前の同年正月、政宗は大崎義隆を攻めたが、留守政景・泉田重光の不仲もあってか惨敗し、重光・長江月鑑斎らを人質として身方の軍勢を引き上げさせるという手痛い敗北を喫していた[30]。この伊達勢敗戦の情報は拡散し、その間隙を縫って、翌二月には大内定綱が伊達成実の所領安達郡苗代田に攻め入り、三月には安達郡小手森の石川弾正も相馬氏と連携して川股・刈松田に介入するというありさまであった。その背後には、大崎義隆を背後で支援し、周辺戦国領主を糾合して政宗に対しようとする最上義光がいたから、荒砥・鮎貝への鉄砲衆・軍勢の派遣や普請など、その対応は重要であり、急を要したのである。

二　経済的要衝性

ところで、伊達氏によって置賜地域が上長井庄と下長井庄・屋代庄に三分されたことは「段銭帳」から確認できるが、さらに下長井庄は白川によって以北・以南とさらに細分されていた。図2は、「段銭帳」にみる白川以北の郷村を地図上に記載したものである[31]。しかし、詳細に見ると、「下長井白川より北」「下長井白川より南」とはあるものの、必ずしも白川によって二分されていたわけではない。

たとえば、最上川左岸では鮎貝の南、横越・勧進代・白兎を北端として、白川に沿う形で黒沢・椿・小白川・手子に至っていることがわかる。しかし、その右岸では、荒砥・畔藤が「以北」であって、畔藤の南に位置する「浅立」は「以南」に含まれていたから、「以南」と「以北」は必ずしも白川が境界ではなかった。こうした領域の設定は、自然条件によって区分けされたものではなく、人為的な区分、たとえば、右岸にあっては荒砥氏の勢力範囲の南限が畔藤であり、左岸は鮎貝氏の勢力範囲の南限に横越が位置づけられたことなども推測される。

また、「段銭帳」に記載された左岸の集落は、南の手子・椿・黒沢から萩生・中村・九野本・平山・寺泉・川原沢・草岡・勧進代・横越と内陸部を連続的に北上するように位置づけられており、これらの村々を経由した陸路が想定されるばかりか、時庭・泉・小出・宮・成田・五十川・白兎・高擶のように最上川に沿った連続的な集落は、最上川との関係、具体的には舟運を含む河川交通網に位置づけられた可能性も考えられる。

ところで、既述「下長井段銭帳」および遠藤基信段銭請取状[32]からは、地域の有力者と考えられる「おとな」の存在が、たとえば次のように確認される。

九野本…………おとな　まこ兵へ殿、
黒沢……………おとなすゝき小一郎殿、おとな中

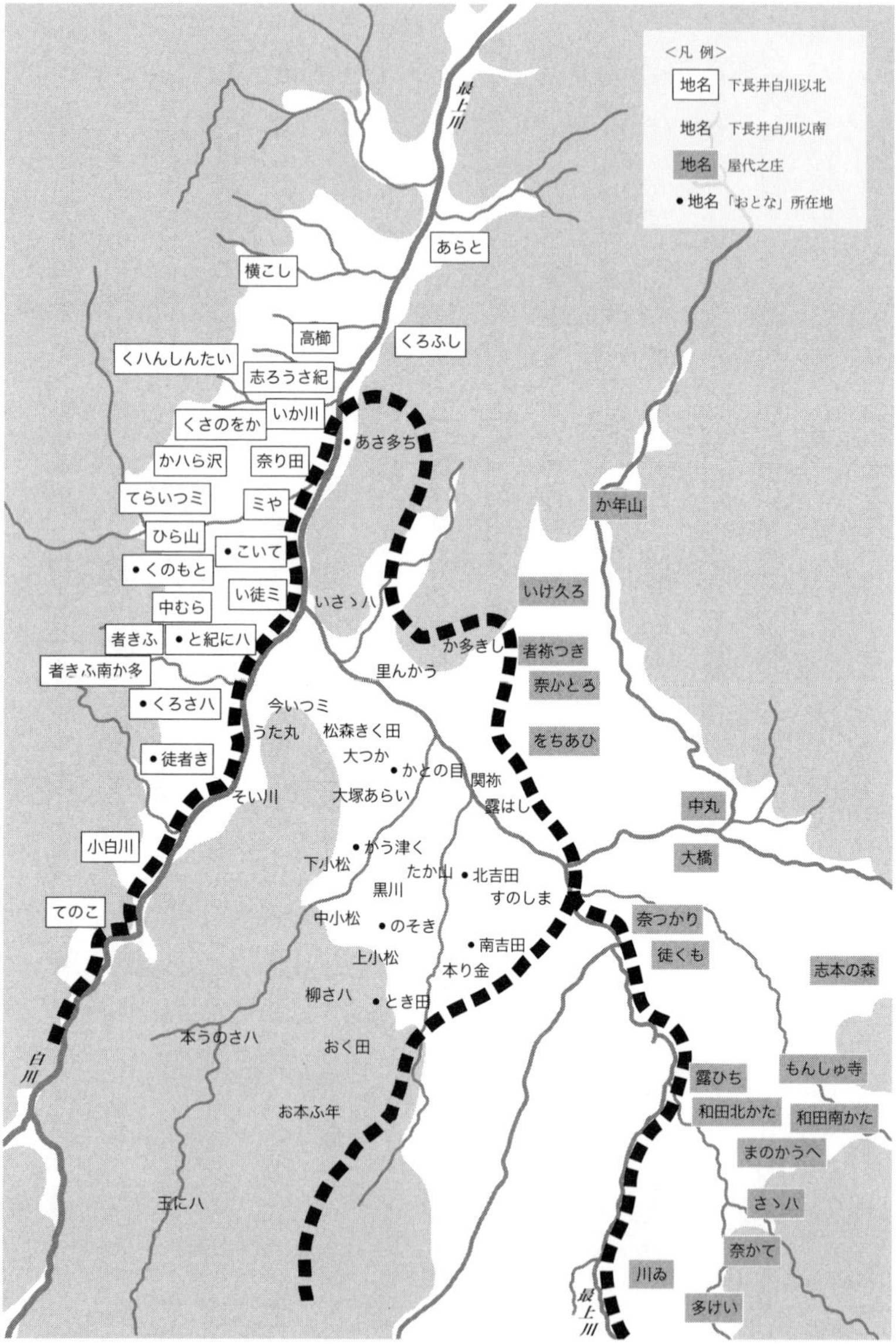

図2　『段銭帳』に見る《下長井》の地名

黒沢半田かた……おとな中
椿………………おとな後藤平三殿／おとな源兵へ殿／後藤九郎さへもん殿
浅立……………おとな・さへもん太郎殿／大いの助殿

その実態については不明な点が多いものの、「下長井段銭帳」には、九野本・黒沢・椿等のほか、高山・門ノ目・莅・時田・玉庭・高豆蒄・南吉田・北吉田・時庭・小出・塩から田にも存在する。彼らは、「たか山のおとな中」「かとのめおとな中」などと記載され、その実名を確認できない場合もあるが、浅立の「おとな」は「さへもん太郎殿・大いの助」であり、椿は「後藤平三殿・源兵衛殿・後藤九郎左衛門殿・平兵衛殿」、「とうねんいてめ」は「嶋貫甚助殿」のように、「殿」付にして有姓の者であった。

最上川に並行して位置する集落の全てではないものの、陸路上の椿、黒沢、九野本、平山、勧進代、さらには舟運との関連が推測される時庭、白兎、対岸の畔藤に確認される「おとな」は、平常は集落内の「在家」を支配するとともに、おそらくは非常時に「在家」を足軽として動員し、「与力・郎従」として伊達氏に従軍する地域の有力者であったろう。しかも、「在家」は必ずしも農業従事者ばかりでなく、たとえば天正七年（一五七九）以前のものと思われる『留守分限帳（御館之人数）』(33)に

一、左藤玄蕃頭　二万五千三百五十苅、百三十八貫文地
　　塩かま町在家十二けん、同蔵三、ふしくら鎌一く、同山
　　高のかう町在家十一間、田子屋地、かせ山、東宮一万五千かり、
一、御館のうへさまの之分　岩淵はたけ、
　以上三貫四百地、しほかまニくら一

とあるような「町在家」も支配の対象であった。

「おとな」の確認される集落には、「町在家」のみが生活していたわけではなく、佐藤玄蕃頭が支配する「同（塩かま）蔵三」や伊達氏（御館の上様）が支配する「しほかま」の地にある「くら一」などのように、農業以外の経済活動、何らかの流通・交易に従事していた可能性は、「おとな」が確認される集落が一つのルート上に、あるいは最上川に近接して位置することからも否定しきれない。こうした流通網（圏）を前提として、置賜郡は上長井庄と下長井庄（白川以北・以南）および屋代庄に分割されていたことが想定できよう。

もっとも「段銭帳」を見ると、椿（三四貫余）、黒沢（三〇貫余）、九野本（六八貫余）、平山（四二貫余）、勧進代（四二貫代）、時庭（三一貫余）、白兎（二〇貫余）、畔藤（三〇貫代）とあり、全ての集落が周辺集落より多くの段銭を賦課されていたわけではない。しかし、「畔藤」の場合、江戸時代初期に作成されたと考えられる『邑鑑』を見ると、村高や戸数も「鮎貝」に匹敵ないし優っており、「白川以北」における経済的優位性を保っていたことがわかる。(34)

一方、「おとな」を確認できなかった荒砥地区はどうであろうか。「段銭帳」に見る荒砥郷の段銭は一二五貫文と極めて多額であり、『邑鑑』では旧荒砥郷を構成していたと思われる石那田・馬場・拾王などを合わせると鮎貝をも凌駕する。(35)「おとな」が確認されないのは、荒砥郷の多くを所領とする大立目氏のような存在が「おとな」を代行したものとも考えられる。次項では、そうした経済的にも要衝の地と思われる荒砥郷について、荒砥城やその周辺の字名から類推してみたい。

三　荒砥城・城下集落の復原

では、こうした要衝の地「荒砥」はどのような地域空間を構成していたのであろうか。図3は、明治二七年一月に調整された「荒砥甲」の「字寄図」(36)をトレースしたもので、図3のいわゆる「荒砥城」に隣接する「36楯廻」および「32新町南・33新町北」の地籍図を集成し、位置関係を含めて図4・5とした。

荒砥城に関する当該時の直接的な史料は確認できないものの、後藤信康に宛てた（天正一五年）一〇月一四日付伊達政宗書状(37)には、

先達、可為其聞候哉、鮎貝親子間横合出来、隠居《鮎貝宗信》面々者共数輩、同心被取除候、其儘押寄及合戦、五十余人討取、実城計執成候、明日者可被押破候、可心安候（傍点筆者）、

とあり、鮎貝城に「実城」（中心郭）があったことがわかるが、おそらく図3の「39八幡」の地域が荒砥城の実城に比定できよう（現在は八乙女八幡神社社地）。また、その周囲には「36楯廻」「37古城廻一」「38古城廻二」などの字名を確認できるが、「古城」はすでに機能しなくなった段階の状態を示すものである。もちろん、「古城廻」と「楯廻」と区別されて記載されているのは、その違いを認識したうえでの記述なのであって、両者が同一内容（状態）であったわけではない。

また、その東側には「34中町」「35殿町」「41上町」、西南側に「32新町南」「33森町北」などが確認される。こうした「町」地名がいつごろまで遡るかは確認できないが、少なくとも「字寄図」が調整された明治二七年当時、「39八幡」を中心にほぼ同心円状に位置していた状況を知ることができる。

こうした「字名」に関連する史料として、たとえば『下賜録』には、

・小梁川尾張守……一小簗川のさうせいはい《惣成敗》、たかはたけ《高畠》のたてめくり《館廻》のやしき《屋敷》、幷まちやしき《町屋敷》（2）
・湯目雅楽允………同庄すのしま《洲島》の町、幷たてめくり《館廻》むねやく《棟役》をはしめとして、諸くうし《公事》さしをき《差置》候、（13）
・牧野相模…………すきのめ《杉妻》たてめくり《館廻》（71）

など「たてめくり」＝館廻・楯廻が、さらに類似するものに、

図3　白鷹町荒砥甲字寄図

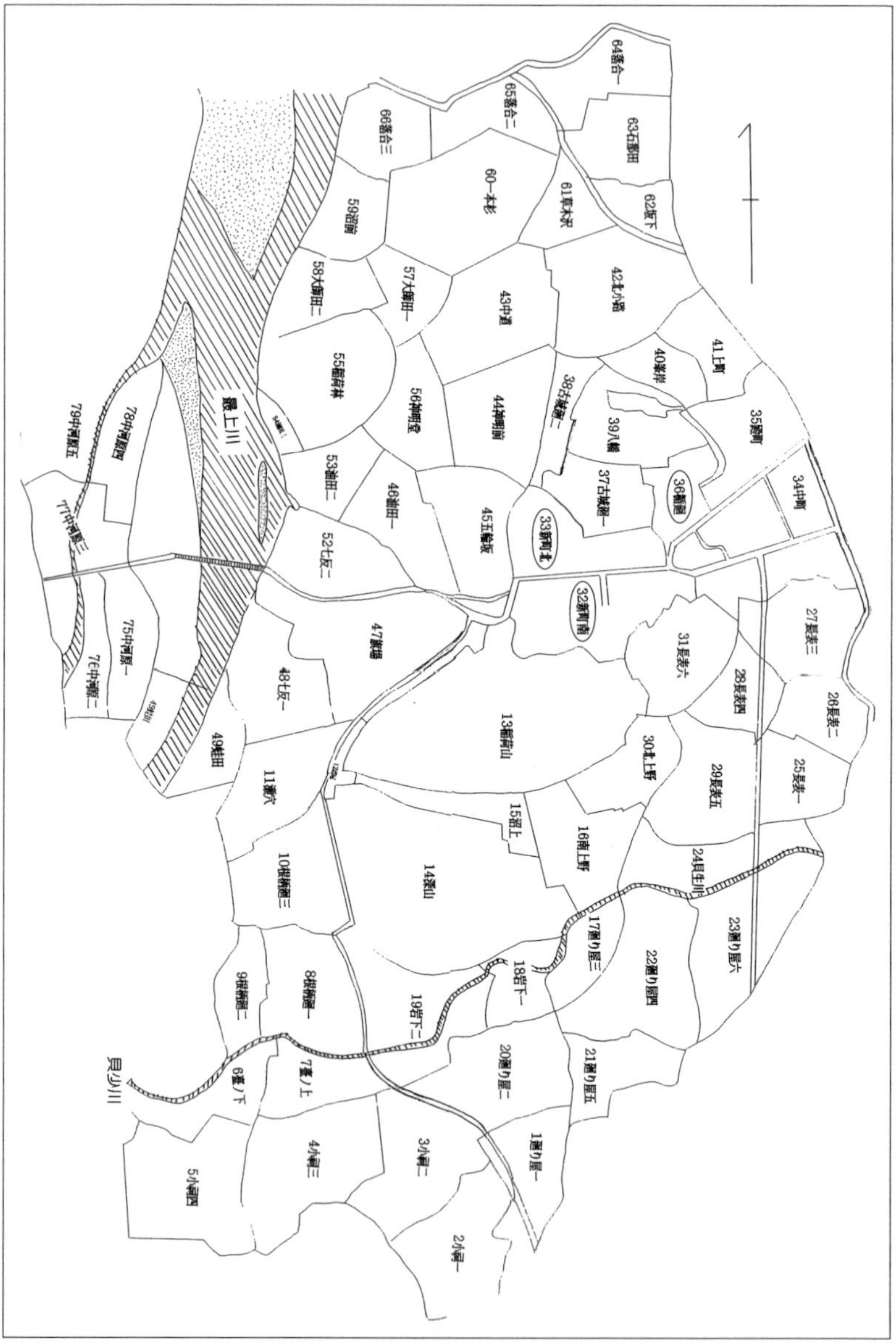

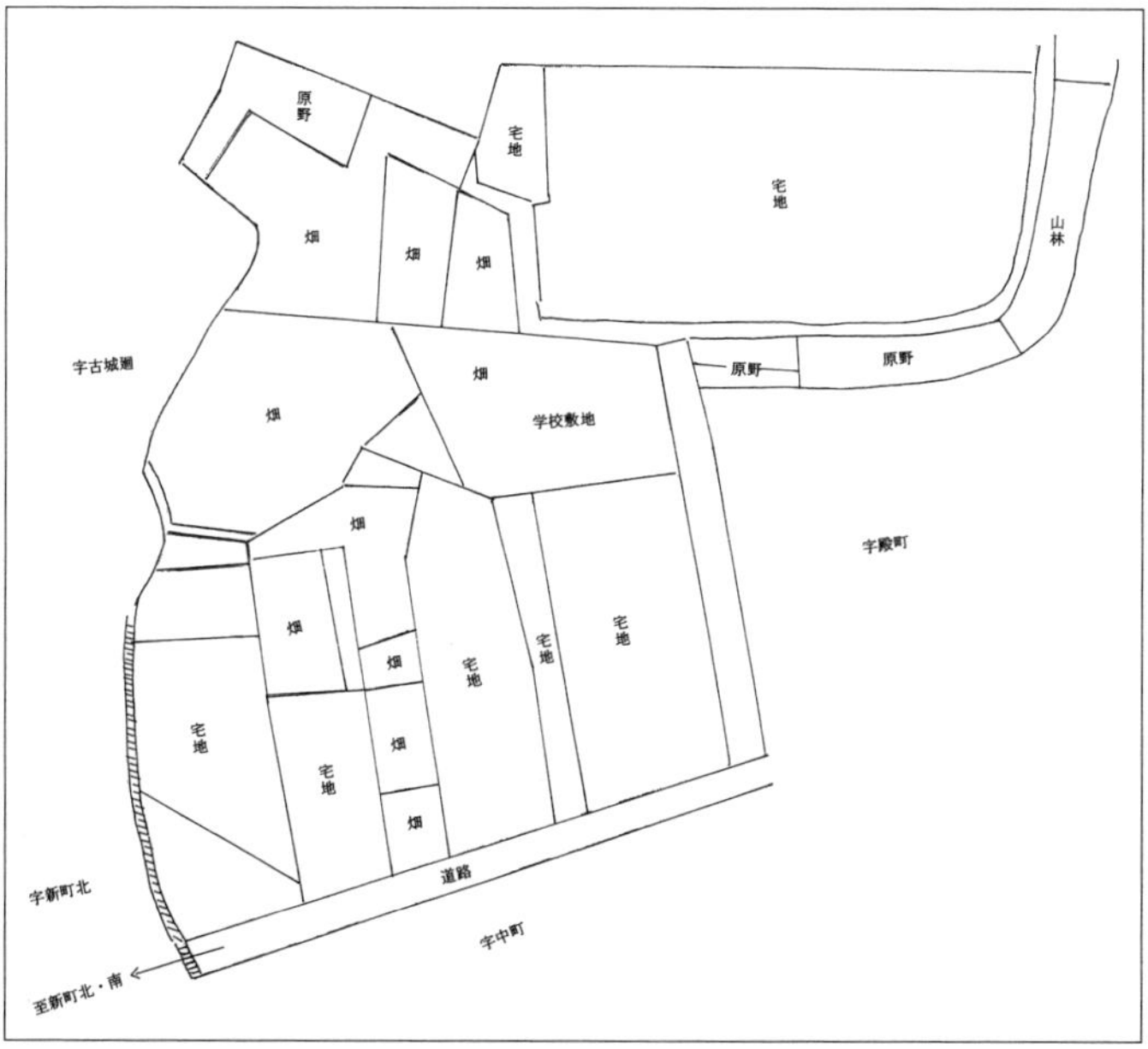

図4　字楯廻地籍図

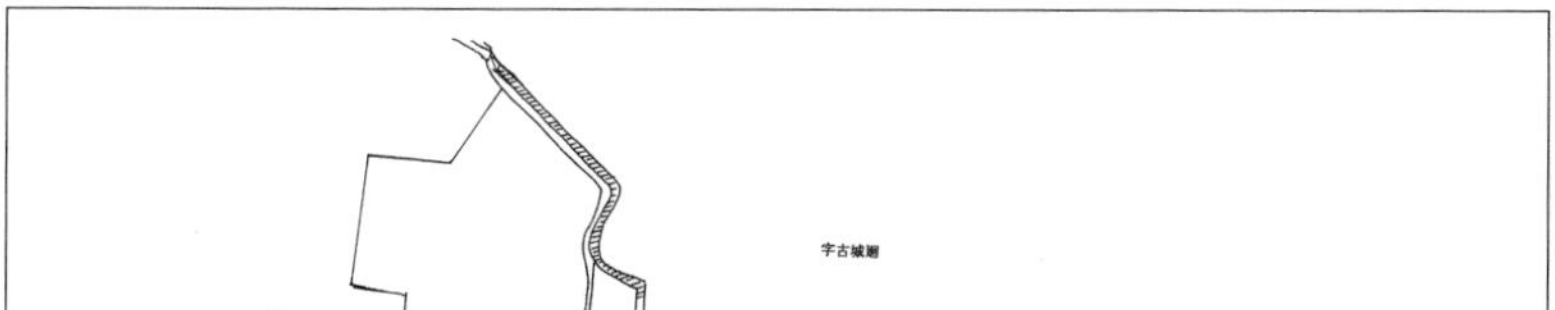

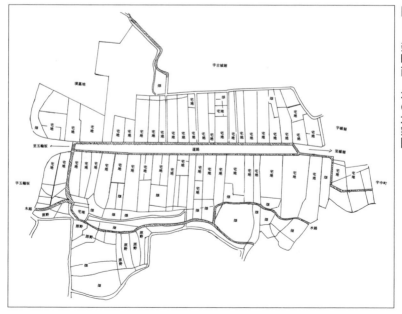

図5　新町南・北の地籍図

・小島蔵人………すのしま《洲島》の内、やしきめくり《屋敷廻》のむねやく《棟役》・たんせん《段銭》・諸公事さしをく《差置》所不可有相違也（26）
・小島石見………同庄かうつく《高豆蒄》のうち、……一いやしきめくり《居屋敷廻》の田銭・むねやく《棟役》・諸公事さしをき《差置》候（27）
・鬼庭左衛門……一河井の郷惣成敗、一居屋しきめくり《敷廻》并町、かの所のむねやく《棟役》・田銭・しょ《諸》公事各下（154）
・松岡紀伊守……洲島……一いやしきめくり《居屋敷廻》のてさく《手作》（210）、

などの、「やしきめくり」＝屋敷廻、「いやしきめくり」＝居屋敷廻が確認できる。

これらの事例では、「高畠の館廻の屋敷、并町屋敷」などとあり、館廻（屋敷）と町屋敷は明らかに区別されており、同様に「居屋敷廻并町」ともあるから、居屋敷と町（屋敷）も区別されていたことがわかる。館廻の屋敷と居屋敷の違いについては確認できないが、たとえば、洲島には「町、并館廻」（13）と「屋敷廻」（26）があったことがわかるから、少なくとも、館廻（屋敷）・（居）屋敷廻・町（屋敷）という三重構造になっていたことになる。

ところで、小島蔵人は洲島郷内の「屋敷廻」に対する（伊達氏に納入すべき）棟役・段銭・諸公事を免除されたのに対し、鬼庭左衛門は河井郷の惣成敗として「居屋敷廻」と「町」に対する棟役・段銭・諸公事の徴収権を伊達氏から下された（当然ながら伊達氏には納入せず、鬼庭氏の財源となる）のであるが、この「屋敷」や「居屋敷」は小島氏や鬼庭氏の屋敷であって、「廻」は松岡紀伊守が洲島の居屋敷の周囲に「手作」（自営の田畠地）を有していたという事例からすれば、おそらく屋敷周辺の在家や田畠地であって、「町（屋敷）」とは区別されていたものと思われる。これに対して、小梁川氏の「館廻屋敷」は、あくまでも「館」に附属する屋敷であって、小梁川氏自身の屋敷と考えるべきであろう。

こうした館廻（屋敷）・（居）屋敷廻・町（屋敷）という三区分を前提に図3を見ると、実城にあたる「39八幡」を囲繞するように「館廻」「古城廻」「〜町」が立地し、三区分に対応していることがわかる。すなわち、実城＝館の周囲には「館廻」屋敷（館主の屋敷）と、「古城廻」＝おそらく家臣の居屋敷、さらに「～町」＝町（屋敷）という、実城を中心として、その外側に三重円構造を想定することができるのである。

そこで、町（屋敷）に比定できる「～町」を、図5から詳しくみてみよう。「新町南・北」は、実城の南域に位置して東西道路に面し、ほぼ均等に短冊状地割が展開している。時に、間口の広い地割、あるいは狭い地割が見えるが、これは二筆分を合筆し、あるいは一筆分を二分したためであることは地番からも推測できる。第七章で検討した泉田堡の片側町から幾世橋御殿の両側町への変化からすれば、荒砥城下集落は、ある程度完成された状況を示しているといえよう。なお、道路の両側には水路が設けられており、幾世橋御殿城下の中央水路と異なるが、あるいは当地が豪雪地帯という気候条件を想定することもできよう。

ところで、図4「36楯廻」の地割をみると、「32新町南・33新町北」とは全く異なる。すなわち、道路に面して短冊状地割が確認されるものの、間口は区々として一定せず、さらに実城（39八幡）に隣接する部分に東西の広大な宅地（36楯廻の上〈北〉部）が確認される。この地域は、実城区域より三メートルほど低くなっているものの、丘陵上部に位置し、あるいは二郭と考えることもできる。さらに南の「学校敷地」は、「宅地」よりさらに低くなっているものの、南側の「宅地」よりは高く三郭と想定することもできる。したがって、地名上は「楯廻」＝館主の屋敷であるが、その南半は（居）屋敷廻＝家臣の居屋敷であり、西に隣接する「37古城廻一」「38古城廻二」に接続して、実城や館廻（屋敷）を囲繞していたのである。

ただし、既述のようにこの「字寄図」は明治二七年に調整されたものであり、実城を中心とした三重円構造が天正期まで遡ることを直ちに実証するものではない。しかも、江戸期には米沢藩によって「学校敷地」に荒砥御役屋が設置され、その周囲には家中屋敷が配置されたというから、地籍図からみる地割の違いも江戸期の状況を反映した可能性もある。

もっとも、荒砥御役屋が設置されること自体、当地の要衝性を示しており、それ以前の状態を踏襲した町割りの可能性も考えられる。少なくとも「段銭帳」や『邑鑑』から見た荒砥（郷）の優位性は、近世まで一貫して確認できることは、中世における三重円構造が継承された可能性を示す一例としたい。

おわりに

戦国期における鮎貝・荒砥地域とそれぞれの地域を支配した鮎貝氏・荒砥氏について、残存する文献史料に基づき再考を加えた。その出自についても、嶋貫・嶋抜氏の事例から、長井氏時代の代官・村落領主層に求めた。その後の戦国期の両氏についても再考するとともに、荒砥・鮎貝両郷の要衝性についても指摘した。その際、字寄図や字名を利用して荒砥城を中心とした三重円構造について述べた。

置賜郡北端に位置する鮎貝・荒砥両郷は、最上氏との関係が深化・変化するなかで、その重要性は増したものの、最上川という天然の防衛ラインがその後の両郷を左右した。すなわち、最上川右岸に位置し、最上領に直接接する荒砥郷に対する伊達氏の関与は早く、伊達氏天文の乱後には伊達氏直属の家臣が配置されて荒砥氏の支配を圧迫、削減させたのに対し、最上川左岸の鮎貝郷に対しては、早急に関与する必要がなく、鮎貝氏の所領支配は維持されたのである。しかるに、天正一五年頃、鮎貝宗信が最上氏との連携を計るなかで、政宗によって急襲され、鮎貝氏による鮎貝郷支配は終焉を迎えることになる。

推測を重ねた部分も多く、地名の利用についてもいつまで遡及させることが可能かなど課題も多い。こうした課題に対して充分に対応できる論旨とはいいがたいが、中世史研究に近世・近代までも視野に入れた考証が求められるばかりか、文献史料の批判的利活用、文献史料以外の歴史資料（たとえば地名）の活用なども求められることを意識しておきたい。

註

（1）渋谷氏「伊達氏の領国支配の強化と諸役特権―『晴宗公采地下賜録』にみる置賜地方を中心にして―」（『山形史学研究』一五号、一九七九。後に遠藤ゆり子編『戦国大名伊達氏』〈戎光祥出版、二〇一九〉に収録）、菊池氏「出羽国置賜郡における伊達氏領国―『段銭古帳』による歴史地理学的考察―」（小林清治編『中世南奥の地域社会と社会』岩田書院、二〇〇二）。

（2）本書では「復刻版仙台叢書」（宝文堂、一九七五）所収本を使用する。

（3）『山形県史一』（一九八二）五九六頁。

（4）『山形県史　資料編15下　古代中世史料2』（一九七九）二六六頁。

（5）『関東評定衆伝二』（『続群書類従』巻第四九〈第四輯補任部〉）。

（6）「御家人長井氏について」（高橋隆三先生喜寿記念論集『古記録の研究』続群書類従完成会、一九七〇）。

（7）『増補続史料大成51』（臨川書店、一九七九）。

（8）「永仁三年記」（『続史料大成10』所収、臨川書店、一九六七）。

（9）『増補続史料大成51』（臨川書店、一九七九）。

（10）二所参詣については、拙稿「鎌倉幕府の二所詣」（東北学院大学中世史研究会『六軒丁中世史研究』第一〇号、二〇〇四）、後に「鎌倉幕府と二所詣」と改題して拙著『鎌倉幕府と東国』二〇〇六に収録）を参照されたい。

（11）註（4）前掲書二六七頁。ところで、近著『長井市史　通史第一巻』（二〇一九）は、大江姓長井氏ではない長井氏の存在を仮定して複数の長井氏の存在を想定しつつ、長井氏の苗字の地は武蔵国長井庄であり、同庄支配は一五世紀も継続したことを指摘、さらに「武蔵国長井荘を本貫地とする大江姓長井氏が、十三世紀末ごろ以前、すなわち泰秀以降、宗秀のころには出羽国の長井荘に関与するようになった」とする。複数の長井氏の存在については明言できないが、出羽国長井庄と大江長井氏の関わりについては、なお後考を俟ちたい。
(12)『山形県史　資料編15上　古代中世史料1』（一九七七）六七四頁。
(13)『伊達世臣家譜』一族之部。
(14)註（4）前掲書二六七〜二六八頁。
(15)『米沢市史編集資料』第十五号（一九八五）。
(16)『大日本古文書・伊達家文書之一』三二。
(17)『伊達正統世次考』（註（15）前掲書）応永九年条。
(18)南禅寺伊達文書（『鎌倉遺文』第四一巻三二五三五）。
(19)奥羽編年史料所収文書（註（12）前掲書）一四三頁。
(20)註（12）前掲書所収。なお、史料の表紙には「御段銭古帳」とあるが、本来の「段銭帳」を天正一四年九月に写したために「古帳」と筆録されたものである。
(21)註（12）前掲書所収。なお、文言の一部に適宜漢字を宛てている。
(22)桜田兵衛宛伊達政宗書状（一四一）および後藤孫兵衛宛伊達政宗書状（一四四）など（『仙台市史・伊達政宗文書1』〈一九九四〉。書状番号は同書に拠る）。
(23)註（16）前掲書一〇七。
(24)註（16）前掲書一一二。
(25)註（3）前掲書六八四頁。
(26)註（12）前掲書所収（六七四頁）。
(27)註（12）前掲書所収（七九〇頁）。
(28)本書では『伊達治家記録一』（宝文堂出版販売、一九七二）を使用する。

(29) 小林清治氏校注『伊達史料集（下）』（人物往来社、一九六七）。
(30) 小林清治氏「伊達政宗の和戦」（『東北学院大学東北文化研究所紀要』第三八号、二〇〇六。後に『伊達政宗の研究』吉川弘文館、二〇〇八に収録）。
(31) 原図は、『山形県の地名』（日本歴史地名大系・平凡社刊、一九九〇）附録の「輯製二十万分一図」（明治一七年製作・明治二一～二二年輯製製版）を用いた。
(32) 白石市教育委員会編『伊達家重臣　遠藤家文書・中島家文書～戦国編～』（白石市歴史文化を活用した地域活性化実行委員会、二〇一一）。
(33) 『仙台市史　資料編1　古代中世』（一九九五）。
(34) 『白鷹町史』（三七八～三九〇頁）。
(35) 中世の荒砥郷の範囲について、『白鷹町史』は「現在の荒砥・菖蒲・下山・佐野原・大瀬・十王・滝野・萩野・中山がまとめて荒砥郷として掌握されていたもの」（一九三頁）と理解している。
(36) 山形地方法務局米沢支局保管。
(37) 『仙台市史　伊達政宗文書1』一四四。

あとがき　―続々・団塊の世代の歴史体験―

本書には、「初出稿一覧」を通覧すれば理解されるように、平成九～三〇年（一九九七～二〇一八）に執筆・発表した南奥羽地域を意識した小論一七編を、三編一〇章・附論一に再編して収録した。約二〇年にわたって執筆した一七編であるが、第三章を除いて平成一七年（二〇〇五）以降に執筆している。それらを執筆できた背景には、大きく三分される研究・探求の場があった。

一つは、相馬市および周辺自治体に住む方々とともに設立した「奥相の歴史と文化を語る会」で行った史料講読である。詳細は、前著『中世東国の地域社会と歴史資料』（名著出版、二〇〇九）の「あとがき―続・団塊の世代の歴史体験―」に譲るが、史料の文字面からではわからない多くの情報を得る機会でもあった。

もっとも、その活動には、後日譚があった。平成三年六月に発足した「奥相の歴史と文化を語る会」による史料講読は、平成二四年三月まで、二一九回を数え、その間、機関誌として発行された『奥相通信』は一九五号に達した。この間、平成二三年三月から八月は活動を休止し、『奥相通信』も発行できなかった。東日本大震災の被災に因って常磐線が不通となり、相馬市に通うことが困難になった以上に、例会に参加する方々のなかには津波による被害を蒙り、あるいは東京電力福島第一原子力発電所被災にともなう放射能の飛散によって遠方に避難されるなど、「それ」どころではなかったのである。

しかしながら、相馬・双葉地域の方々の探求意欲は高く、半年も経たずして再開された。しかし、そうして再開された活動も、翌年三月には継続が困難になった。一つは、「奥相の歴史と文化を語る会」の会長でもある大迫徳行氏が大震災の直前、二月二二日に急逝されたのである。氏の研究等については拙稿「大迫徳行先生の学問と為人」（大迫徳行氏『相馬・双葉の原風景』岩田書院、二〇一三）に記したが、大迫氏の尽力無くして会は存続できなかったともいえる。

そして、もう一つは、相馬市による中村城東三の丸北端の堀跡破壊と市民会館の建設があった。その保存に対して諸機関に働きかけもしていた。その顚末の全てを載せる紙幅はないが、筆者に関わる次の資料を載せておきたい。

（一）相馬中村城の堀跡保存にご支援を！──北日本近世城郭検討会開催される──　岡田清一

去る八月二一日、仙台市博物館で第六回北日本近世城郭検討会が開催され、三月一一日の東北地方太平洋沖地震、さらには四月の余震による東北五県（秋田県は除く）に所在する城郭の被害状況が報告された。とくに仙台城や白河小峰城の被害は甚大であり、その復旧には膨大な経済的負担と時間が予測される。

たとえば仙台城の場合、三月の本震、四月七日の余震（共に震度六弱）によって、石垣の崩落一一か所、石垣のはらみ出しやズレが七か所、崖崩れ一か所、土塀の崩壊一か所という被害が確認されており、それは国史跡の範囲にとどまらず、未指定区域にも及んでいる。白河小峰城の場合、三月の本震により九か所の石垣（国史跡の範囲）が崩落したが、いずれも大規模で、石垣の大半が被災したという。二本松城でも石垣の崩落こそ無かったものの、本丸および三の丸箕輪門内の石垣にはらみやズレなどが少なくとも十五か所以上は確認されている。

また、紙上報告ではあったが、磐城平城も中門櫓石垣や塗師櫓石垣が崩落、相馬中村城でも、本丸の石垣二か所と大手門脇の石垣が崩落した。その結果、いわゆる被災三県中、福島・宮城両県での被害が極めて大きいことが確認された。こうした城郭の被害に対しては、その復旧・復元に計画的な対応が求められることはいうまでもなく、白河市では、一〇月一日に「小峰城跡保存管理計画策定委員会」が開催されるとともに、委員会内に「石垣検討部会」を設置することも決まった。一方、浜通り（福島県太平洋岸）では、被災自治体が地域住民の生活復旧を前面に掲げているなかで、その対応は必ずしも迅速ではない。

今回、紙上報告された相馬中村城は毎年七月下旬に行われる国の重要無形民俗文化財「相馬野馬追」の出陣式が行われる場でもある。しかし、三月一一日の巨大地震と大津波は、東京電力福島第一原子力発電所を倒壊させ、飛散する放射能は、この行事を担う旧相馬中村藩領（いわゆる相双三郡）に未曾有の被害をもたらした。そうしたなかで相馬中村城の復旧は、地域社会のシンボル的存在であるだけに重要な課題であることはいうまでもない。しかしながら、地元自治体の取り組みは緩やかといわざるをえない。さらに、県史跡ではあるものの、放射能対策に追われる福島県の現状、さらに県内の文化財被災状況を考えれば、当該城郭への充分な支援は期待できない。そこで、相馬中村城の国史跡指定が考えられている。そのための準備も不十分ではあるが、自治体の負担軽減を考えた場合、近い将来を見通した体制整備が求められるのである。

ところで、昨年末、相馬中村城東三の丸の堀跡が一部再確認された。この堀自体は、慶安元年（一六四八）、その浚渫を幕府に願い出た時の控えでもある「奥州相馬中村城絵図」に「三丸の水の堀」と記述・描かれ、以前にも試掘によってその一部が確認されていた。今回は、堀を構築した時の施設が確認され、堀の造成事業の一端を知ることができた。

しかし、こうした貴重な遺構に対し、市当局の対応は文化財保護という観点からも納得できるものではない。すなわち、市はこの堀跡を壊して市民会館を建設しようとしているのである。こうした遺構破壊が認められるならば、国史跡への途は閉ざされ、しいては崩落した石垣の復旧に対する市の財政的負担は膨大なものとなろう。ただし、市民会館建設は震災以前に決定しており、現在の市民会館の耐震性が極めて弱いものであること、さらに市民会館が市民の文化活動の拠点ともなりえるものであることからすれば、建設自体に反対するものではない。ただ、その建設位置を約十五メートルずらすことによって、堀跡は保存されるのであり、敷地にその余裕がないわけではない。

相馬中村藩の藩主相馬家は、下総国相馬郡を本貫地とした関東御家人であり、鎌倉時代末期に行方郡小高（南相馬市小高区）に移住した。その後、相馬義胤は、慶長元年（一五九六）以降、その本拠移転を試行し、同一六年一二月、小高より中村に移ったのである（この間の事情については、拙稿「中世南奥の海運拠点と地域権力」『東北中世史の研究』上巻および「相馬氏の牛越城移転と泉氏」『戦国史研究』第五三号を参照されたい）。

相馬中村城の地は、中世の「宇多の湊」に比定される松川浦に近く、さらに文治五年（一一八九）、源頼朝の奥州攻めに際し、千葉介常胤率いる東海道軍が岩城郡・岩崎郡（いわき市）を経て渡河したと思われる「遇隈河湊」（宮城県亘理町遇隈）に至る「東海道」上に位置する交通の要衝であった。戦国時代末期の相馬義胤が、豊臣秀吉の朝鮮出兵に当たり、佐竹義宣に同道して肥前名護屋まで赴いたことは、義宣の家臣平塚滝俊の書状から確認できる。その途次、広島城を見て天守・石垣の「見事成事」を、小倉城の「一たん見事成所」を見聞し、さらに筑前名島城では「石垣・天守など一段見事ニ候」と感嘆し、「大舟ともをハ、しろ汀きしに引付」と、海上交通の要衝としての一面をも見て記録している。また、名護屋城についても、聚楽第にも勝る高石垣と天守を見、京都・大坂・堺の商人が集い、米穀ばかりか馬の銜などの馬具が「山のことくに」備わり、望むものは何でも入手できる状況を描いている。そこには、高石垣と天守に代表される織豊系城郭建築ばかりか、賑わう城下の現状を書き残している。

こうした状況は、書状を認めた平塚滝俊ばかりか、同道した義胤もまた見聞しているのであり、交通・交易の重要性を認識させたものと思われる。相馬中村城への移転は、肥前に至る途次の諸城や名護屋城、さらには名護屋城下の繁栄を見聞した義胤の体験が大きく影響しており、海上交通を意識したうえで選地するとともに、本丸に石垣を構築したものと理解できる。

おりしも今年は、相馬中村城に移転して四百年の節目の年に当たる。市は、いくつかの記念行事を企画したが、三月の大地震によって中止に追い込まれた。そうしたなかで、一一月二七日には相馬中村開府四百年記念シンポジウム「中村城と中村城下町」が開催される。「四百年間、相馬中村藩のお城を守ってきた相馬市民の誇り、歴史への思いを大切にする行事」と位置づける企画でありながら、一方で貴重な堀跡を破壊するという矛盾に疑問を感ずる。まさに、地域住民が守ってきた城であり、市民の誇りでもあろうが、その貴重な城跡の一部が、現代の判断のみで永久に失われることは決して許されるものではなかろう。ぜひともこの堀遺構を残すべきであり、多くの方々のご理解とご支援を願うものである。

（地方史研究協議会『地方史研究』第三五四号・二〇一一年一二月一日）

（二）相馬中村城の堀跡保存と市民会館建設の両立を！

岡田清一

戦国絵巻を再現した祭りとして知られる伝統の相馬野馬追祭は毎年7月下旬、福島県浜通り北部の旧相馬中村藩領を舞台に繰り広げられる。国の重要無形民俗文化財に指定された伝統行事で、相馬市の中村城では毎年、祭り初日に出陣式が行われる。

しかし、昨年3月の東日本大震災は、中村城本丸や大手門の石垣が崩落した。被害の規模が大きく、修復工事には多額の費用と負担が必要とみられる。早急な復旧実現のためには、中村城を現在の福島県史跡から国史跡に格上げし、国の支援を得やすくするべきだと考えるが、管理する相馬市の対応は遅々として進んでいない。その一方で、城跡に隣接する工場跡地（現在は市有地）に市民会館を建設する計画が、急速な動きで進行している。

市民会館の建設予定地からは、中村城三の丸の堀跡が発掘調査によって確認されている。慶長16年（1611）、相馬氏が小高城（南相馬市小高区）から本拠を移した際、新たに築いた直線状の堀と思われ、近世の土木事業の一端を知ることができる重要な遺構が確認されている。それは、中村城が中世城郭から近世城郭に変容する具体的な遺構であると同時に、同年12月に発生した慶長三陸地震の津波によって疲弊した地域が、復旧・復興した具体的な証しでもある。

この遺構の上に市民会館を建設しようとする相馬市に対して、市民や市内外の研究者・研究団体は、堀跡を残すため、約15メートルほど建設位置を移動させるよう求めた。市当局は全戸対象のアンケートを実施、約75％が遺構の上に建設する案に賛成した。しかし、約25％が建設場所の移動を求めたため、その声を無視できないと判断した市は、石組状況が良く残る北半分を残して会館を建設することに決定した。

だが、この決定には二つの点で疑問が残る。第1に、中世城郭から近世城郭への変容を具体的に確認できる直線的な堀遺構が重要なのであって、その一部を残したからといって、堀の文化財的価値を残したことにはならない。第2に、アンケートでは会館位置をずらすことによるマイナス面（会館の広場面積の縮小）のみが強調され、本丸の石垣修復を含めた中村城全体の保全という視点が抜けている。

おりしも昨年は、相馬氏が中村城に本拠を移して400年目にあたる節目の年であった。市長は昨年1月、2011年の抱負として「400年間、相馬中村藩のお城を守ってきた相馬市民の誇り、歴史への思いを大切にする行事」を考えていることが地元新聞で報道された。

市民会館建設による遺構破壊が強行されるならば、国史跡への道は閉ざされ、ひいては崩落した石垣の復旧に対する市の財政的負担は膨大なものとなり、結局は市民に負担が転嫁されることになる。現在の市民会館は老朽化しており、安全性から新しい建物を建設することは必要だろう。しかし、文化施設としての市民会館建設が、400年にわたって残されてきた堀跡という文化財の破壊のうえに進められることは、歴史に対して不遜であり、文化行政の大きな矛盾といわざるをえない。6月着工の見通しだが、予定地の東側には建物が移動できる余地が残っている。後世に禍根を残さぬよう、市当局の方針変更を求めてやまない。（『河北新報』二〇一二年四月一日付朝刊）

この間、相馬市文化財保護審議会に始まり、学会・研究会、市民団体による保存の要望書が市長および教育長に提出された。

A　カネボウ跡地出土遺構に関する要望書　平成二三年一〇月二八日

相馬市長　立谷秀清様

相馬市議会議長　波多野広文様

相馬市教育委員会教育長　山田耕一郎様

市民会館建設検討委員会委員長様

相馬市文化財保護審議会　会長　岩崎真幸

相馬市文化財保護審議会は、10月25日に平成23年度第2回文化財保護審議会を開催し、カネボウ跡地から出土した中堀（仮称）跡の価値について協議した。その結果、中堀（仮称）跡が歴史的に重要な遺構であることを確認した。おりしも、市民会館建設計画が進行しており、重要な遺構が破壊の危機に瀕していることにかんがみ、当審議会委員は全員一致して出土構造物等は現状のまま保存すべきであるとの結論に達した。

相馬市文化財保護審議会は、この協議にもとづき関係各位に対し「カネボウ跡地出土遺構に関する意見書」を提出し、遺構の保存を強く求めるものである。

1．遺構の重要性の指摘

まず、当該遺構の重要性を3点に絞って指摘する。

①中村城を囲む堀の構造とその技術（土木、築城）の詳細を初めて解明できた遺構である。

②とくに北東隅に残る二列の石組は、修復当時の様子をそのまま残しており、その解明は築城の過程と土木技術の推移を検証し得る重要な遺構である。

③出土遺物の大部分は近代のものと推測されるが、このことは中堀（仮称）が埋設されて以降、重要な構造物は攪乱されることなく構築当初の姿をそのまま残していることを示している。

以上のことから、カネボウ跡地の遺構のなかでも、とくに中堀（仮称）跡の北東隅部分は城郭の形成過程、土木技術とその推移を考える上で極めて重要な物的証拠である。

2．保存のための提案（市民会館建設位置との関係で）

中堀（仮称）跡の遺構は県史跡指定の範囲外に当たるとはいえ、史跡中村城と一体のものであることはいうまでもない。とくに「遺構の重要性の指摘」で示したように、中堀（仮称）跡の北東隅部分の保存は、中村城の歴史的推移を考える上に不可欠であり、市民会館建設に伴いこの遺構が破壊されることに反対する。したがって、相馬市文化財保護審議会は建設位置を東側に移動し、市民会館建設をすすめることを提案する。それによって遺構の重要部分の破壊を免れることができるからである。

3．その他の提言

この協議の際に各委員から出された種々の提言を集約しておく。

①「歴史、文化」を標榜して街づくりを進めている相馬市が、開府四百年の記念すべき年に四百年間保存されてきた遺構を破壊しようとするのは矛盾する行為である。また、こうした歴史的な財産は継承する義務はあっても破壊する権利は誰にもない。

②中村城は旧相馬中村藩領のシンボルであり、旧藩領を構成する領域の自治体が共有する文化遺産と考えるべきである。こうした共有の遺産を一自治体の都合で破壊することは許されるべきではない。

③早急に国史跡指定への体制的整備を進めるべきである。そのためには、現在の県指定史跡の指定範囲外の遺構に対しても保存を前提に配慮しなければならない。

④県史跡指定の範囲外に当たるとはいえ、「遺跡」として登録した以上はこれを無視して開発することはできない。

⑤中村城跡は、内堀や外堀（泣面堀）が無許可で埋め立てられるなど軽視され続けてきた経緯がある。こうした認識を改める必要がある。

⑥カネボウ跡地の東端に「歴史資料収蔵館」なる建設予定地がある。必ずしもこの地に「歴史資料収蔵館」を設ける必要はなく、この土地を活用すれば市民会館を東側に移動したとしても「多目的広場」のスペースは確保できる。

B　相馬中村城東三の丸の堀遺構の保存を求めます

このたびの東日本大震災により被災されました相馬市および相馬市民の皆様に、お見舞い申し上げますとともに、必ずや復旧・復興されますことを祈念致します。

さて、相馬中村城本丸の西側および赤橋近くの石垣がそれぞれ大きく崩落し、大手門脇の石垣も損害を受けましたが、相馬中村城は貴市のみならず相双地区のシンボルともいうべき史跡であり、その復旧が重要な課題と思われます。この現状に対し、城郭に関する研究団体や関係者は、その復旧への支援を申し出ておりますが、こうした限定的な支援によって完全復旧が可能かといえば限界があることは当然です。本丸やその縁辺が相馬神社の境内地であることから、当該社が石垣の復旧に当たるべきですが、現実的ではありませんし、相馬市としても傍観視することはできないものと思われます。そこで、当該社の了解を得ることは当然ですが、中村城の国史跡指定を目指し、そのうえで国庫補助による復旧を考えて財政的負担の軽減を図ることも必要です。

そうしたなかで、今般確認された東三の丸の堀遺構を調査する体制的整備のもと、研究を進展させることが国史跡指定への足がかりになるものと思われます。伝聞するところでは、堀遺構を含む市有地に市民会館を建設する予定とのことです。市民会館は、市民の文化意識を向上させ、日ごろの文化・芸術活動を発表する施設として大切ですが、その反面、堀遺構を消失させることは、四百年にわたって残されてきた相馬市の貴重な歴史遺産を失い、貴市にとって大きな損失になるものと確信せざるをえません。もちろん、市民会館の建設と堀遺構の保存は両立できますし、そのためには建設予定地を若干移動させることが必要です。

福島県内でも、国史跡でもある二本松城や白河小峰城も被災いたしましたが、その復旧には文化庁も大きな関心を寄せております。具体的には、北日本近世城郭検討会（会長鈴木啓氏）に調査費を支援し、相馬中村城を含む県内の城郭を調査するようです。

　おりしも今年は、相馬氏が本拠を小高から中村に移して四百年にあたる節目の年でもあります。貴市が主催する関連行事（シンポジウム）も開催されるなかで、堀遺構を消失させることは是非とも避けるべきです。堀遺構の存在は文化庁も確認しており、その結果に注目しておりますが、この貴重な遺構を消失させれば、国史跡の指定は不可能になります。

　こうした点を踏まえ、国史跡指定を想定した相馬中村城の復旧を考え、その前提として東三の丸の堀遺構を保存し、調査・研究の始発点とすべきではないでしょうか。多難な時期でありますが、将来を見通した文化財保護行政に今後も邁進されますことを祈念し、相馬中村城の国史跡指定のためにも、東三の丸の堀遺構の保存を強く求めるものであります。

平成二三年一二月一六日

奥相の歴史と文化を語る会　会長　今野　武
新地町郷土史研究会　会長　目黒　美津英
鹿島文化財愛好会　会長　大井　芳治
はらまち史談会　会長　髙橋　義一
小高史談会　会長　門馬　一彦
福島県史学会　会長　村川　友彦
福島県考古学会　会長　馬目　順一
福島県民俗学会　会長　佐々木長生
東北史学会　会長　大藤　修

北日本近世城郭検討会　　会長　鈴木　啓
地方史研究協議会　　会長　松尾　美恵子

相馬市長　　立谷秀清様
相馬市教育長　山田耕一郎様

C相馬市中村城跡カネボウ跡地調査地点で発見された遺構の保存を求める要望について

文化庁長官　近藤　誠一　様
福島県知事　佐藤　雄平　様
福島県教育長　遠藤　俊博　様
相馬市長　立谷　秀清　様
相馬市教育長　山田　耕一郎　様

二〇一一年一二月二六日
一般社団法人日本考古学協会
埋蔵文化財保護対策委員会
委員長　矢島国雄

相馬市中村城跡カネボウ跡地調査地点で発見された遺構の保存を求める要望書

福島県指定史跡中村城跡は、大永年間（16世紀初め、戦国時代）に中村広重により、初めてこの地に城が築かれたと伝えられ、慶長16年（1611）に相馬利胤による普請が完成して以後、相馬氏の本城として、今日に至るまで残されてきた城郭であることは周知のことと存じます。

本丸を中心とした中館、西館などの曲輪（くるわ）、堀と土塁を組み合わせ技巧を凝らして構築された枡形、横矢掛などの防御施設は、厳しい軍事的緊張の中にあった戦国期の遺制を残しています。これを囲むように位置する東三の丸、南二の丸、大手門、さらには中堀、北堀、泣面堀、桜堀、桜馬場など、周辺に広範囲に展開する遺構は、利胤による普請をはじめ、近世大名となった相馬氏による造作と考えられます。各時代の特徴が反映されたこれらの遺構は、中世から近世に引き継がれた中村城の学術的な価値を構成する重要な部分であり、一つとして欠くことのできないものです。堀の一部が埋められてしまっているものの、本丸だけでなく付属する曲輪や堀などが良好に残されていることは、全国的にも希有なものであり、この点からも中村城跡の学術的重要性はきわめて高いと言えます。

さて、カネボウ跡地で実施された調査では、中堀の一部が初めて発掘されました。これにより、堀を護岸する石垣が改修を経ていたことが明らかとなりました。護岸石垣は、上部が破壊された部分があるとは言え、石垣を支えるもっとも重要な部分である基底部は全体で残されており、当時の石垣構築技術を知る上でその重要性は高く、中村城の解明に大きく寄与するものです。

現在の市民会館建設計画では、工法の一部変更によって、中堀跡の北東コーナー部分の石垣を残す方針と伝えられていますが、北東コーナーから南南東方向に伸びる中堀跡東辺については建設工事で破壊されてしまいます。したがって遺構の保存には、建設計画の見直しが必要です。市民会館建設について相馬市民を対象としたアンケートが行われておりますが、発見された堀跡の重要性についての十分な検討と、重要性の周知がなされない中で実施されたことは遺憾であります。市民会館が、相馬の歴史と文化を伝える遺跡を破壊して建設されるのであれば、本当の意味での文化振興につながるとは言えません。市民会館建設位置の見直しによって、今回発見された中堀を保存することは可能であると考えます。今回発見された中堀跡を完全に保存し、将来の中村城全体の保存と活用へ道筋をつなぐことによって、相馬市における文化活動の拠点としての市民会館の意味は、いっそう大きくなるものと考えます。

江戸時代の武家文化を伝える伝統行事として名高く、すでに国指定重要無形民俗文化財となっている相馬野馬追が、相馬市のみならず広く国民にとって貴重な文化遺産であることは言を俟ちません。中村城は、まさに相馬野馬追を生み育んできた舞台であり、ともに後世に伝えられる必要があります。東日本大震災の地震、津波に加え、福島第一原子力発電所の事故により、想像を絶する辛苦の只中におられる福島県相馬・双葉地方の住民の方々にとりまして、かつて当地方に居住した人々が結集し、地域の発展の中核となった中村城が、震災からの復興においても、必ずやその精神的支柱たり得ると信じ、またそれを願って止みません。

以上のように、中村城跡カネボウ跡地調査地点で発見された遺構の重要性に鑑み、以下のとおり要望いたします。

記

1・中村城跡カネボウ跡地における相馬市民会館建設の計画を見直し、検出された遺構の十全なる保存のため、早急な対策を講じること。

2・中村城跡で今回発見された中堀を、福島県史跡に追加指定するとともに、国史跡指定へ向けた取り組み等、さらなる史跡の保存・活用を図ること。

しかし、その後、事態が好転することはなかった。

(三) 岡田担当の編集子は今号で終わり、同時に本講座の講師も終わります。

平成三年六月に始まり、今回で延べ二二〇回（東日本大震災により一回中止）、『奥相通信』の第一号が翌平成四年四月に発行され、本号で一九五号を数えますが、二一年間にわたり、皆様のご支援のもと、無事?終えられますことに感謝申し上げます。講師を終えるのは、岡田のわがままです。昨年来、中村城三の丸堀跡の保存を市当局に訴えてきましたが、困難な状態にあることが最大にして唯一の理由です。去る三月一日、相馬市文化財保護審議会

（議会開催に関して教育長挨拶のみで退席・生涯学習部長欠席）が開催され、案件の一つにカネボウ跡地の堀跡がありました。幾ばくかの期待もあったのですが、結果は無残でした。市民会館の建設を問うものではなく、本丸石垣の復旧と中村城の国史跡指定を考えた時、堀跡の保存は避けては通れないものでありました。たった一五メートルを移動させることもできず、四百年間にわたってまがりなりにも残されてきた貴重な遺跡が、四、五十年で建て替えるような市民会館のために破壊され、永久に消失するという事態だけは何とか避けたいと考えてきましたが、だめでした。こうした展望無き文化財政策・文化財行政のもとで、文化財保護に携わること、あるいは見た目に良い市史編纂や、相馬家の土地・家屋を購入しての整備計画の推進などに騙されて、そのことに参画する無責任さだけは避けたいと思います。文化施設としての市民会館建設が堀跡という貴重な文化財の破壊のうえに行われるという矛盾に満ちた行政に荷担することだけは、やはりできません。本講座が相馬郷土研究会と相馬市教育委員会との共催である以上、その講座の講師を続けることは、筆者にとってあまりにも矛盾した姿勢・態度であると判断、本講座の講師を辞退することになったわけです。この点、なにとぞご寛恕くだされたく、お願い申し上げます。

『奥相通信』第一九五号・二〇一二年三月一〇日

平成二四年七月一六日、筆者は相馬市文化財保護審議会委員・相馬市史編さん委員会委員（委員長）・相馬市史編さん専門委員会委員（委員長）辞任を申し入れ、受け入れられた。

その後、平成二六年後半、相馬市は平成八年三月に策定された『史跡中村城跡保存管理計画書』の見直しを表明、一二月一五日に第1回史跡中村城保存管理計画見直し検討委員会が開催された。これ以前、岩崎真幸氏は筆者勤務校の研究室を来訪され、委員の就任を要望。既述のような経過から、その就任に多くの躊躇いもあったが、中村城の本格的な保存・整備につながることを期待し、これを受け入れることとした。

委員会の冒頭、市長は震災後の建物的復興作業が一段落したこと、中村城は市にとって大きなウエイトを占めており、後世に残すべきと認識していること、すぐにできるものではないが、どのようにして、どのような方向性で進めていくか、委員会に「管理計画書」の見直しと具体的審議を求めたのである（その際、国史跡指定に関する発言があったように覚えているが、具体的言辞も含めて筆者の会議メモのため不正確である）。

その後、六回の委員会が開催され、新たな「管理計画」がまとめられた。その際、短・中・長期的整備計画を作成するとともに、そのための指導委員会設置を明示したのである。中村城の考古学的な調査は、単発的、部分的なものでしかなかったばかりか、その成果もほとんど公表されてこなかったからである。なお、平成五年九月に『福島県史跡　中村城跡・外大手一ノ門修理工事報告書』が刊行されているが、これは発掘調査のものではない。その後、平成二八年三月、相馬市文化財調査報告書第一一集『相馬中村城跡発掘調査報告書―試掘・範囲確認調査―』が刊行されたが、昭和六二年~平成一五年に行われた一〇回の調査が「当時の実績報告」をそのまま掲載したもので、全三二頁の不充分なものといわざるをえない。「今後本遺跡内で各区域内において、調査が行われた際に当該調査区より出土した遺物についても合わせて整理作業を行う」とするが、「調査が行われた際」とあるように、いつになるか不明瞭である。

ともかくもこの新たな「管理計画」に基づき、平成二八年一二月二〇日、第一回の「史跡中村城跡調査・保存・整備指導委員会」が開催された。このとき、市長は設置の趣旨を説明したものの、前回の趣旨と相異し、国史跡に関する件はまったく出なかったことに一抹の不安もあった。

委員会は、鈴木啓（福島県考古学会顧問・平成二九年五月逝去）・北野博司（東北芸術工科大学）・金森安孝（当時

地底の森ミュージアム）・岩崎真幸（相馬市文化財保護審議会）の四氏に筆者を加えた五名から構成された。岩崎氏以外は、仙台城跡調査指導委員会で共に仙台城の調査・保全に関わっていたので、意を強くすることができた。一抹の不安がないではないが、現在、大震災で崩落した本丸石垣の修復に向けて具体的な作業に入っている。継続的、計画的な調査を期待したいものである。

二つ目の場は、ゼミ学生とともに、各地の自治体を対象に進めた「地域調査・地域研究」である。平成元年度に始まった地域調査・研究は、同二九年三月、筆者の定年退任で終わった。この間、調査地は南東北四県の二八自治体、六市二二町に及ぶ。最終調査地は、当初から福島県南相馬市と決めていた。もっとも「平成の大合併」で消滅した自治体のほか、平成二〇年六月に発生したマグニチュード七・二（最大震度六強）の岩手・宮城内陸地震で大きな被害を受けた宮城県栗駒町（現栗原市）、東日本大震災の被災地である福島県浪江町・南相馬市、宮城県亘理町、岩沼市、鳴瀬町（現東松島市）のほか、放射能の飛散という思いがけない事故に遭遇した福島県梁川町（現伊達市）、国見町、桑折町が含まれている。東日本大震災直後は、宮城県角田市や加美町、山形県東根市・白鷹町と内陸部を中心としたが、平成二七年度は桑折町、最終年度は南相馬市と震災の被害地を対象とした。学生に、いまだ収束しない被災地の実態を感得して欲しいとの思いもあった。

したがって、本書に収載した論考のいくつかは、こうしたゼミ学生との地域調査の過程で生まれたものである。こうした内部的報告書に掲載したものを収録することに躊躇いも感じたが、そこに掲載したいくつかの論考は、地域の研究会等が発行する雑誌に掲載もし、あるいは報告書自体を宮城・福島・山形・岩手四県の県立図書館および国公私立大学の図書館、さらに研究を主とする知人にも送付していた。

三つ目の場は、仙台市内のカルチャーセンターで行っている史料講読である。平成五年四月から始まった一四、五名からなる小講座は、一つ目の場と同様、勤務校ではできない史料に関わる場であって、筆者に少なからぬ緊張を与えた。当初、大河ドラマに関連して『陸奥話記』を含む平安時代末期の史料を読んでいたが、徐々に新しい時代に進み、留守家文書の後、平成九年度からは『伊達正統世次考』、さらに平成一九年から『性山公治家記録』、続いて『貞山公治家記録』と移っていったが、それは一つ目の場で読む戦国期の相馬氏関連史料にほぼ対応するものであった。相馬氏と伊達氏に関する史料を、相馬市を中心とする市民と仙台市民を対象に、それぞれ講読していったことになる。

こうした三つの場で得た知見・体験は大きく、さらに学生と行う調査活動は、筆者の行う歴史的考察の範疇にとどまらず、「まちづくり」に関連するものに拡大していった。たとえば、平成一九年一一月、JR米坂線小松駅の無人化を避けようとする川西町（井上ひさし氏誕生の地でもある）では、町民駅の利活用を推進する検討委員に、その後も継続して地域づくり連絡協議会委員に就き、さらに桑折町では本書「まえがき」でも触れたように、「歴史的風致維持向上計画作成」の委員、その認定後は「歴史的風致維持向上計画推進協議会」のメンバーとして地域活性化に与している。それまで「歴史」とか「文化財」に関連する担当者とのなかでの活動は、まったく異なる立場の人びととの連携をもたらし、筆者に新しい思考活動を与えているようである。

それは、歴史に対するものの見方であり、「歴史」を学ぶことへの根源的な問いかけでもあった。そうした考えをもたらした背景の一端は、拙著『鎌倉幕府と東国』（続群書類従完成会、二〇〇六）および既述の『中世東国の地域社会と歴史資料』の「あとがき」にも述べたが、端的に述べるならば、「歴史」を学ぶこと、あるいは学んだ「歴史」そのものの活用であり、結論的には地域還元でもある。

個人的な雑感・雑慮ばかりを述べてきたが、最後に東日本大震災後の数か月をまとめておきたい。平成二三年三月一一日金曜日、筆者は仙台城跡調査指導委員会のメンバーとして、平川新（東北大学、現宮城学院女子大学）、岡崎修子（仙台ひと・まち交流財団）、西和男（神奈川大学・故人）、藤沢敦（東北大学）、北野博司（東北芸術工科大学）の五氏（と思う）および文化財課長（当時）吉岡恭平氏、仙台城史跡調査室長（当時）工藤哲司氏らと宮城県図書館にいた。同館所蔵の『肯山公造制城郭木写之略図』を見分するためであった。当日は、仙台市役所に集合、公用車に分乗して図書館に向かった。一四時二〇分過ぎには、見分し終えたと記憶している。その後、ふたたび分乗して図書館を出発した。図書館敷地内から県道二六四号線に出ようとして信号待ちをしていたときである。なにやら警告音が聞こえてきた。筆者のスマートフォンからである。慌てて取り出したものの、意味がわからなかった。実は二日前に初めて購入したもので、そのような警告音が鳴ることさえ知らなかったのである。慌てふためいて、どのように対処して良いか迷う間もなく、突然乗っていた車が揺れ始め、電柱が左右に揺れ、電線が大きく波打っていたのが見えた。時に一四時四六分、震度七、マグニチュード九の東北太平洋沖地震（後に東北地方太平洋沖地震と命名）が発生していたのである。

信号が変わって、県道に出、急ぎ市役所に向かった。どの道を通って市役所についたのか、思い出せない。市役所に戻ると、市役所隣の国道四号線には多くの市民が路上に出ていた。見たことの無い景色は、何かとんでもないことが起きていることを感じさせた。

家に電話したものの、繋がらない。市役所から車に乗ってともかく帰宅しようとしたが、道路は経験したことの無いような混雑ぶりで、途中、電話をかけ、メールを送っても返信はなかった。動かぬ車内でラジオを聞くと、大きな地震が起こったこと（そんなことはわかっていると思いつつ）を何度も放送し、そのなかで伝える津波警報の発令と津波の高さ三メートルに驚く。しばらくすると、津波の高さが次第に高くなっていった。同時に、どこかは聞き取れなかったが、体育館に収容された一〇〇を越える遺体数を伝えてきた。慌てて車内テレビを付ける。大混雑のため停車する時間が長く、見ることができたのである、そこに映しだされたのは、名取市方面の海岸をこえた津波が、さらに内陸に押し寄せる光景であった。寒い、氷雨も降り出した夕刻であった。

自宅に着くも、停電のため暗くなった室内を懐中電灯の薄明かりのなかで確認すると、多くの家財が散乱し、筆者の作業部屋といって良いほどの書斎の書棚からは多くの書籍が落下し、足の踏み場も無いほどで、一部はパーソナルコンピュータを覆っていた。ガスも止まり、水道もほとんどでなかった。夕餉の準備もままならなかったため、さらに調理機能が麻痺していることもあって、干し芋を囓ったことを覚えている。以後、約一か月に及ぶ耐乏生活の始まりでもあった。幸い、スマートフォンの電池量は心配なかった。子どもたち、親戚、そしてゼミ学生、卒業生、弓道部の学生、卒業生（当時、弓道部の部長でもあった）にメールを送信、もっとも返信はほとんど無かった。

翌早朝、大学に向かった。途中の町並みは思った以上に静かだった。地震発生直後の一七時、大学の食堂「風土」に臨時対策本部（その後、緊急災害対策本部と呼称）が設置され、同時に、隣接するコンビニエンスストアから全ての食料品や衛生用品等を売り掛け購入していたという。以下、『災害対応と災害支援活動の記録』（東北福祉大学、二〇一二）と筆者の体験によるが、多くの教職員が泊まり込みで、避難学生の対応に当たっていた。後に確認したところ、近辺の住民も避難しており、体育館は約一二〇〇人に達した人びとでごった返し、寒さと飢えを耐え忍んでいたという。一九時三〇分、国見消防署へ学内の避難所の状況を報告するも、指定避難所ではないため、公的な支援は行えないとの返答があったという。

翌一二日、対策本部内に学生安否情報提供窓口が設置され、学生・教職員の安否確認に追われた。被災地でもある石巻市や三陸海岸、さらには福島県浜通り出身の学生も少なくなく、また、留学生の動向も気になった。そうしたなかで、体育館内の避難学生・地域住民に対して二回目の炊き出しが行われ、豚汁も付けられた。一時帰宅できる学生、教職員、近隣住民から食料品の提供を受けた。夕方には三回目の炊き出しも行われたが、予想外に避難者が多く、学内の食糧事情、衛生状況等を考慮し、地域指定避難所への移動を示唆した。一三日午前中に四回目の炊き出しが行われたが、同日夕方の五回目の炊き出しは雑炊となった。一四日、六回目の炊き出しは五百食分。学生ホールで教職員の緊急会議が開催され、学生の安全、卒業式開催の有無、延期されたC日程入試などが協議された。その後、体育館の臨時避難所閉鎖が決定された。翌一五日、教職員の会議が開催され、卒業式の中止、C日程入試の日程確認、四月末までの休講などが決定された。

二八日、全学生の安否が確認されたが、三名が死亡、一名が行方不明（後に死亡確認）、東松島市で一名、名取市閖上で三名という痛ましい結果が報告された。さらに、両親が死亡した学生二人、父ないし母親が死亡あるいは行方不明の学生は一二名も確認された。家屋の全壊・流出等を含めた被災学生は五四五名、全学生の約一〇パーセントに及んだ。後に、これらの学生に対する授業料の減免などが実施され、令和元年度現在も進められている。

この三日間、停電が続いたため、わが家では食事の準備ができなかった。大学で学生確認に追われた時も、ほとんどの教職員は一日一食程度であったと思う。わが家では干し芋が続いたが、三日目の夕方、帰宅する途中のコンビニエンスストアで購入した揚げ物二枚（一人二枚までだった）を買って帰り、妻とその暖かさに救われたことを覚えている。

被災二日目の一二日深夜から、メールの返信が届き始めた。ゼミや弓道部の学生から、安否を問い合わせるメールや返信も届き始めた。しかし、石巻周辺の学生からは、連絡がなかった。ラジオは、石巻方面の被害の大きさを報じていた。子どもたちは、救援物資の配布や生協の開店時間などを伝えてきた。

被災三日目の一三日だったか、福島県の原発被災が報じられた。相変わらずの停電で、視覚的な情報がなかった。

被災四日目の一四日、ようやく停電が解消した。原発被災にともない、自衛隊のヘリコプターから海水が投下される状況を見、東京都消防庁の放水車による放水実況など、成功を思わせるような報道に一喜一憂であった。車のガソリンがそろそろ無くなりかけていた。仙台駅周辺のガソリンスタンドが開いているとの情報に、周章て向かうも、周辺を何キロもわたる車列に並ぶ。二時間以上をまってようやくガソリン補給、ただし一人二千円までと聞かされ啞然。

三月二〇日、ようやく水道が復旧、ただしガスが復旧しておらず、風呂を沸かすこともできない。やむなく、山形県東根市の卒業生に依頼、旅館に一泊することにした。風呂に入りたいこと、食事をゆっくり摂りたいことなどを考えたが、旅館も充分な対応ができないとのことであった。石巻出身のゼミ学生二人に連絡を取り、四人で行く。研究室の書架から崩落した書籍・雑然とした研究室の整理を助けてくれた褒美でもある。

安否のわからぬ学生・卒業生とも、連絡が取れ始めた。

四月六〜七日、名取市・岩沼市・亘理町・相馬市居住の学生安否確認のため、総務部次長（当時）冨田光一氏に同道。被害の甚大さを確認したが、見知ったはずの相馬市内の海岸線近くを通っても、それがどこなのか、まったくわからなかった。景色が大きく一変していたのである。同時に、海をこんなにも間近かに感じたことに驚愕。帰宅して就寝した直後の二三時三二分、余震が発生した。マグニチュード七・一、震度六弱であったが、真夜中であったため、死の恐怖を始めて感じたことを今なお鮮明に記憶している。

一五日、ガスが復旧した。この間、東根市や秋保温泉のホテルに日帰りで行くことが増えた。

二五日、大学の入学式が行われ、五月九日には講義が始まった。少しずつ、戻りつつある日常を感じたころ、福島県浜通りでは、放射能の飛散による避難指示が拡大するなかで、惨状が続いた。

筆者は、昭和五二年四月、仙台市に転居した。その翌年六月一二日一七時一四分、マグニチュード七・四、震度五の宮城県沖地震を体験している。その三三年後にふたたび、それ以上の災害に遭遇することなど予想だにしなかった。東日本大震災は、被災の有無にかかわらず多くの人びとの人生観を変えさせたという。その一方で、被災前の日常を取り戻そうとするも、放射能飛散にともなう避難によって地域社会は分断され、当たり前の日常は遠い。そうしたもがく人びとに寄り添う一つの手段として、ともに学ぶ地域の歴史を位置づけることは可能であろうか。

本書執筆にあたり、汲古書院の三井久人氏および大江英夫氏には格別のご配慮をいただいた。また、図版作成に尽力下された松本美和子氏を始めとして堀耕平氏・齋藤直之氏・二上文彦氏・茂木千恵美氏・森晃洋氏（以上、南相馬市博物館・市史編纂室／当時）、さらに板橋家文書や相馬義胤書状の写真掲載を快諾された各位・各機関に深謝申し上げたい。

なお、本書は筆者三冊目の論文集であるが、おそらく東北福祉大学の教員として刊行する最後のものとなろう。それを口実に、三たび題字を妻雅子（艸耕）に依頼した。体調不良のなかで、このたびも数えきれぬ下書きを経て題字を選定してくれたが、本書もまた妻との合作と考えている。

平成三一年二月二一日

岡田清一

【初出稿一覧】

まえがき

「慶長奥州地震と相馬中村藩領の復興」（『東北福祉大学研究紀要』第四一巻、二〇一七年三月）の「はじめに」に加筆、補訂。

第一章　石川氏と石川荘

『石川町史・第1巻（通史編1）』第二編第一章（二〇一二年三月）を加筆・補訂。

附論1　岩沼板橋家文書について

「新出史料「岩沼板橋家文書」の紹介」（平成二三年度岡田ゼミ研究年報第三四輯『宮城県角田市調査報告書』二〇一三年三月）。

第二章　中世標葉氏の基礎的研究

「中世標葉氏の基礎的研究」（平成一六年度岡田ゼミ研究年報第二七輯『福島県浪江町調査報告書』二〇〇五年三月）および「近世のなかに発見された中世―中世標葉氏の基礎的考察―」（『東北福祉大学研究紀要』第三四巻、二〇一〇年三月）、『原町市史』第一巻〈第三章第一節一相馬氏以前の相双地域〉（二〇一七年三月）を補訂・改稿。

第三章　陸奥の武石・亘理氏について

「陸奥の武石・亘理氏について」（千葉市郷土博物館『東北千葉氏と九州千葉氏の動向』一九九七年三月）を補訂。

第四章　相馬義胤の発給文書と花押

「相馬義胤の文書と花押」（野馬追の里原町市博物館『戦国時代の相馬』、二〇〇五年二月）および「相馬義胤の文書と花押再考」（『南相馬市博物館研究紀要』、二〇一〇年三月）、「相馬義胤発給・受給文書について」（福島県史学会平成三〇年度研究報告会報告資料、二〇一八年五月）を改稿。

第五章　中世南奥の海運拠点と地域権力

「中世南奥の海運拠点と地域権力」（入間田宣夫編『東北中世史の研究』上巻、高志書院、二〇〇五年二月）を補訂。

第六章　戦国武将相馬義胤の転換点

「小高から中村へ―戦国武将相馬義胤の転換点―」（『東北学院大学経済学論集』第一七七号、二〇一一年一二月）および「相馬氏の牛越城移転と泉氏」（戦国史研究会『戦国史研究』第五三号、二〇〇七年三月）を補訂。

第七章　相馬氏の二屋形制～移行期の「家督」相続～

「中近世以降期の「家督」相続と二屋形制～相馬盛胤・義胤と利胤～」（福島県史学会『福島史学研究』第九六号、二〇一八年三月）および「泉田堡・幾世橋御殿の復原的考察―相馬氏の「二屋形」制研究の基礎作業―」（相馬郷土研究会『相馬郷土』第三三号、二〇一八年三月）を改稿。

第八章　慶長奥州地震と相馬中村藩領の復興

「慶長奥州地震と相馬中村藩領の復興」（『東北福祉大学研究紀要』第四一巻、二〇一七年三月）を改稿。

第九章　小田島庄と小田島氏

「中世の東根―研究の現状と課題―」（平成二四年度岡田ゼミ研究年報第三五輯『山形県東根市調査報告書』、二〇一四年三月）、「出羽国と鎌倉幕府・鎌倉北条氏」（西村山地域史の研究会『西村山地域史の研究』第一五号、一九九七年一〇月）を加筆・補訂。

第一〇章　戦国期の鮎貝氏と荒砥氏・荒砥城

「戦国期、荒砥氏・鮎貝氏の基礎的研究」（平成二五年度岡田ゼミ研究年報第三六輯『山形県白鷹町調査報告書』二〇一五年三月）を補訂。

著者略歴

岡　田　清　一（おかだ　せいいち）

1947年　茨城県生まれ。
1970年　國學院大學文学部卒業。
1975年　学習院大学大学院人文科学研究科博士課程（史学専攻）満期退学。
1977年　東北福祉大学専任講師、助教授、教授を経て、
現　在　東北福祉大学大学院教育学研究科嘱託教授。専門は日本中世史。
　　　　博士（文学：東北大学）

著　書

『中世相馬氏の基礎的研究』　崙書房　1978年
『鎌倉の豪族Ⅱ』　かまくら春秋社　1983年
『中世日本の地域的諸相』（共著）　南窓社　1992年
『鎌倉幕府と東国』　続群書類従完成会　2006年
『中世東国の地域社会と歴史資料』　名著出版　2009年
『相馬氏の成立と発展』　戎光祥出版株式会社　2015年
『北条義時』　ミネルヴァ書房　2019年

編　著

『相馬藩世紀・第一』　続群書類従完成会　1999年
『相馬藩世紀・第二』　続群書類従完成会　2002年
『河越氏の研究』　名著出版　2003年
自治体史は略す。

中世南奥羽の地域諸相

令和元年十一月二十五日　発行

著　者　岡　田　清　一
発行者　三　井　久　人
整版印刷　株式会社　理　想　社

発行所　汲　古　書　院
〒102-0072　東京都千代田区飯田橋二―五―四
電　話〇三（三二六五）九七六四
ＦＡＸ〇三（三二二二）一八四五

ISBN978-4-7629-4229-7　C3021

索　　引

索引は (1) 事項、(2) 人名、(3) 地名に分け、さらに (1) 事項は一般事項と史・資料に二分した。また、地名は所在地の［国名］を付し、陸奥国については、例えば西白河郡と東白川郡を統一的に白河とするなど、大凡の郡名を付した。

(1) 事項索引（一般事項／史・資料）

(2) 人名索引

カ行

サ行

ナ行

ハ行

マ行

ヤ行

ラ行

ワ行

(3) 地名索引

カ行

サ行

タ行

ナ行

マ行

ヤ行

ラ行

ワ行